Der Dämon des 19. Jahrhunderts

Wilhelm Schmidt-Biggemann

Der Dämon des 19. Jahrhunderts

Anatomie eines überforderten Säkulums

problemata
frommann-holzboog 160

Herausgeber der Reihe »problemata«: Eckhart Holzboog

Gefördert vom DFG Sonderforschungsbereich 980 Episteme in Bewegung an der Freien Universität Berlin.

Abbildungsnachweise

Titelbild: Martin Schongauer, *Die Versuchung des Heiligen Antonius*, Kupferstich, zwischen 1480 und 1490, Metropolitan Museum of Art, New York.
Abb. 1: Titelblatt von Auguste Comte, *Calendrier positiviste. Ou, Système général de commémoration publique*, Paris: L. Mathias 1849, 56.
Abb. 2: Stemma der indogermanischen Sprachen aus August Schleicher, *Die deutsche Sprache*, Stuttgart: Cotta 1860, 91.
Abb. 3: Schema der Abstammung des Menschen aus Thomas Henry Huxley, *Evidence as to Man's Place in Nature*, London: Williams & Norgate 1863, 117.
Abb. 4: Schädelentwicklung vom Lemuren zum Austral-Menschen ebenfalls aus Thomas Henry Huxley 1863, 119.
Abb. 5: August Schleicher, *Großer Stammbaum der indogermanischen Sprachen*, Bayerische Staatsbibliothek München, L.rel. 89 y Beibd. 2.

Bibliografische Information der Deutschen Bibliothek
Die Deutsche Bibliothek verzeichnet diese Publikation in der Deutschen Nationalbibliografie; detaillierte bibliografische Daten sind im Internet über ⟨http://dnb.dnb.de⟩ abrufbar.

ISBN 978-3-7728-2935-2
eISBN 978-3-7728-3467-7

www.frommann-holzboog.de
Satz: Tanovski Publishing Services, Leipzig
Gesamtherstellung: BoD, Norderstedt
Gedruckt auf säurefreiem und alterungsbeständigem Papier

Inhaltsverzeichnis

Vorbemerkung

Der vorliegende Essay ist aus Vorlesungen meiner Senior-Professur im Sommer 2016 erwachsen, die ein Preis der Friedrich-Stiftung ermöglicht hatte. Die Professur war zum Thema *Natur, Geist und Technik* ausgelobt worden, wohl in der Hoffnung, es ließen sich Wege zur Versöhnung dieser Leitbegriffe aufzeigen. Das Thema erwies sich, anders als erwartet, als ungefügig; im Verlauf der Arbeit stellte sich heraus, dass das Verhältnis von Natur und Geist widerstrebig und dramatisch war und dass die Verabsolutierung des Naturbegriffs politisch tragische, ja katastrophale Konsequenzen hatte. Um so wichtiger erschien es mir, diese Entwicklung darzustellen.

Ich bin der Friedrich-Stiftung, der Freien Universität Berlin und ihrem damaligen Präsidenten Peter André Alt, aber auch Julian Kiefer für Kritik und Mithilfe zu Dank verpflichtet. Der Dank gilt zugleich den Lektorinnen des Verlags frommann-holzboog, Sarah Perner und Mara Siegl, die das Manuskript mit Sorgfalt durchgesehen und korrigiert haben. Der SFB 980 *Episteme in Bewegung*, dem ich gleichfalls danke, hat den Druck des Buchs mit einem namhaften Zuschuss unterstützt.

Wilhelm Schmidt-Biggemann
Berlin, 9. 11. 2020

Einleitung

> *Die Geschichte ist das gefährlichste Produkt, das die Chemie des menschlichen Gehirns verfertigt hat, sie macht die Völker träumen oder leiden, lässt sie größenwahnsinnig, bitter, eitel, unausstehlich werden.*
>
> Paul Valéry, 1928

Das Ende der Philosophia perennis und die Leitwissenschaften des 19. Jahrhunderts

Ausgangspunkt der vorliegenden Studie ist die Irritation des Verfassers darüber, dass das stabile Weltbild der Philosophia perennis, das über mehr als anderthalb Jahrtausende die abendländische Tradition strukturiert hat, zu Beginn des 19. Jahrhunderts kollabiert und dass sich innerhalb eines guten halben Jahrhunderts ein neues Weltbild entwickelt, das behauptet, das alte nicht nur zu ersetzen, sondern aus der wissenschaftlichen Erkenntnis der Natur eine neue und bessere Welt erstehen lassen zu können. Der Anspruch dieses Weltbildes an die Wissenschaftlichkeit ist dabei weniger zeitlos mathematisch-physikalisch; vielmehr haben die Leitwissenschaften, die diesen Fortschrittsoptimismus tragen, selbst historischen Charakter. Dabei handelt es sich zunächst um die Geobiologie und um die Sprachwissenschaft. Selbstverständlich sind Geologie und Biologie Naturwissenschaften, aber ihre Wissenschaftlichkeit hat eine Dimension von Zeit, die sich von der Physik und der Mathematik unterscheidet: Sie können ihre Gegenstände nicht zeitlos mathematisch konstruieren, sondern sie müssen beschreiben, wie sie entstanden sind. Diese Entstehung kann denkend nachvollzogen werden, aber sie kann nicht experimentell erzeugt werden. Die Natur von Geologie und Biologie hat Geschichte, ihre Zeitlichkeit ist unumkehrbar. Dasselbe gilt für die Sprachwissenschaft: Wenn die Sprachwissenschaft nach den einfachen und ältesten Strukturen der Sprachentwicklung fragt, setzt sie dieselbe naturgeschichtliche Zeitstruktur wie die Geologie und die Biologie voraus.

Mit der Sprache wird die Naturgeschichte anthropologisch. Die Sprache markiert den Übergang von der Naturgeschichte zur Kulturgeschichte. Aber über die formale Rekonstruktion der bloßen Sprachfähigkeit des Menschen hinaus wird die sprachliche Kultur semantisch bestimmt: Der eigentlich sprachlich erst fassbare Übergang von der Naturgeschichte in die Kulturgeschichte ist der Mythos. Wo die alte, überwundene Philosophia perennis die Naturgeschichte als Schöpfungsgeschichte, die Anthropologie als Gottebenbildlichkeit und die Kulturgeschichte als göttliche Offenbarung gefasst hatte, wurden im 19. Jahrhundert die Naturgeschichte als Geologie und Biologie, die Anthropologie als natürliche Sprachfähigkeit und die Kulturgeschichte als Mythologie verhandelt. Deshalb sind Geobiologie, Sprachwissenschaft und Mythologie die Wissenschaften, die das Erbe der Philosophia perennis neu verwalteten.

Die neuen Leitwissenschaften scheinen freilich nicht alle Momente des alten Weltbildes umformen zu können und zu wollen: Die Philosophia perennis der alten Welt hatte eine Zukunftsdimension, die durch die Transzendenz bestimmt war; sie beanspruchte, die Weltgeschichte als göttlich konzipierte Heilsgeschichte lehren zu können. Mit dem neuen Absolutismus der Natur ließ sich zwar die transzendente Bestimmung der Weltgeschichte nicht mehr fassen, aber die Idee, dass die Weltgeschichte am Ende Heilsgeschichte sein sollte, wurde keineswegs aufgegeben. Allerdings gab es angesichts des Dogmas einer absoluten Natur keine Theologie mehr, die diese Frage wissenschaftlich als transzendente verwalten konnte. Deshalb vagabundierte die Frage nach der Heilsgeschichte vor allem in der Biologie, in der Mythologie und in der Kulturgeschichte; und diese Wissenschaften gerierten sich, je länger, desto mehr, auch als Verkünder einer neuen perfekten Zukunft.

Die Neubestimmung der Zeit und der anthropologische Komfort des alten Geschichtskonzepts

Die Strukturmerkmale der vormodernen Zeit sind Monotheismus, Transzendenz und Heilsgeschichte. Die Naturzeit war durch die sechs Tage der Schöpfung bestimmt, wie auch immer diese erste Weltwoche interpretiert wurde. Das Paradies galt als die ideale Natur, aus der der Mensch wegen seines Sündenfalls vertrieben worden war. Die Frühzeit der Welt wurde durch die Weltkatastrophe schlechthin, die Sintflut, beendet. Diese Zeit bekam ihre innere Dynamik dadurch, dass sie Handlungszeit war, sie war nicht die natürliche ewige Wiederkehr des Gleichen, sondern sie war gerichtet: sie hatte als Wirken Gottes und der Menschen den Charakter von Handlung. Die Weltzeit der Vormoderne war auf ein Ziel gerichtet – *omne agens agit propter finem*: auf die Restitution der Sündenfolge. Es handelte sich um eine Heilsgeschichte.Die Heilsgeschichte strukturierte die Zeit zur Geschichte. Erst nach dem Sündenfall ist Politik sinnvoll, weil sie die Folgen des Sündenfalls irdisch lindern soll. Am Ende ist der Welt ihre Erlösung versprochen, die aus der Transzendenz kommen soll. Darin besteht ihre Finalität. Bei der Bestimmung des Endes variieren die monotheistischen Religionen: Im Judentum steht der Messias noch bevor, im Christentum ist er dagewesen, kommt aber noch einmal. Im Islam ebenso wie in den anderen beiden monotheistischen Religionen ist ein Jüngstes Gericht vorgesehen, das das Ende der Welt bedeutet.Dieses Konzept einer Weltgeschichte, die als Heilsgeschichte mit dem Weltgericht endet, hat Implikationen, die für das Selbstverständnis des abendländischen Menschen zentral sind: Hier findet die individuelle Beurteilung der Menschen statt – d. h. das Individuum spielt eine Schlüsselrolle: Denn damit dieses Jüngste Gericht, das Ende der Welt, stattfinden kann, ist die Unsterblichkeit und die Schuldfähigkeit der menschlichen Individuen erforderlich. Dieses Konzept verlangt die Unsterblichkeit der Einzelseelen und ihre Freiheit. Da der gute Gott das Heil der Menschen auch nach dem Sündenfall will, ist das Ziel und damit der Sinn der Heilsgeschichte die postmortale Existenz des individuellen Menschen in der Ewigkeit.Der Zeitrahmen dieser Natur- und Heilsgeschichte beträgt 6.000 Jahre. Diese Zahl setzt sich *gros-*

so modo aus 4.000 Jahren Weltgeschichte bis zur Ankunft des Messias und 2.000 Jahren messianischer Zeit zusammen. Diese Weltzeitzahl ist nicht biblisch, sondern sie geht auf eine Talmudstelle zurück (Sanhedrin 97a). Die Schule des Eliahu lehrt: ›Sechstausend Jahre Welt, zweitausend Chaos, zweitausend Torah, zweitausend die Tage des Messias‹. Diese Talmudnotiz hat eine ganz ungewöhnliche Wirkungsgeschichte – meines Wissens die nachhaltigste Talmudwirkung überhaupt. Der Vorteil dieses 6.000-Jahres-schemas besteht darin, dass die Zeit als Wirkungszeit Gottes und damit als Geschichtszeit bestimmt ist. Sie ist gezähmt, eingehaust und anthropologisch erträglich. Worin besteht nun aber die besondere Leistung dieses theologischen Elementarnarrativs der Philosophia perennis? Es sind im Wesentlichen die folgenden vier Punkte:

1. Schöpfung: Sie macht die Natur zur Schöpfung und damit zur Handlung eines guten Gottes (wie auch immer es mit der Theodizee aussieht). D. h. die Natur ist finalisiert – und zwar intern durch die Perfektion Gottes als des Schöpfers.
2. Anthropologie: die Sonderrolle des Menschen: Der Mensch ist als Gottes Ebenbild durch Vernunft, Individualität und Moralität aus der Natur herausgehoben. Das Ziel seiner Existenz ist die versprochene Seligkeit. Insofern ist Geschichte Heilsgeschichte. Die versprochene Seligkeit ist zwar ein fragwürdiger Wechsel auf eine ungewisse Zukunft, aber sie enthält ein doppeltes metaphysisches Trostversprechen: Die eigene Individualität ist bedacht und das Leben hat ein Ziel und einen Zweck.
3. Gerechtigkeit: Für die Weltgeschichte wird versprochen, dass der Maßstab von Gut und Böse im Jüngsten Gericht die Handlungen der Menschen richten werde – das ist die verheißene transzendente Garantie moralischen Handelns.
4. Stabilität durch Sinngebung: Dieses Geschichts- und Zeitmodell ist von einer bemerkenswerten Stabilität. Es bestimmt mehr als anderthalb Jahrtausende die Zeitstrukturen des abendländischen Menschen. Der Erklärungskomfort besteht darin, der Zeit einen Sinn zu geben, sowohl geschichtlich als auch individuell. Dieses Sinnversprechen ist

meines Erachtens das entscheidende Moment für die Stabilität dieser Zeitqualität.

Die Krise des alten Weltbilds

Die Überlastung der Theologie mit der Verwaltung des Offenbarungskonzepts, das der Philosophia perennis zugrunde liegt, bewirkt den Kreditverlust dieser Welt-Zeitqualitäten. Die Theologie verheddert sich in den intellektuellen Verwaltungskonsequenzen ihrer biblischen Vorgabe, und d. h. in ihrer eigenen Dogmatik. Es sind drei zentrale Schwierigkeiten – sicher nicht alle – die im Verlauf des 18. Jahrhunderts entscheidend sind: 1. Die Christologie: Die Frage nach der spezifisch christlichen Offenbarung und die Rolle Jesu als des Christus; problematisch werden vor allem die Themen Kreuzestheologie, Erlösung und Auferstehung. 2. Das Theodizeeproblem: Wie lässt sich die Frage nach dem Bösen angesichts der von allen Theologen behaupteten Prädikation Gottes als gut, gerecht, allwissend und allmächtig lösen? 3. Die Rolle der Schriftoffenbarung: Sie wird durch die philologische Beschäftigung mit eben dieser Schrift diskreditiert, indem ihr Offenbarungscharakter infrage gestellt wird. Der biblische Kanon wackelt und mit ihm die aus ihm gewonnene Dogmatik.

In allen Fällen wissen die Theologen, die selbst dogmatisch und historisch rational sein wollen, keine befriedigende Antwort. Das besagt zwar noch nicht, dass das Modell der Heilsgeschichte kollabiert, aber es wird instabil.

Die Leitwissenschaften der neuen Zeit: Geobiologie und Sprachwissenschaft

Der Zusammenbruch des Modells der heilsgeschichtlichen Zeit kommt aber nicht von innen, weder von der Christologie oder der Theodizeeproblematik noch von der kritischen Philologie, sondern von außen, und zwar zunächst durch die Geobiologie. In der Geobiologie zerbröselt das alte

Modell der Heilsgeschichte. Die staunende Ehrfurcht, mit der die frühen Geologen auf die neu entdeckten Zeitdimensionen reagierten, hatte zwar selbst noch den Charakter einer erbaulichen Verehrung des Erhabenen, aber die Geologen destruierten zugleich mit der biblischen Chronologie den schöpfungstheologischen Kredit der Bibel. Dieser Zusammenhang zeigte sich dramatisch, als mit dem Darwinismus die Vorstellung eines guten Gottes, der die Welt zur Freude seiner Geschöpfe geschaffen hatte, zusammenbrach.

Was konnte die neue Leitwissenschaft Geobiologie leisten? Zunächst war wesentlich, dass Geologie und Biologie die Naturgeschichte neu erzählten. Ihr Anspruch war, streng empirisch vorzugehen. Sie begriffen ihre Erfahrungsfakten als Indizien vergangener, aber noch anhaltender Prozesse und bildeten so Hypothesen für eine Rekonstruktion von vergangenen Entwicklungen. Diese Hypothesen werden nur akzeptiert, wenn sie allein auf natürliche Gesetze zurückgeführt werden können. Ein göttlicher Eingriff aus der Transzendenz ist a priori ausgeschlossen. Dieses Prinzip, dass die Gesetze der Gegenwartsanalyse auch für die Vergangenheit gelten, war auch Prinzip der Erklärung menschlichen Handelns: Sowohl für die Sprache als auch für die Konstitution von Gemeinschaften war vorausgesetzt, dass ein göttlicher Eingriff ausgeschlossen war.

Die Natur wurde als kausal wirkende Kraft verstanden, die in Materie und Geist wirkt. Eine Naturfinalität, die das Glück der einzelnen Naturwesen oder der Natur als Ganzer als Ziel haben könnte, war ausgeschlossen. Die Zeitlichkeit dieser Natur wurde nicht durch Handlung bestimmt, sondern allein als Maßstab eines im Prinzip unbegrenzten, durch Kausalität strukturierten Naturprozesses.

Anthropologie als Ur- und Kulturgeschichte

Der Mensch wurde so zum integralen Teil der Natur; er verlor zwar seine Gottebenbildlichkeit, weil in dieser Wissenschaft kein Gott mehr vorgesehen war, aber er behielt seine Sonderstellung. Die verlorene Gottebenbildlichkeit und Heilsorientierung wurden durch Übernahme göttlicher

Prädikate kompensiert: Gottes Wort machte die Welt zu seiner Schöpfung; gleichermaßen wurde der Mensch sprachfähig und kunstfertig.

Im Prozess der Naturalisierung differenziert sich die Menschheit. Zwar ist ›der Mensch‹ nach wie vor eine Gattung, aber die Empirie zeigt, dass die Menschen in unterschiedlichen Rassen existieren und dass sie unterschiedliche Sprachen sprechen. Die Frage nach den anthropologischen und kulturellen Unterschieden wird im Rahmen des Darwinismus in die neuerklärte Dynamik der Natur eingebracht: Rassen wie Sprachen unterliegen demnach dem Kampf ums Dasein. Die Kulturgeschichte unterscheidet deshalb zwischen ›Wilden‹ und ›Zivilisierten‹. Dieser Kulturmaßstab wird ein zentrales Ideologikum für die gesamte Kolonialproblematik – angefangen von der Missionierung bis zur ökonomischen Vereinnahmung durch die Handelsgesellschaften.

Neue und alte Zeitstruktur: eine Gewinn- und Verlustrechnung

Die neue Wissenschaft arbeitet nach dem (Ockham'schen) Sparsamkeitsprinzip. Ihr monopolistischer Naturbegriff kommt ohne Wunder und Transzendenz aus. Es gilt der Augenschein, Transzendenzversprechen sind verboten. Damit geht aller Komfort, der aus der Finalität der alten transzendenzorientierten Zeitlichkeit erwächst, verloren: Der Begriff der Geschichte als Handlung wird unerklärlich; Freiheit wird zur Schimäre, Individualität wird unverständlich. Gleichermaßen sind der Trost der Unsterblichkeit und die Unterscheidung von Gut und Böse in der Moral aufgehoben. Die Rolle der Politik bleibt in der neuen Zeitstruktur unbestimmt. Sie ist auf Naturgehorsam und Naturdynamik reduziert. *Natur*konforme Politik besteht in Geburtenkontrolle und Eugenik sowie in Rassenoptimierung. *Kultur*konforme Politik besteht in der Stärkung der nationalen Identität durch Sprachenpolitik, Folklore und Pflege heimischer Mythologie sowie Geschichte. Weltpolitik ist keine Friedenspolitik, sondern Konkurrenz der Nationen um Land, Einflusszonen, Bodenschätze und Kolonien. Eine endgültige Friedensordnung ist nur als Siegfrieden denkbar: als Sieg einer Nation und Rasse oder als Sieg einer soziologischen Klasse.

Die Umdeutung der Heilsgeschichte

Wegen der in der neuen Weltanschauung unbewältigten alten Komfortansprüche von Sinn sind die Topoi der Heilsgeschichte untergründig weiterhin virulent. Sie sind dogmatisch nicht mehr gezähmt und entfalten eine riskante Wirksamkeit, nicht so sehr subkutan, sondern komplementär zum Naturalisierungsprozess. Der Naturalisierungsprozess wird fast immer begleitet von Versuchen, den alten Sinnkomfort auch für die neue Zeit zu retten: Darin besteht der Prozess, die Naturgeschichte als Heilsgeschichte zu inszenieren. Die Komfortansprüche der alten Erklärungsmuster, nämlich die Idee einer perfekten Natur, die Rolle des Menschen in dieser Natur und das Zukunftsversprechen einer Heilsgeschichte, bleiben in Kraft – freilich immer unter der Voraussetzung, dass sich diese Ansprüche innerweltlich verwirklichen lassen. Die Perfektion der Natur wird in der Geobiologie verhandelt, die im Darwinismus ihren ideologischen Höhepunkt hat. Die Rolle des Menschen in dieser Natur wird einerseits in seiner äffischen Abstammung bestimmt, andererseits aber durch Sprache hervorgehoben.

Die Kombination von Naturalismus und Heilsverheißung ist durchgängig. Sie begleitet die Biologen (z. B. Ernst Haeckel), die Sprachwissenschaftler (z. B. Ernest Renan und Paul de Lagarde) und die Soziologen (z. B. Auguste Comte und Friedrich Engels). Und sie provoziert Messiasse: David Friedrich Strauß, der einen neuen Glauben verkündet, Friedrich Nietzsche als Dichterpropheten des Übermenschen, aber auch einen mörderischen Messias: Adolf Hitler.

Sprache als Naturphänomen

Der Ursprung der Sprache bleibt auch im 19. Jahrhundert ein andauerndes Diskussionsthema. Die Besonderheit der Sprache hat zwei Implikationen: Die Sprache ist zwar ein universales Merkmal des Menschen, aber sie zeigt sich nur in ihren partikulären Lautfassungen. Die Verschiedenheit der Sprachen wird im Rahmen des Darwinismus interpretiert: Die Sprachen, die sich im Prozess der Naturauslese durchsetzen, sind die leistungsfähigsten und besten. Und dabei handelt es sich, da ist die Meinung einhellig, um die indogermanischen Sprachen. Sie substituieren die alte Vorstellung einer meist als Hebräisch gedeuteten Lingua Adamica. Die Natürlichkeit der Sprache zeigt sich darin, dass Sprachen, wie andere lebendige Gattungen auch, nach Verwandtschaft und Verwandtschaftsgraden organisiert sind. Die indogermanische Sprachfamilie wird zugleich als biologische Stammesverwandtschaft ihrer Sprecher gedeutet. Sprachwissenschaft ist zugleich Urgeschichte: An der Sprache lässt sich die Urgeschichte der Sprachfamilien rekonstruieren; und mit dieser linguistischen Archäologie wird auch der Ursprung der Kultur fassbar. Aktuelle Sprache ist partikuläre Muttersprache; sie ist eingebettet in die Sprachfamilien, aber ist im wörtlichen Sinne die Sprache, in die man hineingeboren wird: Das ist die Nation. Die Sprache als Muttersprache ist von der Nation untrennbar. Ihr Vokabular und ihre Semantik bestimmten das Zugehörigkeitsbewusstsein, und über das Vokabular hinaus wird die Nation durch Erzählungen, Kult und Mythologie zur kulturellen Identifikationsgröße. Die Mythologie ist die Instanz, in der die Sprache zum Kulturmerkmal wird, und zwar in der partikulären Fassung der Nation.

Lebenskampf der Nationen

Man wird die Heilsgeschichte nicht los, weil die Realität der Kultur allein geschichtlich ist. Und weil man Geschichte zugleich als natürlich und als Handlung interpretieren möchte, wird die Nation zur handelnden Instanz. Sie ist als natürliche Sprach- und Kultureinheit das herausgehobene Subjekt dieses Handelns. Weil Handlung immer zielgerichtet ist, bestimmt die Nation das Ziel – und zwar ihr Ziel im Rahmen des natürlich Wünschbaren. Das Wünschenswerteste ist das Heil; so wird die Nation zur Heilsinstanz.

Die nationale Heilsgeschichte bleibt ein geschichtliches Narrativ. Die Nation wird, wie die biologischen Gattungen, durch ihre Genealogie bestimmt. Diese Bestimmung macht die Nation zum Moment einer naturalistischen Weltgeschichte. Naturgeschichte bekommt ihren Fortschrittsdrall durch das Selektionsprinzip. Will die Nation in diesem Konkurrenzkampf auf Leben und Tod bestehen, muss sie sich physisch und kulturell als lebenskräftig erweisen. Die lebenskräftigen Nationen sind diejenigen, die dann die Geschichte prägen.

Wegen der Konkurrenzsituation ist die Nation eine Identifikationsinstanz, die zugleich isolierend ist. Sie ist eine natürliche Einheit, die sich gegen andere Einheiten siegreich behaupten muss. Diese Situationsanalyse impliziert ein antisemitisches bzw. antijüdisches Moment: Naturgeschichtlich betrachtet sind die Juden als Semiten in einer sprachlichen und völkischen Konkurrenzsituation wie die anderen Völker auch. Aber sie unterscheiden sich zusätzlich: Sie haben erstens kein eigenes Land, das ihr Staat wäre. Denn sie sind verstreut unter den Völkern und nicht bodenständig. Zweitens nehmen sie für sich eine Sonderstellung in Anspruch, die sie aus den anderen ›natürlichen‹ Nationen heraushebt: Sie beanspruchen für sich als ›Volk Jahwes‹ einen übernatürlich garantierten Sonderstatus. Dieser übernatürliche Anspruch erscheint den natürlichen Nationen als widernatürlich. Das gilt zumal, wenn die Natur als letzte und absolute Instanz verstanden wird. Deshalb ist der Antisemitismus eine Konsequenz auch des politischen Darwinismus.

Religion als Sündenbock

Die Heilsgeschichte wird als weltgeschichtliches Ziel nicht aufgegeben, aber das heilsgeschichtliche Transzendenzmonopol hat im Prozess der Naturalisierung seinen Kredit verloren. Auch die profane Heilsgeschichte arbeitet mit dem Versprechen auf die gute Zukunft. Diese hat, wie man erfahrungsgemäß weiß, noch nicht begonnen. Bei der Frage nach der innerweltlichen Heilsgeschichte kommt unvermeidlich die Frage auf, warum das Heil noch nicht eingetreten ist. Im Kampf um den natürlichen Fortschritt ist der erste Gegner die kulturelle Instanz, die diesen Konkurrenzfortschritt leugnet: die Religion.

Die Religion übernimmt die Rolle des Sündenbocks, der für den stockenden Fortschritt verantwortlich ist. Hier nun wird ein Topos profanisiert, der in der biblischen Eschatologie eine erhebliche Rolle spielte: Der Katechont des 2. Thessalonicherbriefs, der die Wiederkunft des Herrn verhindert, wird nun zum innerweltlichen Sündenbock. In der Immanenz muss der Katechont als Schuldiger dafür herhalten, dass die Politik, die aufs natürliche und endgültige Heil zielt, ihr Ziel noch nicht erreicht hat. Die Logik ist: Wenn der Katechont beseitigt ist, wird das Heil eintreten. Das mag soziologisch nach Klassen definiert sein, natur-heilsgeschichtlich ist der Katechont als Widernatur identifiziert. Je stärker diese politische Theologie sich als natürliche Weltgeschichte geriert, desto mehr werden die theologischen Muster virulent: Dann sind das Christentum und die Juden die Katechonten par excellence.

Propheten und Messiasse

Die Bestimmung der eigenen Zeit im Rahmen der Heilsgeschichte ist seit alters her die Rolle der Propheten. Sie kennen den Plan der Welt, sie können die Symptome der Gegenwart als Keime zukünftiger Entwicklungen deuten, sie sagen ihre Wahrheit unerschrocken und lassen sich durch Pragmatik nicht beirren. Sie verkündigen die Wahrheit, die anderen verborgen war, sei es gelegen oder ungelegen, und sie beschleunigen die Entwicklung, die sie vorhersagen. Auch dieses Moment lässt sich darwinistisch naturalisieren. Im Kampf ums Dasein braucht es Führer, die die Situation des Kampfes unerschrocken analysieren und ihre Völker im Kampf ums Dasein leiten. Wenn die Verkündigung der Wahrheit sich in politischen Kampf verwandelt und dieser Kampf als heilsgeschichtlicher Endkampf verstanden wird, wird der Prophet zum Messias. Und dann gnade uns Gott.

Der natürliche Konkurrenzkampf der Nationen, der mit dem Endsieg einer Rasse enden wird, die Identifizierung des Verhinderers dieser Heilsgeschichte durch den politischen Propheten und Messias – diese Mischung ist eine der Ursachen des grassierenden Antisemitismus im 19. und 20. Jahrhundert. Diese Ideenkonvergenzen sind sämtlich keine Notwendigkeiten, es handelt sich um kontingente Konstellationen. Aber wenn die Heilsverheißungen in der Mischung von Nationenkonkurrenz, Religionskritik und Prophetie auftreten, werden sie heillos.

Gliederung dieser Studie

Das vorliegende Buch versucht, die oben beschriebene ideengeschichtliche Gemengelage in sechs Kapiteln zu fassen, die repräsentative Perspektiven auf das 19. Jahrhundert eröffnen. Es ist weder beabsichtigt noch überhaupt möglich, diese Perspektiven in allen Facetten darzustellen. Es geht lediglich darum, die tragische Dynamik verständlich zu machen, die das 19. Jahrhundert bestimmt.

Die Studie beginnt mit der Darstellung der Geobiologie im ersten Drittel des 19. Jahrhunderts und zeigt, wie die biblische Zeit, die durch den Rahmen von 6.000 Jahren eingehaust war, durch eine neue, die geobiologische Lang- und Tiefenzeit substituiert wird. Die alte Naturgeschichte trennte nach biblischem Muster Materie, Pflanzen und Tiere. In der neuen Naturzeit sind Geologie und Biologie, Gesteinskunde, Flora und Fauna in einer gemeinsamen Zeit ineinander verschlungen. Das ist das Thema des ersten Kapitels: Geobiologie: Die neue Zeit und die neue Natur.

Gleichzeitig mit der Neubestimmung der Naturzeit wird die Geschichtszeit neu gefasst. Die Geschichtszeit ist die Naturzeit des Menschen; sie bleibt Teil des Naturprozesses. Seit der Französischen Revolution ist die Weltgeschichte als säkulare Fortschrittsgeschichte konzipiert. Das Subjekt dieser Geschichte ist die Gesellschaft, und es zeigt sich, dass diese Fortschrittsgeschichte sich als Heilsgeschichte konstituiert. Ihr paradiesisches Idealprodukt ist der ›Neue Mensch‹. Das ist das Thema des zweiten Kapitels: Weltgeschichte des Fortschritts.

Die gemeinsame Grenze von Naturzeit und Geschichtszeit ist durch die Sprache bestimmt. Biblisch war die Idealsprache des ersten Menschen dadurch gekennzeichnet, dass dieser die Dinge in ihrem Wesen bestimmte – und in dieser Sprache des Paradieses kommunizierte Gott mit Adam. Als der Kredit dieses Narrativs aufgebraucht war, musste die Sprache zwar weiterhin als Kennzeichen des Menschen gefasst werden, aber sie musste natürlich sein. Die Suche nach der natürlichen Ursprache, die die biblische substituieren sollte, führte zum Indogermanischen. Mit dieser Entdeckung begann der großangelegte und höchst erfolgreiche Versuch, die Grammatik der Sprache in ihrer historischen Dimension als eine natürliche zu bestimmen. Zugleich ließ sich die *Natur*geschichte der Sprache als *Kultur*geschichte deuten, denn die Sprache erschöpfte sich nicht in grammatischen Strukturen, sie hatte immer auch semantische Dimensionen. Mit der Sprachwissenschaft ließen sich menschheitsgeschichtliche Schlüsselentwicklungen fassen: Nomadentum und Sesshaftigkeit, Familienstrukturen und elementare Religionsmythen. Dies ist das Thema des dritten Kapitels: Der Mythos des Indogermanischen.

Im Dezennium der 1860er Jahre ereignet sich eine naturhistorische Weltrevolution: Darwins neues Naturkonzept verändert den Naturalismusmaßstab, der schon seit dem Beginn des Jahrhunderts verbindlich war, im Innern. Das seit Aristoteles maßgebliche Modell einer teleologischen Natur wird umbesetzt: Die Teleologie bleibt, aber sie wird nicht mehr als natürliches Streben nach dem Guten verstanden, sondern als Ergebnis eines Kampfes ums Dasein auf Leben und Tod. Die Natur verliert alle ethischen Dimensionen. Diese Umbesetzung impliziert auch die Notwendigkeit einer Neubestimmung der Anthropologie, die Darwin zunächst ausgespart hatte. Nachdem aber seine wichtigsten Anhänger die stammesgeschichtliche, linguistische und biologische Position des Menschen neu bestimmt hatten, veröffentlichte auch Darwin seine Anthropologie. Dieses darwinistische Dezennium ist Thema des vierten Kapitels: Weltrevolution des Lebens.

Die Naturalisierung der Welt, wie sie in den vorigen Kapiteln beschrieben worden ist, war offensichtlich nicht wirklich erfolgreich. Schon bei der Konzeption des gesellschaftlichen Fortschritts hatte sich gezeigt, dass Muster der religiösen Tradition sich mit dem prätendierten Naturalismus verbanden und ihn gelegentlich dominierten; und der Darwinismus hatte durchaus naturreligiöse Dimensionen. Die alten Muster der Religion blieben auch im Naturalismus wirksam. Auch die Biologie kam, ebenso wie die Geologie, ohne unumkehrbare Zeitlichkeit nicht aus. Das machte diese beiden Naturwissenschaften implizit historisch. Auf dieser Historizität konnte die alte Heilsgeschichte sozusagen huckepack mitfahren. Sie tat das, indem die Naturgeschichte als Heilsgeschichte interpretiert wurde; und die Verkündiger dieser Heilsgeschichten waren die Kulturwissenschaftler, die den Mythos neu fassten. Der Mythos eröffnete den kulturgeschichtlichen Sinn der Naturalisierung. Mythen waren in jedem Fall profan. Sie konnten als Identifikationsmuster die weltgeschichtliche Größe einer Nation präfigurieren. Sie konnten auch, weil sie profan waren, als Denunziation eines falschen Wahrheitsanspruchs der Bibel kritisch eingesetzt werden, und sie konnten zur Verkündigung einer neuen Religion, die der Erde treu war, verwendet werden. Die Mythologie erwies sich als zersetzend für alle konventionelle transzendente Religiosität, ohne doch selbst den Charakter der Heilsgeschichte zu verlieren. Weil ihre heilsgeschichtlichen Momente nicht mehr dogmatisch-rational kontrolliert wurden, entwickelte die Mythologie eine explosive Zukunftsdynamik. Diese Zukunftsdimension wurde von Propheten und Messiassen verkündigt. Das ist Thema des Kapitels fünf: Mythos und Messias.

Die Kombination von biologischem Naturalismus, Darwinismus, Sprache, Nation, Mythos und Messianismus erzeugte eine verhängnisvolle Mixtur. Die Biologie musste mit Gattungsbegriffen arbeiten, auch wenn sie diese, wie bei Darwin selbst, als variable Größen behandelte. Die Kombination von Sprache, Rasse und Nation – verbunden mit der Doktrin des Kampfs ums Dasein – verknäuelte sich immer mehr zu rassisch-nationalistischen Idiosynkrasien. Dieser Kampf ums Dasein wurde zugleich theologisch aufgeladen: Eine altneue Religion, die sich als Weg zur Verwesentlichung der ›arischen Rasse‹ verstand, sollte die erwählte Nation zu endgültiger, ewiger Größe formen. Die eigentlichen Verhinderer dieser Vollendung waren die internationalistischen, vaterlandslosen Rassegegner. Und als diese wurden ›die Juden‹ identifiziert. Der Kampf ums Dasein wurde zunächst zum Überlebenskampf der Kultur, dann der Rasse und schließlich der Nation stilisiert. Der Prophet war derjenige, der diese weltgeschichtliche Bedrohung verkündigte, und der Messias derjenige, der sie siegreich überwand. Am Ende steht die selbsterzeugte Apokalypse, ein Ende mit Schrecken anstelle eines tausendjährigen Heils. Das ist das Thema des letzten Kapitels: Heillose Heilsgeschichten.

Es stellt sich ein düsteres Panorama dar, wenn man es vom Ende her betrachtet. Mit großem, selbstbewusstem und emanzipatorischem Optimismus begonnen, mit epochalen Erkenntnissen versehen, erwies sich die neue geistige Ausstattung in ihrer Kombination am Ende als unbekömmlich, ja als katastrophal. Mit der Naturalisierung der Welt bei gleichzeitiger Rettung des alten heilsgeschichtlichen Erklärungskomforts war das Jahrhundert überfordert.

I. Teil: Geobiologie: Die neue Zeit und die neue Natur

1. Die Geologie und die Urgeschichte der Erde

Der biblische Rahmen der Naturgeschichte

Die Frage, ob die Erde eine Geschichte habe, ist im 19. Jahrhundert alles andere als neu. Sie ist schon im Rahmen der christlich-jüdischen Geschichte behandelt worden. Zwei wichtige Topoi kamen immer wieder vor: Einerseits bestand das Problem, wie man sich denn die Entstehung der Erde im Rahmen der sechstägigen Schöpfungsgeschichte vorzustellen habe. Dass die biblischen Schöpfungstage tatsächlich den Wochentagen entsprachen, die die irdische Zeitrechnung bestimmten, wurde lange bezweifelt. Schließlich waren die Gestirne erst am vierten Schöpfungstag entstanden,[1] und wie die ›Zeit‹ der drei ersten Schöpfungstage gedeutet werden sollte, blieb unklar. Ob hier das Psalmenwort Anwendung finden konnte, dass vor Gott 1.000 Jahre wie ein Tag waren,[2] war jedenfalls bedenkenswert. Andererseits war auch die Analogie der 6.000-Jahres-Weltgeschichte

1 Siehe Marin Mersenne, *Quaestiones celeberrimae in Genesim*, Paris: Cramoisy 1623; Thomas Burnet, *Telluris Theoria Sacra. Orbis nostri originem et mutationes generales, quas aut jam subiit aut olim subiturus est complectens*, London: Kettilby 1681–89 und Gottfried Wilhelm Leibniz, *Protogaea oder Abhandlung von der ersten Gestalt der Erde und den Spuren der Historie in den Denkmaalen der Natur*, (hg. v. Christian Ludwig Scheidt), Leipzig: Vierling 1749; Charles Coulston Gillispie, *Genesis and Geology. A Study in the Relations of Scientific Thought, Natural Theology, and Social Opinion in Great Britain, 1790–1850*, Cambridge: Harvard Univ. Pr. 1951; John C. Greene, *The Death of Adam. Evolution and its Impact on Western Thought*, Ames, Iowa: State Univ. Pr. 1959; Reed Wicander/James S. Monroe, *Historical Geology. Evolution of Earth and Life through Time*, Belmont, CA: Brooks/Cole [4]2004.

2 Siehe Ps. 90,4, 2 Petr. 3,8.

zum Siebentagewerk (›am siebten Tage ruhte Gott‹) ein rabbinischer und christlicher Topos.[3]

Der Anfang des Buchs Genesis berichtet von der Schöpfung des Himmels und der Erde, diese war wüst und leer (*tohu wa bohu*), Finsternis lag über den Wassern, darüber schwebte der Geist Gottes. Dieses Anfangsszenario war schon in den ältesten Deutungen mit dem Anfangschaos des Kosmos gleichgesetzt worden.[4] Am zweiten Tag, berichtet das Buch Genesis, seien die beiden Wasser, die über und die unter den Himmeln, geschaffen worden. Da es schon am ersten Tag eine Urflut und ein Chaos gab, wurden die Wasser mit dieser Urflut gleichgesetzt und in himmlische und irdische Wasser aufgeteilt. Die These vom wässrigen Anfangschaos der Welt fand sich auch in Schriften, die Hermes Trismegistos zugeschrieben wurden. Die bekannteste, *Asclepius*, berichtet von einem wässrigen Urnebel, der durch feurige Meteoriten zu Gewittern wird. In diesem gewalttätigen Kampf von Feuer und Wasser wird die Ordnung der Welt konstituiert: Die feinen Teile des Wassers werden zum Fixsternhimmel und den Planetensphären koaguliert; die widerständigen, grobmateriellen Teile des Urwassers werden in diesem Prozess ausgefällt und bilden die materielle Erde. Im sublunaren Nahbereich der Erde setzt sich dieser Informationsprozess der Schöpfung fort, wie die meteorologischen Phänomene (fortdauernde Gewitter) zeigen. Dieser Prozess bestimmt, so die hermetische Deutung des Buchs Genesis, die ersten vier Schöpfungstage.[5] Um irdische Tage konnte es sich mithin kaum handeln, aber welche Zeiten man sich vorzustellen hatte, war völlig ungewiss. Immerhin lieferte diese Tradition einen Anfang und eine Phase, in der die Ordnung des Kosmos

3 Siehe Talmud, Sanhedrin 97 a: »Die Schule des Eliahu lehrt: Sechstausend Jahre Welt, zweitausend Chaos, zweitausend Torah, zweitausend die Tage des Messias.«

4 Die These vom Anfangschaos findet sich u. a. bei Ovid, *Metamorphosen* I, vii und bei Laktanz, *Divin. instit.* I, v, 8 und II, viii, 8.

5 Siehe Robert Fludd, *Utriusque Cosmi Historia,* Stuttgart-Bad Cannstatt: frommann-holzboog 2018 (Clavis Pansophiae 5,1–4), bes. Bd. 1 (»De Macrocosmi Historia«). Siehe Wilhelm Schmidt-Biggemann, *Philosophia perennis. Historische Umrisse abendländischer Spiritualität in Antike, Mittelalter und Früher Neuzeit*, Frankfurt am Main: Suhrkamp 1998, bes. Teil B (»Theologie der Zeit«).

entstand, und in diesem Sinne eine Kosmogonie sowie, sobald die Erde geformt war, auch eine Geochronologie.

Die Verwunderung über Versteinerungen, zumal von Schnecken und Muscheln im Kalk, war bei Naturhistorikern gängig, alt und verbreitet.[6] Das Phänomen wurde, solange die 6.000-Jahre-Weltchronologie und die biblische Geschichte als verbindlich galten, auf die Sintflut zurückgeführt: Als das Wasser der Sintflut die Berge überflutet hatte, waren Muscheln, eben Meerestiere, zurückgeblieben – als Belege dieser biblischen Katastrophe und zugleich mahnende Symbole des göttlichen Zorns. Mit abnehmendem Kredit der biblischen Geschichtskonzeption änderte sich der Blick: Nun sah man nicht nur maritime Relikte, sondern bemerkte, dass die Schichten des Gesteins Auffaltungen, Verwerfungen und Bruchstellen zeigten. Diese Phänomene waren so auffällig, dass man sie, einmal entdeckt, nicht mehr ignorieren konnte. Es musste sich um Symptome von Prozessen handeln, die auf erdgeschichtliche Veränderungen – allmähliche Entwicklungen oder auch Katastrophen – zurückdeuteten. Katastrophen konnten von Vulkanausbrüchen oder vielleicht auch von Meteoriten ausgelöst worden sein, aber wenn man von allmählichen Entwicklungen ausging, dann mussten die Zeiten, in denen es zu solchen Auffaltungen gekommen war, unvorstellbar lang gewesen sein. Mit dieser Problematik begann die moderne Geologie, die Welt-Zeit zu revolutionieren. James Hutton, der Begründer der ›Geochronologie‹, war von dieser seiner Entdeckung langer Zeiten selbst überrascht.

6 Zur Literatur s. Gottfried Hofbauer, *Die geologische Revolution. Wie die Entdeckung der Erdgeschichte unser Denken veränderte*, Darmstadt: Wiss. Buchges. 2015.

James Hutton: Erdgeschichte als zeitsprengender Prozess der Stratifikation

Die *Theory of the Earth* von James Hutton (1726–1797),[7] die zuerst 1788 in Edinburgh als Skizze und dann 1795 in zwei Bänden erschien,[8] bewirkte eine stille, nachhaltige Revolution der Erdgeschichtsschreibung. Hutton war Sohn eines Kaufmanns in Edinburgh, studierte kurz Jura, war aber an Chemie interessiert und wechselte zum Medizinstudium, das er 1749 in Holland mit dem medizinischen Doktorgrad abschloss. Er entwickelte eine Technik, Ammoniak-Salze herzustellen und erwarb mit diesem Patent ein Vermögen, das ihm ermöglichte, sich von 1768 an ganz auf seine geologischen Interessen zu konzentrieren. Obwohl kränkelnd, war er als Gentleman Scientist sehr aktiv in der 1783 gegründeten Royal Society of Edinburgh. Er machte von seinen Theorien nicht viel Aufhebens und musste zur Publikation seiner Werke gedrängt werden.

Seine geologische Theorie war denn auch auf den ersten Blick unauffällig, weil sie auf dramatische und katastrophale Ereignisse verzichtete. Sie kannte keine Sintflut, keine kosmischen und tellurischen Katastrophen. Huttons These, die später ›Aktualismus‹ genannt wurde, war denkbar einfach: Dieselben geologischen Prozesse, die heute zu beobachten sind, müssen auch in der Vergangenheit gewirkt haben. Das bedeutete, dass die Erdgeschichte kontinuierlich verlief und dass dieselben Kräfte, die die Veränderung der Erde bewirkt hatten, in der Gegenwart weiterwirkten. Diese Einsicht ermöglichte eine empirische Betrachtung der Erdgeschichte, denn wenn sie kontinuierlich und bruchlos verlief, konnten genau die Faktoren, die die Veränderungen in der Erdgeschichte bewirkt hatten, auch

7 Nach der Encyl. Britannica: https://www.britannica.com/biography/James-Hutton, zuletzt aufgerufen am 3. 10. 2019.

8 James Hutton, Theory of the Earth, or an Investigation of the Laws observable in the Composition, Dissolution, and Restoration of Land upon the Globe, in: *Transactions of the Royal Society of Edinburgh*, vol. 1, Edinburgh: Dickson und London: Cadell 1788, part II, 209–304. Dann *Theory of the Earth, with proofs and illustrations*, London: Cadell jun. and Davies, und Edinburgh: Creech 1795. Im Folgenden wird nach der Ausgabe von 1788 zitiert.

in der Gegenwart beobachtet werden. Umgekehrt waren dann direkte Rückschlüsse von gegenwärtigen Beobachtungen auf vergangene möglich.[9]

Huttons Theorie ging von einer doppelten Bewegung aus: Erden seien erstens nichts anderes als verwitterte und ausgewaschene Partikel von Gebirgen (die selbst eigentlich nur aus vulkanischer Tätigkeit stammen können). Die ausgewaschenen Erden würden durch den Regen kontinuierlich ins Meer gespült und bildeten die Meeresböden, die sich in einem Kristallisierungsvorgang verfestigten. Die Meeresböden falteten sich dann zweitens auf und ersetzten die erodierten Berge.[10] Der Auffaltungsvorgang wurde als vulkanischer Prozess interpretiert, den Hutton als Folge der Erdhitze deutete, die die kristallisierten Meeresböden aufsprengte und zu Gebirgen auftürmte.[11] Als Beleg dieses Vorgangs deutete Hutton die Entstehung des Kalkgesteins selbst aus *marine bodies*. Ein weiterer Beweis für die Auffaltung der Gebirge aus kristallisierten Meeresböden waren die versteinerten Fossilien, die sich im Kalkgestein der Alpen und der Anden fanden.

> Es gibt kaum Marmor oder Kalkstein, in denen sich nicht mindestens einige Objekte finden, die auf den maritimen Ursprung des Gesteins verweisen. Wenn

9 »[W]e are to examine the construction of the present earth, in order to understand the natural operations of time past.« James Hutton, *Theory of the Earth*, 288. (Die Übersetzungen ins Deutsche stammen hier und im Folgenden, wenn nicht anders angegeben, vom Verf.)

10 Die These richtet sich gegen den ›Neptunismus‹ des Freiberger Geologen Abraham Gottlob Werner (1749–1817). Werner hatte gelehrt, dass alle Gesteine kristalline Ausfällungen aus dem Wasser des Urozeans (wohl eine Art Urschlamm) seien, dessen Wasserspiegel sich ständig gesenkt habe. Die Erosion durch Wind und Oberflächenwasser habe die Erden erzeugt. Die Urgebirge seien zu einer Zeit entstanden, als es noch kein Leben auf der Erde gegeben habe. Deshalb gebe es in den Gesteinen keine Fossilien. Seine Theorie variiert. Er unterscheidet bis 1788 die uranfänglichen Gesteine: Granit, Gneis, Glimmerschiefer, Tonschiefer, Porphyr, Quarz, Serpentinit, Basalt, nach 1788 als Flöze: Sandstein, Grauwacke, Kreide, Steinsalz, Gips, Basalt und als vulkanische Gesteine: Bimsstein, Tuff, vulkanische Asche, Lava, angeschwemmt: Seife und Raseneisenstein.

11 »[I]f these strata are cemented by the heat of fusion, and erected with an expansive power acting below, we may expect to find every species of fracture, dislocation and contortion, in those bodies, and every degree of departure from a horizontal towards a vertical position.« James Hutton, *Theory of the Earth*, 265.

man sich zum Beispiel einen Marmorblock von den Spitzen der Alpen oder der Anden anschaut, findet man darin Muscheln oder Korallen eingebettet. Daraus muss man schließen, dass die Masse, in der sich die Versteinerungen finden, ursprünglich ebenso Meeresboden war wie manches Gestein, das offenkundig fast komplett aus Muscheln oder Korallen besteht. [12]

Hutton war sich darüber im Klaren, dass dieser Prozess lange Zeiten benötigte – viel längere, als die biblische Geschichte sie kannte. Um noch einen Rest des Kredits der biblischen Geschichte zu retten, spaltete er deshalb die Geschichte in die des Lebens und die des Menschen. Er konstatierte:

> Die mosaische Geschichte setzt für den Ursprung des Menschen nur eine kleine Spanne Zeit an. Und es hat sich in den Zeugnissen der Natur kein Zeugnis gefunden, das dem Menschengeschlecht ein hohes Alter zusprechen könnte. Das ist bei den primitiveren Tiergattungen anders, vor allem bei denen, die im Meere und an seinen Küsten leben.[13]

Zugleich bemerkte Hutton, dass die Reihenfolge der Schöpfungsgeschichte, die berichtete, wie zunächst das Wasser, dann das Land, danach die Tiere des Wassers, des Landes und der Luft geschaffen worden seien, sich empirisch nicht belegen ließ: »Wir finden Spuren von Meerestieren in den festesten Teilen der Erde. Folglich haben sich diese Teile gebildet, als der Ozean schon lange von jenen Tieren belebt war, die diesem flüssigen Medium eigentümlich sind«.[14]

12 »There are few beds of marble or limestone, in which may not be found some of those objects which indicate the marine origin of the mass. If, for example, in a mass of marble, taken from a quarry upon the top of the Alps or the Andes, there shall be found one cockle-shell, or piece of coral, it must be concluded that this bed of stone had been originally at the bottom of the sea, as much as another bed which is evidently composed almost altogether of cockle-shells and coral.« Ebd. 219 f.

13 »The Mosaic history places this beginning of man at no great distance; and there has not been found, in natural history, any document by which a high antiquity might be attributed to the human race. But this is not the case with regards to the inferior species of animals, particularly those which inhabit the ocean and its shores.« Ebd. 217.

14 »We find the marks of marine animals in the most solid parts of the earth; consequently, those solid parts have been formed after the ocean was inhabited by those animals, which are proper to that fluid medium.« Ebd. 218 f.

Das mochte zunächst als durchaus marginale Erkenntnis erscheinen, aber es ergaben sich daraus erhebliche wissenschaftsgeschichtliche Konsequenzen. Wenn nämlich einige Gesteine erdgeschichtlich jünger waren als die Lebewesen, aus denen sie bestanden und die in ihnen versteinert waren, dann bedeutete das, dass man geologische Gesteinskunde nicht ohne Biologie und umfassende Biologie nicht ohne Geologie betreiben konnte. Es war in der Folge deshalb unausweichlich, die Lebewesen zu bestimmen, die sich als Versteinerungen erhalten hatten und zugleich zu erforschen, ob sie sich auch noch in der gegenwärtigen Flora und Fauna fanden. Auch das war eine Konsequenz des Aktualismus, den Hutton als geologisches Prinzip postuliert hatte. Hier wurde erneut deutlich, dass die Kontinuität der Kräfte, die die Erdgeschichte bestimmten, einen unübersehbar langen Zeitraum beanspruchte und dass die erdgeschichtliche Gegenwart Teil dieses Prozesses war. Aber konnte man hier überhaupt von Zeiten reden? Und wenn ja, von welchen?

Hutton sah diese Probleme genau und versuchte deshalb mit philosophischen Erwägungen über die Zeit den chronologischen Konsequenzen seiner Theorie aus dem Weg zu gehen. Er betrachtete die Zeit nicht als Medium, in dem sich die Naturgeschichte ereignete, sondern deutete sie als äußeres, ungeeignetes Maß für die inneren Abläufe der Natur:

> Die Zeit misst alles nach unserem Maß, und sie passt oft nicht in unsere Schemata; sie ist ihrer Natur nach endlos und gleichsam nichts. Sie kann das nicht begrenzen, durch das sie allein existiert. Und weil der natürliche Lauf der Zeit, der uns unendlich erscheint, nicht von einem Prozess abhängen kann, der endlich ist, kann die Entwicklung der Dinge auf dieser Erde, d. h. der Lauf der Natur, nicht durch Zeit begrenzt werden, die sich notwendig in einer kontinuierlichen Folge vollzieht.[15]

John Playfair (1748–1819), Edinburgher Mathematiker und Professor für Naturgeschichte, zeitweilig Tutor von Adam Ferguson, Freund und Bio-

15 »Time, which measures every thing in our idea, and is often deficient to our schemes, is to nature endless and as nothing; it cannot limit that by which alone it had existence; and as the natural course of time, which to us seems infinite, cannot be bounded by any operation that may have an end, the progress of things upon this globe, that is, the course of nature, cannot be limited by time, which must proceed in a continual succession.« Ebd. 215.

graph Huttons, war wesentlich für die Wirkung Huttons verantwortlich, denn er veröffentlichte 1802 die *Illustrations of the Huttonian Theory of the Earth*, durch die Charles Lyell auf Hutton aufmerksam wurde. In seiner Biographie Huttons hat Playfair 1805 die geradezu metaphysische Betroffenheit, die die neuen geologischen Theorien auslösten, mit den zugehörigen rhetorischen Topoi von Naturerbauung und Erhabenheitspathos geschildert. Er berichtet, wie er 1788 gemeinsam mit Hutton auf dem Siccar Point, einem Felsvorsprung an der schottischen Ostküste, stand:

> Wir fühlten uns unwiderstehlich zurückversetzt in die Zeit, als der Felsen, auf dem wir standen, noch auf dem Grund des Meeres lag und der Sandstein vor uns gerade erst begonnen hatte, sich in den Wassern des ihn umgebenden Ozeans als Sand oder Schlamm abzulagern. Eine noch fernere Vergangenheit zeigte sich, da sogar die ältesten Felsen, die jetzt senkrecht standen, noch einen waagerechten Meeresboden bildeten und noch nicht von der unermesslichen Kraft aufgerührt worden waren, die das feste Pflaster dieser Erde auseinanderriss. Gar noch fernere Revolutionen wurden uns in dieser außerordentlichen Perspektive sichtbar. Die Seele taumelte, als sie so tief in den Abgrund der Zeit hinabsah.[16]

George Julius Poulett Scrope: Das Alter der Vulkane

Geologie und Biologie wurden im England des 19. Jahrhunderts zu Modewissenschaften. Der botanisierende Gentleman avancierte ebenso zur Karikatur wie der Geologe, der mit einem Hämmerchen seine Steine abklopfte und sie katalogisierte. George Poulett Scrope (1797–1876) war

16 »We felt ourselves necessarily carried back to the time when the schistus on which we stood was yet at the bottom of the sea, and when the sandstone before us was only beginning to be deposited, in the shape of sand or mud, from the waters of a superincumbent ocean. An epoch still more remote presented itself, when even the most ancient of these rocks, instead of standing upright in vertical beds, lay in horizontal plains at the bottom of the sea, and was not yet disturbed by that immeasurable force which has burst asunder the solid pavement of the globe. Revolutions still more remote appeared in the distance of this extraordinary perspective. The mind seemed to grow giddy by looking so far into the abyss of time.« John Playfair: *Biographical Account of James Hutton, M. D. F. R. S. Ed*,. Cambridge: Cambridge Univ. Press 1797, 34 f.

offensichtlich ein solcher Geologe aus Leidenschaft.[17] Sohn eines Londoner Großkaufmanns, unternahm er nach seinem Studium in Oxford und vor allem am St John's College in Cambridge Forschungsreisen zu den Vulkangebieten in Zentralfrankreich, Deutschland (Eifel) und Italien, wo er vor allem den Vesuv und den Ätna erkundete. Im Oktober 1822 wurde er Augenzeuge eines Ausbruchs des Vesuvs, ein Ereignis, das er penibel protokollierte und beschrieb. 1825 veröffentlichte er seine Beobachtungen und Theorien (*Considerations on Volcanos*). Im selben Jahr wurde er gemeinsam mit Charles Lyell, mit dem er lebenslang in enger Freundschaft verbunden blieb, Sekretär der Geological Society in London. 1827 erschien sein geologischer Klassiker: *Memoir on the Geology of Central France*. Von nun an stand er im Zentrum der britischen und internationalen geologischen Diskussion, zumal Charles Lyell die Forschungen seines Freundes wirkungsvoll rezensierte und in seinen eigenen Schriften propagierte.

Scrope entwickelte die Theorie Huttons weiter und ergänzte sie durch seine Theorie der Vulkane. Huttons Theorie konnte nicht erklären, wie die verwitternden Berge und der Transport der dabei freigesetzten Erde durch die Flüsse etwa breite Täler auswuschen. Darüber hinaus war es wenig wahrscheinlich, dass alle Vulkane der Erdoberfläche ursprünglich aus dem Meer aufgestiegen waren. Scrope kam 1827 in seinem Bericht über die französischen Vulkane zu dem Ergebnis, dass Huttons Theorie, dass die gegenwärtige Form der Erdoberfläche Ergebnis eines kontinuierlich anhaltenden Prozesses sei, zwar im Prinzip stimme, aber um die geologische Formationsbildung ergänzt werden müsse. Er deutete deshalb die Aktivität der Vulkane und den Lavafluss als weiteres Entstehungsmoment der Erdtopographie. Die Einbeziehung der Vulkantätigkeit änderte im Prinzip nichts an der Geltung des Aktualismus, nach dem die gegenwärtigen Beobachtungen Symptome eines noch anhaltenden geologischen

17 Sein ursprünglicher Familienname war Thompson. Er heiratete 1821 die adelige Emma Phipps Scrope († 1860), nahm ihren Namen an und wurde dadurch auch Mitglied des House of Lords. Seine Frau verunglückte bei einem Reitunfall kurz nach der Hochzeit und blieb schwerbehindert. Scrope hatte eine ständige Geliebte, mit der er einen Sohn hatte, den Emma und er 1856 adoptierten. 1866 heiratete er die 44 Jahre jüngere Margaret Elizabeth Savage.

Prozesses sind, und Scrope bestand darauf, »those changes and operations« zu beschreiben, »which the ever-active hand of Nature is still carrying on upon that surface«.[18] Da aber solche Vulkanaktivitäten, die die Erdoberfläche durch Bergkegelbildungen und durch Lavaströme geformt hatten, sich lange vor dem Auftreten des Menschen ereignet hatten, musste auch hier mit unvorstellbar langen Zeiten gearbeitet werden. Offensichtlich war Scrope über die zeitlichen Dimensionen seiner Theorie selbst erschrocken:

> Die Perioden, die unserer eingeschränkten Wahrnehmung, und verglichen mit unserer ephemeren Existenz, unberechenbar lang erscheinen, sind im Kalender der Natur wohl nur winzig. Mehr als alle anderen Wissenschaften hat uns die Geologie mit diesem wichtigen, zugleich demütigenden Sachverhalt vertraut gemacht. Jeder Erkenntnisfortschritt in der Geologie zwingt uns, geradezu unbegrenzte neue Altersannahmen zu machen. Der Leitbegriff, der in allen unseren Forschungen präsent ist und der jede neue Entdeckung begleitet, das Wort, das bei allen Arbeiten immer und überall im Ohr jedes Naturforschers ertönt, lautet: Zeit, Zeit, Zeit![19]

Scrope war sich dabei durchaus über die theologische Dimension seiner Gedanken im Klaren.[20] Er verteidigt die langen geologischen Erdzeiten, indem er sie mit der göttlichen Ewigkeit vergleicht:

18 George Poulett Scrope, *Memoir on the Geology of Central France. Including the Volcanic Formations of Auvergne, the Velay, and the Vivarais*, London: Longman, Rees, Orme, Brown, and Green 1827, v.

19 »The periods which to our narrow apprehension, and compared with our ephemeral existence, appear of incalculable duration, are in all probability but trifles in the calendar of Nature. It is Geology that, above all other sciences, makes us acquainted with this important, though humiliating fact. Every step we take in its pursuit forces us to make almost unlimited drafts upon antiquity. The leading idea which is present in all our researches, and which accompanies every fresh observation, the sound which to the ear of the student of Nature seems continually echoed from every part of her works, is – Time! – Time! – Time!« Ebd. 165

20 Er weist den späteren Vertreter der biblischen Naturgeschichte Willam Buckland entschieden zurück, der 1823 noch behauptet hatte, die fossilen Sedimente im Kalkstein seien auf die Sintflut zurückzuführen. Vgl. William Buckland: *Reliquiae Diluvianae. Or, observations on the organic remains contained in caves, fissures and diluvial gravel and on other geological phenomena, attesting the action of an universal deluge*, New York: Arno Press ^{2}1978. Zuerst 1823.

Es ist sehr bemerkenswert, dass, während wir ständig und ohne Bedacht die Worte ›ewig‹, ›Ewigkeit‹, ›immer‹ benutzen, wir dennoch große Schwierigkeiten haben, irgendeine bestimmte Dauer zu erwägen, die in einem sehr großen Verhältnis zu den kurzen Zeitläufen unserer winzigen Chroniken steht. Viele würden nicht einen Augenblick daran zweifeln, dass der Gott der Natur seit aller Ewigkeit existiert hat, und doch die Vorstellung als absurd zurückweisen, sein Werk sei über eine Million Jahre zurückzuverfolgen. Aber was ist eine Million, oder eine Million Millionen Umdrehungen der Sonne im Verhältnis zur Ewigkeit?[21]

2. Die Klassifikation des Lebens und seine Entwicklung: Jean-Baptiste de Lamarck

Das Gewebe von Geologie und Biologie konstituierte die Erforschung der Erdgeschichte seit Huttons leiser geologischer Revolution. Um aber die Flora und Fauna, die sich in den Gesteinen fand, überhaupt identifizieren zu können, war ihre Klassifikation erforderlich. Erst auf der Grundlage einer Klassifikation konnten die geologischen Befunde mit ihren vielfältigen Versteinerungen verlässlich interpretiert werden. Hier kam dem Werk von Jean-Baptiste de Lamarck (1744–1829)[22] eine Schlüsselrolle zu, denn er erwarb sich mit seinen Klassifikationen vor allem der wirbellosen Tiere ein Detailwissen, das sich für die Geologie im Folgenden als unentbehrlich herausstellen sollte.

Lamarck hatte von 1770 bis 1774 Medizin studiert und dabei die Pariser Botaniker Bernard und Antoine Laurent de Jussieu sowie den Zoologen

21 »It is very remarkable that while the words *Eternal*, *Eternity*, *Forever*, are constantly in our mouths, and applied without hesitation, we yet experience considerable difficulty in contemplating any definite term which bears a very large proportion to the brief cycles of our petty chronicles. There are many minds that would not for an instant doubt the God of Nature to have existed *from all Eternity*, and would yet reject as preposterous the idea of going back a million of years in the History of *His Works*. Yet what is a million, or a million million, of solar revolutions to an Eternity?« Ebd. 165

22 Lamarck besuchte mit elf Jahren das Jesuitengymnasium in Amiens, diente ab 1759 in der Armee (er nahm am Siebenjährigen Krieg teil), bis er 1768 den Dienst quittierte, und arbeitete anschließend in einer Pariser Bank.

Buffon kennengelernt. Von allen dreien übernahm er die Leidenschaft fürs Sammeln und Ordnen: 1779 erschien seine *Flore Française,* die ihn gleich berühmt machte und ihm einen Sitz in der Akademie (ohne Honorar) sowie einen kleinen Posten am Botanischen Garten einbrachte. 1793, mitten in der Französischen Revolution, wurde er am Musée national d'histoire naturelle angestellt, wo er sich mit der Bestimmung der Insekten und Würmer befasste. Hier stellte er seine klassifikatorischen Hauptwerke zusammen: *Système des animaux sans vertèbres* (1801) und *Hydrogéologie* (1802). Im selben Jahr erschienen die *Recherches sur l'organisation des corps vivants.* 1809 fasste er seine Forschungen in der *Philosophie zoologique. Une Exposition des considérations relatives à l'histoire naturelle des animaux* zusammen. Mit der *Philosophie zoologique* ging er über die reine Klassifikation, die er in seinen Werken vorgenommen hatte, hinaus und konzipierte eine biologische Fortschrittstheorie. Er entwickelte eine Theorie der Klassifikation und betrachtete die Entstehung der Arten als genealogischen Prozess. Die Betonung der Prozessualität hatte unausweichlich zur Konsequenz, dass jetzt auch die Gattungen nicht länger als ewige Naturkonstanten behandelt werden konnten, sondern einer Entwicklungsdynamik unterworfen wurden. Dabei ging Lamarck von derselben erdgeschichtlichen Kontinuitätstheorie aus, die auch James Hutton vertreten hatte:[23] Die Entwicklungen der Biologie können auch jetzt noch in der Gegenwart beobachtet werden, und die Klassifikation liefert die Parameter, mit denen sie sich genau bestimmen lassen.

Die Besonderheit von Lamarcks biologischer Theorie war, dass die Lebewesen der verschiedenen Gattungen die Eigenschaften, die sie im Laufe ihres Lebens erworben hatten, vererben konnten. Er stellte sich die Vererbung erworbener Eigenschaften so vor, dass die Organe der Lebewesen durch die Bewegung von Gasen und Flüssigkeiten, durch

23 Lamarck war ein Zeitgenosse von Hutton, aber die beiden haben, soweit ich weiß, nie voneinander Notiz genommen; erst Charles Lyell hat eine Verbindung zwischen ihnen hergestellt.

Licht, Wärme und Elektrizität gebildet und umgebildet würden. Die so geformten und ernährten Organe vererbten sich.[24]

Zoologische Philosophie (Philosophie zoologique)

Lamarcks Konzept von Philosophie, wie er es in der *Philosophie zoologique* fasst, ist empiristisch; Spekulation jeder Art liegt ihm fern. So schreibt er in seinem Vorwort:

> Diese *zoologische Philosophie* enthält also die Resultate meiner Studien über die Tiere, ihre allgemeinen und speziellen Charaktere, ihre Organisation, die Ursachen ihrer Entwickelung und ihrer Mannigfaltigkeit sowie der Fähigkeiten, die sie dadurch enthalten; zu ihrer Abfassung habe ich das wichtigste Material benutzt, das ich für ein Werk über die Organismen der Tiere unter dem Titel ›*Biologie*‹ gesammelt habe [...].[25]

Er bezieht sich auf »positive Wahrheiten«, auf die man sich verlassen können müsse, und das sind für ihn allein beobachtbare »Tatsachen« (5). Er

24 Wie Hutton sich gegen die Katastrophentheorie Abraham Werners in der Geologie wandte (s. oben Anm. 10), so schrieb Lamarck gegen die Katastrophentheorie Georges Cuviers (1769–1832). Die an die *Philosophie zoologique* anschließenden Werke waren erfolglos; Lamarck verarmte, fühlte sich verfolgt (vor allem von Cuvier), war die letzten zehn Jahre seines Lebens blind, starb im Dezember 1829 und wurde in einem Armengrab beigesetzt.

25 »Ainsi, cette *Philosophie zoologique* présente les résultats de mes études sur les animaux, leurs caractères généraux et particuliers, leur organisation, les causes de ses développemens et de sa diversité, et les facultés qu'ils en obtiennent; et pour la composer, j'ai fait usage des principaux matériaux que je rassemblois pour un ouvrage projeté sur les corps vivans, sous le titre de *Biologie*«. Jean-Baptiste Pierre Antoine de Monet Lamarck, *Philosophie zoologique. Ou exposition des considérations relatives à l'histoire naturelle des animaux; à la diversité de leur organisation et des facultés qu'ils en obtiennent; aux causes physiques qui maintiennent en eux la vie et donnent lieu aux mouvemens qu'ils exécutent; enfin, à celles qui produisent, les unes le sentiment, et les autres l'intelligence de ceux qui en sont doués*, Paris: Germer Baillère 1809, Avertissement, xviii; dt.: Jean-Baptiste Pierre Antoine de Monet Lamarck, *Zoologische Philosophie. Mit Einleitung und einem Anhang: Das phylogenetische System der Tiere nach Haeckel*, übers. v. Heinrich Schmidt, Leipzig: Kröner 1909, 4.

geht von Naturgesetzen aus, bemerkt allerdings sogleich die Schwierigkeit, dass Gesetze sich nicht von selbst aus der Anhäufung positiver Tatsachen ergeben. Die passenden Tatsachen müssen miteinander in Beziehung gesetzt werden – aber wie findet man die Passgenauigkeit heraus? Lamarcks Lösung: Durch Klassifikation.

Klassifizierungen

Lamarcks Vorgehen hat bei den Biologen Schule gemacht: Er liefert eine vollständige Klassifikation der Lebewesen, von den kleinsten Mollusken bis zum Menschen. Wie auch immer man Klassifikation im Einzelnen fasst, es kommt jedenfalls stets darauf an, Lebewesen nach Kriterien zu unterscheiden, die ihnen wesentlich sind, und diese ›natürliche Ordnung‹ sprachlich abzubilden. Das Verfahren erinnert an das klassische philosophische Lehrstück der *arbor porphyriensis*, wonach in absteigender Abstraktionsreihe alle Gattungen und Arten vom allerallgemeinsten ›Sein‹ bis zum allerindividuellsten Namen ›Petrus‹ zusammengestellt werden. Auch Lamarcks Anspruch geht weit über eine nominalistische Klassifikation hinaus: In der ›Empirie‹ soll sich eine natürliche Ordnung zeigen, die dann versprachlicht wird. Lamarck ist sich über die Zirkularität dieser Klassifikationsanstrengungen möglicherweise im Klaren; mindestens hofft er bei seinen Bemühungen immer auf die korrigierende Hilfe der Natur:

1. Die systematischen Einteilungen, mit denen er beginnt, können nach Lage der Dinge zunächst allein sprachlicher Natur sein. Aber er geht davon aus, dass sie mit fortschreitender Kenntnis der Gegenstände durch ›natürliche Ordnungen‹ ersetzt werden.
2. Klassen sind allgemeine Abteilungen in den systematisch gewonnenen natürlichen Ordnungen (vgl. 12). Diese Unterteilung ist noch sehr abstrakt und entsprechend vage; bei der empirischen Verifikation soll die Natur helfen, indem sie die wesentlichen Merkmale einer Klasse sozusagen offenbart.

3. Ordnungen sind die Untergruppen der Klassen. Nach welchen Kriterien das Verhältnis von Ordnungen und Klassen bestimmt wird, bleibt freilich offen. Die »Ordnungen« scheinen aber mindestens aus klassifikationspragmatischen Erwägungen heraus sinnvoll zu sein.
4. Mit dem Begriff ›Familie‹ ist der Übergang von abstrakten in ›natürliche‹ Ordnungen vollzogen. Familien können in der Natur gefunden werden. (14).
5. ›Gattungen‹ sind der Unterbegriff zu ›Familie‹ und der Oberbegriff zu ›Rasse‹. »Gut gebildete (echte) Gattungen sind kleine *Familien*« (14).[26]
6. Von der Sache her folgt nun die Beschreibung der ›Arten‹, die als logisch-natürliche Untergruppe der Gattung definiert sind.

Die ›natürlichen Ordnungen‹, die so gefunden wurden, müssen versprachlicht werden, damit sie wissenschaftlich identifizierbar, verwaltbar und kombinierbar werden. Diese zentrale Aufgabe besteht in der Nomenklatur: »Man nennt *Nomenklatur* das System der Namen, die man entweder den besonderen Gegenständen, wie jeder Rasse, jeder Art eines Organismus, oder den verschiedenen Gruppen dieser Gegenstände, jeder Gattung, jeder Familie, jeder Klasse, beilegt« (15).[27]

Dieses System von Klassifizierungen soll die Lebewesen vollständig einfangen. Es ist also zunächst immer ein schier unübersehbarer Beschreibungsaufwand empirischer Befunde erforderlich. Dieser Beschreibungsaufwand wird ein Kriterium der Forschung sein, die sich im 19. Jahrhundert empirisch nennt.

Veränderlichkeit der Arten

Unter den Organismen gibt man den Namen *Beziehung* zwischen zwei vergleichend betrachteten Gegenständen gewissen Zügen von Analogie oder

26 »[L]es genres bien faits sont véritablement de petites *familles*«, ebd., 32.

27 »On appelle *nomenclature*, le système des noms que l'on assigne, soit aux objets particuliers, comme à chaque race ou espèce de corps vivant, soit aux différens groupes de ces objets, comme à chaque genre, chaque famille et chaque classe.« Ebd., 34.

> Ähnlichkeit, die der Gesamtheit oder der Allgemeinheit ihrer Teile entnommen sind, jedoch so, daß man den wesentlichsten einen größeren Wert beilegt. (16)[28]

Entscheidend ist auch hier wieder die Zirkularität der empirischen Erkenntnis: Welches die ›wesentlichen‹ Ähnlichkeiten sind, die erkannt werden sollen, kann sich nur in einem am ehesten als hermeneutisch zu kennzeichnenden Verfahren zeigen. Diejenige Eigenschaft, die als analogiefähig betrachtet wird, muss sich im weitergehenden Klassifikationsprozess bewähren. Ein solcher Bewährungsprozess wird den Arten zugetraut, die in der Nomenklatur festgehalten sind und deren begrifflicher Stabilität eine natürliche Konstanz zuerkannt wird. Und hier spielt die Artenkonstanz eine Schlüsselrolle:

> Es ist kein unnützes Ding, den *Artbegriff* positiv festzustellen; zu untersuchen, ob es wahr ist, daß die *Arten* eine absolute Konstanz besitzen, daß sie so alt sind wie die Natur, und daß sie alle ursprünglich so existiert haben, wie wir sie noch heute beobachten; oder ob sie nicht vielmehr, den wechselnden Umständen unterworfen, wenn auch nur äußerst langsam, im Laufe der Zeiten ihren Charakter und ihre Gestalt verändert haben. (20)[29]

Dieser Prozess setzt eine lange Erdenzeit voraus, aber die Langzeitkonstanz der Erde ist für Lamarck kein Problem. Er definiert die Art folgendermaßen: »Man hat *Art* jede Gruppe von ähnlichen Individuen genannt, welche von anderen, ihnen ähnlichen Individuen hervorgebracht wurden« (20).[30] Das ist die alte, platonisch-aristotelische Definition: Ein

28 »Parmi les corps vivans, on a donné le nom de *rapport*, entre deux objets considérés comparativement, à des traits d'analogie ou de ressemblance, pris dans l'ensemble ou la généralité de leurs parties, mais en attachant plus de valeur aux plus essentielles.« Ebd., 39.

29 »Ce n'est pas un objet futile que de déterminer positivement l'idée que nous devons nous former de ce que l'on nomme des *espèces* parmi les corps vivans, et que de rechercher s'il est vrai que les *espèces* ont une constance absolue, sont aussi anciennes que la nature, et ont toutes existé originairement telles que nous les observons aujourd'hui; ou si, assujetties aux changemens de circonstances qui ont pu avoir lieu à leur égard, quoiqu'avec une extrême lenteur, elles n'ont pas changé de caractère et de forme par la suite des temps.« Ebd., 53.

30 »On a appelé *espèce*, toute collection d'individus semblables qui furent produits par d'autres individus pareils à eux.« Ebd., 54.

Mensch zeugt einen Menschen. Lamarck kann aber die klassische Auffassung nicht akzeptieren, »daß die zu einer Art gehörenden Individuen [sich] in ihrem spezifischen Charakter niemals abändern, und daß folglich die Art in der Natur eine absolute Konstanz besitzt« (21).[31] Es liege vielmehr empirisch auf der Hand, dass es eine Veränderung der Gattungen gebe. Je mehr man klassifiziere und sammle, desto größer werde die Vielfalt innerhalb einer Art, und man könne daraus nur schließen, dass sich diese Vielfalt je nach veränderten Lebensräumen entwickelt habe:

> Eine Menge von Tatsachen lehrt uns, daß in dem Maße, als die Individuen einer unserer Arten ihren Standort, das Klima, ihre Lebensart oder ihre Gewohnheiten ändern, sie dadurch dermaßen beeinflußt werden, daß allmählich die Beschaffenheit und die Proportionen ihrer Teile, ihre Gestalt, ihre Fähigkeiten und selbst ihre Organisation sich verändert, so, daß mit der Zeit alles an ihnen an diesen Veränderungen Teil nimmt. (23)[32]

Für Lamarck ist es natürlich und selbstverständlich, dass sich die Arten aus einem ursprünglichen realen Ur- und Prototyp heraus in ihre Vielfalt entwickelt haben. Damit ist eine Dynamik benannt, die die Vielfalt als Ergebnis einer Entwicklung aus dem Einfachen benennt. Die Klassifikation ist mithin nur sozusagen eine historische Momentaufnahme des sich autonom weiterentwickelnden Naturprozesses.

Lamarck fasst seine Lehre in sechs Thesen zusammen:

1. Daß alle Organismen unseres Erdkörpers wahre Naturerzeugnisse sind, welche die Natur in langer Zeit allmählich hervorgebracht hat;[33]

31 »[L]a supposition que les individus qui composent une espèce ne varient jamais dans leur caractère spécifique, et que conséquemment l'*espèce* a une constance absolue dans la nature.« Ebd., 54.

32 »Quantité de faits nous apprennent qu'à mesure que les individus d'une de nos *espèces* changent de situation, de climat, de manière d'être ou d'habitude, ils en reçoivent des influences qui changent peu à peu la consistance et les proportions de leurs parties, leur forme, leurs facultés, leur organisation même; en sorte que tout en eux participe, avec le temps, aux mutations qu'ils ont éprouvées.« Ebd., 62.

33 »Que tous les corps organisés de notre globe sont de véritables productions de la nature, qu'elle a successivement exécutées à la suite de beaucoup de temps«, ebd., 65.

2. daß die Natur in ihrem Gange – wie sie es noch heute tut – mit der Schöpfung der einfachsten Organismen begonnen hat, und daß sie unmittelbar nur diese d. h. nur diese ersten Anfänge der Organisation erzeugt, was man mit dem Namen *Urzeugung* bezeichnet;[34]
3. daß die ersten, an günstigen Orten und unter günstigen Umständen gebildeten tierischen und pflanzlichen Anfänge, ausgestattet mit der Fähigkeit des beginnenden Lebens und der organischen Bewegung, mit Notwendigkeit allmählich Organe entwickelt und mit der Zeit dieselben, sowie ihre Teile, vervielfältigt haben;[35]
4. daß das von den ersten Wirkungen des Lebens unzertrennliche Wachstumsvermögen in jedem Teile des Organismus die verschiedenen Arten der Vermehrung und Fortpflanzung der Individuen verursacht hat, und daß dadurch die in dem Baue der Organisation und in der Gestalt und Verschiedenheit der Teile erworbenen Fortschritte erhalten wurden;[36]
5. daß mit Hilfe genügender Zeiträume, notwendig günstiger Umstände, und der Veränderungen, welche alle Punkte der Erdoberfläche ununterbrochen erlitten haben, mit einem Wort: daß durch die umändernde Wirkung neuer Standorte und neuer Gewohnheiten alle jetzt existierenden Organismen unmerklich so gebildet worden sind, wie wir sie wahrnehmen;[37]

34 »Que, dans sa marche, la nature a commencé, et recommence encore tous les jours, par former les corps organisés les plus simples, et qu'elle ne forme directement que ceux-là, c'est-à-dire, que ces premières ébauches de l'organisation, qu'on a désignées par l'expression de *générations spontanées*«, ebd.

35 »Que les premières ébauches de l'animal et du végétal étant formées dans les lieux et les circonstances convenables, les facultés d'une vie commençante et d'un mouvement organique établi, ont nécessairement développé peu à peu les organes, et qu'avec le temps elles les ont diversifiés ainsi que les parties«, ebd.

36 »Que la faculté d'accroissement dans chaque portion du corps organisé étant inhérente aux premiers effets de la vie, elle a donné lieu aux différens modes de multiplication et de régénération des individus; et que par-là les progrès acquis dans la composition de l'organisation et dans la forme et la diversité des parties, ont été conservés«, ebd.

37 »Qu'à l'aide d'un temps suffisant, des circonstances qui ont été nécessairement favorables, des changemens que tous les points de la surface du globe ont successivement subis dans leur état, en un mot, du pouvoir qu'ont les nouvelles situations et les nouvelles habitudes

6. daß endlich – da ja alle Organismen in ihrer Organisation und in ihren Teilen mehr oder weniger große Veränderungen erlitten haben – das, was man bei ihnen *Art* nennt, nach einer ähnlichen Ordnung der Dinge unmerklich und ununterbrochen so gebildet wurde, eine nur relative Konstanz hat und nicht so alt wie die Natur sein kann. (24)[38]

Diesen Prozess stellt sich Lamarck als »Ausführung des Willens ihres [sc. der Natur] erhabenen Schöpfers« (24)[39] vor.

Tiere

Nachdem er diese grundsätzliche Klarstellung seiner Lehre formuliert hat, geht es im nächsten Schritt darum, eine Klassifikation der Arten vorzunehmen, die die einzelnen Stufen der Entwicklung des Tierreichs von den primitiven Stufen bis zum Menschen plausibel machen. Dafür ist zunächst die Definition von ›Tier‹ erforderlich: »Die *Tiere* sind organisierte belebte Naturkörper, mit Teilen begabt, welche zu jeder Zeit reizbar sind. Beinahe alle verdauen die Lebensmittel, von denen sie sich ernähren, und bewegen sich teils infolge eines entweder freien oder abhängigen Willens, teils infolge ihrer erregten Reizbarkeit« (33).[40]

Lamarck schreibt den höheren Tieren einen Willen und selbstverständlich ein Gedächtnis sowie die Fähigkeit zur Begriffsbildung zu. Das entspricht der aristotelischen Tradition.

pour modifier les organes des corps doués de la vie, tous ceux qui existent maintenant ont été insensiblement formés tels que nous les voyons«, ebd., 66.

38 »Enfin, d'après un ordre semblable de choses, les corps vivants ayant éprouvé chacun des changemens plus ou moins grands dans l'état de leur organisation et de leurs parties, ce qu'on nomme *espèce* parmi eux a été insensiblement et successivement ainsi formé, n'a qu'une constance relative dans son état, et ne peut être aussi ancien que la nature.« Ebd.

39 »[L]'exécution de la volonté de son sublime Auteur«, ebd., 68.

40 »Les *animaux* sont des corps organisés vivans, doués de parties en tout temps irritables, presque tous digérant les alimens dont ils se nourrissent, et se mouvant, les uns, par les suites d'une volonté, soit libre, soit dépendante, et les autres, par celles de leur irritabilité excitée.« Ebd., 96.

Lamarcks Ordnung sieht nun so aus, dass er die Arten (z. B. die Spezies Amsel) nach Familien (Singvögel) und diese nach Klassen (Vögel) ordnet. Die verschiedenen Klassen der Tiere werden nun in eine Ordnung gebracht. Die Ordnung hat als Hauptkriterien die Entwicklungsstufen der Klassen, Familien und Arten. So entsteht eine Reihe, die von den kompliziertesten Klassen, die wiederum aus Familien und Arten bestehen, bis zu den primitivsten reicht. Diese Reihe wird als naturgeschichtliche Entwicklungsreihe interpretiert. Dabei geht Lamarck so vor, dass die kompliziertesten Tiere als die spätesten in einer Entwicklung betrachtet werden und die primitivsten als die frühesten. Mit dieser genealogischen Methode wird ein natürlicher Stammbaum allen organisierten Lebens erzeugt, an dessen Spitze der Mensch steht. Lamarck kann sich bei der Idee einer Reihung auf die Theorie einer ununterbrochenen Kette der Lebewesen stützen, die Charles Bonnet und Leibniz entwickelt hatten;[41] seine Besonderheit besteht aber darin, dass er diese Reihe als naturgeschichtliche Entwicklung vom Primitiven zum Komplizierten deutet, die sich im Lauf der Erdgeschichte ereignet habe.

Lamarcks elementarer Klassifikationsmaßstab der Fauna ist die Wirbelsäule. Tiere mit Wirbelsäule sind für ihn evidenterweise später und mithin entwickelter als solche ohne Wirbelsäule. Nach der Skala der Vollkommenheit sieht Lamarcks Reihe so aus: A) Wirbeltiere: 1. Säugetiere, 2. Vögel, 3. Reptilien, 4. Fische. B) Wirbellose Tiere (das ist nur ein Negativkriterium): 5. Mollusken (Weichtiere, z. B. Schnecken), 6. Cirripedien (Rankenfüßler, diese sind aber eigentlich eine Unterklasse der Crustaceen), 7. Anneliden (Ringelwürmer), 8. Crustaceen (Krebstiere), 9. Arachniden (Spinnentiere), 10. Insekten, 11. Würmer, 12. Radiaten (Tiere, die strahlenförmig aufgebaut sind, z. B. Seesterne), 13. Polypen (Tiere mit gestielten Ausstülpungen der Schleimhaut), 14. Infusorien (kleine, im Aufguss von Pflanzenmaterial sich entwickelnde Tierchen) (39–43).

41 Siehe Gottfried Wilhelm Leibniz, *Vernunftprinzipien der Natur und der Gnade. Monadologie*, hg. v. Herbert Herring, Hamburg: Meiner 1960 (franz.-dt. Philosophische Bibliothek 253), §§ 72–90; s. Charles Bonnet, *Betrachtung über die Natur*, (hg. und übers. v. Johann Daniel Tietz), Leipzig: Junius ²1772 (frz.: Genf 1764), Teile 3 u. 4, 31–88: »Allgemeine Vorstellung der Stufenfolge in den Dingen«.

Aus dieser Klassifikation kann man nun freilich nicht schließen, dass sich die einzelnen Klassen direkt aus einander entwickelt hätten. Deshalb nimmt Lamarck für jede Klasse bzw. Gattung eine Urzeugung bzw. ein Urtier an; andererseits postuliert er für die Entwicklung der Familien und Gattungen Zwischenstadien, die ausgestorben sind. Für die natürliche Dynamik dieser Entwicklung vom Primitiven zum Vollkommenen muss Lamarck auf ein metaphysisches Prinzip zurückgreifen: Weil die Natur das Vollkommene liebe, sterbe das Unvollkommene aus. Darwin wird dieses metaphysische Postulat später durch das moralfreie Konzept des *survival of the fittest* ersetzen.

Das Entwicklungskonzept Lamarcks war dadurch empirisch belegbar, dass er nachweisen konnte, wie die einzelnen Organe sich auf die je neue Situation einstellten und dadurch vervollkommneten. Für diese Entwicklung formuliert er zwei Gesetze:

> *Erstes Gesetz*. Bei jedem Tiere, welches den Höhepunkt seiner Entwickelung noch nicht überschritten hat, stärkt der häufigere und dauernde Gebrauch eines Organs dasselbe allmählich, entwickelt, vergrößert und kräftigt es proportional der Dauer dieses Gebrauchs; der konstante Nichtgebrauch eines Organs macht dasselbe unmerkbar schwächer, verschlechtert es, vermindert fortschreitend seine Fähigkeiten und läßt es endlich verschwinden. (73)[42]

> *Zweites Gesetz*. Alles, was die Individuen durch den Einfluß der Verhältnisse, denen ihre Rasse lange Zeit hindurch ausgesetzt ist, und folglich durch den Einfluß des vorherrschenden Gebrauchs oder konstanten Nichtgebrauchs eines Organs erwerben oder verlieren, wird durch die Fortpflanzung auf die Nachkommen vererbt, vorausgesetzt, daß die erworbenen Veränderungen beiden Geschlechtern oder den Erzeugern dieser Individuen gemein sind. (ebd.)[43]

42 »Première Loi. Dans tout animal qui n'a point dépassé le terme de ses développemens, l'emploi plus fréquent et soutenu d'un organe quelconque, fortifie peu à peu cet organe, le développe, l'agrandit, et lui donne une puissance proportionnée à la durée de cet emploi; tandis que le défaut constant d'usage de tel organe, l'affoiblit insensiblement, le détériore, diminue progressivement ses facultés, et finit par le faire disparoître.« Lamarck, *Philosophie zoologique*, 235.

43 »Deuxième Loi. Tout ce que la nature a fait acquérir ou perdre aux individus par l'influence des circonstances où leur race se trouve depuis long-temps exposée, et, par conséquent,

Natürlich – und das ist im genauen Sinne des Wortes gemeint – ist der Mensch Teil dieses Vervollkommnungsprozesses. Die Frage, ob er seinerseits schon im Zenit seiner Vollkommenheit steht oder noch über sich hinauswachsen wird, lässt Lamarck offen. Aber er macht zum Schluss der *Philosophie zoologique* »[e]inige Bemerkungen über den Menschen« (88–91).[44] Seine biologischen Kriterien: Die Menschen sind »Bimanen«, Zweihänder, sowie »Säugetiere mit getrennten, mit Nägeln versehenen Gliedmaßen.« Sie haben »[d]rei Zahnarten«, die »Daumen [sind] bloß den Händen entgegensetzbar« (88).[45] Die ›Rasseneinteilung‹ entspricht der Gattungsgliederung: Es gibt »Kaukasier, Hyperboräer [eigentlich ein Volk der griechischen Sage], Mongolen, Amerikaner, Malayen, Äthiopier oder Neger« (88).[46] Die menschliche Rasse, »die vollkommenste Affenart« (89)[47] und das einzige aufrecht gehende Wirbeltier, ist in ihren Fähigkeiten so vervollkommnet, dass sie die ganze Welt besiedelt und alle anderen Rassen verdrängt hat. Sie hat die verbleibenden anderen weniger hochentwickelten Rassen in entlegene Gebiete abgedrängt und so in ihrer Entwicklung behindert.

So weit ist der Mensch eine Affenart – freilich bestimmt Lamarck die Sprache als entscheidenden Unterschied des Menschen zu den anderen Tieren. Der Mensch kann sich den Artgenossen mit Zeichen mitteilen. Die Zeichen werden im Prozess der Kommunikation vermehrt, »und weil weder pantomimische *Zeichen* noch mögliche Biegungen ihrer Stimme

par l'influence de l'emploi prédominant de tel organe, ou par celle d'un défaut constant d'usage de telle partie; elle le conserve par la génération aux nouveaux individus qui en proviennent, pourvu que les changemens acquis soient communs aux deux sexes, ou à ceux qui ont produit ces nouveaux individus.« Ebd.

44 »*Quelques Observations relatives à l'Homme*«, ebd., 349–57.

45 Im Original geht diese Bestimmung (»Mammifères à membres séparés, onguiculés; à trois sortes de dents, et à pouces opposables aux mains seulements«) den »Observations« unmittelbar voraus (ebd., 348).

46 »Le caucasique, l'hyperboréen, le mongol, l'américain, le malais, l'éthiopien ou nègre«, ebd.

47 »[L]a race de quadrumanes la plus perfectionnée«, ebd., 351.

hinreichen konnten, um diese Menge notwendig gewordener *Zeichen* darzustellen, so werden sie durch verschiedene Anstrengungen dazu gelangt sein, *artikulierte Laute* zu bilden« (90).[48] Das seien ursprünglich nur wenige gewesen, aber allmählich hätten sich die Sprachwerkzeuge – Stimmbänder, Zunge, Gaumen, Lippen – im Gebrauch vervollkommnet: »Dies ist für diese besondere Rasse der Grund des Ursprunges der bewunderungswürdigen Fähigkeit, zu *sprechen*« (91).[49]

3. Charles Lyell: Die Grundlagen der Geologie

Charles Lyell (1797–1875)[50] begann als Jurist und war zunächst Hobbygeologe, bevor er sich seit 1827 nur noch auf die Geologie spezialisierte und dabei mitwirkte, dass sich die Ideen von James Hutton, die dieser Jahrzehnte vorher präsentiert hatte, durchsetzten. Vielleicht war er gar nicht so originell, denn er verband den Aktualismus von Hutton mit einigen Ideen seines Freundes Scrope und mit denen von William Smith, aber er war ein Genie der Popularisierung der Geologie und kam als solcher genau zur rechten Zeit.

Als Sekretär der Geological Society in London an der Seite Scropes[51] entwickelte Lyell die Theorien Huttons weiter und verband sie mit wesentlichen Momenten der biologischen Klassifikationstheorie Lamarcks. 1828 – ein Jahr, nachdem Scrope seine geologischen Beobachtungen und Theorien über Frankreichs geologische Topographie veröffentlicht hatte – reiste er in den Süden Frankreichs und nach Italien. Er stützte sich bei seinen Forschungen auf die Theorie der Leitfossilien, nach denen das Alter der Schichten anhand von gleichartigen Fossilien bestimmt werden konnte.

48 »[N]e pouvant plus se contenter, ni des *signes* pantomimiques, ni des inflexions possibles de leur voix, pour représenter cette multitude de *signes* devenus nécessaires, seront parvenus, par différens efforts, à former des *sons articulés*«, ebd., 356.

49 »De là, pour cette race particulière, l'origine de l'admirable faculté *de parler*«, ebd., 357.

50 Zur Biographie s. Edward Bailey, *Charles Lyell*, London: Nelson 1962.

51 Vgl. S. Horace B. Woodward, *The History of the Geological Society of London*, London: Geological Society 1907.

William Smith (auch ›Strata Smith‹ genannt, 1769–1839), Geodät, Ingenieur und Geologe, hatte nämlich beim Bau von Kanälen in England festgestellt, dass sich bestimmte Fossilien nur in bestimmten geologischen Schichten fanden, und folglich das relative Alter dieser Schichten anhand von Leitfossilien bestimmt. Er hatte die Ergebnisse seiner Forschungen 1815 in einer monumentalen geologischen Karte von England, Wales und Schottland[52] sowie in seiner vierbändigen Studie *Strata identified by organized fossils* (1816–1819) beschrieben. Seine Erkenntnisse waren die Voraussetzung für Lyells Entdeckung, dass Muscheln als Leitfossilien der Gesteinskunde verwendet werden konnten. Damit war die Verwobenheit von Geologie und Biologie erneut eindrucksvoll in Szene gesetzt.

Geologie als Universalwissenschaft[53]

Lyell veröffentlichte seine Erkenntnisse in den epochalen *Principles of Geology* in drei Bänden, zuerst London 1830–1833.[54] Das Buch basierte auf der Aktualismus-These Huttons, dass die gegenwärtig beobachtbaren geologischen Vorgänge vollkommen ausreichen, um die Bildung einer festen Erdkruste zu erklären, wenn man nur die Zeiträume lang genug

52 Vgl. William Smith, *A Memoir to the Map and Delineation of the Strata of England and Wales with Part of Scotland*, London: J. Carey 1815; vgl. Simon Winchester, *Eine Karte verändert die Welt. William Smith und die Geburt der modernen Geologie*, München: Goldmann 2003.

53 Charles Lyell, *Principles of Geology. Being an Attempt to Explain the Former Changes of the Earth's Surface, by Reference to Causes Now in Operation*, London: Murray 1830–1833. Dt.: *Lehrbuch der Geologie. Ein Versuch, die früheren Veränderungen der Erdoberfläche durch noch jetzt wirksame Ursachen zu erklären*, übers. von Carl Hartmann, Quedlinburg: Basse 1833–1835, Bd. I, Kap. 1–5.

54 Es gibt zahlreiche spätere Auflagen. Lyell kennt die Arbeiten von Karl Ernst Adolf von Hoff (1771–1837), s. Karl Ernst Adolf von Hoff, *Geschichte der durch Überlieferung nachgewiesenen natürlichen Veränderungen der Erdoberfläche. Ein Versuch*, 5 Bde., Gotha: J. Perthes 1822–1841, verwendet sie aber mangels Sprachkenntnissen nicht prominent. Auf Seite 19 des ersten Bands der Übersetzung von Carl Hartmann (im Original Seite 22) wird von Hoff zitiert.

wählt. Lyells Ansichten setzten sich schnell durch, auch weil er es verstand, seine Thesen von London aus wirkungsvoll in Szene zu setzen.

Die *Principles of Geology* sind eine Enzyklopädie der Erdgeschichte. Sie basieren nicht allein auf allen damals bekannten geologischen und biologischen Kenntnissen, sondern setzten sich auch mit den Thesen auseinander, die von nun an als überwunden gelten sollten. Der Anspruch war universell, der Geologe war der Universalhistoriker der Natur:

> Geologie steht in eben so inniger Verbindung zu allen Zweigen der Naturwissenschaften, wie die Geschichte zur Moral. Der Historiker muß, wenn es möglich ist, mit der Ethik, Politik, Jurisprudenz, Militairwissenschaft und Theologie, mit allen Kenntnissen genau bekannt sein, durch welche Einsichten in die Angelegenheiten, in die moralische und intellectuelle Natur des Menschen erlangt werden können. Eben so nöthig ist es, daß der Geolog mit der Chemie, Physik, Mineralogie, Zoologie, vergleichenden Anatomie und Botanik, kurz mit allen sich auf die organische und unorganische Natur beziehenden Kenntnissen vertraut sei. Mit solchem Wissen wird es der Historiker und Geolog selten verfehlen, richtige und philosophische Folgerungen aus den verschiedenen, sich ihm darbietenden Denkmälern einer frühern Zeit zu ziehen. (I, 2)[55]

Als ein solcher Universalwissenschaftler setzt sich Lyell gründlich mit den biblischen und mythologischen Traditionen der Erdgeschichte auseinan-

55 »Geology is intimately related to almost all the physical sciences, as is history to the moral. An historian should, if possible, be at once profoundly acquainted with ethics, politics, jurisprudence, the military art, theology; in a word, with all branches of knowledge, whereby any insight into human affairs, or into the moral and intellectual nature of man, can be obtained. It would be no less desirable that a geologist should be well versed in chemistry, natural philosophy, mineralogy, zoology, comparative anatomy, botany; in short, in every science relating to organic and inorganic nature. With these accomplishments the historian and geologist would rarely fail to draw correct and philosophical conclusions from the various monuments transmitted to them of former occurrences.«, Lyell, *Principles of Geology*, Bd. 1, 2 f.

der.[56] Er referiert die Lehren vom Großen Jahr[57] und vom Kosmischen Ei (9 f.),[58] wendet sich gegen die Lehren der biblischen Physik, die als Physica Mosaica noch Autorität besaß, gegen das 6.000-Jahre-Schema der Weltgeschichte und bekämpft mit Nachdruck die Vorstellung des apokalyptischen Weltendes, das für ihn, den Naturalisten, besonders unverständlich ist.

> Es war der feste Glaube der christlichen Welt, von jener Periode [sc. dem 3. Jh. n. Chr.] abwärts, daß der Ursprung des Planeten erst von wenigen tausend Jahren an zu rechnen, und daß seit der Schöpfung die Sündfluth die einzige große Katastrophe sei, durch welche an der Erdoberfläche bedeutende Veränderungen veranlaßt worden. Auf der andern Seite war die Meinung nicht viel weniger allgemein, daß die endliche Auflösung unseres Systems ein Ereigniß von nicht gar zu entfernter Zeit sei. (21)[59]

56 »Morgenländische Kosmogenie. – Doctrin von der successiven Zerstörung und Wiederentstehung der Welt. – Ursprung dieser Doctrin. – Gewöhnlich bei den Aegyptiern. – Angenommen von den Griechen. – System des Pythagoras, – des Aristoteles. – Dogmen, die sich auf das Verlöschen und die Wiederentstehung von Geschlechtern und Gattungen beziehen. – Strabo's Theorie über die Hebungen bei Erdbeben. – Plinius. – Schlußbemerkungen über die Kenntniß der Alten«, Lyell, *Lehrbuch der Geologie*, 4. (»Oriental Cosmogony – Doctrine of the successive destruction and renovation of the world – Origin of this doctrine – Common to the Egyptians – Adopted by the Greeks – System of Pythagoras – Of Aristotle – Dogmas concerning the extinction and reproduction of genera and species – Strabo's theory of elevation by earthquakes – Pliny – Concluding Remarks on the knowledge of the Ancients«, Lyell, *Principles of Geology*, Bd. 1, 5.)

57 »The returns of great catastrophes were determined by the period of the Annus Magnus, or great year, a cycle composed of the revolutions of the sun, moon, and planets, and terminating when these return together to the same sign whence they were supposed at some remote epoch to have set out. The duration of this great cycle was variously estimated. According to Orpheus, it was 120,000 years; according to others, 300,000; and by Cassander it was taken to be 360,000 years«, Lyell, *Principles of Geology*, Bd. I, 9. Lyell zitiert hier James Cowles Prichards, *An Analysis of the Egyptian Mythology. To which is subjoined a critical Examination of the Remains of Egyptian chronology*, London: Arch 1819, 182.

58 Das ›Chaotische Ei‹ der Orpheus-Gedichte werde von Aristophanes in den *Vögeln* (694) lächerlich gemacht.

59 »It had been the consistent belief of the Christian world, down to the period now under consideration, that the origin of this planet was not more remote than a few thousand years; and that since the creation the deluge was the only great catastrophe by which considerable change had been wrought on the earth's surface. On the other

Zusätzlich und unglaublicherweise gebe es nach wie vor, trotz der Reformation, durch die das Mittelalter überwunden worden sei, die Idee eines 1.000-jährigen Reiches.

Lyell deklariert ausdrücklich das Ende der Physica Mosaica: Das Interesse der Religion und der »richtigen Philosophie« habe darunter gelitten, »daß man die heiligen Bücher stets mit Fragen über Naturkunde vermische« (36).[60] An die Stelle der Mosaischen Physik setzt er die revolutionären Erkenntnisse Huttons. Dieser habe mit den geheiligten Vorurteilen einer begrenzten Weltzeit gebrochen, weil sich mit empirischen Methoden »keine Spuren des Anfangs und keine Aussicht zu einem Ende (»no traces of a beginning, no prospect of an end«) finden« ließen, und Hutton habe entdeckt, »daß alle an der Erde geschehenen Veränderungen an dem Erdkörper durch die langsame Einwirkung vorhandener Ursachen geschehen sind« (»that all past changes on the globe had been brought about by the slow agency of existing causes«). Diese Entdeckung habe die phantastischen Bilder alter Zeit überwunden,

> indem man die Unermeßlichkeit der Zeit zu fassen suchte, die dazu erforderlich ist, ganze Continente durch solche unbemerkbare Prozesse zu zerstören. Sogar wenn die Gedanken durch diese unendlichen Zeiträume gewandert sind, so kann doch in der weitesten Entfernung kein Ruhepunkt bezeichnet werden. (58)[61]

hand, the opinion was scarcely less general, that the final dissolution of our system was an event to be looked for at no distant period.« Lyell, *Principles of Geology*, 24. Lyells Lieblingsgegner ist Thomas Burnet, dessen *Telluris theoria sacra* er »Anmaßung statt tiefer Philosophie« nennt (Lyell, *Lehrbuch der Geologie*, Bd. I, 33; »who set forth pretensions to profound philosophy«, Lyell, *Principles of Geology*, Bd. I, 37). Burnet »erklärte, warum die Urwelt vor der Fluth sich eines ewigen Frühlings erfreut habe! Er zeigte, wie die Erdrinde durch die Sonnenstrahlen Risse bekam, so daß sie borst und die Fluthgewässer von einem Central-Abgrunde verschlungen werden konnten. Nicht zufrieden mit diesen Themen, folgerte er aus den Büchern inspirirter Autoren, aus der göttlichen Autorität, prophetischen Blicken, eine künftige Revolution der Erde, gab eine schreckliche Beschreibung von dem allgemeinen Weltbrande, und bewies, daß aus einem *zweiten Chaos* ein neuer Himmel und eine Erde hervorgehen, und – worauf dann das gesegnete Jahrtausend folgen würde«, Lyell, *Lehrbuch der Geologie*, 33.

60 »[P]erpetually mixing up the sacred writings with questions in physical science«, ebd., Bd. I, 41.

61 »[T]o conceive the immensity of time required for the annihilation of whole continents by

Klimageschichte[62]

Lyells Erkenntnis, dass die Gesteine des Tertiärs aus fossilen Stoffen entstanden sind, hatte weitreichende Folgen. Theologisch bedeutete sie, dass die Reihenfolge der Weltentstehung, wie sie die mosaische Schöpfungsgeschichte darstellte, unzutreffend war; denn die Tiere waren nicht nach der Erde entstanden, sondern beide Entwicklungen griffen ineinander. Das ist ein ganz entscheidendes Argument gegen die Physica Mosaica, die ja die Tiere erst nach der Erde entstehen lässt: Die Versteinerung der Tiere lässt Gebirge entstehen. Lyell konstatierte, dass es keinen Beweis für die stufenförmige Entwicklung des organischen Lebens aus dem unorganischen gegeben habe, denn es fänden sich sogar Wirbeltiere im Gestein.[63]

Lyells Erklärung für dieses Phänomen ist die Geschichte des Klimas – das ist eine bedeutende Entdeckung. Er stellt fest, dass das Klima der nördlichen Halbkugel im Tertiär deutlich wärmer war, und belegt diese Erkenntnis mit fossilen Resten in tertiären und sekundären Gesteinen und vor allem durch die Steinkohle, die er als aus Fossilien entstandenes Gestein identifiziert. Ein weiteres Indiz für die Abkühlung des Klimas seit dem Tertiär sind für ihn die Funde von Schildkröten und Sauriern in den europäischen Straten, von Mammuts und Rhinozerossen im Eis. Eine umfassende Erklärung für den Klimawandel, der ja mit den Voraussetzungen des Aktualismus zusammenpasst, kann er nicht anbieten, sondern mutmaßt, dass die Vulkantätigkeit die Meere verändert und die Meeresströmungen umgeleitet habe. Seine Zusammenfassung belegt, dass er sich mit dem empirischen Befund des Klimawandels zufriedengibt: »Durch die Wiederholung einer unendlichen Menge localer, von vulkanischen und verschiedenen andern Ursachen abhängiger Revolutionen ist endlich eine

so insensible a process. Yet when the thoughts had wandered through these interminable periods, no resting place was assigned in the remotest distance«, ebd., Bd. I, 63.

62 Ebd., Bd. I, ab Kap. 6.

63 »Prüfung der Theorie von der stufenweisen Entwickelung des organischen Lebens – Es gibt keinen überzeugenden Beweis zu ihrer Unterstützung. – Thiere mit Rückenwirbeln in den ältesten Straten«, Lyell, *Lehrbuch der Geologie*, Bd. I, 127; »Theory of the progressive development of organic life considered – Evidence in its support wholly inconclusive – Vertebrated animals in the oldest strata«, Lyell, *Principles of Geology*, 144.

allgemeine Veränderung des Clima's hervorgebracht« (109).[64] Aber als Erklärung für die Dynamik in der Biologie ist der Klimawandel tauglich. Temperaturschwankungen waren der Grund dafür, dass neue Tier- und Pflanzengattungen entstanden, »die ihrerseits wieder erloschen; Vulkane brachen empor und erloschen ebenfalls wieder; Felsarten wurden in einer Gegend zerstört und an einem andern Orte angehäuft, während in der Zwischenzeit die geographische Beschaffenheit der nördlichen Hemisphäre wesentliche Veränderungen erlitt« (117).[65] Er kennt viele Gattungen ausgestorbener Tiere: Reptilien, riesige Krokodile (vielleicht meint er Saurier?), Insekten und große Säugetiere. Die Entstehung dieser Gattungen lässt sich mit der Theorie einer ursprünglichen Schöpfung von Prototypen erklären. Für das Aussterben von Gattungen sei die relativ schnelle Abkühlung der Erde verantwortlich, die eine Anpassung der Arten an das neue, kältere Klima unmöglich gemacht habe. All diese Prozesse stellt sich Lyell als immer noch wirkend vor – für ihn ist evident, dass sich die Gesteine, die Fauna und die Flora gleichzeitig und kontinuierlich entwickeln. Die Zeiten, die dafür erforderlich sind, kann er nicht beziffern, aber die epochalen Folgen der Erdgeschichte bestimmt er gleichwohl.

Die Stabilität der Gattungen[66]

Der zweite Band der *Principles of Geology* behandelt die Theorie der Gattungen (Spezies) sowie die Entstehung und Sedimentierung von Fossilien. Beide Themen hängen deshalb eng zusammen, weil Fossilien nur dann identifiziert werden können, wenn sie gattungsmäßig bestimmt und in ih-

64 »It is by the repetition of an indefinite number of local revolutions due to volcanic and various other causes, that a general change of climate is finally brought about.« Lyell, *Principles of Geology*, Bd. I, 124. Lyell übernimmt später die Eiszeittheorie von Louis Agassiz.

65 »[N]ew species of animals and plants made their appearance, and in their turn became extinct; volcanos broke out, and were at length exhausted; rocks were destroyed in one region, and others accumulated elsewhere, while, in the mean time, the geographical condition of the northern hemisphere suffered material modifications.« Ebd., Bd. I, 133.

66 Ebd., Bd. II, Kap. 1 bis 12: Auseinandersetzung mit Lamarck.

rem Phänotyp stabil sind. Für die Fragen der Bestimmung tertiärer Straten durch das Leitfossil Muschel sind das entscheidende Voraussetzungen.

Biologische Gattungen waren durch Lamarcks These dergestalt bestimmt worden, dass sie sich in langen Zeiträumen essentiell wandelten, so dass von einer Identität der Gattungen in der Geschichte der Biologie nicht die Rede sein konnte. Diese Theorie war im Jahr 1830 für Lyell inakzeptabel. Er setzt sich deshalb in den ersten vier Kapiteln (»Veränderungen in der organischen Welt. Realität der Species«, »Die Theorie von der Umwandlung der Species ist unhaltbar«, »Grenzen der Variabilität der Species«, »Bastarde«) ausführlich mit Lamarck auseinander. Zu diesem Zweck muss er bestimmen, was eine Gattung ist. Er stellt vier Grundfragen: Erstens,

> ob die Gattungen oder Species eine wirkliche und permanente Existenz in der Natur haben; oder ob sie, wie einige Naturforscher behaupten, im Verlauf einer langen Reihe von Generationen unbeschränkt verändert worden sind?[67] Zweitens: ob, wenn die Gattungen eine wirkliche Existenz haben, die sie bildenden Individuen ursprünglich von eben so vielen ähnlichen Stämmen, oder alle von einem einzigen abgeleitet sind, dessen Abkömmlinge sich alle selbst stufenweise von einem besondern Punkt über die bewohnbaren Länder und Gewässer verbreitet haben?[68] Drittens: wie weit die Dauer jeder Thier- und jeder Pflanzengattung durch ihre Abhängigkeit von gewissen schwankenden und temporären Bedingungen, in dem Zustande der lebenden und leblosen Welt begrenzt ist?[69] Viertens: ob es Beweise von dem stufenweisen Erlöschen von Gattungen in dem gewöhnlichen Verlauf der Natur gebe, und ob man irgend

67 »[F]irst, whether species have a real and permanent existence in nature; or whether they are capable, as some naturalists pretend, of being indefinitely modified in the course of a long series of generations?« Ebd., Bd. II, 1.

68 »Secondly, whether, if species have a real existence, the individuals composing them have been derived originally from many similar stocks, or each from one only, the descendants of which have spread themselves gradually from a particular point over the habitable lands and waters?« Ebd.

69 »Thirdly, how far the duration of each species of animal and plant is limited by its dependance on certain fluctuating and temporary conditions in the state of the animate and inanimate world?« Ebd., Bd. II, 1 f.

Gründe zu der Annahme habe, daß von Zeit zu Zeit neue Thiere und Pflanzen erschaffen worden seien, um die Stellen von jenen zu ersetzen? (II, 1)[70]

Die ersten beiden Fragen zielen auf die Stabilität und Identität biologischer Gattungen. Sie sind grundsätzlicher, als die Formulierung auf den ersten Blick suggeriert. Wenn die biologischen Gattungen nämlich in der Erdgeschichte stabil bleiben, stellt sich unweigerlich die Frage danach, wie sie denn entstanden sind und worin ihre Stabilität besteht. Für die Entstehung postuliert Lyell einen göttlichen Schöpfungsakt, und bei der Antwort auf die Frage nach der Gattungsstabilität schließt er sich der Ansicht von Étienne Geoffroy Saint-Hilaire an,

> daß in dem Thierreiche durch die Fortpflanzung von den frühesten Zeiten der Welt bis jetzt, eine ununterbrochene Reihefolge stattgefunden habe; und daß die alten Thiere, deren Reste in den Gebirgsschichten erhalten worden sind, so sehr verschieden gegen die jetzt lebenden sie auch sein mögen, doch die Voreltern derselben gewesen seien. (2)[71]

Entscheidend an dieser These ist, dass jede Gattung auf einen realen Prototyp zurückgehen soll. Genau das hatte Lamarck bestritten, als er die Langzeitentwicklung der Biologie als kontinuierliche Veränderung der Spezies fasste. Für Lyell ist diese reale Identität »geologischer Monumente« – also der Leitfossilien – die Bedingung dafür, dass die Veränderung von Landschaft und Klima überhaupt erkannt werden kann:

> jede Localität bleibt eine lange Zeit hindurch dieselbe, und wird so langsam verändert, daß wir die Wirklichkeit der Veränderung bloß dadurch erkennen können, wenn wir geologische Monumente in Rath nehmen, durch welche wir lernen, daß die jetzt an einem Orte regierende Ordnung der Dinge nicht immer

70 »Fourthly, whether there be proofs of the successive extermination of species in the ordinary course of nature, and whether there be any reason for conjecturing that new animals and plants are created from time to time, to supply their place?« Ebd., Bd. II, 2.

71 »[T] hat there has been an uninterrupted succession in the animal kingdom effected by means of generation, from the earliest ages of the world up to the present day; and that the ancient animals whose remains have been preserved in the strata, however different, may nevertheless have been the ancestors of those now in being.« Ebd., Bd. II, 2.

> geherrscht habe, so wie wir folgern dürfen, daß sie nicht immer dieselbe bleiben werde. (6)[72]

Er postuliert deshalb fünf Gesetze, die die Stabilität der Genera garantieren sollen:

> 1) daß die Organisation der Individuen, auf eine gewisse begrenzte Ausdehnung, durch die Einwirkung äußerer Ursachen verändert werden kann;[73] 2) daß diese Veränderungen bis auf eine gewisse Ausdehnung auf ihre Abkömmlinge übergehen können;[74] 3) daß es feste Grenzen gibt, über welche hinaus die Abkömmlinge von gemeinschaftlichen Eltern, nie von einem gewissen Typus abweichen können;[75] 4) daß jede Species aus einem ursprünglichen Stamm entsprungen ist, und nie bleibend, durch Vermischung mit den Abkömmlingen irgend eines andern Stammes, verwechselt werden kann;[76] 5) daß jede Species einen bedeutend langen Zeitraum dauern muß. (18)[77]

Lamarcks Gegenposition wird als haltlose Spekulation lächerlich gemacht. Vor allem ist für Lyell nicht plausibel, dass nach Lamarcks Lehre

> die Vernunft selbst aus einigen der einfachsten Zustände entwickelt worden zu sein scheint – daß alle Thiere, daß der Mensch selbst und alle vernunftlosen Wesen einen gemeinschaftlichen Ursprung gehabt haben mögen; daß alle Theile einer zusammenhängenden und stufenweisen Entwickelung von dem unvollkommensten zu dem vollkommensten gewesen sein mögen; endlich wird er seinen Glauben an die hohe Genealogie seiner Species aufgeben, als Ersatz

72 »[E]ach locality remains for a very long time the same, and is altered so slowly that we can only become conscious of the reality of the change, by consulting geological monuments, by which we learn that the order of things which now reigns in each place has not always prevailed, and by inference anticipate that it will not always continue the same«, Lyell, *Principles of Geology*, Bd. II, 7.

73 »[F]irst, that the organization of individuals is capable of being modified to a limited extent by the force of external causes«, ebd., Bd. II, 23.

74 »[S]econdly, that these modifications are, to a certain extent, transmissible to their offspring«, ebd.

75 »[T]hirdly, that there are fixed limits beyond which the descendants from common parents can never deviate from a certain type«, ebd.

76 »[F]ourthly, that each species springs from one original stock, and can never be permanently confounded, by intermixing with the progeny of any other stock«, ebd.

77 »[F]ifthly, that each species shall endure for a considerable period of time«, ebd.

aber auf die künftige Vollkommenheit des Menschen in seinen physischen, intellectuellen und moralischen Attributen, vorwärts schauen. (16)[78]

Es sind also zwei Argumente, die für seine Ablehnung Lamarcks entscheidend sind: Erstens stellt Lyell fest, dass bei Lamarck der Sprung von vernunftlosen zu vernünftigen Wesen unerklärt bleibt; und die Vernunft ist für Lyell eine Kategorie, die aus der Natur allein nicht erklärt werden kann. Zweitens lässt sich die Sonderrolle des Menschen, der durch intellektuelle und moralische Attribute bestimmt ist, mit der Kontinuitätsthese aller lebendigen Gattungen nicht belegen.[79]

Deshalb bleibt Lyell bei der Lehre von der göttlichen Schöpfung der Gattungen – sozusagen dem ›intelligent design‹ – und konstatiert für sich, »daß die Specien eine wirkliche Existenz in der Natur haben, und daß eine jede zur Zeit ihrer Erschaffung mit den Eigenschaften und mit der Organisation begabt war, durch welche sie noch jetzt unterschieden werden« (45).[80]

Die oben angeführten Fragen 3 und 4 behandeln das Verschwinden von Spezies. Dass Untergattungen verschwinden, spricht nicht gegen die Stabilität von Gattungen überhaupt, denn verschwundene Untergattungen lassen sich durch Ähnlichkeiten mit vorhandenen bestimmen. In diesem Sinn sind gerade auch sie Indizien für die Kontinuität der Erdgeschichte und für die Bestimmung ihres Alters. Lyell hatte im ersten Band seiner *Geologie* bei der Behandlung des Klimas auf das Aussterben von Gattungen

78 »[T]hat reason itself, may have been gradually developed from some of the simplest states of existence, – that all animals, that man himself, and the irrational beings, may have had one common origin; that all may be parts of one continuous and progressive scheme of development from the most imperfect to the more complex; in fine, he renounces his belief in the high genealogy of his species, and looks forward, as if in compensation, to the future perfectibility of man in his physical, intellectual, and moral attributes.« Ebd., Bd. II, 20 f.

79 Im Prinzip behält er diese Ansichten auch in seinem Spätwerk *The Geological Evidences of the Antiquity of Man with Remarks on Theories of the Origin of Species by Variation*, London: J. Murray 1863, bei. S. u. 182–186.

80 »[T]hat species have a real existence in nature, and that each was endowed, at the time of its creation, with the attributes and organization by which it is now distinguished«, Lyell, *Principles of Geology*, Bd. II, 65.

verwiesen; jetzt geht er das Problem grundsätzlicher an. Er stellt fest, dass das Überleben einer Spezies von ihrer Raumherrschaft abhängig ist[81] und dass die Überlebensbedingung einer jeden Landspezies in der erfolgreichen Landnahme besteht. Hier finden sich bei ihm Formulierungen, die später auch für Darwin wichtig werden. Lyell erkennt durchaus das Konkurrieren von Gattungen bei der Landnahme:

> *Wie das Gleichgewicht in der Anzahl der Species erhalten wird.* – Alle Pflanzen einer bestimmten Gegend sind im gegenseitigen Kriege mit einander. Die ersten, welche durch Zufall an irgend einer Stelle auftreten, suchen durch Besitznahme des Raums andere Species auszuschließen – die größern vertreiben die kleinern, die länger dauernden ersetzen die eine kürzere Zeit lebenden, die fruchtbarern machen sich zum Meister des Platzes. (79)[82]

Ein entsprechendes Landnahmeverhalten entwickeln auch die Tiere: »Das Vermögen der Ausbreitung ist unerläßlich, damit jede Species ihren Boden behaupten kann« (91).[83] Einflüsse der physikalischen Geographie und die

81 »Jede Species mag ihren Ursprung in einem einzigen Paare oder Individuum gehabt haben, und die Specien mögen nach und nach zu solchen Zeiten und an solchen Orten geschaffen worden sein, wo sie eine bestimmte Zeit sich vermehren und dauern, und einen bestimmten Raum auf der Erde einnehmen konnten.« Lyell, *Lehrbuch der Geologie*, Bd. II, 75 (»Each species may have had its origin in a single pair, or individual, where an individual was sufficient, and species may have been created in succession at such times and in such places as to enable them to multiply and endure for an appointed period, and occupy an appointed space on the globe«, Bd. II, 124).

82 Der Übersetzer unterschlägt, dass Lyell hier in Übersetzung zitiert und sich über das Hobbes'sche Pathos des Autors etwas amüsiert: »›All the plants of a given country‹, says Decandolle in his usual spirited style, ›are at war one with another (*dans un état de guerre les unes relativement aux autres*). The first which establish themselves by chance in a particular spot, tend, by the mere occupancy of space (*espace*), to exclude other species – the greater choke the smaller, the longest livers replace those which last for a shorter period, the more prolific gradually make themselves masters of the ground, which species multiplying more slowly would otherwise fill.‹« Ebd., Bd. II, 131. Lyell zitiert aus dem *Essai élémentaire de géographie botanique* (Strasbourg: Levrault 1820, 2. partie: »Des Stations«, 26) des Schweizer Botanikers und Naturforschers Augustin Pyrame de Candolle (1778–1841).

83 »The powers [...] of migration and diffusion conferred on animals and plants, are indispensable to enable them to maintain their ground«, *Principles of Geology*, Bd. II, 159.

Veränderung des Klimas haben Einfluss auf die Veränderung und Existenz einer Spezies.

So besteht die Kontinuität des Lebens auf der Erde für Lyell in der Stabilität der Großgattungen (wenn Untergattungen auch verschwinden mögen). Dass neue Gattungen geschaffen wurden, nimmt er grundsätzlich an. Ob künftig noch neue geschaffen werden, kann er nicht ausschließen – aber belegen kann er es naturgemäß nicht.

Fossilien[84]

Der zweite Teil des zweiten Bandes ist von ebenso grundsätzlicher Natur wie der erste, wenn auch in anderer Hinsicht. Er behandelt die Theorie der Fossilien und ihrer unterschiedlichen Sedimentierung. Lyell ist nach der empiristischen Anlage seines Werks, in dem Biologie und Geologie verwoben sind, darauf angewiesen, mit Fossilien zu arbeiten. Fossilien sind die Indizien, mit denen er die Altersbestimmung der Erdzeit messen kann. Deshalb ist die Lehre davon, wie Fossilien entstehen und wie sie methodisch behandelt werden, essentiell für die Geologie. Außerdem bestätigen und präzisieren Fossilien die Aktualismus-Theorie Huttons mit biologischen Belegen[85].

84 Lyell, *Principles of Geology*, Bd. II, ab Kap. 13.

85 Lyell behandelt deshalb die Frage, wie Pflanzen und Tiere in Moos, Flugsand und vulkanischen Materien fossil werden. Seine Belege stammen hier vor allem aus der Untersuchung von Torf (Kap. 13). Danach geht er systematisch alle Fundorte von Fossilien durch: Er behandelt »Begrabenwerden der fossilen Körper in Alluvialablagerungen und Höhlen« (Kap. 14), im Anschluss daran die Sedimentierung von fossilen Resten in Seen und Meeren (Kap. 15), ferner die Prozesse, in denen die Reste des Menschen und seiner Werke (Kap. 16) sowie Süßwasser- und Meerespflanzen und Tiere in unter dem Wasser gebildeten Schichten fossil werden (Kap. 17), und abschließend (anscheinend hat er für diese Untersuchungen keinen anderen Platz gefunden) die Bildung von Korallenriffen (Kap. 18).

Erdgeschichte[86]

Nachdem er im ersten Band die ideengeschichtlichen und methodischen Grundlagen seiner Erdgeschichte dargelegt und sich im zweiten Band mit Lamarcks biologischer Genealogie auseinandergesetzt hatte, sah sich Lyell offensichtlich in der Lage, seine geologischen Theorien in einer relativen Chronologie der gesamten Erdgeschichte zu verorten. Wie in seiner Theorie der Gattungsentstehung behält er einen theologischen Vorbehalt bei: Die Erde ist nicht alterslos, sondern nur sehr alt. Seine Kriterien: Feuer kennzeichnet die erste Erdperiode, Wasser die zweite; und die dritte, das Tertiär, ist die erdgeschichtlich dramatischste und folglich für Lyell wichtigste Ära.

Feuerzeit, Wasserzeit

Die ältesten Gesteine sind »Feuergesteine«; sie entstehen im Erdaltertum. Aus heißer Materie erstarren die primären, »plutonischen« (III.2, 92) Felsarten:[87] Granit und Porphyr. Im Erkaltungsprozess durchdringen sie sich und bilden untereinander »Gänge«. An das Erdaltertum schließt sich für Lyell die »Wasserzeit« an. In dieser Zeit entsteht erstes organisches Leben. Diese zweite, wässrige Periode entspricht der Alluvialtheorie von Hutton.[88] Lyell behandelt sie nicht noch einmal ausführlich und stellt nur erneut fest, dass die Bildung von Strata und ihre Verschiebungen zusammen mit den Veränderungen der Meere außerordentlich lange Zeit beanspruchen:

> Der unendliche *Zeitverlauf*, der zu der Entwickelung einer so großen Reihe unterirdischer Bewegungen erforderlich ist, hat in diesen Fällen eine Veränderung der Gattungen über dem ganzen Erdkörper veranlaßt, und daher begleitet die eine Erscheinung gewöhnlich die andere. (III.1, 27)[89]

86 Ebd., Bd. III.

87 »Plutonic rocks«, ebd., Bd. III, 353. Vgl. »Granite of igneous origin«, ebd., Bd. III, 12 (dt. »Der Granit ist feuriger Entstehung«, Bd. III, Teilband 1, 11 f.).

88 Siehe oben 29.

89 »The immense *lapse of time* required for the development of so great a series of subterranean movements, has in these cases allowed the species also throughout the globe to vary,

Gewissermaßen komplementär zu Feuer- und Wasserzeit muss man sich den Vulkanismus vorstellen. Die Vulkane sind sozusagen Indizien für die Feuerzeit, die in die Wasserzeit hinein überlebt haben. Dabei lässt sich das Alter der Vulkankegel mindestens konjektural abschätzen. Lyell rechnet erstaunt und ehrfurchtsvoll:

> Wie manche Jahre mögen daher nicht zu der Bildung der achtzig Kegel [sc. des Ätna] erforderlich gewesen sein? Es ist schwer zu glauben, daß nur der vierte Theil während der letzten 3000 Jahre entstanden sein sollte. Wenn wir aber annehmen, daß alle Kegel innerhalb 12.000 Jahren gebildet worden seien, welch ein unbedeutender Zeitraum muß dies nicht von der Geschichte des Vulkans sein! (74)[90]

Und auch hier ist die Reaktion Lyells vor allem Erstaunen über die ungeheuren Zeiten, die die Veränderungen der Erdgeschichte benötigen. Für die zeitliche Rekonstruktion der verschiedenen Lava-Schichten, aus denen sich die Vulkankegel gebildet haben, zieht er die Folgerung, »daß eine 8 oder 9.000 Fuß mächtige Masse zu ihrem Wachsthume eine ungeheure Reihe von Jahrhunderten vor unserer historischen Zeit erfordert haben muß« (74).[91]

Tertiär

Tertiäre Straten sind gekennzeichnet durch fossile Einmengungen organischer Teile von Tieren und Pflanzen. Sie sind entstanden durch Anschwemmungen von Flüssen mit organischen Resten. Es gibt im Tertiär auch nahezu vollständig fossile Schichten. Sie sind entstanden aus Sümpfen; in ihnen ist die Tier- und Pflanzenwelt versteinert. Bestes Beispiel ist

and hence the two phenomena are usually concomitant«, Lyell, *Principles of Geology*, Bd. III, 33.

90 »How many years then must we not suppose to have been expended in the formation of the eighty cones? It is difficult to imagine that a fourth part of them have originated during the last thirty centuries. But if we conjecture the whole of them to have been formed in twelve thousand years, how inconsiderable an era would this portion of time constitute in the history of the volcano!« Ebd., Bd. III, 100.

91 »[T]hat a mass, eight thousand or nine thousand feet in thickness, must have required an immense series of ages anterior to our historical periods, for its growth«, ebd., Bd. III, 101.

die Kohle. Maßstab von Lyells relativer Chronologie im Tertiär sind seine Leitfossilien, die Muscheln: »Sie sind die Denkmünzen, welche die Natur hauptsächlich ausgewählt hat, um über die Geschichte der frühern Veränderungen des Erdkörpers zu berichten« (38).[92] Sie finden sich in allen tertiären Gesteinen, im Mergel, im Muschelkalk und im Vulkangestein. Die Stabilität der Muschelgattungen ist Lyells empirisch gestütztes Argument gegen Lamarcks Theorie der essentiellen Gattungsveränderung (später wird er von dieser These abrücken). Bei den Muscheln kann man noch existierende, neu entstandene und ausgestorbene Arten unterscheiden – aber die Obergattung Muschel (Testaceen) bleibt stabil. Lyells Maßstab ergibt sich aus diesen Erwägungen: Diejenigen Schichten, die die wenigsten noch lebenden Muschelarten enthalten, sind die ältesten; die mit den meisten überlebenden Arten sind die jüngsten. So kommt folgende relative Chronologie zustande: a) eozenische Periode (von gr. *eos*: ›Morgenröte‹ des Lebens; mit den wenigsten Muscheln heute noch erhaltener Arten); b) miocenische Periode (von gr. *meion*: ›weniger‹; kleinere Muscheln); c) ältere pliocenische Periode; d) neueste pliocenische Periode (von gr. *pleion*: ›mehr‹, und *kainos*: ›neu‹; neue Muschelarten) (42).[93]

Mergel

Für Lyell ist Mergel ein Musterbeispiel für die Durchdringung von organischer und mineralischer Materie. Mergel habe sich im Eozän aus organischen Konglomeraten auf älteren Steinen (Granit, Gneis, Glimmerschiefer, Tonschiefer, Porphyren und Sandstein) gebildet. Mergel und Sandstein, stellt er fest, gehen hin und wieder in Kalkstein über, der seinerseits aus Muschelschalen besteht. Die Struktur des Mergels reißt ihn zur Bewunderung hin:

> So wunderbar fein sind die einzelnen Theile, aus denen einige von den festesten geologischen Monumenten bestehen! Wenn wir klassificiren wollen, so ist es

92 »[T]hey [the testacea] are the medals which nature has chiefly selected to record the history of the former changes of the globe«, ebd., Bd. III, 47. Das Kapitel beginnt mit Überlegungen zur »Classification of tertiary formations in chronological order«, 45–49, dt. 37–42.

93 »Subdivions of the tertiary epoch«, ebd., Bd. III, 52.

nothwendig, ganze Gruppen von Schichten zusammen zu betrachten; wollen wir aber ihre Bildungsweise erkennen und ihren Ursprung erklären, so müssen wir bloß auf die feinen Unterabtheilungen sehen, aus denen eine jede Masse zusammengesetzt ist. Wir müssen bedenken, wie manche dünne Blätter von Materien, von denen ein jedes Myriaden Reste von Schalthieren und Pflanzen enthält, dazu gehören, um nur eine einzige Schicht zu bilden, und wie groß eine Reihe von Schichten sich vereinigen müssen, um nur eine einzige Gruppe zu bilden! Wir müssen ferner bedenken, daß Vulkane, wie der Plomb du Cantal, die in der unmittelbaren Nachbarschaft von Aurillac in die Höhe steigen, ebenfalls das Resultat successiver Anhäufung sind, indem sie aus wiederholten Lavaströmen und Schlackenauswürfen bestehen; und wir haben, als wir von dem hohen Alter des Aetna handelten, gezeigt, wie manche verschiedene Lavaströme und Haufen von ausgeworfener Materie dazu gehörten, um eine von den zahlreichen konischen Umhüllungen zu bilden, aus denen ein Vulkan besteht. – Endlich dürfen wir nicht vergessen, daß Continente und Gebirgsketten, so kolossal ihre Dimensionen auch sein mögen, nichts weiter als eine Vereinigung von manchen solcher feurigen und wässerigen Gruppen sind, die während des Verlaufs einer unendlichen Reihe von Jahrhunderten, nach einander gebildet und über einander abgesetzt worden sind. (III.2, 11 f.)[94]

94 »So wonderfully minute are the separate parts of which some of the most massive geological monuments are made up! When we desire to classify, it is necessary to contemplate entire groups of strata in the aggregate; but if we wish to understand the mode of their formation, and to explain their origin, we must think only of the minute subdivisions of which each mass is composed. We must bear in mind how many thin, leaf-like seams of matter, each containing the remains of myriads of testacea and plants, frequently enter into the composition of a single stratum, and how great a succession of these strata unite to form a single group! We must remember, also, that volcanos like the Plomb du Cantal, which rises in the immediate neighbourhood of Aurillac, are equally the result of successive accumulation, consisting of reiterated flows of lava and showers of scoriae; and we have shown, when we treated of the high antiquity of Etna, how many distinct lava-currents and heaps of ejected substances are required to make up one of the numerous conical envelopes whereof a volcano is composed. – Lastly, we must not forget that continents and mountain-chains, colossal as are their dimensions, are nothing more than an assemblage of many such igneous and aqueous groups, formed also in succession during an indefinite lapse of ages, and superimposed upon each other.« Ebd., Bd. III, 239 f.

Finale Devotionstopik

Offensichtlich kommt Lyell aus den theologischen Rahmungen seiner Geologie nicht heraus – und er will wohl auch nicht. Er verbindet am Ende seines Werks die obligate Bescheidenheitstopik mit Momenten naturreligiöser Emphase:

> Annehmen zu wollen, daß die Ueberzeugung von dem Anfange und dem Ende eines so ungeheuren Systems innerhalb des Bereichs unserer philosophischen Untersuchungen, oder selbst unserer Speculationen liege, scheint uns unhaltbar mit einer richtigen Würdigung der Verhältnisse zu sein, welche zwischen den beschränkten Kräften des Menschen und den Attributen eines unendlichen und ewigen Wesens obwalten. (115)[95]

Er oszilliert zwischen der Unmöglichkeit, den Anfang und das Ende der Welt in Raum und Zeit empirisch zu belegen, und naturtheologischer Erbauung. Immer ist es die Zeit, die ihn staunen macht: Wir kommen, »wenn wir die Geschichte der Erde rückwärts verfolgen, zu Denkmälern von Begebenheiten, die sich Millionen von Jahrhunderten vor unsern Zeiten ereignet haben mögen, und wenn wir dennoch keine entschiedene Ueberzeugung von einem Anfang finden, so bleiben doch die aus der Analogie entnommenen Gründe für die Wahrscheinlichkeit eines Anfanges, unerschüttert; und wenn die vergangene Dauer der Erde begrenzt ist, so muß die Vereinigung der geologischen Epochen, so zahlreich dieselben auch sein mögen, dennoch nur ein Moment der Vergangenheit, einen unendlich[klein]en Teil der Ewigkeit bilden« (114).[96]

95 »To assume that the evidence of the beginning or end of so vast a scheme lies within the reach of our philosophical inquiries, or even of our speculations, appears to us inconsistent with a just estimate of the relations which subsist between the finite powers of man and the attributes of an Infinite and Eternal Being.« Ebd., Bd. III, 385.

96 »[I]f in tracing back the earth's history, we arrive at the monuments of events which may have happened millions of ages before our times, and if we still find no decided evidence of a commencement, yet the arguments from analogy in support of the probability of a beginning remain unshaken; and if the past duration of the earth be finite, then the aggregate of geological epochs, however numerous, must constitute a mere moment of the past, a mere infinitesimal [sic] portion of eternity.« Ebd., Bd. III, 383 f.

Lyell schließt mit einem Bekenntnis zur natürlichen Theologie: »Nach welcher Richtung wir aber auch unsere Untersuchungen verfolgen mögen, entweder in der Zeit, oder in dem Raume, überall finden wird die deutlichsten *Beweise von des Schöpfers Weisheit, Fürsorge und Allmacht«* (115).[97]

97 »[I]n whatever direction we pursue our researches, whether in time or space, we discover everywhere the clear proofs of a Creative Intelligence, and of His foresight, wisdom, and power.« Ebd., Bd. III, 384.

II. Teil: Weltgeschichte des Fortschritts

1. Condorcet: *Entwurf eines historischen Tableaus der Fortschritte des menschlichen Geistes* (1794)[1]

Der Übergang von der Naturgeschichte des Menschen zur Kulturgeschichte war in der Tradition des Abendlandes allemal mit der Sozialisation des Menschen verkoppelt. Solange die Geologie ihre neuen Zeitdimensionen noch nicht durchgesetzt hatte, war die alte Weltgeschichte noch nicht naturalistisch absorbiert. Biblisch war die Geschichte der Sozialisation nach dem Sündenfall der Ureltern Adam und Eva sowie ihrer Sippe allerdings im 19. Jahrhundert schon lange zum Problem geworden. Zwar war sie als Hintergrundrahmen noch präsent, insofern die Frage nach dem Urzustand des Menschen entweder als paradiesisch goldenes Zeitalter oder als nachparadiesischer Krieg aller gegen alle beschrieben wurde. Auch in den Naturrechtstheorien war von der göttlich normierten Sozialordnung die Rede gewesen. Der theologische Rahmen der Sozialisierung war in Montesquieus *De l'Esprit des Lois* (1748), der die unterschiedlichen Sitten der Völker durchweg frei von theologischen Vorannahmen beschrieb, allerdings weitgehend reduziert worden, während er in Voltaires *Philosophie de l'Histoire* (1765) und in Herders Weltgeschichtsentwürfen, zumal den *Ideen zu einer Philosophie der Geschichte der Menschheit* (1784–1791), durchaus in Kraft blieb. Während Montesquieu auf ein Fortschrittskonzept verzichtete, waren Voltaire und Herder vom Progress der Völker im Laufe der Geschichte durchaus überzeugt. Für sie war dieser Progress auch Teil der göttlichen Vorsehung und damit der historischen Teleologie. Rousseaus Zivilisationskritik spielt in diesem Fortschrittskonzept keine tragende Rolle.

1 Dieses Kapitel entspricht Wilhelm Schmidt-Biggemann, Die Gewalt der Erwartungen. Einige theoretische Bemerkungen zur Geschichtsschreibung am Beispiel Condorcets, in: *Wissenschaftliches Erzählen im 18. Jahrhundert. Geschichte, Enzyklopädik, Literatur* (hg. v. Veit Elm), Berlin: Akademie-Verlag 2010, 39–51.

Mit der Französischen Revolution jedoch veränderte sich die Perspektive auf die Menschheitsgeschichte; sie ist repräsentativ und sozusagen offiziell in Condorcets *Esquisse d'un tableau historique des progrès de l'esprit humain* (*Entwurf eines historischen Tableaus der Fortschritte des menschlichen Geistes*) formuliert.

Condorcet (Marie Jean Antoine Nicolas Caritat, Marquis de Condorcet, 1743–1794) hatte zu Beginn der Revolution eine glänzende Karriere im Ancien Régime hinter sich. Nach dem Studium der Mathematik im Collège de Navarre wurde er 1770 Mitglied, 1773 Hilfssekretär und 1785 Sekretär der Académie des sciences in Paris. Als Ökonom war er einer der führenden Theoretiker der Physiokraten,[2] gab 1776 Pascals *Pensées* mit einer »Éloge« heraus, brillierte als Geschichtsschreiber und Biograph[3] und schrieb Abhandlungen zu Verfassungsfragen.[4] Von Beginn an hatte er die Französische Revolution unterstützt. Mit dem Abbé de Siéyès gründete er die ›Sociéte de 1789‹. 1791 wählte Paris ihn als Abgeordneten in die gesetzgebende Versammlung, 1792 wurde er Sprecher der Unterrichtskommission und unterbreitete in dieser Funktion Vorschläge zur Reorganisation des öffentlichen Unterrichts. 1793 stimmte er als Abgeordneter des Konvents gegen die Todesstrafe für den König und gegen die eilig ausgearbeitete neue Verfassung. Er ließ eine Flugschrift (*Aux citoyens français sur la nouvelle constitution*) drucken, wurde von François Chabot[5] denunziert und am 3. Oktober für vogelfrei erklärt. Sein Vermögen

2 Marie Jean Antoine Nicolas C. de Condorcet, *Lettre d'un laboureur de Picardie à M. N. [Necker], auteur prohibitif, à Paris*, 1775, 1.

3 Marie Jean Antoine Nicolas C. de Condorcet, *Éloge de Michel de l'Hôpital,* Paris: Demonville 1777; ders., *Vie de M. Turgot*, London [i. e. Paris] o. V.: 1786; ders., *De l'influence de la Révolution d'Amérique sur l'Europe,* Paris: Froulet 1786, 1; ders., *Vie de Voltaire,* Kehl: Imprimerie de la Société littéraire-typographique 1791.

4 Marie Jean Antoine Nicolas C. de Condorcet, *Essai sur la Constitution et les functions des assemblées provinciales,* 1788, S. l; ders., *Sentiments d'un républicain sur les assemblées provinciales et les Etats Généraux*, Philadelphia: o. V. 1788.

5 François Chabot war Priester und Politiker. Er war zunächst Kapuzinerpater und dann in der Revolution Vertreter der äußersten Linken. Von ihm stammt der Vorschlag, die Kathedrale Notre-Dame de Paris in einen ›Tempel der Vernunft‹ umzuwandeln. Er lernte 1793 die Brüder Emanuel und Junius Frey kennen (Junius Frey geb. in Böhmen als Moses

wurde beschlagnahmt und sein Name auf die Liste der Emigranten gesetzt. Er musste untertauchen. In dieser Zeit konzipierte er das Gesamtwerk des *Tableau historique du progrès humain* (*Historisches Tableau des menschlichen Fortschritts*) und verfasste in großer Eile die *Esquisse d'un tableau historique* (*Entwurf eines historischen Tableaus*). Am 25. März 1794 verließ er sein Versteck, begab sich nach Fontenay les Roses und verbrachte hungernd und frierend zwei Nächte und einen Tag in den Steinbrüchen von Montrouge. In einem Gasthaus, wo er wegen seiner Verwirrung Aufsehen erregt hatte, wurde er, der keinen Ausweis bei sich hatte, festgenommen und interniert. Am nächsten Morgen (28. März) starb er im Gefängnis. Nach dem Ende der Terreur wurde er 1795 rehabilitiert. Der Konvent gab seine *Esquisse* heraus und ließ ihn an die Abgeordneten verteilen.

Als Revolutionär der ersten Stunde vermeidet Condorcet alle Transzendenzbezüge. Vor allem aus diesem Grunde wurde seine *Esquisse* vom Konvent 1795, ein Jahr nach dem Tod des Verfassers, zum offiziellen revolutionären geschichtsphilosophischen Bekenntnisbuch erklärt. Es sollte fortan als Hauptlehrbuch benutzt werden. Jeder Spekulation abgeneigt, verzichtet es auf alle Ursprungstheorien des Menschen und bestimmt den Fortschritt der Menschheit als eigenständige humane Kulturleistung. Die Ideen der Französischen Revolution, zumal die Rationalisierungen aller Lebensbereiche, sollen der Menschheit zugutekommen und so das Glück aller Bürger garantieren. Condorcets Erwartungsmuster sind zur Mustergeschichte des Weltenverlaufs geworden und haben den Revolutionsmythos des unaufhaltsamen Fortschritts stabilisiert, der seinen Kredit aus der Zukunft gewinnt.

Condorcet ist strikter Sensualist und zugleich Mathematiker. Darüber, wie diese beiden Überzeugungen zusammenpassen, hat er sich möglicherweise kaum Gedanken gemacht. Der Fortschritt des menschlichen Geistes ist für ihn definiert als die Summe der Fortschritte der Individuen. Zeitlich

Dobruschka, Neffe des Kabbalisten Jakob Frank – von diesem stammt die Bezeichnung der ›Frankisten‹ –, getauft dann als Franz Thomas Schönfeld, geadelt als Thomas Edler von Schönfeld) und heiratete dessen Schwester Leopoldine. Nach einer Anklage, sich mit gefälschten Gesetzen bereichert zu haben, wird er zusammen mit den Schönfelds am 5. April 1794 hingerichtet.

ist jeder folgende Moment vom vorherigen abhängig. Fortschritt ist also stetig und der *progrès humain* mathematisierbar. Condorcet konstatiert: »Die Betrachtung dessen, was der Mensch war, und dessen, was er heute ist, wird dann zu den Mitteln führen, die weiteren Fortschritte, die seine Natur ihn noch erhoffen lässt, zu sichern und zu beschleunigen.«[6] Das ist Zukunftsfrömmigkeit. Die Erfüllung der ganz technisch verstandenen Zukunftshoffnungen durch die Ausschöpfung der menschlichen Fähigkeiten sieht Condorcet als Aufgabe der Geschichte:

> Dies ist die Absicht des Werkes, das ich in Angriff genommen habe; und sein Ergebnis wird sein, durch Vernunftschlüsse und den historischen Fakten gemäß darzutun, daß die Natur der Vervollkommnung des Menschen keinen Endpunkt gesetzt hat und seine Vervollkommung wirklich unbegrenzt ist.[7]

Die Betonung der historischen Fakten ist dem Empiristen wesentlich. Die »Vernunftschlüsse« sind für ihn diejenigen Methoden, die aus den historischen Fakten Erwartungsmuster für den Fortschritt machen. Die Grenzen seines Fortschritts sind allein der zeitliche Bestand und die Endlichkeit des Planeten. Der Fortschritt vollzieht sich dabei nachgerade zwangsläufig. Er kann höchstens schneller oder langsamer erfolgen, »doch niemals werden es Rückschritte sein, wenigstens solange die Erde ihren Platz im System des Universums behält« (28 f.).[8]

Condorcet konzipiert seine Fortschrittsgeschichte in drei Tableaus und zehn Epochen. Eigentlich müssten diese Stufen der Menschheitsgeschichte

6 »Ces observations, sur ce que l'homme a été, sur ce qu'il est aujourd'hui, conduiront ensuite aux moyens d'assurer et d'accélérer les nouveaux progrès que sa nature lui permet d'espérer encore.« Marie Jean Antoine Nicolas C. de Condorcet, *Entwurf einer historischen Darstellung der Fortschritte des menschlichen Geistes* (*Esquisse d'un tableau historique des progrès de l'esprit humain* [1794]), frz.-dt. (hg. v. Wilhelm Alff, Frankfurt am Main: Europäische Verlagsanstalt 1963, 28. (Die Seitenangaben beziehen sich stets auf die frz. Version, die dt. Übersetzung findet sich je auf der folgenden Seite.)

7 »Tel est le but de l'ouvrage que j'ai entrepris, et dont le résultat sera de montrer, par le raisonnement et par les faits, que la nature n'a marqué aucun terme au perfectionnement des facultés humaines; que la perfectibilité de l'homme est réellement indéfinie.« Ebd. (Übers. verändert)

8 »[J]amais elle ne sera rétrograde, tant que la terre, du moins, occupera la même place dans le système de l'univers«, Condorcet, *Entwurf*

empirisch belegt sein, weil nur durch den Realitätsanspruch der Vergangenheitserzählungen der Anspruch gewonnen werden kann, die daraus gezogenen ›Vernunftschlüsse‹ seien Garant für eine Zukunftszähmung. Allerdings ist dieser Empirieanspruch prinzipiell nur zu geringen Teilen einlösbar. Er hat eine andere Bedeutung: Empirismus bedeutet bei Condorcet vornehmlich den Ausschluss von Theologie.

Erstes Tableau (Epochen 1–3): Urgeschichte

Das erste Tableau, die Urgeschichte, umfasst drei Epochen, in denen sich die Menschen erstens zu Stämmen vereinigen, zweitens Hirten zu Ackerbauern werden und drittens Fortschritte bis zur Erfindung der alphabetischen Schrift machen. Auf dieser Entwicklungsstufe vervollkommnet die Menschheit ihre eigene *»habilité«* und *»adresse personelle«* (30). Im Gegensatz zu Rousseau geht Condorcet von der Ursprünglichkeit des Eigentums aus. Deshalb sei die erste Epoche lange stabil geblieben. Die zweite entsteht dadurch, dass kleine Erbschaften die Nachkommen allmählich in die Lage versetzen, an bestimmten Dingen Überfluss zu haben, der die anderen ihren Mangel empfinden ließ. Ein Teil des Überflusses wurde durch Arbeit weiter vergrößert. Dadurch kommen ein höherer Luxus und mit ihm neue Wünsche auf: Der Gewerbefleiß erwacht.

Die ausgedehnteren vielfachen Beziehungen, die so entstehen,

> lassen das Bedürfnis nach einem Mittel verspüren, um ihre Gedanken Abwesenden mitzuteilen, die Erinnerung an eine Tatsache oder Begebenheit genauer als durch mündliche Überlieferung festzulegen, die Bedingungen eines Vertrages sicherer als durch das Gedächtnis von Zeugen festzuhalten und jene anerkannten Gebräuche, nach denen ihrer Übereinkunft gemäß die Mitglieder einer bestimmten Gesellschaft ihr Verhalten richten, auf eine weniger der Veränderung ausgesetzte Weise zu überliefern (32).[9]

9 »Les relations plus étendues, plus multipliées, plus compliquées, que les hommes forment alors entre eux, leur font éprouver la nécessité d'avoir un moyen de communiquer leurs idées aux personnes absentes, de perpétuer la mémoire d'un fait avec plus de précision que par la tradition orale, de fixer les conditions d'une convention plus sûrement que par le souvenir des témoins, de constater, d'une manière moins sujette à des changements,

Aus der Bilderschrift, die ursprünglich ist, wird sekundär die Buchstabenschrift. Welches ist eigentlich der ›Realitätsanspruch‹ dieser ›Empirie‹? Wer war dabei? Die auf das Ziel der Kulturentwicklung ausgerichteten ausgewählten Mustergeschichten sind sämtlich überindividuell, abstrakt und Phantasiegebilde, die sich innerhalb des anthropologischen Naturalismus bewegen. Ihr Anspruch lautet, es sei so gewesen. Im Einzelnen haben die drei sehr abstrakten, topischen Erzählungen den Charakter von Zeitraffermustern. Dadurch wird der zeitigende Charakter dieser Erzählungen nicht aufgehoben. Der Fortschritt bleibt ein Zeitphänomen. Empirisch im Sinne von Erfahrungswissen ist an diesen abstrakten Erzählungen wenig, es handelt sich allein um topische Konjekturen, die aus Reiseberichten gewonnen und auf die europäische Geschichte übertragen wurden. Wichtig ist der Naturalismus – Condorcet verzichtet völlig auf die alten weltgeschichtlichen Muster der Paradiesvorstellung und des transzendenten Heilsversprechens. Sein Heil ist von dieser Welt.

Zweites Tableau (Epochen 4–9): Wissenschaftlicher Fortschritt

Das zweite Tableau umfasst die Geschichte, die historisch belegbar ist. Erzählt werden muss die Geschichte der Fakten, denn diese bekommen nur in einer Erzählung Sinn. Hier sind Geschichtsschreibung und Geschichte erneut ununterscheidbar. Condorcet erzählt in diesem Tableau die Geschichte des wissenschaftlichen Fortschritts. Naturwissenschaft und Mathematik sind für ihn das Ziel, auf das er seine Geschichte ausrichtet.

Die Menschheitsgeschichte des zweiten Tableaus umfasst die Perioden 4 bis 9. Zunächst wird in drei Perioden das Drama des Aufstiegs und Niedergangs der antiken Wissenschaft inszeniert: Die vierte Periode umfasst die Fortschritte des menschlichen Geistes in Griechenland bis zur Aufteilung der Wissenschaften im Zeitalter Alexanders des Großen, die fünfte die Ausarbeitung der wissenschaftlichen Disziplinen sowie ihren Verfall und die

ces coutumes respectées, auxquelles les membres d'une même société sont convenus de soumettre leur conduite.«

sechste schließlich den ›Niedergang der Aufklärung‹ bis zur Erneuerung der Wissenschaften zur Zeit der Kreuzzüge.

Condorcet übernimmt seine Erzählmuster aus Voltaires *Essay sur les mœurs et l'esprit des nations* (1756) und aus Gibbons *Decline and Fall of the Roman Empire* (1776–1789): In der griechisch dominierten Kultur seien Mathematik und empirische Wissenschaften (repräsentiert von Plato und Aristoteles) die leitenden Disziplinen gewesen. Das Christentum und seine klerikalen Institutionen, Priester und Päpste, hätten den inneren Zusammenhang der griechisch-römischen Kultur vor allem in Europa und in einigen Ländern des Morgenlandes zerstört:

> Hier waren die Priester die Sittenrichter, die Tugend bestand im Gehorsam gegen einen Gott, dessen einzige Interpreten zu sein sie beanspruchten. Ihre Herrschaft erstreckte sich über den ganzen Menschen, die Kirche wurde als Vaterland verkauft, man betete Jehova und Jesus an, ehe man Bürger oder Untertan des weltlichen Reiches war, und die Priester bestimmten, welchen Gesetzen man gehorchen durfte (150 f.).[10]

Die Priesterbetrugs- und -herrschaftsthese wird breit ausgewalzt. Dieser Topos enthält die Kampfansage der Profangeschichtsschreibung an die Heilsgeschichtsschreibung. Gerade hier zeigt sich bei Condorcet allerdings, dass auch er Heilsgeschichte schreibt. Er konkurriert mit der christlich-jüdischen Geschichtskonzeption – das Ziel ist beide Male ähnlich: Es geht um die endzeitliche Verwirklichung des Glücks der Menschen.

Die Völkerwanderung, so die Fortsetzung, habe die griechisch-römische Kultur restlos zerstört. Erst durch die Kultur des Islam, der die griechischen Traditionen reicher bewahrt und weiterentwickelt habe, sei der Rückschritt aufgehalten worden. Ähnlich wie in Montesquieus *Lettres Persanes* (1721) wird hier die ganze antiklerikale Tradition der französischen Geschichtsschreibung bedient, ohne das Konzept der Heilsgeschichte insgesamt aufzugeben.

10 »Là, les prêtres étaient les juges de la morale: la vertu consistait dans l'obéissance à la volonté d'un dieu, dont ils se disant les seuls interprètes. Leur empire s'étendait sur l'homme tout entier, le temple se confondait avec la patrie; on était adorateur de Jehova et de Jésus, avant d'être citoyen ou sujet de l'empire; et les prêtres décidaient à quelles lois humaines leur dieu permettait d'obéir.« Condorcet, *Entwurf*.

Vom dunklen Mittelalter an geht es nun unaufhaltsam aufwärts: Die siebte Epoche reicht von der ersten Wiederherstellung der Wissenschaften bis zur Erfindung des Buchdrucks, die achte von der Erfindung des Buchdrucks bis zu der Zeit, wo sich die Wissenschaften ›vom Joch der Autorität freigemacht‹ hätten. Diese beiden Epochen bilden den dramatischen Anfang der guten neuen Zeit: Die Erfindung des Buchdrucks und – paradoxerweise – die Eroberung Konstantinopels durch die Türken hätten zu verbesserten Kenntnissen der griechischen Wissenschaft geführt.

Zugleich ereignete sich die Entdeckung Amerikas. Hier wird nun die Legenda negra der spanischen Geschichte, wie sie Raynal und Diderot in der *Histoire des deux Indes* (1770) dargestellt hatten, wieder aufgewärmt:

> [W]ar es der edle Entdeckertrieb, der die Heroen der Seefahrt beseelt hatte, so waren es niedrige und grausame Habgier, stupider und wilder Fanatismus, der die Könige und Räuber bestimmte, aus den Mühen jener Profit zu ziehen. Die unglücklichen Bewohner der neu entdeckten Weltgegenden wurden keineswegs wie Menschen behandelt, denn sie waren keine Christen. (215)

Die Reformation beendet die weltweite Willkürherrschaft des Papstes: »Bis zu dieser Epoche waren die Anschläge des Priestertums (*attentats du sacerdoce*) straflos geblieben« (217). In Condorcets Antikatholizismus müssen die Positionen Luthers als Argumente für das Verbot des Katholizismus in der Französischen Republik herhalten. Luther hatte

> auf das vom Papst angemaßte Recht hin[gewiesen], von Verbrechen los zu sprechen und seine Vergebung zu verkaufen (*vendre le pardon*); auf die vermessene Herrschaft (*insolent despotisme*), die der Papst über die ihm einstmals gleichgestellten Bischöfe ausübte; auf das brüderliche Mahl der ersten Christen, welches unter der Bezeichnung der Messe eine Art magischer Verrichtung und ein Handelsobjekt (*une espèce d'opération magique et un objet de commerce*) geworden war. (218)

Die Priester seien »zur Verderbtheit eines unwiderruflichen Zölibats« (*à la corruption d'un célibat irrévocable*) verdammt gewesen. Die Kirche sei den Orden ausgeliefert gewesen, die dem Papst in die Hände gearbeitet hätten. Die Beichte sei der Zwang, alle Geheimnisse den Intrigen und Leidenschaften der Priester (*aux intrigues et aux passions des prêtres*) zu offenbaren (218).

Diese Gemeinplätze entsprechen präzise der antikatholischen Propaganda der Französischen Revolution. Das gilt auch im Positiven: Der Verfolgung der unaufhaltsam fortschreitenden Wissenschaft korrespondieren die »Märtyrer der Denkfreiheit« (224),[11] denn in dieser Periode »bedeckte die Heuchelei Europa mit Scheiterhaufen und bevölkerte es mit Mördern« (234).[12] Condorcet schwankt in seiner Topik hier zwischen den Mustern »Ketzer sind an sich Heilige« und »der wissenschaftliche Fortschritt ist unaufhaltsam«. Manchmal scheint er eine Revolutionsdialektik zu entwickeln: Je schlimmer die Umstände, desto größer die Fortschritte. So integriert er die Erfindung der Logarithmen, Galileis Bewegungslehre, Kopernikus' und Keplers Astronomie, aber auch die neue Bedeutung der Philologie umstandslos in die Geschichte der Verfolgungen der Wahrheit: Bacon, Galilei und Descartes werden so gleichermaßen zu szientistischen Heiligen (246, 248).

In der neunten Epoche, die von Descartes bis zur Entstehung der Französischen Republik reicht, feiert Condorcet gleichermaßen die Aufklärung wie die Hegemonie der französischen Nation. In dieser Epoche seien die Fortschritte in der politischen Theorie und Ökonomie unübersehbar; und eine gute Ökonomie schaffe Freiräume für die Bürger. In der Philosophie wird Locke als Erlöser gepriesen, Leibniz als Genie der Mathematik, die Amerikanische Revolution, an die die Französische sich anschließt, als Freiheitsfanal der Menschheit (252–295). Die mathematischen und astronomischen Entdeckungen sowie die chemischen und medizinischen Erfindungen sind für Condorcet Hauptindizien des technisch-humanen Fortschritts, der sämtlich auf Empirie beruhe und deshalb als Realität zukunftstauglich sei. Vor allem wird die Fortschrittsbedeutung der Wahrscheinlichkeitsrechnung gepriesen, die Condorcet für seine sozial einsetzbare Versicherungsmathematik braucht. Die Versicherungsmathematik ist der Versuch, durch wissenschaftliche Methoden die Bekömmlichkeit der Zukunft zu optimieren. Und wenn das für den je Einzelnen auch nicht immer zutrifft, dann wenigstens für das Kollektiv.

11 »[M]artyrs de la liberté de penser«.Condorcet, *Entwurf*.

12 »[L]'hypocrisie couvre l'Europe de bûchers et d'assassins«. Ebd.

Das ganze zweite Tableau ist eine Erzählung von den Siegen über Aberglauben und Despotie und eine Feier der Ereignisse, die der Zukunft ihren Schrecken nehmen.

> Von der Epoche an, da die alphabetische Schrift in Griechenland bekannt wurde, bis auf unsere Zeit, bis auf den gegenwärtigen Zustand des Menschengeschlechts in den aufgeklärtesten Ländern Europas reicht eine Folge von Tatsachen und Beobachtungen in ununterbrochener geschichtlicher Verbindung; und die Darstellung des Ganges und der Fortschritte des menschlichen Geistes ist damit wahrhaft historisch geworden. Nichts bleibt nun der Philosophie mehr zu erraten, sie braucht nicht länger hypothetische Kombinationen aufzustellen; es genügt, die Tatsachen zu sammeln und zu ordnen sowie die nützlichen Wahrheiten aufzuzeigen, die aus ihrer Verkettung und ihrer Gesamtheit hervorgehen (39).[13]

Das ist das empiristische Bild der Weltgeschichte: unendlicher Fortschritt anstelle des Weltgerichts, eine scheinbar offene Geschichte, die durch ihre Hoffnungen, die auf Verwirklichung drängen, gleichwohl ein Ziel, damit ihre Gänze und ihr Ende bekommt. Und diese glückliche Vollendung der Menschheit stellt Condorcet im dritten Tableau dar.

Drittes Tableau (Epoche 10): Künftige Fortschritte

Das dritte Tableau liefert die Erwartungsschemata, mit denen Condorcet die Zukunft bereits bewältigt sieht. Es umfasst nur eine, die zehnte Epoche und handelt von den künftigen Fortschritten des menschlichen Geistes.

Die Prophetie der profanen Heilsgeschichte lautet: Mathematik und Technik stehen im Dienste einer gerechten Humanität. Das letzte Stadium der Menschheit ist das Tableau der Fortschritte, die den zukünftigen

13 »Depuis l'époque où l'écriture alphabétique a été connue dans la Grèce, l'histoire se lie à notre siècle, à l'état de l'espèce humaine dans les pays les plus élairés de l'Europe, par une suite non interrompue de faits et observations; et le tableau de la marche et des progrès de l'esprit humain est devenue véritablement historique. La philosophie n'a plus rien à deviner, n'a plus de combinaisons hypothétiques à former; il suffit de rassembler, d'ordonner les faits, et de montrer des vérités utiles qui naissent de leur enchantement et de leur ensemble.« Ebd.

Generationen vorbehalten sind und »die durch die Beständigkeit der Naturgesetze verbürgt scheinen« (38).[14] Die Verwandlung von Erfahrungstopoi in Naturgesetzmäßigkeiten ist eine der Folgen der Naturalisierung von Geschichte. So hofft Condorcet, dass »das, was heute unbegründete Hoffnung (*espoir chimérique*) sein mag, nach und nach möglich, ja selbst leicht werden muss, wenn erst die Vorurteile (*préjugés*) überwunden sind« – d. h. wenn das naturalistische Erziehungsprogramm durchgeführt ist und Erfolge zeitigt. Dieser Erfolg wird darin bestehen, »daß allein die Wahrheit auf die Dauer triumphieren muß; zu zeigen, durch welche Bande die Natur den Fortschritt der Aufklärung (*les progrès des lumières*) mit dem der Freiheit, der Tugend, der Achtung vor den natürlichen Rechten des Menschen (*les droits naturels de l'homme*) unauflöslich verbunden hat«.[15]

Worum geht es bei Condorcets *Esquisse*? Es handelt sich um die Beschwörung der Fortschrittsvorstellung, die als historisches Naturgesetz beschrieben wird. Wer sich natürlich verhält, der besitzt die Zukunft. Der eigentliche Reiz liegt in der Parallelisierung eines Naturgesetzes, dessen Geltung in der Zukunft, »solange dieser Planet/Kosmos existiert«,[16] sicher ist, mit den Gesetzen menschlichen Handelns. Das Naturmuster absorbiert in seinem Glücksabsolutismus die Freiheit, die Erziehung wird Teil der Naturalisierung, die Frage nach der Ethik hängt nicht von der Entscheidung ab, sondern von der zwangsläufigen Einsicht in das Richtige, das zugleich als human bekömmlich ausgegeben wird. Dieser Optimismus bedient geschichtsphilosophisch immer noch Leibnizens Theodizee, wenn es auch keines Gottes mehr bedarf. Die Botschaft bei beiden ist dieselbe positive Eschatologie: Am Ende wird alles gut, wenn es denn natürlich ist. Die Pointe von Condorcets Geschichtserzählung ist, dass Natur, Wahrheit und Glück am Ende identisch seien. Aus dieser Falle des beglückenden Naturalismus gibt es keinen Ausweg.

14 »[E]t que la constance des lois de la nature semble leur assurer«, ebd.

15 »[L]a vérité seule doit obtenir un triomphe durable; par quels liens la nature a indissolublement uni les progrès des lumières et ceux de la liberté, de la vertu, du respect pour les droits naturels de l'homme ...«, ebd.

16 Vgl. oben Anm. 8.

2. Soziotheismus: Auguste Comtes Heilsverheißung

Gesellschaft als Geschichtssubjekt

Auguste Comte (1798–1857) ist sicher einer der einflussreichsten Geschichtsphilosophen und Wissenschaftstheoretiker des 19. Jahrhunderts. Er war 1814 in die École Normale Polytechnique (ein aus der Revolutionszeit stammendes Ausbildungsinstitut für künftige Offiziere, das nach der französischen Niederlage 1816 aufgelöst wurde) aufgenommen worden und von 1817 bis 1824 Sekretär bei Henri de Saint-Simon (1760–1830), dem Anreger des Sozialismus. 1822 erschien sein *Prospectus des travaux scientifiques nécessaires pour réorganiser la société* (*Plan für die Reorganisation der wissenschaftlichen Arbeiten, die für die Gesellschaft nötig sind*); ursprünglich war das Büchlein *Catéchisme des industrielles* betitelt. Ab 1826 hielt er vor ausgewählten Hörern Vorträge, die von 1830 bis 1842 in den sechs Bänden des *Cours de la philosophie positive* erschienen. Nach der Julirevolution 1830 gab er Mathematikstunden und wirkte als Repetitor an der wiedereröffneten École polytechnique. 1843 kamen der *Traité élementaire de géométrie analytique*, 1844 der *Traité philosophique d'astronomie populaire* (seine Einleitung ist der *Discours sur l'esprit positif*) heraus. Spätestens 1844 geriet Comte in eine Lebenskrise und verstand sich von nun an als Priester einer neuen Religion. Ab 1851 erschienen die Bände des *Système de politique positive* und 1852 die Kurzfassung, der *Catéchisme positiviste*. Comte blieb sein Leben lang arm und wurde, als er seine Stelle als Repetitor verloren hatte, von seinen Freunden Émile Littré und John Stuart Mill finanziell unterstützt.[17]

Comtes einflussreichste Studien sind der *Prospectus*, der *Cours de la philosophie positive* und der *Discours sur l'esprit positif*. Die Werke, die nach seiner Lebenskrise entstanden, zumal das *Système de politique positi-*

17 Die wichtigste Biographie Comtes stammt von Henri Gouhier, *La vie d'Auguste Comte*, Paris: Vrin ^{3}1965 [1931]; ders., *La Jeunesse d'Auguste Comte et la formation du positivisme*, 3 Bde. Paris: Vrin 1933–1941. Insgesamt nützlich ist die Bibliographie im Anschluss an Auguste Comte, *Rede über den Geist des Positivismus. Discours sur l'esprit positif* (hg. v. Iring Fetscher), Hamburg: Meiner ^{3}1979, 244–253.

ve, lösten hingegen wegen ihrer religiösen Tendenzen Befremden unter Comtes ursprünglichen Anhängern aus. Comte ist der erste der großen nicht-universitären intellektuellen Leitfiguren des 19. Jahrhunderts, die ihre Wirkung auch den Vereinen verdankten, die sich der Verbreitung dieser Lehren widmeten. Er hat wie kaum jemand sonst das Selbstverständnis all derer geprägt, die die theologischen Bindungen der Philosophie und der Politik los sein wollten. Seine nachhaltigste Neuerung besteht darin, die Gesellschaft als Geschichtssubjekt etabliert zu haben. Diese Wendung zur Gesellschaft naturalisierte die Geschichte, denn nun war der atheologische Oberbegriff gefunden, mit dem die Anthropologie ihren eigenen Ort der natürlichen Genealogie des Fortschritts besetzte. Die Soziologie, die sich selbst in Analogie zu den Naturwissenschaften verstand, wurde zur Leitwissenschaft der Geschichte. Seit Comte ist der Begriff ›Gesellschaft‹ in der Geschichtswissenschaft mit dem stillschweigenden Anspruch etabliert, man werde mit einer positivistischen Gesellschaftstheorie die Geschichtsphilosophie und vor allem die Geschichtstheologie los.

Dreistadiengesetz

Comte verstand die Geschichte als natürlich und ging davon aus, dass die Geschichte wie die Natur nach Gesetzen abläuft. Er formulierte zwei geschichtliche Hauptgesetze, das »Dreistadiengesetz« und das »enzyklopädische Gesetz«. Mit dieser Fassung der Geschichte als Naturprozess beerbte Comte Condorcet.[18] Er übernahm Condorcets Idee der drei Tableaus und präzisierte sie in ihrem Ablauf durch seine beiden Gesetze. Comtes Dreistadientheorie wurde zum Paradigma der gesamten Anthropologie des 19. und 20. Jahrhunderts. Das Geheimnis seines ungewöhnlichen Erfolgs liegt in zwei Momenten, der Etablierung der Gesellschaft als universalem Geschichtssubjekt und in der überwältigenden Einfachheit seiner kulturgeschichtlichen Epochengliederung.

18 Comte beruft sich in Kap. VIII des Prospectus, »Vorgänger«, auf Condorcet, s. Auguste Comte, *Plan der wissenschaftlichen Arbeiten, die für eine Reform der Gesellschaft notwendig sind*, übers. v. Wilhelm Ostwald. München: Hanser 1973, 119 f.

Das Dreistadiengesetz findet sich schon 1822 im *Prospectus*. Comte stellt hier fest:

> In der Natur des menschlichen Geistes ist es begründet, dass jeder Zweig unseres Wissens notwendig drei aufeinander folgende theoretische Stadien zu durchlaufen hat: 1. das theologische oder fiktive, 2. das metaphysische oder abstrakte und 3. das wissenschaftliche oder positive Stadium.[19]

Comte geht offensichtlich davon aus, dass sich diese Stadien im Fortschrittsprozess der Zivilisierung ablösen und dass das dritte, positive Stadium das endgültige ist.

Das erste, »theologische oder fiktive« Stadium beginnt mit dem Zeitalter des Fetischismus. Der Fetischismus, der dem ursprünglichen Zustand des menschlichen Geistes entspricht, erfindet Augenblicksgottheiten.[20] Es gibt noch keine auf Religion spezialisierte Priesterkaste. Der auf den Fetischismus folgende Polytheismus ist zugleich ein militärisches Zeitalter: Comtes Muster sind die Griechen – offensichtlich steht Homers *Ilias* Pate. Die Stammesgötter der Griechen führen Krieg untereinander. Diese militärische Grausamkeit wird von den Römern durch Verrechtlichung eingehegt. Der Monotheismus löst den Polytheismus im Fortschrittsprozess der Zivilisierung ab. Seine Fortschrittlichkeit besteht vor allem in der geistigen Disziplinierung zur Logik.[21] Der Protestantismus ist dagegen zersetzend, weil er die Zerstörung der Einheit des Monotheismus in unterschiedliche Individualismen befördert.

Das zweite, »metaphysische oder abstrakte« Stadium ist das Zeitalter der Metaphysik. Comte stellt sich Metaphysik ganz platonisch vor: Die metaphysischen Begriffe, z. B. ›das Gute‹ oder ›die Schönheit‹, ›die Macht‹ usw. werden als selbständige Einheiten imaginiert und als ontologische Eigenexistenzen verstanden. Eine Begründung für das Ende der Metaphysik gibt Comte nicht. Er stellt nur fest, dass sie alt geworden sei.[22] Nach dem Erschlaffen der Metaphysik entwickelt sich eine neue Philo-

19 Zitiert nach Comte, *Rede über den Geist des Positivismus*, S. XXIV f.

20 Auguste Comte, *Die Soziologie. Die Positive Philosophie im Auszug* (hg. v. Friedrich Blaschke), Stuttgart: Kröner ^{2}1974, 179.

21 Comte, *Die Soziologie*, 231.

22 Comte, *Die Soziologie*, 463.

sophie. Diese will »alle Untersuchungen über die ersten Ursachen und letzten Ziele beseitigen. Sie beschränkt sich auf das Studium der Beziehungen«.[23] Alle Apriori sind abgeschafft. An die Stelle der Spekulation tritt die Beobachtung, die feste Begriffe liefert.

Die fest begründeten Begriffe können sich nur in einer fest gegründeten Gemeinschaft festigen,[24] denn die Gesellschaft stabilisiert die empirischen Erkenntnisse durch ihren kommunikativen Zusammenhalt. Im dritten, »wissenschaftlichen oder positiven« Stadium vollzieht sich deshalb die Versöhnung von Moral und Positivität. Damit ist der Universalanspruch der Soziologie etabliert:

> Erst mit der Ausdehnung der positiven Methode auf das Studium der Menschheit erweist sie ihre Vollständigkeit, und erst dann erhält die Annahme der Naturgesetze ihre volle Entwicklung durch ihre Anwendung auf Fälle, bei denen die Beseitigung der Willkür und der phantastischen Entitäten von der größten Wichtigkeit, aber auch Schwierigkeit ist. Dabei ist nichts geeigneter zur Beseitigung der absoluten Philosophie als ein Studium, das sich auf die Ermittlung der Gesetze im Wechsel der menschlichen Meinungen richtet.[25]

Enzyklopädisches Gesetz

Das »enzyklopädische Gesetz« entwickelt eine Rangordnung der Grundwissenschaften, die bei der abstraktesten, 1. der Mathematik, beginnt. Ihr folgen die anderen Wissenschaften, die dem Leben immer näherkommen wollen: 2. Astronomie, 3. Physik, 4. Chemie, 5. Biologie und 6. Soziologie. Theoretisch passiert hier Folgendes. Zunächst wird Wissenschaft definiert: Wissenschaft meint Naturwissenschaft; die Soziologie ist diejenige Wissenschaft, die die Naturwissenschaft gesellschaftlich auffängt. Diese Aufgabe bewältigt sie historisch – und hier zeigt sich die Leistungsfähigkeit des Dreistadiengesetzes: Die Wissenschaftsgeschichte der einzelnen Wissenschaften ist zunächst theologisch, dann metaphysisch, dann po-

23 Ebd.

24 Comte, *Die Soziologie*, 448.

25 Ebd., 486.

sitiv gefasst.[26] Im *Cours de Philosophie Positive* kommt der Soziologie unter den positiven Wissenschaften eine Schlüsselrolle zu; sie ist für alle anderen Wissenschaften zuständig. Im *Prospectus* hieß diese Aufgabe noch »Politik«.[27] Comte bestimmt ihr Ziel als Angleichung des menschlichen Zusammenlebens an die Ordnung der Natur. Sie betrachtet

> die sozialen Zustände, in welchen das Menschengeschlecht jeweils von den Beobachtern vorgefunden worden ist, als die notwendigen Folgen seiner Organisation. Sie fasst den Zweck dieser sozialen Zustände auf als bestimmt durch den Rang, den der Mensch im System der Natur einnimmt, wie er durch die Tatsachen festgelegt wird, und der einer weiteren Erklärung nicht bedarf. Sie sieht weiter aus dieser fundamentalen Beziehung die dauerhafte Neigung des Menschen entstehen, auf die Natur einzuwirken, um sie zu seinem Vorteil abzuändern. Sie betrachtet endlich als letzten Zweck der sozialen Ordnung als im letzten Ende bezweckend, *gemeinsam* diese natürliche Tendenz zu entwickeln, sie zu regeln und sie in Übereinstimmung zu bringen, damit die nutzbare Wirkung den größtmöglichen Wert annimmt.[28]

Damit der Fortschritt optimiert wird, muss die soziale Ordnung an die natürliche angeglichen werden. Das Ziel der wissenschaftlichen Soziologie besteht konkret darin, Gesellschaftsingenieure auszubilden, die die Übereinstimmung des menschlichen Lebens mit den Gesetzen von Natur und Gesellschaft so gut wie möglich gestalten. Natur bekommt in diesem Zusammenhang eine durchaus normative Dimension. Wir befinden uns zeitgeschichtlich lange vor Darwin, und deshalb ist Comtes Naturbegriff immer noch teleologisch und menschenfreundlich. Robert Malthus hat er anscheinend nicht zur Kenntnis genommen.

Comtes Religion

Comtes normativer Naturbegriff überlagert allmählich seine Soziologie. Er sieht sich immer mehr als Prophet des letzten, des positiven Stadiums

26 Comte, *Plan der wissenschaftlichen Arbeiten*, 75 f.

27 Ebd., Kap. VI, »Kultur und Politik«.

28 Comte, *Plan der wissenschaftlichen Arbeiten*, 77.

der menschlichen Entwicklung, und die Gesellschaftsanalyse mutiert zur Religionsverkündigung. Ab 1845 betrachtet er sich, wie oben im biographischen Abriss erwähnt, als Priester einer neuen Religion.[29] 1849 entwirft er einen *Calendrier positiviste*, in dem er die paganen Heiligen seiner neuen Religion in einer neuen Zeitrechnung vorstellt. Von 1851 bis 1854 verfasst er das *Système de politique positive*, in dem er seine neue Religion verkündet. 1852 erscheint der *Catéchisme positiviste*, die Kurzfassung des *Système de politique positive.*

Calendrier positiviste (1849)

Der *Calendrier positiviste* ist vielleicht am ehesten geeignet, Comtes neue soziologische Religion und ihre alten Topoi zu illustrieren. Das Titelblatt (s. Abb. 1 auf der nächsten Seite) macht den Anspruch überdeutlich.

Comte beginnt seine Jahreszählung mit der Französischen Revolution, die er auf 1788 datiert. Er behält die Sieben-Tage-Woche bei, aber die Wochentage bekommen neue soziologische Bedeutungen und sollen den Zusammenhalt der Gesellschaft symbolisieren: Der Montag gehört der Ehe (*Le Mariage*), der Dienstag der Vaterschaft (*La Paternité*), der Mittwoch der Kindschaft (*La Filiation*), der Donnerstag der Brüderlichkeit (*La Fraternité*), der Freitag der Gemeinschaft von Gesinde und Hausgenossen (*La Domesticité*), der Samstag ist der Frau und der Liebe gewidmet (*La Femme, ou l'Amour*), der Sonntag, der ein Feiertag bleibt, der Menschheit (*L'Humanité*).

Der neue Kalender hat 13 Monate zu je 28 Tagen. Das hat den Vorteil, dass jeder Monat mit einem Montag (*Le Mariage*) anfängt. An den letzten Monat wird in jedem Schaltjahr ein Tag angehängt, der aber im Wochenschema nicht zählt. Die alten zwölf Monate behalten zwar ihre Namen (der 13. Monat heißt »Final«), bekommen aber Patrone, »carac-

29 In diesem Jahr begegnete er Clothilde de Vaux, die ihn anscheinend dazu brachte, sich als Priester einer neuen Religion zu verstehen; jedenfalls hat er selbst es auch so gesehen. De Vaux starb im April 1846. Comte bezeichnete sie als »engelhafte Priesterin der Menschheit«, seine eigene Entwicklung als »moralische Wiedergeburt« und installierte einen eigenen Kult zu ihrer Verehrung.

CULTE SYSTÉMATIQUE DE L'HUMANITÉ.

L'AMOUR POUR PRINCIPE, | L'ORDRE POUR BASE,
ET LE PROGRÈS POUR BUT.

CALENDRIER POSITIVISTE,

OU

SYSTÈME GÉNÉRAL
DE COMMÉMORATION PUBLIQUE,

DESTINÉ SURTOUT
A LA TRANSITION FINALE DE LA GRANDE RÉPUBLIQUE OCCIDENTALE
COMPOSÉE DES CINQ POPULATIONS AVANCÉES,
FRANÇAISE, ITALIENNE, GERMANIQUE, BRITANNIQUE, ET ESPAGNOLE,
TOUJOURS SOLIDAIRES DEPUIS CHARLEMAGNE;

COMPOSÉ

PAR AUGUSTE COMTE,
Auteur du *Système de philosophie positive*,

ET PUBLIÉ AU NOM DE LA SOCIÉTÉ POSITIVISTE.

Vivre pour autrui.

PARIS.
A LA LIBRAIRIE SCIENTIFIQUE-INDUSTRIELLE DE L. MATHIAS,
15, QUAI MALAQUAIS.

Avril 1849.
Soixante-unième année de la grande révolution.

Abb. 1: *Titelblatt des* Calendrier positiviste *von Auguste Comte (1849)*

téristique à glorifier toutes les phases humaines«.[30] Auch alle Wochen und Tage des Jahres haben bei Comte ihre jeweiligen humanistischen Heiligen. Von den 13 Monaten gehören der Antike fünf Monate, dem Mittelalter zwei und der Moderne sechs. Die folgende Tabelle veranschaulicht Comtes Zuordnung der Wochen- und Monatsheiligen zu den jeweiligen Epochen.

Die Antike – Januar bis März – ist durchaus mittelmeerisch charakterisiert und durch Religion, Poesie, Philosophie und Militärwissenschaft bestimmt. In der Religion ist es auffallend, dass die großen Religionsgründer benannt werden, Jesus von Nazaret aber fehlt. Die Betonung der antiken Militärkunde ist sicher der napoleonischen Ära geschuldet.

Das Mittelalter wird mit zwei Monaten nur kurz behandelt, das entspricht der Mittelalterverachtung, die Comte bei Condorcet kennengelernt hatte. Aber er anerkennt doch die Bedeutung der Kirche, wenn er Paulus und Augustinus aufführt, und stellt die französiche royalistische Tradition in ihrer Auseinandersetzung mit dem Papsttum dar. Die deutsche mittelalterliche Kaisertradition fehlt.

Für die Neuzeit, die sechs der dreizehn Monate okkupiert, wird der Kanon von Literatur, Technik, Philosophie[31], Politik und Naturwissenschaft, wie ihn das französische 19. Jahrhundert kannte, zum Namengeber der Monate und Wochen. Die klassische ›idealistische‹ deutsche Philosophie fehlt, und, bemerkenswerterweise auch Napoléon.

30 Auguste Comte, *Calendrier positiviste. Ou, Système général de commémoration publique. Destiné surtout à la transition finale de la grande république occidentale composée des cinq populations avancées, française, italienne, germanique, britannique et espagnole, toujours solidaires depuis Charlemagne*, Paris: L. Mathias 1849, 13.

31 Bemerkenswerterweise figuriert Thomas von Aquin unter den modernen Philosophen.

Name	Monatsheilige	Wochenheilige
1. Antike		
Januar	Moses. Anfängliche Theokratie	Numa, Buddha, Konfuzius, Mohammed
Februar	Homer. Alte Poesie	Aischylos, Phidias, Plautus, Vergil
März	Aristoteles. Antike Philosophie	Thales, Pythagoras, Sokrates, Plato
April	Archimedes. Antike Wissenschaft	Hippokrates, Apollonius, Hipparch, Plinius d. Ä.
Mai	Caesar. Militärische Zivilisation	Themistokles, Alexander, Scipio, Trajan
2. Mittelalter		
Juni	St. Paulus. Katholizismus	St. Augustin, Hildebrand (Papst Gregor VII.), St. Bernhard, Bossuet
Juli	Karl der Große. Feudale Zivilisation	Alfred (engl. König), Gottfried (von Boullion), Innozenz III., Ludwig der Heilige
3. Moderne		
August	Dante. Modernes Epos	Ariost, Raphael, Tasso, Milton
September	Gutenberg. Moderne Industrie	Kolumbus, Vaucanson, Watt, Montgolfier
Oktober	Shakespeare. Modernes Drama	Calderón, Corneille, Molière, Mozart
November	Descartes. Moderne Philosophie	Thomas von Aquin, Bacon, Leibniz, Hume
Dezember	Friedrich II. von Preußen. Moderne Politik	Ludwig XIV., Wilhelm der Schweiger (von Holland), Richelieu, Cromwell
Final	Bichat.[32] Moderne Wissenschaft	Galilei, Newton, Lavoisier, Gall

32 Der französische Anatom und Physiologe Xavier Bichat (1771–1802) begründete die Histologie.

Catéchisme positiviste (1852)
Comte sieht sich als Erbe der Französischen Revolution. Er ist in ihrem Geist erzogen worden, und diese Formung zeigt auch noch sein Kalender, den er von der Revolution an datiert. Seine Geschichtsphilosophie entspricht durchaus den gängigen liberalen und linken Topoi des 19. Jahrhunderts, wie sie Condorcet dargestellt hatte und wie sie von den Sozialisten übernommen worden waren: Im 18. Jahrhundert habe es einen Aufstand gegen das ›régime théologique‹ gegeben. Daraufhin sei die Bourgeoisie an die Stelle des Adels getreten und habe die Proletarier unterdrückt – freilich, so ein Teil der Revolutionsromantik, könnten sich diese Unterdrückten gegen ihre neuen Herren erheben, denn ihre Knechtschaft sei kein fundamentales Hindernis für das wahre »régime humain«.[33] Was Comte anstrebt, ist die Versöhnung von Frau und Mann (offensichtlich eine bürgerliche Familie, in der der Mann die Frau ernährt) und das »patriciat industriel« auf der ökonomischen Seite, verbunden mit dem »sacerdot positif« (47). Dieses positive Priestertum schließt das Bekenntnis zur neuen Religion des Positivismus ein, die zugleich ein politisches System ist. Comte möchte eine »sociocratie« (29) installieren und stellt sich in die Ahnenreihe von Hume, Diderot und vor allem Condorcet (32). Kant, behauptet er, werde durch den Positivismus vollendet. Condorcets und natürlich seine eigenen Sozialvorstellungen möchte er – ausgerechnet – mit den totalitären Mitteln Joseph de Maistres durchsetzen (32). Im Übrigen will er alle großen Philosophen beerben und gestaltet seinen Kanon, den er als Steinbruch benutzen will, durchaus großzügig: Francis Bacon, Descartes, Leibniz, Thomas von Aquin, Roger Bacon, Dante und »l'incomparable Aristote« (32). Das sind, ausgenommen Kant, sämtlich Namen, die auch im *Calendrier positiviste* figurieren.

Er bestimmt drei Aufgaben der Religion: Lehre, Kult und Herrschaft sollen die soziale Einheit zusammenhalten, die als »instinct de liaison universelle« der Natur des menschlichen Geistes entspricht (18). Die Religion ist mithin eine Frage des menschlichen Instinkts, der seinerseits Ausdruck des kosmologischen Zusammenhalts im Universum ist. Es

33 Comte: *Catéchisme positiviste*, Chronologie, introduction et notes par Pierre Arnaud. Paris: Garnier-Flammarion 1964, 47.

handelt sich um eine »religion sans surnaturel ni mysticisme mais capable de susciter les élans d'un sentiment authentique religieux« (19). Religion wird als ›authentisch‹ in soziales Fühlen umgedeutet, sie ist der Kitt sozialen Wohlfühlens.

Es wird deutlich, dass Comte mit den alten Religionen, vor allem mit dem Christentum, nichts mehr zu tun haben will. Der erste Satz seines *Catéchisme Positiviste* ist, auch in der sprachlichen Fassung, ein Glaubensbekenntnis:

> Au nom du passé et de l'avenir, les serviteurs théoriques et les serviteurs pratiques de l'HUMANITÉ viennent prendre dignement la direction générale des affaires terrestres, pour construire enfin la vraie providence, morale, intellectuelle, et matérielle; en excluant irrévocablement de la suprématie politique tous les divers esclaves de Dieu, catholiques, protestants, ou déistes, comme étant à la fois arriérés et perturbateurs. (29)

Im Sinne dieses Bekenntnisses zum humanistischen Positivismus werden nun die wichtigsten Topoi der überwundenen Religion neubestimmt: 1. Das Unsterblichkeitsdogma wird umdefiniert von einer persönlichen in eine soziale Unsterblichkeit: »vivre pour autrui, afin de survivre par et dans autrui« (20).[34] 2. Zwar hat Comte noch einen Gottesbegriff, aber der ist soziologisch neugefasst. Man erkenne, dass das Große Wesen nur durch die menschlichen Individuen wirke, weil die humane Gemeinschaft unaufhörlich der erste Beweger aller physischen, intellektuellen und moralischen Prozesse sei.[35] Die Herrschaft dieses »humanen« Kosmosprinzips ist vom Leben der Natur und der durch die Natur bestimmten Gesellschaft ununterscheidbar:

> Das Große Wesen ist wirklich und lebendig, es ist nicht allein die Gegebenheit, von der jede individuelle Existenz sich bildet und nährt, sondern auch das

34 Catéchisme positiviste, indroduction par Pierre Arnaud »Für andere leben und so mit und in anderen überleben«.

35 »Il suffit de reconnaître que, quoique l'ensemble de l'Humanité constitue toujours le principal moteur de nos opérations quelconques, physiques, intellectuelles, ou morales, le Grand-Être ne peut jamais agir que par des organes individuels.« Comte, Catéchisme positiviste. 81.

> Ziel, das sich jedes Individuum gibt, indem es je nach seiner Weise in der Nächstenliebe zum Göttlichen fortschreitet (20).[36]

Das Ergebnis ist eine Soziokratie anstelle aller monotheistischen Theokratien. Die gut funktionierende Gesellschaft ist Gott, und Gott zeigt sich in einer gut funktionierenden Gesellschaft – Soziotheismus. Und die neuen Priester dieser Religion sind ohne Zweifel die Soziologen oder die Politiker. Comtes Lehre wurde im 19. Jahrhundert in Brasilien Staatsreligion, in Europa entwickelte sie sich zu kirchenähnlichen Institutionen.[37]

Den Schritt vom wissenschaftlichen Positivismus des *Cours de la philosophie positive* (ab 1830) zum religionsstiftenden *Systéme de politique positive* (ab 1851) haben seine Freunde Littré und Mill nicht mitgemacht. Sie haben sich auf die Frühphase, den *Cours de Sociologie Générale* gestützt und den späten Comte, den Religionsstifter, für geistesgestört erklärt.[38] Ob die Soziologie im Comte'schen Geiste vermeiden kann, selbst Religion zu werden, ist schwer zu beurteilen. Sie lebt jedenfalls heute in den Überzeugungen der Humanistischen Union fort, die als religiöse Weltanschauungsgruppierung staatlich anerkannt ist.

Für die Anthropologie des 19. Jahrhunderts blieb Comtes Wissenschaftskonzeption deshalb suggestiv und verbindlich, weil sich die Wissenschaftler selbst im dritten Zeitalter, dem des Positivismus, wiederfinden. Diese Selbstsituierung schloss ein, dass die wissenschaftlichen Positivisten sich unter einem soziologischen Paradigma begriffen, das sich auf

36 Catéchisme positiviste, Introduction par Pierre Arnaud »Le Grand-Être est donc non seulement réel mais vivant; il est non seulement le donné, à partir duquel chaque existence individuelle s'alimente et se développe; mais il est encore le projet que se propose chaque individu en se dépassant, en participant de façon croissant, à mesure de son progrès dans l'altruisme, à la divinité.«.

37 Pedro Goergen, Der Positivismus Auguste Comtes und seine Auswirkungen in Brasilien. Augsburg: Blasaditsch 1975. Bernhard Plé, *Die* Welt *aus den Wissenschaften*. Der Positivismus in Frankreich, England und Italien von 1848 bis ins zweite Jahrzehnt des 20. Jahrhunderts. Eine wissenssoziologische Studie. Stuttgart: Klett-Cotta 1996.

38 Émile Littré stellt in *Auguste Comte et la philosophie positive* (Paris: Hachette ²1864) Comtes Leben entwicklungsgeschichtlich dar und spart nicht mit strenger Kritik an seiner Spätphilosophie. Für Mill, mit dem Comte seit November 1841 korrespondierte, vgl. John Stuart Mill: *Auguste Comte and Positivism*, London: Trübner 1865.

Fakten und Gesetze stützte – was immer das heißen mochte. Von dieser Warte aus konnten sie auch die Gesellschaften der überwundenen Phasen einordnen. Den Maßstab lieferten die drei Phasen der kulturellen Menschheitsgeschichte, die theologische, metaphysische und die positive. Dieses Epochenschema bot die Möglichkeit, die Fortschrittsgeschichte der Menschheit nicht nur technisch, sondern auch kulturell zu skalieren. Wie es dabei um die positiven Fakten stand, die ja die Voraussetzungen der positiven Wissenschaft waren, steht auf einem anderen Blatt.

3. Friedrich Engels' Paradiese

Engels benutzt als ›materialistischer‹ Positivist selbstverständlich Condorcets und Comtes weltgeschichtliche Entwürfe, verbindet sie mit in seiner Zeit aktuellen anthropologischen Theorien und ordnet seinen Stoff nach den Kriterien des historischen, d. h. ökonomischen Materialismus.

Urgeschichte und Ökonomie: Der Ursprung der Familie, des Privateigentums und des Staates (1884)

Der Ursprung der Familie, des Privateigentums und des Staates[39] ist Engels' anthropologische Weltgeschichte. Zwar stützt er sich, wie der Untertitel angibt, auf die Forschungen des Anthropologen Lewis H. Morgan,[40] aber zugleich bedient er die Wissenschaftsansprüche des Positivismus, die er materialistisch deutet. Als Anhänger Rousseaus geht Engels, anders als Comte und Condorcet, davon aus, dass das Eigentum keine schlechthin

39 Das zuerst in Zürich gedruckte Buch war überaus erfolgreich: Bis 1895 (Engels' Todesjahr) erschienen sechs Auflagen und es gab französische, italienische, polnische, spanische, bulgarische, russische und englische Übersetzungen. Hier wird zitiert nach: Friedrich Engels, Der Ursprung der Familie, des Privateigentums und des Staates, in: *Ausgewählte Schriften in zwei Bänden* (hg. v. ZK der KPDSU), Berlin: Dietz ^{14}1964, Bd. 2, S. 155–301.

40 Lewis Henry Morgan, *Ancient Society. Or, Researches in the Lines of Human Progress from Savagery through Barbarism to Civilization*, London: MacMillan 1877.

humane Kategorie ist. Er integriert die Vor- und Frühgeschichte in seine materialistische Anthropologie und beschreibt die Entwicklung der Menschheit als Ökonomiegeschichte. Damit wird auch der Werkzeuggebrauch, der mit der Entdeckung der Steinzeit als Maßstab der Ur- und Frühgeschichte diente,[41] in einem universalgeschichtlichen Kontext situiert. Zugleich wird die jeweilige gesellschaftliche Verfassung am Leitfaden der Entwicklung der Familie dargestellt und im ökonomischen Kontext interpretiert. Aus den beiden Elementen Familie und Ökonomie entwickelt sich für Engels nachgerade geschichtsnotwendig der Staat.

Der Ursprung der Familie, des Privateigentums und des Staates wurde zur Bibel des historischen Materialismus. Schon Marx, berichtet Engels, habe vorgehabt, die materialistische Geschichtsauffassung mit der Urgeschichte der Menschheit zu verbinden. Er selbst habe dieses Projekt dann ausgeführt. Engels charakterisiert den historischen Materialismus folgendermaßen:

> Nach der materialistischen Auffassung ist das in letzter Instanz bestimmende Moment in der Geschichte: die Produktion und Reproduktion des unmittelbaren Lebens. Diese ist aber selbst wieder doppelter Art: Einerseits die Erzeugung von Lebensmitteln, von Gegenständen der Nahrung, Kleidung, Wohnung und den dazu erforderlichen Werkzeugen; andererseits die Erzeugung von Menschen selbst, die Fortpflanzung der Gattung. Die gesellschaftlichen Einrichtungen, unter denen die Menschen einer bestimmten Geschichtsepoche und eines bestimmten Landes leben, werden bedingt durch beide Arten der Produktion: durch die Entwicklungsstufe einerseits der Arbeit, andererseits der Familie. (156)

Morgan hatte die Sozialstruktur der nordamerikanischen Irokesen untersucht und dabei festgestellt, dass ihr Grundelement in vorfamiliären Verbänden, sogenannten Gentes, bestand. Engels verallgemeinert diesen Befund zum allgemeinen anthropologischen Modell, das auch für die Urgeschichte der europäischen Zivilisation gelten soll. Die Familie ist nach seiner Theorie eine spätere soziale Struktur, die sich im asiatischen Bereich aus der gentilen Urgesellschaftsform entwickelte und in der sich die ursprüngliche geschlechtliche Gleichberechtigung durch Eigentumsbildung

41 Siehe Anm. 20, S. 183

in patriarchalische Herrschaft verwandelte. Mit dem Eigentum entstanden Arbeitsteilung, Geldwirtschaft und Sklaverei, die Grundlagen der antiken Wirtschaft.

Der Schlüssel zur Urgeschichte ist also die Verfassung der Gens. Ein Stamm gliedert sich in eine Anzahl blutsverwandter Untergruppen, der Gentes, die nach dem Mutterrecht[42] organisiert sind, weil innerhalb der Gens sexuelle Freizügigkeit herrscht und deshalb die patrilineare Abstammung nicht kontrollierbar ist. Männer dürfen nur Frauen aus anderen Gentes desselben Stammes als Frauen nehmen. Innerhalb einer Gens herrscht Eheverbot.

Von der Wildheit zur Barbarei: Stadien der Urgeschichte

Diese gesellschaftliche Struktur bestimmt nach Engels die Urgeschichte der gesamten Menschheit. Sie vollzieht sich in den zwei Hauptphasen Wildheit und Barbarei mit jeweils drei Stufen:

1. Wildheit: a) Unterstufe: Kindheit des Menschengeschlechts, Leben teils auf Bäumen, Ausbildung einer artikulierten Sprache. b) Mittelstufe: Fischfang, Feuer, Steinwerkzeuge, Jagd auf Tiere, Menschenfresserei (»Australier und viele Polynesier stehen noch heute auf dieser Mittelstufe der Wildheit« (170)). c) Oberstufe: Pfeil und Bogen, Jagd mit Steinwaffen, Korbflechten, Steinaxt, Einbaumboot.

2. Barbarei: a) Unterstufe: Töpferei, in Asien Viehzähmung, ›Arier‹ und ›Semiten‹ sind noch nomadisch lebende Hirten. b) Mittelstufe (Beginn der Bronzezeit): Sesshaftigkeit, Haustiere, Garten- und Feldarbeit, Metallbearbeitung (Bronze, Gold, Silber). c) Oberstufe (Beginn der Eisenzeit): Eisenschmelzung, Heroenzeit, »Ilias-Zeit« der Griechen; Stufe der Germanen/Normannen; Ökonomie: eiserner Pflug, Axt, Spaten, Wagen; Militär: eisernes Schwert, Streitwagen; Kultur: Epos und Mythologie.

42 Engels bezieht sich hier auch auf Johann Jakob Bachofen, *Das Mutterrecht. Eine Untersuchung über die Gynaikokratie der alten Welt nach ihrer religiösen und rechtlichen Natur*, Stuttgart: Krais/Hoffmann 1861.

Wildheit

Die Epoche der Wildheit wird soziologisch am Maßstab der Gens-Verfassung so beschrieben, wie sie Morgan für die Irokesen postuliert hatte: Es gibt kein familiär festgelegtes Verwandtschaftsverhältnis; ›Vater‹, ›Mutter‹, ›Schwester‹, ›Sohn‹, ›Tochter‹ etc. sind keine genealogischen Titel, sondern jedes Kind hat mehrere ›Väter‹ und ›Mütter‹. Ursprünglich ist beliebiger »freier« Geschlechtsverkehr innerhalb eines Stammes die Norm (177).[43] Diese ›Gruppenehe‹ ist für Engels die natürliche Form des Zusammenlebens. Er postuliert (mit Morgan) die ›Blutverwandtenfamilie‹ – alle Generationen haben untereinander Geschlechtsverkehr – als inzwischen ausgestorbene früheste Ordnung.

Ihr sei die ›Punaluafamilie‹ gefolgt, in der Inzestverbote zwischen Eltern und Kindern, Bruder und Schwester galten. Schließlich wird die Ehe zwischen Geschwisterkindern untersagt. Die Rechtsform der Punaluafamilie ist die Gruppenehe der Gens mit zunächst kommunistischer Gesamthaushaltung (183). Die Definition der Urfamilie als Gruppenehe lautet gemäß Engels: »gegenseitige Gemeinschaft der Männer und Weiber innerhalb eines bestimmten Familienkreises, von dem aber die Brüder der Frauen, zuerst die leiblichen, später auch die entfernteren, und umgekehrt also auch die Schwestern der Männer ausgeschlossen waren« (183). Da nicht klar ist, wer Vater der jeweiligen Kinder ist, ist die Abstammung matrilinear.

Mit der Blutsverwandten- und Punaluafamilie sei die Zeit der Gruppenehe zu Ende gegangen, sie sei von der polygamen Paarungsfamilie abgelöst worden: Dies bedeute eine Vielweiberei der Männer, während die Frauen zu monogamer Treue gegenüber einem Mann verpflichtet gewesen seien. Die Ausweitung des Geltungsbereichs des Inzestverbots habe die Gentilverfassung verändert (190).[44] Auch in der Paarungsfamilie habe es noch eine kommunistische Haushaltung gegeben, und es galt die »Herrschaft der Weiber im Hause« (191).Unter Verweis auf Johann Jakob

43 Diese Theorie widerspricht allerdings allen Mustern der Verhaltensforschung, die postuliert, dass starke Männchen exklusiv viele Weibchen haben. Begründung: ›survival of the fittest‹, gattungsgemäß.

44 »Auch in dieser immer weiter getriebenen Ausschließung der Blutsverwandten vom Eheband wirkt die natürliche Zuchtwahl fort.«

Bachofens *Mutterrecht* (zuerst 1861) stellt Engels fest, dass vor der Ehe freie Liebe erlaubt gewesen sei. Dies sei ein rechtlicher Restbestand der alten Gruppenehe.

Barbarei

Für die erste oder Unterstufe überträgt Engels das von Morgan beschriebene Modell der Gentilverfassung der Irokesen auf Asien und die dortigen Stämme der ›Arier‹ und ›Semiten‹ Das Zeitalter der Barbarei sei in Asien gekennzeichnet durch Hirtennomaden mit Herden von Pferden, Kamelen, Eseln, Rindern, Schafen und Ziegen. Für Engels ist entscheidend, dass in dieser Periode Eigentum entsteht. Wie für Rousseau, so ist auch für ihn die Eigentumsbildung der eigentliche Sündenfall, der folgendermaßen beschrieben wird: Mit den Herden

> hatten die vordringenden Hirtenvölker – die Arier im indischen Fünfstromland und Gangesgebiet wie in den damals noch weit wasserreicheren Steppen am Oxus und Jaxartes, die Semiten am Euphrat und Tigris – einen Besitz erworben, der nur der Aufsicht und rohesten Pflege bedurfte, um sich in stets vermehrter Zahl fortzupflanzen und die reichlichste Nahrung an Milch und Fleisch zu liefern. Alle früheren Mittel der Nahrungsbeschaffung traten nun in den Hintergrund; die Jagd, früher eine Notwendigkeit, wurde nun ein Luxus.
>
> Wem gehörte aber dieser neue Reichtum? Unzweifelhaft ursprünglich der Gens. Aber schon früh muss sich Privateigentum an den Herden entwickelt haben. Es ist schwer zu sagen, ob dem Verfasser des sog. ersten Buchs Mosis der Vater Abraham erschien als Besitzer seiner Herden kraft eigenen Rechts als Vorstand einer Familiengemeinschaft oder kraft seiner Eigenschaft als tatsächlich erblicher Vorsteher einer Gens. Sicher ist nur, daß wir ihn uns nicht als Eigentümer im modernen Sinn vorstellen dürfen. Und sicher ist ferner, daß wir an der Schwelle der beglaubigten Geschichte die Herden überall in Sondereigentum von Familienvorständen finden, ganz wie die Kunsterzeugnisse der Barbarei, Metallgerät, Luxusartikel und endlich das Menschenvieh – die Sklaven. (195 f.)

Auf der zweiten oder Mittelstufe der Barbarei werden die Menschen sesshaft. Die Ökonomie ist gekennzeichnet durch Haus, Kleidung, Schmuck, Werkzeuge, Hausrat, Boote, Waffen und Sklaverei. Mit dem Privateigentum wird die Gens, die auf dem Mutterrecht beruht, destruiert. Die ›Paarungsehe‹ hat den Vater eingeführt, der Reichtum eines Mannes an

Vieh und Sklaven verschafft ihm eine wichtigere Stellung in der Familie. Engels weist darauf hin, dass lateinisch *familia* ursprünglich ›Herrschaft über die Sklaven‹ (lat.: *famuli*) bedeutet habe.

Auch die Frau wird allmählich zum Besitz des Mannes. Die Matrilinearität löst sich auf, wofür dem Erbrecht eine Schlüsselrolle zukommt, denn im Erbschaftsfalle blieben Besitz und männliche Nachkommen in der Gens, während Frauen »ausgeheiratet« werden konnten. Dieser Wandel, der das Ende des Mutterrechts bedeutet, ist ein Umsturz, der die »weltgeschichtliche Niederlage des weiblichen Geschlechts« (198) bedingte. Die Paarungsehe ist beidseitig monogam, ihr Zweck ist die Erzeugung und Aufzucht von Kindern mit unbestrittener Vaterschaft. Engels gibt nun eine lange Beschreibung der griechischen »Familie« und der zugehörigen Monogamie. Freiheit der Sexualität habe nur für die Männer gegolten, während die Frauen hetärisiert worden seien. Ehebruch sei geduldet, die Gattin vernachlässigt worden (207). Davon stammt, wie er feststellt, die moderne Monogamie als Unterdrückungsinstitut der Frau. Engels idealisiert demgegenüber die Proletarierfamilie, in der kein Eigentum vorhanden sei und die deshalb auch keine Herrschaft über die Frau kenne: »Die Frau hat das Recht auf die Ehetrennung tatsächlich wieder erhalten, und wenn man sich nicht vertragen kann, geht man lieber auseinander« (211). Mit der kommenden Revolution, wenn das Eigentum aufgehoben sein werde, verschwände auch der Eigentumsanspruch an der Frau und – so der durchaus romantische Gestus – die wahre Monogamie werde möglich, die auf Liebe und Gegenliebe beruhe (214).

Damit ist die Gesellschaftsstruktur der Urzeit im Großen und Ganzen beschrieben. Engels schließt aber noch eine Darstellung der Verfassungen an, die er für repräsentativ hält. Die irokesische Gens ist dabei der sozusagen natürliche Maßstab, an dem vor allem die griechische Entwicklung zum Staat kritisch gemessen wird. Die Rechtsentwicklungen in Rom, bei den Kelten und Deutschen sind kaum mehr als Reprisen der griechischen Entwicklung. Die deutsche Entwicklung wird bis zur Entstehung der Feudalgesellschaft im Mittelalter weitergeführt.

Engels beschreibt für die dritte oder Oberstufe der Barbarei die irokesische Gens, sein Muster einer natürlichen Urgesellschaft, mit Rousseau'schem Pathos als paradiesische Anarchie:

> Und es ist eine wunderbare Verfassung in all ihrer Kindlichkeit und Einfachheit, diese Gentilverfassung! Ohne Soldaten, Gendarmen und Polizisten, ohne Adel, Könige, Statthalter, Präfekten oder Richter, ohne Gefängnisse, ohne Prozesse geht alles seinen geregelten Gang. Allen Zank und Streit entscheidet die Gesamtheit derer, die es angeht, die Gens oder der Stamm, oder die einzelnen Gentes unter sich … (231 f.)

Im äußersten Fall gebe es Blutrache. Der Boden sei Stammesbesitz, »nur die Gärtchen sind den Haushaltungen vorläufig zugewiesen« – eine Schrebergartenidylle. Die »kommunistischen Haushalte kennen ihre Verpflichtungen gegen Alte, Kranke und im Kriege Gelähmte. Alle sind gleich und frei – auch die Weiber. Für Sklaven ist noch kein Raum, für die Unterjochung fremder Stämme in der Regel auch nicht« (232).

Diese Idylle wird durch die Bildung von Eigentum zerstört. Engels' Beleg ist die Entwicklung der griechischen Familie. Er nimmt hier auch für die vorheroische Zeit eine ursprüngliche Gentilverfassung an, die aber durch die monogame Familie abgelöst wird. Der Eigentumssündenfall vollzieht sich wie folgt:

> Wir sehen also in der griechischen Verfassung der Heldenzeit die alte Gentilorganisation noch in lebendiger Kraft, aber auch schon den Anfang ihrer Untergrabung: Vaterrecht mit Vererbung des Vermögens an die Kinder, wodurch die Reichtumsanhäufung der Familie begünstigt und die Familie eine Macht wurde gegenüber der Gens; Rückwirkung der Reichtumsverschiedenheit auf die Verfassung vermittelst Bildung der ersten Ansätze zu einem erblichen Adel und Königtum; Sklaverei, zunächst noch bloß von Kriegsgefangenen, aber schon die Aussicht eröffnend auf Versklavung der eigenen Stammes- und Gentilgenossen; der alte Krieg von Stamm gegen Stamm bereits ausartend in systematische Räuberei zu Land und zur See, um Vieh, Sklaven, Schätze zu erobern, in regelrechte Erwerbsquelle; kurz, Reichtum gepriesen und geachtet als höchstes Gut und die alten Gentilordnungen gemißbraucht, um den gewaltsamen Raub von Reichtümern zu rechtfertigen. (241)

Geld und Staat: Der Übergang zur Geschichtszeit

Das ist schon beinahe die Bürgerkriegssituation, die Hobbes als Legitimation für die Entstehung des Staats beschreibt. Engels fasst sie aber ökonomisch präziser: Auf der Oberstufe der Barbarei, in der wir uns befinden, sind Grund und Boden verteilt, es gibt Warenproduktion und Warenhandel. Mit dem Handel entsteht notwendig die Geldwirtschaft. Geld bedeutet das Ende der gentilen Naturalwirtschaft und wird zum Herrschaftsinstrument des Adels. Es beginnt das Bauernlegen: die Verpfändung von Grund und Boden an den Kreditgeber, die dadurch erzeugte Abhängigkeit der Bauern zwingt diese in Schuldknechtschaft bis zum Verkauf der eigenen Kinder, wodurch am Ende die Versklavung des eigenen Stammes droht.

Um diesen ökonomischen Bürgerkrieg zu beenden, sei der Staat entstanden, weil der alten Gentilverfassung die Kraft gefehlt habe, die Dynamik des Eigentums zu bremsen. Erst der Staat habe die Versklavung der eigenen Bevölkerung durch »allgemeine Maßregeln, z. B. durch das Verbot von Schuldverträgen, worin die Person des Schuldners verpfändet wurde« (247), verhindert. Zugleich seien die politischen Ämter zeitweilig an den Besitz, d. h. das Steueraufkommen und den Beitrag zum Militär, gebunden worden. Entscheidend für den antiken Staat sei aber, dass jetzt die Sklavenwirtschaft den Reichtum der Oberschicht ermöglicht. Engels konstatiert für die athenische Gesellschaft:

> Der Klassengegensatz, auf dem die gesellschaftlichen und politischen Einrichtungen beruhten, war nicht mehr der von Adel und gemeinem Volk, sondern der von Sklaven und Freien, Schutzverwandten und Bürgern. Zur Zeit seiner höchsten Blüte bestand die ganze athenische Bürgerschaft, Weiber und Kinder eingeschlossen, aus etwa 90.000 Köpfen, daneben 365.000 Sklaven beiderlei Geschlechts und 45.000 Schutzverwandte – Fremde und Freigelassene. Auf jeden erwachsenen männlichen Bürger kamen also mindestens 18 Sklaven und über zwei Schutzverwandte. (250)

Damit ist die antike Sklavenhaltergesellschaft konstituiert – und diese gilt gleichermaßen auch im römischen Reich. Für die Entwicklung nach dessen Zusammenbruch macht Engels die Kraft der Germanen verantwortlich, die aus ihrer ursprünglichen Gentilverfassung stamme. Die spätantiken Rechtsverhältnisse mündeten schließlich im mittelalterlichen Feudalismus. Nach der Völkerwanderung sei das Land nur dünn besiedelt und in Markgenossenschaften organisiert gewesen. Obwohl die Gentilverfassung noch galt, konnten wegen der dünnen Besiedlung keine Volksversammlungen mit Rechtssprechungskompetenz abgehalten werden. Stattdessen habe der fränkische König die Marken mit seinen Höflingen besetzt, die die Bauern in Abhängigkeit brachten. Die Klöster – widernatürliche Institutionen – operierten mit denselben Unterwerfungs- und Abhängigkeitsinstrumenten wie der Adel. So entstand die Feudalgesellschaft mit ihren Ausbeutungsmustern, die durch den Staat stabilisiert wurden.

Für Engels' materialistische Geschichtstheorie ist entscheidend, dass der Staat mit seinen Charakteristika Territorium und öffentliche Gewalt eine geschichtlich gewordene Institution und keine überzeitliche politische Notwendigkeit ist. Was geschichtlich geworden ist, kann auch geschichtlich verschwinden. Und dieses Verschwinden des Staates im Übergang zur klassenlosen Gesellschaft prophezeit Engels:

> Der Staat ist also nicht von Ewigkeiten her. Es hat Gesellschaften gegeben, die ohne ihn fertig wurden, die von Staat und Staatsgewalt keine Ahnung hatten. Auf einer bestimmten Stufe der ökonomischen Entwicklung, die mit Spaltung der Gesellschaft in Klassen notwendig verbunden war, wurde durch diese Spaltung der Staat eine Notwendigkeit. Wir nähern uns jetzt mit raschen Schritten einer Entwicklungsstufe der Produktion, auf der das Dasein dieser Klassen nicht nur aufgehört hat, eine Notwendigkeit zu sein, sondern ein positives Hindernis der Produktion wird. Sie werden fallen, ebenso unvermeidlich, wie sie früher entstanden sind. Mit ihnen fällt unvermeidlich der Staat. Die Gesellschaft, die die Produktion auf Grundlage freier und gleicher Assoziation der Produzenten neu organisiert, versetzt die Staatsmaschine dahin, wohin sie dann gehören wird: ins Museum der Altertümer, neben das Spinnrad und die bronzene Axt. (296)

Der Staat und seine Aufhebung: Die Entwicklung des Sozialismus von der Utopie zur Wissenschaft (1878)

Genau diese Entwicklung hatte er schon 1878, sechs Jahre zuvor, in einer schmalen Broschüre mit dem Titel »Die Entwicklung des Sozialismus von der Utopie zur Wissenschaft« beschrieben.[45] Dieser Katechismus des

45 Friedrich Engels, Die Entwicklung des Sozialismus von der Utopie zur Wissenschaft [1878], in: Friedrich Engels/Karl Marx *Ausgewählte Schriften* in zwei Bänden, Berlin:

historischen Materialismus ist ein kurzer geschichtsphilosophischer Abriss der Geschichte des philosophischen Materialismus. Die entscheidenden Kategorien sind die Entdeckung der Klassen und die daraus erwachsende materialistische Anschauung der Geschichte; und diese wird als Geschichte der Produktionsverhältnisse präzisiert (121 f.).

In der Fabrik herrscht, wie Engels konstatiert, die Ordnung der Produktion. Die eigentliche »Anarchie« entsteht bei der Verteilung der produzierten Güter in der Gesellschaft, denn hier wütet ein gesetzloser Handelskrieg, der aus dem Konkurrenzprinzip erwächst:

> Die große Industrie endlich und die Herstellung des Weltmarktes haben den Kampf universell gemacht und gleichzeitig ihm eine unerhörte Heftigkeit gegeben. Zwischen einzelnen Kapitalisten wie zwischen ganzen Industrien und ganzen Ländern entscheidet die Gunst der natürlichen und geschaffenen Produktionsbedingungen über die Existenz. Der Unterliegende wird schonungslos beseitigt. Es ist der Darwinsche Kampf ums Einzeldasein, aus der Natur mit potenzierter Wut übertragen in die Gesellschaft. (128)

Diese anarchische Konkurrenz, eine Bürgerkriegssituation, führe zu rücksichtsloser Auslese. Das Ergebnis ist die Anhäufung von Kapital und die Monopolisierung der Produktionsmittel durch die Kapitalisten. Das sei die Situation, in der das Proletariat, auf das die Kapitalisten angewiesen sind, sich die Produktionsmittel in einer Revolution aneignen werde:

> Indem die kapitalistische Produktionsweise mehr und mehr die große Mehrzahl der Bevölkerung in Proletarier verwandelt, schafft sie die Macht, die diese Umwälzung, bei Strafe des Untergangs, zu vollziehen genötigt ist. Indem sie mehr und mehr auf Verwandlung der großen vergesellschafteten Produktionsmittel in Staatseigentum drängt, zeigt sie selbst den Weg zur Vollziehung der Umwälzung. Das Proletariat ergreift die Staatsgewalt und verwandelt die Produktionsmittel zunächst in Staatseigentum. Aber damit hebt es sich selbst als Proletariat, damit hebt es alle Klassenunterschiede und Klassengegensätze auf und damit auch den Staat als Staat. (134 f.)[46]

Dietz [14]1964, Bd. 2, 80–140. Die Broschüre wurde sehr oft aufgelegt (eine Aufzählung der Auflagen findet sich auf S. 88), Engels war sehr stolz darauf, dass dieses Büchlein sich als sein erfolgreichstes Werk herausstellte.

46 Bis zu dem Punkt, dass die Produktionsmittel in Staatseigentum verwandelt werden,

Engels stellt sich das Ende des Staats als allmähliche Entstehung einer rundum beglückenden Wirtschaftsverwaltung vor:

> Der erste Akt, worin der Staat wirklich als Repräsentant der ganzen Gesellschaft auftritt – die Besitzergreifung der Produktionsmittel im Namen der Gesellschaft – ist zugleich sein letzter selbständiger Akt als Staat. Das Eingreifen einer Staatsgewalt in gesellschaftliche Verhältnisse wird auf einem Gebiete nach dem andern überflüssig und schläft dann von selbst ein. An die Stelle der Regierung über Personen tritt die Verwaltung von Sachen und die Leitung von Produktionsprozessen. (135)

›Natürlich‹ ist mit der Vergesellschaftung der Produktionsmittel auch die Aufhebung der Klassen verbunden – sind am Ende alle Proletarier? Allerdings: Alle sind gleichermaßen proletarisch – ausgenommen die Verwaltungschefs der Ökonomie, die entscheiden müssen. Die Verwaltung des Staates wird unvermeidlich unter diesen Voraussetzungen allmächtig – diese Dialektik übersieht Engels.

Engels tendiert zur Verwaltungsbeglückung der Gesellschaft nach der unmittelbar bevorstehenden Revolution. 1878 schreibt er: Der Moment der Revolution sei gekommen, wo der

> Höhegrad der Entwicklung der Produktion, auf dem die Aneignung der Produktionsmittel und Produkte und damit der politischen Herrschaft, des Monopols der Bildung und der geistigen Leitung durch eine besondre Gesellschaftsklasse nicht nur überflüssig, sondern auch ökonomisch, politisch, und intellektuell ein Hindernis der Entwicklung geworden ist. Dieser Punkt ist jetzt erreicht. Ist der politische und intellektuelle Bankerott der Bourgeoisie ihr selbst kaum noch ein Geheimnis, so wiederholt sich der ökonomische Bankerott alle zehn Jahre. (136 f.)

Erst mit dem Kommunismus entrinne der Mensch dem Kampf ums Dasein und damit der Tierheit:

kommt der Kommunismus unter Stalin. Das führt allerdings nicht zur Aufhebung des Staats, sondern zu seiner Totalisierung. Deshalb wirken die folgenden Ausführungen Engels' im Nachhinein abenteuerlich blauäugig angesichts des stalinschen Totalitarismus; waren sie es auch schon 1878?

> Mit der Besitzergreifung der Produktionsmittel durch die Gesellschaft ist die Warenproduktion beseitigt und damit die Herrschaft des Produkts über den Produzenten. Die Anarchie innerhalb der gesellschaftlichen Produktion wird ersetzt durch planmäßige bewußte Organisation. Der Kampf ums Einzeldasein hört auf. Damit erst scheidet der Mensch, in gewissem Sinn, endgültig aus dem Tierreich, tritt aus tierischen Daseinsbedingungen in wirklich menschliche. (137)

Der Kommunismus ist für Engels der humane Ausweg aus dem gnadenlosen natürlichen Kampf ums Dasein. Weil die Natur ökonomisch humanisiert wird, prophezeit Engels, werde der Kommunismus das humane Paradies erzeugen.

4. Revolutionärer Ausblick auf den Neuen Menschen

Avantgarden

Die Revolution ist die Gewalt der Geschichte, durch die der humane Fortschritt sich Bahn bricht. Sie geschieht nach einem Naturgesetz – diese Erklärung heißt dann wissenschaftlicher Sozialismus. Die doppeldeutige Besonderheit besteht darin, dass dieses Gesetz der Gewalt nicht Teil der menschlichen Freiheit ist, denn was geschieht, muss geschehen. Revolutionen sind zugleich Naturereignisse und Motoren des gesellschaftlichen Fortschritts. Die Realisierung – d. h. Exekution – der weltgeschichtlichen ›Gesetze‹ geschieht durch gesellschaftliche Akteure, die im Sozialismus durch Klassen repräsentiert werden. Die Aktivisten dieser Klassen sind die Avantgarden. Avantgarde ist ein militärischer Begriff. Die Avantgarde kämpft an der Spitze und die revolutionären Avantgarden in diesem Sinne an der Spitze des Fortschritts. Sie sind handelnde Subjekte der Weltgeschichte, die gleichwohl nur die ›natürliche‹ Entwicklung der Gesellschaft vorantreiben. Dieses Vorantreiben bedeutet, und das hat durchaus darwinistische Implikationen, dass die Geschichte ohne Rücksicht auf die Betroffenen fortschreitet. Es gibt keine Moral außerhalb der Geschichte, die Weltgeschichte ist das Weltgericht, und die Akteure der Weltgeschichte sind zugleich deren vollziehende Henker. Sie exekutieren die Absolutheit dessen, was ohnehin geschieht.

Sie kennen nicht eigentlich das Böse, sondern nur diejenigen, die dieses sich selbst exekutierende Geschehen unterstützen, und diejenigen, die es zu verhindern suchen. Es handelt sich um eine merkwürdige Situation, die dem Synergismus der christlichen Gnadentheologie vergleichbar ist: Man kann sich dem Geschehen, das sich ereignet, wie es sich ereignet, nicht entziehen, aber man kann dabei mitwirken, dass es sich beschleunigt. Die Beschleunigung, hat man seit der Französischen Revolution immer wieder betont, geschieht durch Revolutionen: 1789, 1830, 1848, 1917. Die revolutionäre Beschleunigung der Weltgeschichte ist Aufgabe der Avantgarden.

Die Aktivisten der Revolution geraten aber unausweichlich in ein Dilemma, sobald die Revolution erfolgreich war: Wenn nämlich die Hindernisse für die Entstehung eines endzeitlichen Status, einer paradiesischen, gerechten, einer klassenlosen Gesellschaft beseitigt sind, warum tritt das Glück nicht automatisch ein? Bis zur Revolution ist die Herrschaft des Proletariats und das Versprechen auf eine goldene Zukunft eben Zukunftsmusik. Nach der Revolution erweist sich, dass die Gestaltung der Zukunft eine politische Aufgabe ist. Das erfordert produktive politische Verwaltungsarbeit, wofür Revolutionäre gewöhnlich nicht ausgebildet sind. Und wenn die politische Zukunft gar paradiesisch sein soll, übernimmt sich die Politik erfahrungsgemäß.

Wenn die Revolution gesiegt hat, müsste die Vereinheitlichung (Gleichschaltung, Nivellierung) aller Klassen zur klassenlosen Gesellschaft eigentlich alle Avantgardesituationen aufheben. Die Avantgarde würde zum Klassenfeind der klassenlosen Gesellschaft. Diese Situation scheint für die Avantgarde unvermeidlich: Zunächst muss die Kaderpartei den Fortschritt zur Revolution ermöglichen und ihn beschleunigen, dann muss sie die industriellen Voraussetzungen für den Neuen Menschen der klassenlosen Gesellschaft schaffen – und indem die klassenlose Gesellschaft verwirklicht wird, verliert die Avantgarde ihre Existenzberechtigung. Als überflüssig wird sie zum Feind der klassenlosen Gesellschaft, weil sie elitär, nicht egalitär ist. Unter den Bedingungen einer absoluten Politik wird eben jeder, der dieser Gleichheitsnorm nicht entspricht, zum Klassenfeind.

Sobald nicht mehr klar ist, wer nun die Definitionskompetenz für die Klassenfeindschaft hat, oder wenn die Gesellschaft, die ja klassenlos werden will, selbst ihre ›Reinigung‹ von Klassenfeinden definiert, ist der Terror unvermeidlich. Das gilt gerade auch für die Mitglieder der Partei, die sich als Avantgarde des Fortschritts verstanden und im Terror den verschiedenen Säuberungswellen zum Opfer fielen.

Es handelt sich um Autoterrorismus der funktionslos gewordenen Avantgarden, um Selbstopfer im Sinne des objektiven Fortschritts. Die Funktionalisierung der eigenen Person geht am Ende so weit, dass die Individuen der Avantgarde nicht einmal wissen, ob sie wirklich als Einzelne noch die Avantgarde sind oder ob ›die geschichtliche Avantgarde Partei‹ sich ihrer individuellen Vertreter schon wieder entledigt. Und dann sind die Einzelnen als Avantgardisten schon verbraucht, selbst wenn sie es nicht wissen und die allerbesten Absichten als Partei-Avantgardisten haben. Der objektive Prozess der gnadenlosen Fortschrittsgeschichte geht über den Einzelnen hinweg, der sich ihm opfert, willentlich oder unwillentlich. Diese Verunsicherung des Einzelnen und das halb-freiwillige Märtyrertum sind Momente der Geständnislogik in den stalinistischen Prozessen 1937.

Terreur: letztes Mittel im letzten Gefecht

Als Beschleunigungsinstitution des gesellschaftlichen und geschichtlichen Fortschritts dient seit der Französischen Revolution der legitime Terror mit dem Ziel, die Verhinderer des revolutionären Fortschritts zu liquidieren. Jean Paul Marat deklarierte schon 1789, dass »Terror heilsam und unverzichtbar« sei, um die Freiheit gegen die äußeren Feinde der Revolution zu erlangen und einen »natürlichen Menschen« zu schaffen.[47]

47 »[T]erreur salutaire et indispensable«. Jean-Paul Marat, Suite de l'adresse aux citoyens sur les décrets alarmants de l'Assemblée nat., relatifs à la conféd. Milit, in: *L'ami du peuple* 132 (13. 6. 1790), *Œuvr. polit. 1789–1793*, Zehn Bde. (hg. v. J. de Cock/Ch. Goëtz), Brüssel: Editions Pôle Nord 1989–1995, Bd. 2, 881–885, 885. Dieses und sämtliche folgenden Zitate nach dem Artikel »Terror« von G. van den Heuvel im Historischen Wörterbuch der Philosophie. Bd. 10 Basel: Schwabe 1998, Sp. 1020–1027.

Die Revolutionäre sollten durch ein »System von Überzeugung und Terror [...] den natürlichen Menschen neu erschaffen und den alten Menschen der Erziehung beseitigen«.[48] Der draus folgende terroristische Imperativ[49] findet sich in einer Petition an den Konvent: »Seid aus Mitleid, seid aus Liebe zur Menschheit unmenschlich.«[50] Robespierre definierte schließlich die Terreur als »unverzügliche Gerechtigkeit, unnachsichtig und unbeugsam; sie ist daher ein Ausfluss der Tugend«.[51] Tugend, Liebe und Humanität sind die Ziele der Revolution, und je moralischer die Politik, desto gnadenloser wird sie.[52]

Lenin kannte Geschichte und Funktion der Terreur in der Französischen Revolution und er sah sich in deren Tradition. Ihm ging es 130 Jahre später um die Durchsetzung seiner, der Russischen Revolution durch die politische Avantgarde der Bolschewiki. Die Bolschewiki sind seine beschleunigenden Exekutoren der gesellschaftlichen Fortschrittsgeschichte. Vor der Revolution 1917, deren Gewalt er als Theoretiker noch unterschätzt hatte, hatte er den Terror als Mittel des systematischen Kampfes abgelehnt, rechtfertigte ihn aber ab 1918 im Bürgerkrieg als Gegenwehr der Bolschewiki gegen den »Terrorismus der Entente« und »des mächtigen

48 »système uniforme de persuasion et de terreur [...] à récréer l'homme de la nature et à annuler le vieil homme de l'éducation«. Diesen Auftrag erteilte der Abgeordnete Lanot am 22. Febr. 1794 dem Wohlfahrtsausschuss. Zitiert nach François-Alphonse Aulard, *Recueil des actes du Comité de salut public, Bd. 11: 9 février 1794–15 mars 1794*, Paris: Imprimerie Nationale 1897, 340.

49 Hermann Lübbe, Freiheit und Terror, in: Ders., *Praxis der Philosophie. Praktische Philosophie. Geschichtstheorie*, Stuttgart: Reclam 1978, 78–96, 92.

50 »Par pitié, par amour pour l'humanité soyez inhumains.« Petition der Pariser Sektion »Guillaume Tell« (27. Dez. 1793), in: *Die Sansculotten von Paris. Dokumente zur Geschichte der Volksbewegung 1793–1794* (hg. v. Walter Markov/Albert Soboul), übers. v. Claus Werner, Berlin: Akademie Verlag 1957, 250.

51 »La terreur n'est autre chose que la justice prompte, sévère, inflexible; elle est donc une émanation de la vertu«. Maximilien de Robespierre, *Sur les principes de morale politique qui doivent guider la Convention Nationale dans l'administration intérieure de la République* (5. Feb. 1794), in: *Œuvres complètes*, Bd. 10: *Discours, cinquième partie (27 juillet 1793–27 juillet 1794)* (hg. v. Marc Boulouseau/Albert Soboul), Paris: Presses universitaires de France 1967, 350–367, 357.

52 Georg Büchner hat diese Dialektik in »Dantons Tod« (1835) dargestellt.

Weltkapitalismus«.[53] Damit definiert er zugleich den Katechonten, den Aufhalter der Seligkeit, und legitimiert den Terror als letztes Mittel im letzten Gefecht.

Als Staatschef regt Lenin an, unter Zivilisten und Angehörigen von Offiziersfamilien Geiseln zu nehmen, weil er unter den alten zaristischen Offizieren Hochverrat vermutet. Er fördert und verlangt den Roten Terror, den Felix Dscherschinski, der Organisator der neu einzurichtenden Geheimpolizei, verwirklicht: »Organisiert umgehend Massenterror, erschießt und deportiert die Hundertschaften von Prostituierten, die die Soldaten in Trunkenbolde verwandeln, genauso wie frühere Offiziere, etc.«[54] Lenin ordnet gegenüber den Behörden von Pensa (550 km südlich von Moskau) die Einrichtung eines Konzentrationslagers an. Auf der Politbürositzung vom 20. April 1921 wird unter dem Vorsitz Lenins der Beschluss gefasst, ein Konzentrationslager mit einer Kapazität von zehn- bis zwanzigtausend Menschen im Rayon Achte zu errichten. Es ist das erste von vielen Lagern.[55]

Die Terreur wurde, je länger er herrschte, desto mehr, zum Mittel auch der ›normalen‹ Politik. Vom Ausnahmezustand war nicht mehr die Rede. In einem Brief von 1922 präzisierte Lenin, dass er den Terror nicht abschaffen, sondern ihn juristisch legitimieren wolle.[56]

Naturgemäß ist die Religion in einem atheistischen revolutionären Staat der Aufhalter des Fortschritts – Religion ist der Antichrist der Revolution. 1918 spricht sich Lenin noch dafür aus, die Religion gewaltlos zu bekämpfen, aber ab 1919 ordnet er einen ständig steigenden Druck mit dem Ziel der Herausgabe des Kirchenvermögens an und fordert 1922 die notfalls gewaltsame Konfiskation sämtlicher Kirchengüter. Im selben

53 Wladimir Iljitsch Lenin, Bericht des gesamtrussischen Zentralexekutivkommitees und des Rats der Volkskommissare (5. Dez. 1919), in: *Werke,* Berlin: Dietz 1956–1972, Bd. 30, 195–220, 211.

54 Schreiben an die Behörden von Nischni Nowgorod vom 9. August 1918, zit. nach Evan Mawdsley, *The Russian Civil War*, Edinburgh: Birlinn 2005 [1987], 81.

55 Siehe Dimitrij Antonovič Volkogonov, *Lenin. Utopie und Terror*, Düsseldorf: ECON 1994, 243.

56 Vgl. Peter Scheibert, *Lenin an der Macht. Das russische Volk in der Revolution 1918–1922*, Weinheim: Acta humaniora 1984, 99.

Jahr wird angesichts einer Auseinandersetzung zwischen Soldaten und Gläubigen in der Stadt Schuja als Äußerung von ihm überliefert:

> Je mehr Vertreter des reaktionären Priesterstands und der reaktionären Bourgeoisie an die Wand gestellt werden, desto besser für uns. Wir müssen all diesen Leuten unverzüglich eine solche Lektion erteilen, daß sie auf Jahrzehnte hinaus nicht mehr an irgendwelchen Widerstand denken werden.[57]

Es gibt staatlich gelenkte Pogrome gegen Gläubige, Priester und religiöse Einrichtungen. Allein im Jahr 1922 werden nach kirchlichen Quellen 2691 Priester, 1962 Mönche und 3447 Nonnen getötet.[58]

Der Neue Mensch und die Avantgarde: Wladimir Majakowski als Beispiel

Der Neue Mensch ist ein zentraler, wenn nicht *der* zentrale Revolutionstopos. Er ist lange vor der erfolgreichen Russischen Revolution ein Topos der Kritik an der ›Dekadenz‹ der Jahrhundertwende. Die Topik ist wie bei vielen Revolutionsmustern theologisch: Paulus hat im Ersten Korintherbrief den Christusgläubigen den »Neuen Menschen« genannt, der den »Alten Menschen« abgelegt hat.[59] Es ist die Figur der radikalen Abwendung von der Vergangenheit, der Umkehr zum Neuen Menschen. Diese Figur wird bedient, wenn der Neue Mensch seit dem späten 19. Jahrhundert als radikalste Form der Neuerungs- und Revolutionsrhetorik inszeniert wird. Denn es geht um mehr als nur um die Neue Zeit, die »Seit' an Seit' … mit uns zieht«; es geht um mehr als den Auszug »aus grauer Städte Mauern«. Die Gewalt des Fortschritts soll auch den Menschen so erneuern, dass er dem Fortschritt gerecht wird. Der Avantgardist begreift sich als vorweggenommener Neuer Mensch, der dieses Konzept bereits verkörpert. Er ist

57 Nicolas Werth, *Ein Staat gegen sein Volk. Das Schwarzbuch des Kommunismus – Sowjetunion*, München: Piper 2002, 143.

58 Ebd. 142 f.

59 1 Kor. 15,45 und 47.

der Neue Mensch, sei es in Gesellschaft, sei es in der Politik, sei es in der Kunst; aber wie alle Avantgardisten steht er auf gefährlichem Posten.

In seiner Avantgardeposition ist der Neue Mensch bemerkenswert anonym. Er darf nicht als starkes Individuum in Erscheinung treten, denn er dient dem Fortschritt, und der ist gleichermaßen anonym. Gerade weil der Fortschritt als Naturkonzept unaufhaltsam ist, ist der Neue Mensch derjenige, der diesen Fortschritt erzeugt, ihm dient und von ihm absorbiert wird. Diese paradoxe Situation führt zur Selbstaufhebung der Avantgarde durch den Neuen Menschen, denn dann, wenn sich die Ziele der Avantgarde verwirklicht haben, ist der Avantgardist überflüssig, seine vorige Position als vorweggenommener Neuer Mensch wird überflüssig. Diese Dialektik führt geradezu zwangsläufig dazu, dass die Revolution ihre Kinder frisst, das gilt für die Politik ebenso wie für die Kunst.

Avantgarde ist in Bezug auf die Kunst ein noch in anderer Weise heikles, doppeldeutiges Geschäft. Wenn Kunst autonom ist, dann fragt sich beim Begriff ›Avantgarde‹, welches Fortschrittskonzept denn die autonome Kunst verfolgt, ob sie selbst Fortschritte kennt oder ob jedes autonome Kunstwerk in sich perfekt ist und infolgedessen fortschrittsneutral. Kennt die Kunst Fortschritte? Wenn ja, wie und welche? Wenn Kunst hingegen zum Fortschritt der Gesellschaft beitragen will, macht sie sich zur Dienerin dieser Gesellschaft und ist folglich nicht autonom. Avantgardekunst ist so hin- und hergerissen zwischen ihrem Absolutheitsanspruch und ihrem Gesellschaftsdienst – und zwischen diesen Polen wird sie zerrieben werden. Sie beginnt mit einer revolutionären und apokalyptischen Inszenierung ihrer Autonomie, sie will dem »heiligen Rußland eine Kugel verpassen«,[60] denn »siehe, ich mache alles neu«.[61]

60 Andrej Sinjawskij, *Der Traum vom neuen Menschen oder die Sowjetzivilisation* (hg. v. Swetlana Geier), Frankfurt am Main: S. Fischer 1989, 18. Das russische Original (Основы советской цивилизации, Osnovy sovetskoj civilizacii, wrtl. »Grundlagen der sowjetischen Zivilisation«) erschien (nach der frz. Version *La civilisation sovietique*, 1988) 1989 in Paris in der von Sinjawskis Frau Maria Rozanowa herausgegebenen Exil- und Dissidentenzeitschrift Синтаксис (Sintaksis, 1979–2001) und im selben Jahr dt. bei Fischer. Ich beziehe mich vornehmlich auf Sinjawskij.

61 Offb. 21,9.

Wladimir Majakowski (1893–1930) ist ein, wenn nicht *das* Beispiel für die Selbstaufhebung der Avantgarde, denn er unterliegt der Zwangsläufigkeit der gewonnenen Revolution: Die vorherige Kritik an den Verhältnissen muss sich in Affirmation wandeln, andernfalls war die Revolution vergebens oder – noch schlimmer – die Konzeption falsch, und das ist völlig unerträglich. Majakowski war ein russischer Kommunist und Revolutionär der ersten Stunde, zur Zarenzeit blutjung im Gefängnis und in der Verbannung. Er hat die Revolution vorbereitet und gefeiert. Er begann als metaphysischer Widerstandskämpfer, wandelte sich zum Revolutionspädagogen für den Neuen Menschen, wurde zum Propagandisten des Terrors, lobte sein geschundenes Land als Paradies des Kommunismus und nahm sich 1930, 37-jährig, das Leben.

1914/15 beginnt Majakowski mit seinem Langpoem *Wolken in Hosen* als revolutionärer existentialistischer Avantgardist. Das Thema ist metaphysisch: Er klagt den Gott an, an den er nicht mehr glaubt und den er doch nicht loswird. Die Haupttopoi der gescheiterten Theodizee sind versammelt.[62]

> Mein Blut sei der Straße ein Labsal mehr,
> Blumen klebt sie dem Staub der Soutane an.
> Und die Sonne umhüpft als Salome
> die Erde, das Haupt des Iokanaan.
>
> Und findet mein Lebenstanz
> schließlich sein fades Aus,
> führt die Spur der verschütteten Blutsubstanz
> in meines Vaters Haus.

62 Vgl. Wladimir Majakowski, *Die Tragödie Wladimir Majakowski/Wölkchen in Hosen. Poem*, russ.-dt., übers. v. Alexander Nitzberg, Basel: Urs Engeler Editor 2002. Die zitierten Passagen 109 f. Der Text ähnelt einer expressionistisch-existentialistischen Version von Heines spöttischem Zuckererbsengedicht aus *Deutschland ein Wintermärchen* (in: *Sämtliche Schriften* (hg. v. Klaus Briegleb), Bd. IV, München: Hanser 1971, 571–644, zit. 578).

> »Ein neues Lied, ein besseres Lied
> O Freunde, will ich euch dichten:
> Wir wollen hier auf Erden schon
> Das Himmelreich errichten.

Schmutzig
(vom Schlafen in Straßengräben)
komme ich zu ihm, der so bigott,
beuge mich vor
und will Tacheles reden:

– Hören Sie mal, Herr Gott!
Immer nur glotzen
Ins Wolkendessert,
vor lauter Güte fast eingedöst?
Warum nicht lieber
ein Karussell am Baum der Erkenntnis Gut und Bös?.

Gegen diese in ihren symbolischen Trümmern liegende Theologie wird das selbstgemachte irdische Paradies als Sauf- und Liebesorgie inszeniert und diesem »eingedöst[en]« Gott spöttisch angetragen:

Jeder Schrank beweist deine Allgegenwart,
dazu lassen wir knallen die Korken,
daß auch Petrus, der sonst dagegen war
beginnt, im Tango zu torkeln.
Wir besiedeln Eden mit kleinen Evchen,
und willst du
gar hübschere Mätressen,
schlepp ich dir an – die feschesten Äffchen
von der Straße.

Wir wollen auf Erden glücklich sein,
und wollen nicht mehr darben;
Verschlemmen soll nicht der faule Bauch
Was fleißige Hände erwarben.

Es wächst hienieden Brot genug
Für alle Menschenkinder,
Auch Rosen und Myrten, Schönheit und Lust,
Und Zuckererbsen nicht minder.

Ja, Zuckererbsen für jedermann,
Sobald die Schoten platzen.
Den Himmel überlassen wir
Den Engeln und den Spatzen.«

Da grollst du?

Kein Interesse?

Schüttelst die struppige Mähne? –
Denkst du wirklich,
es weiß nur einer von denen,
die da flattern,
was Liebe heißt?

Am Ende ist das Gedicht eine Theodizeeklage: Gottes Allmacht konnte keine gute Welt schaffen.

Deine Allmacht, die uns zwei Arme leiht,
einen Kopf,
ein Knochengerüst,
vermag sie es nicht,
daß man ohne Leid
immer küßt, immer küßt, immer küßt?

»Will kein Gott auf Erden sein, sind wir selber Götter« – Majakowskis frühe Gedichte sind Zeugnisse autonomer Dichtung; sie sind – weit vor der Revolution, expressionistisch-avantgardistische Selbstinszenierungen. Und hierin liegt ihr Risiko. Der Ich-Kult, der vor der Revolution die Ankunft der Revolution beschleunigen will, genau dieser Habitus ist für die Gleichheitspostulate der Revolution unerträglich. Die Partei, die Akteurin der Geschichte, verlangt Gehorsam. Sie erwartet Gehorsam, weil sie sich selbst als der Geschichte gehorsam versteht. Das ist ein futuristisches, revolutionäres Pathos mit der Implikation der Selbstaufgabe der Intelligenzia.

Für Majakowski bedeutet das: Von der orgiastischen Liebe ist nach der Revolution nicht länger die Rede, jetzt geht es nicht länger um die Fülle des Lebens und der Liebe, wonach die Seele dürstete. Nach der Revolution muss man die Seele umerziehen: Die anarchische Liebe wird zum Gehorsam des Neuen Menschen umgebogen, bekehrt. Metanoeite!

Majakowski 1918, in der Revolution:

Wir haben ein paar Tage mit den Gewehren geknallt
Und glauben –

Dem Alten vorauszusein.
Von wegen!
Die Jacke zu wechseln
Ist nicht genug.
Euch selbst umkrempeln müsst ihr! Von innen heraus![63]

Die revolutionären Avantgarden müssen sich beim Sieg der Revolution selbst auflösen – das gilt gerade auch für die Kunst. Kunst ist nur im Dienst des Volkes gefragt. Die Intellektuellen, die sich in ihrer avantgardistischen Selbstinszenierung als Unterstützer des Fortschritts und deshalb als Verkünder des wahren Sozialismus wähnten, werden zu parteigehorsamen Volkspädagogen, ehe sie von der Partei, die sich alle Einmischung in ihre Definitionskompetenz verbat, liquidiert wurden oder – wie Majakowski – Selbstmord begingen.

Nach der Revolution ist der Neue Mensch[64] ein anderer als vor der Revolution. Das ist konsequent, denn Revolution inszeniert das Neue, indem sie das Alte liquidiert. Und es darf der Neue Mensch nicht als Konsequenz eines freien Individualismus gesehen werden, sondern er muss als Folge des Kollektivs entstehen, und zwar in historischer Zwangsläufigkeit. Der Neue Mensch ist eine sich historisch-materialistisch entwickelnde Gattung, die automatisch mit der Industrialisierung, der Revolution und der Diktatur des Proletariats erwächst. Das Proletariat ist nun seinerseits die Klasse, die im Kapitalismus entstanden ist und die als Masse den Sieg und die Führung in der Revolution erringt – unter der Organisation ihrer Avantgarde, der Partei.[65]

Hebt sich nun die Partei auf, wenn ihre Avantgardeposition überflüssig geworden ist? Keineswegs, wie die Entwicklung der sozialistischen Pädagogik zeigt. Zwar wird der Neue Mensch zur Aufgabe der Pädagogik; aber auch hier siegt am Ende die Partei, und die Avantgarde wird durch die Funktionäre ersetzt. Das Wirken des bedeutenden sozialistischen Päd-

63 Sinjawskij, *Der Traum vom neuen Menschen*, 164.

64 Sinjawskij stellt die allgemeine intellektuelle Stimmung zutreffend dar.

65 Der Neue Mensch hat sicher auch einiges mit Nietzsches Über-Menschen gemeinsam; mindestens später in den Helden der Arbeit, die ja dem sozialistischen und dem NS-Kunstideal gleichermaßen entsprechen.

agogen Anton Semjanowitsch Makarenko[66] ist paradigmatisch: Er beginnt 1920 mit koedukativen Arbeitsschulen für verwahrloste Kinder. Aber 1927 wird daraus die Kolonie Felix Dscherschinskij, die Tscheka-Kaderschmiede, der er bis 1935 vorsteht. Die Konsomolzen[67] werden bevorzugt und bilden dort auch die Tribunale für die Straffälligen.

Was ist nun der Neue Mensch im Sozialismus? Er ist die Idealverkörperung der Diktatur des Proletariats. Da allein das Proletariat die Diktatur und damit die Rechtskompetenz hat, werden alle aus der Rechtsgemeinschaft ausgeschlossen, die nicht zum Proletariat gehören. Der Neue Mensch ist der, der sich in allem als Kommunist erweist und mithin der Partei dient, denn diese hat die Definitionshoheit über den absoluten Fortschritt und die daraus resultierende Unterscheidung von richtig und falsch sowie im Verlauf der immer stärker werdenden Verabsolutierung des Staats auch die von Gut und Böse.

Neue Menschen sind die Helden der Arbeiterklasse, einfach und hart wie Eisennägel, mitleidslos mit Klassenfeinden: »Barmherzigkeit grenzt an Verrat.« Lenin: »Sentimentalität ist kein geringeres Verbrechen als Profitlichkeit im Krieg« [68]. »Blutige Hände sind ein sicheres Merkmal des neuen Menschen« (179). Der Neue Mensch ist ein »Heiliger Henker« (181), der sich für die Revolution die Hände schmutzig machen muss. Prototyp dieses heiligen Henkers der Revolution ist Felix Dscherschinskij (1877–1926), der auf Lenins Befehl den Terror gegen die Konterrevolutionäre organisierte und die erste Geheimpolizei der Sowjetunion ins Leben rief. Er wird von dem ehemals avantgardistischen, nun aber vom Parteifortschritt längst eingeholten Majakowski als mörderisch-kinderlieber Christustyp stilisiert:

66 Anton Semjanowitsch Makarenko (1888–1939). Von 1935–37 war Makarenko stellvertretender Leiter der Arbeitskolonien der NKWD in Kiew. 1939 folgte der Eintritt in die KPdSU, kurz danach starb er.

67 Konsomol war seit 1918 die Jugendorganisation der KPdSU, die an den Kollektivierungskampagnen in den 20er und 30er Jahren teilnahm und als Kaderorganisation der KPdSU keineswegs an Bedeutung verlor. Sie bekam später das Recht, Gesetze einzubringen, wurde jedoch nach einem Putschversuch gegen Gorbatschow verboten.

68 Sinjawskij: *Der Traum vom neuen Menschen,* 178.

> Der Reinste und der Liebevollste – Dserschinskij – muss am häufigsten töten.
> Für ihn ist das eben ein Opfer, das er den Kindern bringen muß.
> Denn die Kinder, unsere Zukunft, das ist der Kommunismus. (182 f.)

Majakowski preist diesen Geheimdienstchef 1927, ein Jahr nach dessen Tod, in seinem Poem *Gut*:

> Wenn ein Jüngling
> entwirft
> seinen Lebensplan,
> entscheidet
> nach wessen Beispiel er leben soll,
> rate ich ihm
> ohne zu zögern:
> – Mach' es so
> Wie Genosse Dserschinskij. (186)

Es gibt eben ein neues Wir, im Einklang mit dem Geheimdienst, jenseits von Gut und Böse, ein Wir, das alles in Glorie verwandelt. Es ist das Wir des Neuen Menschen. Offensichtlich hat das Paradies, das Majakowski 1915 einklagte, sich 1929 verwirklicht. Die Apotheose des Sozialismus findet unter Stalins Herrschaft statt, und Majakowski besingt sie mit einem exklusiven »Wir«:

> Wir!
>
> Wir – sind die Edisons
> von Hochflügen,
> Energien und Lichtern
> ungeahnt.
> Doch das Wichtigste an uns
> sind wir allezeit
> hoch aufzuzeigen gesonnen:
> das Wichtigste an uns
> ist – unser Sowjetland,
> unser Sowjetwille,
> unser Sowjetbanner,
> unsere Sowjetsonne!

In Höhn und Tiefen, Kinder,
laßt den Gedanken gehen!
Laßt steigen, ihr Erfinder,
des Arbeiters Ideen!

Einzig in der Welt
  werden sein
    unsre Rinder- und Pferderassen,
die Rübenpflanzung,
  die Obst- und Gemüsezucht
    lenken wir in gigantische Bahnen.
Wir –
  Fleisch vom Fleische und Blut vom Blute der Massen
wir –
  des Sowjetdorfs Marconi-Titanen.[69]

Der Klassenkampf entspann sich schon
in Technik, Wissenschaft.
Bau die Kommune, Werk-Nation,
mit Findigkeit und Kraft!

Unzählige Kraftwerke,
  strahlen nun auf
    in früheren Wüsten und Öden.
Das Massengehirn sei das Maß der Gehirne,
  so wills unser Sehnen.
Wir wollen erhabene Edisons werden,
  den Erdball befrein
    aus Nöten
in Fünfjahrplänen
  in Zehnjahr- und Fünfzigjahrplänen.

Die Schädlingswelt des Feinds, des bösen,
zerschellt an unsrer Stirn.
Es lebe das Erfindungswesen,
des Arbeitsvolkes Hirn!

69 Guilemo Marconi (1874–1934) war Pionier der Funktelegraphie und Unternehmensgründer. Er erhielt 1909 zusammen mit Ferdinand Braun, der ihm die Theorie lieferte, den Nobelpreis für Physik. 1924 wurde er von Mussolini zum Marchese geadelt.

Wir sind die Marconis
von Sturmschritten,
Energien und Lichtern
ungeahnt. Doch das Wichtigste an uns
sind wir allzeit
hoch aufzuzeigen gesonnen:
das Wichtigste an uns
ist – unser Sowjetland,
unser Sowjetwille,
unser Sowjetbanner,
unsere Sowjetsonne![70]

Am 14. April 1930 erschoss sich Wladimir Majakowski. Gibt es eine Rettung vom Heil des Sozialismus?

70 Wladimir Majakowski, *Ausgewählte Werke, Bd. 1: Gedichte* (hg. v. Leonhard Kossuth), Berlin: Verlag Volk und Welt 1968, 356 f.

III. Teil: Der Mythos des Indogermanischen

1. Die Sprache des Paradieses

Vom realen sozialistischen Paradies bis zum mythisch-biblischen ist es ein großer Schritt, wenn man die Paradiesgeschichte als vergangene liest, aber typologisch ist der Schritt nur klein. Zwar verbindet man mit dem Paradies Glück und Wohlergehen, aber auch bei der biblischen Geschichte fragt sich, ob Adam wirklich glücklich war; denn obwohl er als Ebenbild Gottes perfekt gestaltet war, fehlte ihm ein Pendant. Der Herr bedenkt das – sprachlich: »Es ist nicht gut, dass der Mensch allein sei« und lässt alle Tiere vor Adam paradieren, damit er sich eine Gefährtin aussuche. Adam benennt und erkennt die Tiere – offensichtlich ein sprachlicher Erkennungsakt – und er sieht, dass keines sein Gefährte sein kann. Darauf lässt der Herr einen Schlaf über ihn kommen und formt aus seiner Rippe eine Gefährtin: »Bein von meinem Bein, Fleisch von meinem Fleisch«, erkennt Adam. Aber auch danach ist Adam keineswegs wunschlos glücklich. Der Baum der Erkenntnis lockt, und Eva, von der Schlange listiger Sprache verführt, beredet Adam, von seinen Früchten zu essen. Der Herr zürnt mit Adam, redet ihn an, und Adam verbirgt sich. Man sieht, das Glück ist im Paradies nicht vollkommen, und immer, wenn sich die Unvollkommenheit zeigt, muss gesprochen werden – befehlend und benennend.

Gott schuf die Welt bekanntlich durch sein Wort, das Wort seiner Allmacht und seines Wissens, wie die Welt werden sollte und wie sie wurde. Ähnlich gilt: Die Sprache ist des Menschen höchste Macht. Sie ist sein Definitionsmerkmal als Naturwesen, er wird durch die Sprache zum Geistwesen (was immer ›Geist‹ in diesem Zusammenhang bedeuten mag). Zwar war im Anfang das Wort, und das Wort war bei Gott, nur: Wie kam das Wort zu den Menschen? Sicher, Gott sprach von Beginn an mit Adam, und Adam verstand ihn. Bloß, was ist, wenn die Paradiesgeschichte nicht mehr als historische Tatsache akzeptiert wird und Adam nicht länger als geschichtlich gilt? 1732 war im Artikel »Adam« des »Zedler«, des bedeutendsten deutschen Lexikons der Aufklärung, der Glaube an die Historizität Adams und des Paradieses verschwunden.[1]

Damit stellte sich unausweichlich die Frage, wie die Sprache entstanden sein könnte, wenn sie denn nicht göttlichen Ursprungs war. Und in der Tat schossen um 1750 die Sprachursprungstheorien wie Pilze aus dem Boden.

Sprache ist die Voraussetzung für die durch Erinnerung und Zukunftssorge bestimmte Situation des Menschen. Seine Lebendigkeit und Geschichtlichkeit kann der Mensch nur sprachlich verwalten. Die Gewalt, die er ausüben kann, beruht gerade darauf, dass die Sprache die Geschichte verwaltet und die Zukunft vordenkt, sie gelegentlich auch politisch bestimmt. Dann wird die Sprache von der Verwaltung der Vergangenheit zum Versuch, die menschliche Kommunikation durch Befehle zu bestimmen, und sie wird damit zur entscheidenden politischen Macht.

Die Vernunft äußert sich in der Sprache. Was immer Vernunft sein mag: Ohne Sprache ist sie nichts. Ob die Vernunft aus der göttlichen Sprache entstand oder Resultat natürlich menschlicher Bildung ist, wurde seit etwa 1750 neu diskutiert. Am Ende fiel die Entscheidung zugunsten einer natürlichen Sprache aus. Aber was war *die* Sprache? Gingen die Sprachen auf eine Ursprache zurück oder gab es verschiedene Ursprünge? War die biblische Geschichte vom Turmbau zu Babel und der Sprachenverwirrung nur ein Versuch, die Vielfalt der Sprachen mit dem Monotheismus zu verschränken? Welches war die Ursprache, sofern es sie denn gab?

In der abendländischen Tradition des biblisch basierten Monotheismus war diese Frage seit Philo von Alexandria (seine Lebenszeit koinzidiert in etwa mit der von Jesus Christus) mit der Sprache Adams, also mit dem göttlichen Sprachursprung beantwortet worden. Biblische Ursprache war die Schöpfungssprache. Das Paradigma der Schöpfungssprache ist der Befehl: Gott sprach und es ward. D. h. Gott hat sich zuerst die Dinge gedacht, sie dann mental benannt und diese Benennung ausgesprochen: fiat. Dann wurden die Dinge real. Diese Idee war mit der Theorie eines

1 Siehe Wilhelm Schmidt-Biggemann, Lingua Adamica and Philology. The Rise and Destruction of a Concept, Maimonides Lecture on 6 June, 2017, in: *Yearbook of the Maimonides Centre for Advanced Studies 2017* (hg. v. Bill Rebiger), Berlin/Boston: Walter de Gruyter 2017, 247–266.

natürlichen Ursprungs der Sprache obsolet geworden, denn diese benannte im Sinne von Aristoteles' Denominationstheorie jetzt nur noch das, was schon da war. Die Befehlsstruktur der Sprache wurde der anschauenden Theorie geopfert. Sprache wurde jetzt als ›natürlich erworben‹ beschrieben. Herder sah in ihr die Kompensation für die mangelnde Spezifizierung der Triebe des Menschen[2]. Die Theorie des natürlichen Sprachursprungs kam zwar ohne Theologie aus, aber plausibel wurde sie dadurch nicht. Wilhelm von Humboldt, gewiss kein Verteidiger der Theologie, stellte 1820 fest: »Der Mensch ist Mensch nur durch die Sprache; um aber die Sprache zu erfinden, musste er schon Mensch seyn.«[3]

Ohne Sprache gibt es keine Kultur. Deshalb stellt sich die Frage nach der ältesten Sprache und dem Ursprung der Kultur gemeinsam. Natur- und Kulturgeschichte müssen ein Kontinuum bilden und die Kulturgeschichte muss sich den Mustern der Naturgeschichte anbequemen. Das gilt *a fortiori* für die Sprache: sofern die Sprache natürlich ist, darf sie keinen göttlichen Ursprung haben. Empirisch lässt sich der Sprachursprung natürlich nicht nachweisen. Immerhin muss Sprache für eine Zeit, in der es Grabbeilagen und Werkzeuge, Waffen und Keramik gab, vorausgesetzt werden, denn es ist kaum vorstellbar, dass von dem durch die Grabbeilagen indizierten Leben nach dem Tod nicht auch erzählt wurde. Für den Übergang von der Natur- in die Kulturgeschichte ist die Sprache, wohl gemeinsam mit dem Werkzeuggebrauch, ein unentbehrliches Momentum.

Die Suche nach der Ursprache war seit der biblischen Erzählung Teil der Philologie – die Kabbala hat es da spekulativ besonders weit gebracht. Kabbalistische Sprachinterpretationen gingen von der ursprünglichen Per-

2 Herder übernahm diese Theorie von Ps.-Gregor von Nyssa, s. Wilhelm Schmidt-Biggemann, *Philosophia perennis. Historische Umrisse abendländischer Spiritualität in Antike, Mittelalter und Früher Neuzeit*, Frankfurt am Main: Suhrkamp 1998, 225–237. Die Kompensationsthese nach Arnold Gehlen, *Der Mensch, seine Natur und seine Stellung in der Welt*, 2 Bde., Gesamtausgabe, Bd. 3., (hg. v. Karl-Siegbert Rehberg), Frankfurt am Main: Klostermann 1993 (zuerst 1940).

3 Wilhelm von Humboldt, Ueber das vergleichende Sprachstudium in Beziehung auf die verschiedenen Epochen der Sprachentwicklung [1820], in: *Werke in fünf Bänden*, Bd. 3: *Schriften zur Sprachphilosophie* (hg. v. Andreas Flitner/Klaus Giel), Darmstadt: Wiss. Buchges. 1963, 1–25, 11.

fektion der Sprache aus, schließlich suchten sie die Lingua adamica. Diese Ursprache sollte zugleich einfach und perfekt sein. Bei der Suche nach dem Ursprung der kabbalistischen Bibelinterpretation war der Lemgoer, später Kieler Philologe und Theologe Johann Friedrich Kleuker (1749–1827) darauf gekommen, dass dieser Ursprung im Persischen lag.[4] Damit war für die Diskreditierung des paradiesischen Sprachursprungs ein entscheidender Schritt vollzogen: Die Ursprache wurde nach Osten verschoben, vom Zweistromland – wenn denn das Paradies dort lag – nach Persien. Der Schritt vom Persischen zum Sanskrit lag nahe: Sanskrit war die indische Parallelsprache zum Zend. War die Ursprache mithin nicht mehr das Hebräische, wurde diese Position nun vom Sanskrit übernommen? Wenn die Ursprache die spekulative Kompetenz haben sollte, die in der Kabbala dem Hebräischen zugesprochen wurde, dann musste sie die philosophische und theologische Leistungsfähigkeit haben, die von der Kabbala dem Hebräischen konzediert wurde: Sie musste philosophisch, theologisch, rechtlich und mythologisch vollkommen sein. Nur unter diesen Bedingungen konnte man sich vorstellen, dass sie leisten konnte, was einst die Sprache Adams vermochte: Die Dinge in ihrem Wesen zu benennen, die paradigmatische ›mythische‹ Urgeschichte der Menschheit zu erzählen, die Ordnung der Gemeinschaft zu bestimmen und die Struktur der Welt philosophisch zu erfassen. Diese Leistung, zugleich ursprünglich, mythologisch, rechtlich und spekulativ perfekt zu sein, findet Friedrich Schlegel im Sanskrit.

2. Friedrich Schlegel: *Über die Sprache und Weisheit der Indier* (1808)

Der Ruhm des Sanskrit

Der englische Arzt James Parsons veröffentlichte 1767 in London ein Buch mit dem Titel: » The remains of Japhet, being historical enquiries

4 Vgl. Wilhelm Schmidt-Biggemann, *Geschichte der christlichen Kabbala*, 4 Bde., Stuttgart-Bad Cannstatt: frommann-holzboog 2012–2015, Bd. 3, Kap. 11. (Clavis Pansophiae 10).

into the affinity and origins of the European languages«. Es handelte sich zunächst vor allem um einen etymologischen Wortvergleich zwischen einigen europäischen Sprachen (Keltisch, Griechisch, Latein, verschiedenen germanischen und slawischen Sprachen), aber Parsons führte alle diese Sprachen auf das Irische zurück (so wie Johannes Goropius Becanus (1519–1573) alle Sprachen auf das Holländische zurückgeführt hatte).[5] Sir William Jones, Kolonialbeamter (›Chief Justice of India‹ in Kalkutta) und Begründer der Royal Asiatic Society,[6] fand gut 20 Jahre später (1789) im Sanskrit die Verbindung von indischen und europäischen Sprachen. Jones' zentrale Erkenntnis:

> The Sanskrit language, whatever may be its antiquity, is of wonderful structure; more perfect than the Greek, more copious than the Latin, and more exquisitely refined than either; yet bearing to both of them a stronger affinity, both in the roots of verbs and in the forms of grammar, than could have been produced by accident; so strong indeed that no philologer could examine all the three without believing that they have sprung from some common source, which, perhaps, no longer exists. There is a similar reason, though not quite so forcible, for supposing that both the Gothic and the Celtic, though blended with a very different idiom, had the same origin with the Sanskrit, and the old Persian might be added to the same family.[7]

5 Zum größeren Zusammenhang der Indogermanistik s. die große Studie von Suzanne L. Marchand, *German Orientalism in the Age of Empire. Religion, Race, and Scolarship*, Cambridge: Univ. Press 2009. Zur Vorgeschichte der Verbindung von Sanskrit und anderen indoeuropäischen Sprachen s. Jean-Claude Muller, Early stages of language comparison from Sassetti to Sir William Jones (1786), in: Kratylos 31 (1986), 1–31; Maurice Olender, *Die Sprachen des Paradieses. Religion, Philologie und Rassentheorie im 19. Jahrhundert*, übers. v. Peter D. Krumme, Frankfurt am Main: Campus-Verlag 1995 [frz. zuerst 1989], bes. 17–22.

6 J. P. Mallory, *In Search of the Indo-Europeans. Language, Archaeology and Myth*, London: Thames and Hudson 1989, 11.

7 William Jones, Third Anniversary Discourse, on the Hindus (2. Feb. 1786), in: *The Works of Sir William Jones*, Bd. 3 (hg. v. Anna Maria Jones), London: John Stockdale 1807, 24–46, 34.

Allerdings ging auch Jones noch davon aus, dass die Ursprache, die dem Sanskrit am nächsten komme, auf die Überlebenden aus der Arche Noah zurückgehe, die im Iran gelandet sei.[8]

Über die Sprache und Weisheit der Indier

Die Erkenntnisse von Jones führten Friedrich Schlegel 1802 nach Paris, wo er in der Wohnung der Brüder Boisserée wohnte und im Spätsommer zunächst begann, bei Antoine-Léonard de Chézy Persisch zu lernen.[9] Im folgenden Frühjahr nahm er Sanskritunterricht bei Alexander Hamilton. Der britische Marineoffizier Hamilton, der wegen der napoleonischen Kriege in Paris festsaß, war Mitglied der von William Jones gegründeten Asiatic Society in Kalkutta. De Chézy und Hamilton arbeiteten in der Bibliothèque Nationale, deren indische und persische Handschriften sie katalogisierten.[10] In nur einem Dreivierteljahr eignete sich Schlegel die Elementarbegriffe der Grammatik des Sanskrit an. Er kopierte indische Handschriften und schrieb Ende November 1803 an seinen Bruder August Wilhelm, er werde bald Übersetzungen aus dem Indischen vorlegen können. Im März 1804 wechselte er als Professor nach Köln, wo er mit Unterbrechungen bis 1807 weiter an dem angekündigten Buch arbeitete, das schließlich 1808 erschien: *Über die Sprache und Weisheit der Indier*. Es handelt sich linguistisch und kulturgeschichtlich um ein Schlüsselbuch. Schlegel umreißt ein Forschungsprogramm, das seine Fruchtbarkeit im gesamten 19. Jahrhundert und darüber hinaus erwies – im Guten wie im

8 William Jones, Ninth Anniversary Discourse, on the Origin and Families of Nations (23. Feb. 1792), in: *The Works of Sir William Jones*, Bd. 3 (hg. v. Anna Maria Jones), London: John Stockdale 1807, 185–204, S. 194 f. Vgl. Mallory, *In Search of the Indo-Europeans*, 13.

9 Ich richte mich nach der Einleitung zu *Sprache und Weisheit der Indier* von Ursula Struck-Oppenberg in Friedrich Schlegel, *Über die Sprache und Weisheit der Indier* (hg. v. Ernst Behler/Ursula Struck-Oppenberg), Paderborn: Schöningh 1975, CLXXXVII–CCXXXII. (Kritische Friedrich-Schlegel-Ausgabe 8).

10 Zu den Handschriften, die Schlegel benutzte, s. ebd. CXC–CXCII.

Schlechten.[11] Es diskreditierte wie kaum ein anderes Werk die Transzendentalphilosophie und installierte die Sprachgeschichte als Kulturgeschichte.

Die entscheidenden Thesen dieses Buchs sind denn auch sowohl sprachphilosophischer wie kulturgeschichtlicher Natur: 1. Sprachen setzten sich entweder aus einzelnen semantischen Einheiten zusammen (der Begriff ›agglutinierend‹ steht Schlegel noch nicht zur Verfügung) oder sie seien »organisch«, insofern sie Wortwurzeln flektieren.[12] Schlegels Paradigmen

11 Markus Messling, *Gebeugter Geist. Rassismus und Erkenntnis in der modernen europäischen Philologie*, Göttingen: Wallstein 2016, 130–150.

12 Schlegel stellt fest: »In der indischen und oder griechischen Sprache ist jede Wurzel wahrhaft das, was der Name sagt, und wie ein lebendiger Keim; denn weil die Verhältnißbegriffe durch innre Veränderung bezeichnet werden, so ist der Entfaltung freier Spielraum gegeben, die Fülle der Entwicklung kann ins Unbestimmbare sich ausbreiten, und ist oftmals in der That bewunderungswürdig reich. Alles aber, was auf diese Weise aus der einfachen Wurzel hervorgeht, behält noch das Gepräge seiner Verwandtschaft, hängt zusammen und so trägt und erhält sichs gegenseitig. Daher der Reichthum einestheils und dann die Bestandheit und Dauerhaftigkeit dieser Sprachen, von denen man wohl sagen kann, daß sie organisch entstanden seien und ein organisches Gewebe bilden, so daß man nach Jahrtausenden in Sprachen, die durch weite Länder getrennt sind, oft noch mit leichter Mühe den Faden wahrnimmt, der sich durch den weitentfalteten Reichthum eines ganzen Wortgeschlechts hinzieht, und uns bis zum einfachen Ursprunge der ersten Wurzel zurükführt. In Sprachen hingegen, die statt der Formen nur Affixa haben, sind die Wurzeln nicht eigentlich das; kein fruchtbarer Same, sondern ein Haufen Atome, die jeder Wind des Zufalls leicht auseinandertreiben oder zusammenführen kann; der Zusammenhang ist eigentlich kein andrer, als ein bloß mechanischer durch äussere Anfügung.« Friedrich Schlegel, *Über die Sprache und Weisheit der Indier*, Heidelberg: Mohr und Zimmer 1808, Buch I, Kap. 4: *Von den zwei Hauptgattungen der Sprachen nach ihrem Bau*, 50 f. Krit. Friedrich Schlegel Ausg. Bd. 8, 157 f.
Wilhelm von Humboldt schreibt am 30. Dezember 1822 an August Wilhelm Schlegel: »Was Ihr Herr Bruder sich in seinem sonst sehr geistreichen Werk über Indien unter dem Entfalten der Wortformen aus ihren Wurzeln gedacht hat, das er dem Agglutinieren entgegenstellt, habe ich mir nie vollkommen deutlich machen können. Die meisten Wortformen bestehen im Sanskrit gegen ihre Wurzeln durch Zusätze, was schon die Kürze der Wurzeln, gegen sie genommen, beweist. Hat er die Vocalveränderungen gemeynt, so bestimmen sie selten einzelne Wortformen, sondern begleiten immer ganze Classen von Flexionen. Dies ist, was ich jetzt über diesen Punkt meyne.« Wilhelm von Humboldt: *Kleine Schriften, Autobiographisches, Dichtungen, Briefe. Werke in fünf Bänden*, Bd. 5, hg. v. Andreas Flitner/Klaus Giel, Darmstadt: Wiss. Buchges. 1963, 264.

für agglutinierende, semantisch »atomisierte« »mechanische« Sprachen sind Chinesisch, Baskisch und Koptisch, auch Arabisch und Hebräisch.[13] Organische Sprachen, die mit einer flexiblen Wurzel arbeiten, seien insbesondere Indisch, Persisch, Griechisch, Lateinisch, Deutsch und Englisch. 2. Die abendländische Kultur habe ihren Ursprung in Indien und sei von dort über Persien bis nach Griechenland, Rom und zu den Germanen gelangt. Ihre Grundstrukturen prägten die Kulturen Asiens und Europas bis in die Gegenwart.

Organische und mechanische Sprachen

Über die Sprache und Weisheit der Indier besteht aus drei Büchern und einem Anhang indischer Dichtung, einer Art Chrestomathie. Schlegel beginnt mit einer allgemeinen Charakterisierung des Indischen und stellt zunächst die etymologische Verwandtschaft von Sprachwurzeln im Indischen, Persischen, Griechischen, Lateinischen und Deutschen vor (z. B. *rotho*: ›Rad‹, *svostri*: ›Schwester‹ und viele weitere).[14] Diese Verwandtschaft hatte schon William Jones konstatiert. Erheblich wichtiger ist Schlegels Entdeckung der in der Wurzel verwandten Flexionsformen. Die regelmäßige Flexion der Verbwurzeln wird für ihn zum Kriterium einer universalen Sprachenunterteilung. In der Verbflexion zeigten das Indische und Griechische die engsten Beziehungen:

> Kennzeichen der ersten Person ist *m*, was selbst im Lateinischen verloren ist, im Indischen und Griechischen vollständiger auf *mi* lautet, von dem *si* der zweiten Person im Indischen und Griechischen ist nur das *i* geblieben; Kennzeichen der dritten Person ist *t* oder *d*, im Pluralis *nd*, wie im Lateinischen und Deutschen; im Griechischen vollständiger *ti* und *nti* nach der ältern Form. (137 f.)

13 Die Zusammenstellung ist sicher in mehrfacher Hinsicht fehlerhaft; u. a. sind die semitischen Sprachen flektierend. Siehe u. das Kapitel 4. »August Schleicher: Biologie der Sprache«. 137–148.

14 Schlegel, *Über die Sprache und Weisheit der Indier*, Kritische Friedrich-Schlegel-Ausgabe Bd. 8, 1. Buch, 119.

Flexionen versus Agglutinationen war Schlegels Hauptkriterium für die Unterscheidungen von Sprachgruppen. Im Sanskrit, der ältesten flektierenden Sprache, sei

> die Struktur der Sprache organisch gebildet, durch Flexionen oder innere Veränderungen und Umbiegungen des Wurzellauts in all seinen Bedeutungen ramifiziert, nicht bloß mechanisch durch angehängte Worte oder Partikeln zusammengesetzt, wo denn die Wurzel selbst eigentlich unverändert und unfruchtbar bleibt. (149)

Die sprach- und kulturwissenschaftlich revolutionäre und kategorial nachhaltigste linguistische Unterteilung ist die in Sprachen mit flektierenden Verben und agglutinierende, d. h. Sprachen mit präpositionalen Zusätzen zu unveränderten Wurzeln, wie sie Schlegel im vierten Kapitel des ersten Buches (»Von zwei Hauptgattungen der Sprachen und ihrem inneren Bau«) beschreibt:

> Entweder werden die Nebenbestimmungen der Bedeutung durch innere Veränderung eines Wurzellauts angezeigt, durch Flexion; oder aber jedesmal durch ein eignes hinzugefügtes Wort, was schon an und für sich Mehrheit, Vergangenheit, ein zukünftiges Sollen oder andre Verhältnisbegriffe der Art bedeutet; und diese beiden einfachsten Fälle bezeichnen auch die beiden Hauptgattungen der Sprache. (153)

Für die zweite, agglutinierende Sprachgruppe sind die wichtigsten Exempel Chinesisch, Baskisch, Koptisch, Arabisch und Hebräisch: »Im Chinesischen sind die Partikeln, welche die Nebenbestimmung der Bedeutung bezeichnen, für sich bestehende von der Wurzel ganz unabhängige einsilbige Worte« (157). Schlegels Deutung ist durchaus wertend: »Die Sprache dieser sonst so verfeinerten Nation stünde also gerade auf der untersten Stufe. Vielleicht, weil eben durch das so äußerst künstliche Schriftsystem die Kindheit derselben zu frühe fixiert worden« (157). Im Fall des Arabischen und verwandter ›Mundarten‹ – also auch des Hebräischen – gehörten, meint Schlegel, die größeren Teile der Grammatik zu dieser Gruppe. Allerdings gebe es einzelne Übereinstimmungen mit der flektierenden Grammatik.

Insgesamt ist diese Gruppe mechanischer Sprachen zusammengesetzt »wie ein Haufe Atome, die jeder Wind des Zufalls leicht auseinandertreiben oder zusammenführen kann.« (159) »Der scheinbare Reichtum ist im Grunde Armut, und es sind diese Sprachen, sie mögen roh oder gebildet sein, immer schwer, leicht verworren und oft besonders ausgezeichnet durch einen eigensinnig willkürlichen, subjektiv sonderbaren und mangelhaften Charakter« (159). Schlegel betont allerdings, er wolle diese »Hauptgattung der Sprache« nicht herabwürdigen: »Wer wird die hohe Kunst, die Würde und erhabene Kraft der arabischen und hebräischen Sprache leugnen können?« (163). Obwohl sie in Manchem Ähnlichkeiten mit den flektierenden Sprachen hätten, sei »diese Kunst ihnen später, ja zum Teil gewaltsam, auf den rohen Stamm angebildet« (163) worden. Agglutinierende Sprachen sind nach Schlegels Ansicht deshalb nicht so variabel wie die Sprachen mit flektierenden Verben.

Schlegels Eloge der flektierenden Verben:

> In der indischen oder griechischen Sprache ist jede Wurzel wahrhaft das, was der Name sagt, und wie ein lebendiger Keim; denn weil die Verhältnisbegriffe durch innere Veränderung bezeichnet werden, so ist in der Entfaltung freier Spielraum gegeben, die Fülle der Entwicklung kann ins Unbestimmbare sich ausbreiten, und ist oftmals in der Tat bewunderungswürdig reich. (157 f.)

Diese Sprachen zeichnen sich nach ihm durch Beständigkeit und Dauerhaftigkeit aus, man kann die Verwandtschaft noch nach Jahrhunderten leicht wahrnehmen. Das Resultat ist die höhere Leistungsfähigkeit der flektierenden Sprachen: »Daß die Sprachen, wo die Flexion in der Struktur herrscht, im Allgemeinen den Vorzug haben, wird man nach reifer Untersuchung wohl zugeben« (163).

Schlegel geht von einer Mehrzahl von Sprachursprüngen aus, die sich vor allem in den Gruppen der agglutinierenden mechanischen Sprachen zeigten. Die flektierenden Sprachen haben nach seiner Vorstellung hingegen nur einen Ursprung, das Indische. Dabei ist kultur- und ideenpolitisch gewiss von Bedeutung, dass das Hebräische, das Schlegel als mechanische Sprache einordnet, zu einer anderen Gruppe gehört als das Indisch-Griechische, das später ›indogermanisch‹ und noch später, deutschnationale Ansprüche abwehrend, ›indoeuropäisch‹ heißt.[15]

15 In seiner Abhandlung Ueber das Entstehen der grammatischen Formen, und ihren Einfluss auf die Ideenentwicklung [1822] in: *Werke in fünf Bänden*, Bd. 3: *Schriften zur*

Im fünften Kapitel des ersten Buches stellt Schlegel seine Sprachursprungthese vor: Die flektierenden organischen Sprachen stammen von einem Menschenschlag, der »im Lichte der Besonnenheit einfach aber selig wandelte« und die mechanischen mit einem Zustand, der »wirklich an tierische Dumpfheit grenzte« (171). Die mechanischen Sprachen, vermutet er, scheinen

> in der Tat nicht als ein organisches Kunstgebilde bedeutender Silben und fruchtbarer Keime, sondern ihrem größeren Teile nach wirklich aus mancherlei Schallnachahmungen und Schallspielen, dem bloßen Geschrei des Gefühls, und endlich den endeiktischen Ausrufen oder Interjektionen der Hinweisung und Verdeutlichung entstanden zu sein. (171)

Hingegen sei der Sprachursprung der flektierenden, organischen Sprachen nicht dumpf, sondern es habe bei ihnen »gleich von Anfang an die klarste und innigste Besonnenheit stattgefunden« (169).[16] Die Frage danach, worin die Unterscheidung von dumpfen und lichten, besonnenen Menschen begründet werde, stellt Schlegel nicht und er beantwortet sie auch nicht implizit. Seine Terminologie ermöglicht zwar eine theologische Interpretation des Sprachursprungs, aber Schlegel versagt sich diese Deutung. Auch das Indische als die älteste der flektierenden Sprachen sei natürlichen Ursprungs. Wie der Mensch allerdings die Bildung der »bedeutenden Silben, den eigentlich geheimnisvollen und wunderbaren Teil der Sprache, erfand und auffand, bestimmte und biegend verändere, zu einem

Sprachphilosophie (hg. v. Andreas Flitner/Klaus Giel), Darmstadt: Wiss. Buchges. 1963, 31–63 wendet sich Wilhelm von Humboldt an vielen Stellen generell gegen Schlegels Grund-Unterteilung von Flexion und Agglutination: Er führt hier viele Beispiele dafür an, »dass die Behauptung, welche gewissen Sprachen Anfügung [Agglutination] und andren Beugung [Flexion] zutheilt, bei genauerem Eindringen in die einzelnen Sprachen, und gründlicherer Kenntnis ihres Baues, von keiner Seite haltbar erscheint«. 47.

16 ›Besonnenheit‹ ist für Herder in seiner Sprachursprungsschrift ein Schlüsselbegriff. »Der Mensch, in den Zustand seiner Besonnenheit gesetzt, der ihm eigen ist, und diese Besonnenheit (Reflexion) zum erstenmal frei würkend, hat Sprache erfunden.« Johann Gottfried Herder, Über den Ursprung der Sprache, in: *Werke*, Bd. II: *Herder und die Anthropologie der Aufklärung* (hg. v. Wolfgang Pross), München: Hanser 1987, 251–357, 276.

lebendigen Gewebe, das nun durch innre Kraft weiter fortwuchs und sich bildete« (169 f.), bleibe ein unklärliches Wunder.

Kulturgeschichte des Indogermanischen

Das Indische ist die älteste Sprache der Flexionsgruppe, zu der auch das spätere Griechische, Römische, Persische und viel später die romanischen, germanischen und slawischen Sprachen gehören. Entscheidend ist die Leistungsfähigkeit dieser Sprachfamilie in der religiösen und philosophischen Terminologie: »Es ist wahr, beinah die ganze indische Sprache ist eine philosophische oder vielmehr religiöse Terminologie; und vielleicht ist keine Sprache, die griechische nicht ausgenommen, so philosophisch klar und scharf bestimmt als die indische« (173). Und das gilt gerade auch für die Termini, die eine metaphysische Bedeutung haben, und zwar seit alters her:

> Es ist eben auch eine von den ungegründeten Voraussetzungen, daß in der ältesten Epoche jeder Sprache kühne Bildlichkeit und Phantasie allein herrsche; bei vielen Sprachen ist es wirklich so, aber nicht bei allen, besonders nicht bei der indischen, die sich zunächst und ursprünglich wohl mehr durch philosophischen Tiefsinn und ruhige Klarheit auszeichnet, als durch poetische Begeisterung und Bilderfülle, so sehr sie auch der ersten fähig, und obwohl die letzte in den schmuckreichen Gedichten des Kalidas[17] sogar herrschend ist. (175)

Schlegel behauptet deshalb sogar, die Philosophie sei bei den Indern älter als die Poesie (175).

Durch die Wanderungen der Völker, durch Krieg und Kommunikation, seien die jetzt existierenden Sprachen zwar mit jeweils fremden Wurzeln durchmischt, in ihrer grammatischen Grundstruktur aber doch stabil geblieben. Diese Idee, dass es so etwas wie einen Kern der Kultur gebe, der sich linguistisch in der vergleichenden Grammatik zeige, gilt für Schlegel auch in Bezug auf die Kulturgeschichte. Die Verbindung sieht er in historischen Völkerwanderungen, in denen sich zentrale Topoi der indischen Urkultur bei den Völkern gehalten hätten, die von Indien aus nach Westen

17 Kalidas (»Diener der Kali«, um 400) ist ein wichtiger Vertreter der Sanskrit-Lyrik.

gezogen seien. Das gelte für Religion, Philosophie, Poesie, Mythologie, Staatsformen und Rechtsverhältnisse. Im dritten Buch heißt es dazu:

> Die Lehre von der Emanation, d. h. von der unendlichen fortgehenden Entwicklung und Entfaltung Gottes und der allgemeinen Beseelung, enthielt den ersten Keim des Polytheismus; in der materiellen Anbetung der Natur und dem astrologischen Aberglauben erzeugte sich die ganze Fülle der alten Fabel; gemildert, verschönert, auch bereichert ward die Mythologie durch die Lehre von den zwei Prinzipien, die Religion des Lichts, und der frommen gottbegeisterten Helden; sobald aber, wo es auch sein mag, pantheistische Denkart herrschend ward, konnte die Mythologie nur noch als Allegorie, als esoterische Hülle oder Spiel der Dichtung stehen bleiben. So wie die griechische Mythologie der schönen Entwicklung nach die reichste, so dürfte die indische dem innern Wesen nach die umfassendste sein, weil sie durch alle jene Denkarten vollständig durchgeführt ist. Kaum dürfte sich ein Begriff finden, der in einer der verschiedenen intellektuellen Religionen irgend wesentlich und dem indischen System unbekannt geblieben wäre, oder eine Fabel, die in einer der bloß dichterischen Mythologien eine ausgezeichnete Stelle annähme, für die sich nicht in eben demselben etwas ganz Entsprechendes, und merkwürdig Ähnliches aufzeigen ließe. (259)

In der Verfassungsgeschichte und Herrschaftsorganisation gilt Schlegel die aristokratische und ständisch abgeschottete Adelsherrschaft der Inder als die archaisch erste, die noch in Griechenland und Rom nachweisbar sei.[18] Er stellt Mutmaßungen über die weitere Entwicklung an:

> Auch bei den von Indien abstammenden Nationen und Kolonien dürfte die republikanische Verfassung erst später entstanden, die monarchistische in den ältesten Zeiten die herrschende gewesen sein, besonders wo der Kriegs- und Adelsstand den größten Anteil an der Bildung des Ganzen hatte, wie in Persien. […] Hat die Sage vom trojanischen Kriege einen historischen Sinn, wie ihr altes Gepräge vermuten läßt, so sind wir berechtigt, sie aus der hellenischen Beschränktheit heraus zu rücken, und an die größere asiatische Überlieferung anzuknüpfen. (289 f.)

18 »Von der indischen Verfassung finden sich bei den ältesten Römern vielleicht bei genauer Ansicht noch mehr Überbleibsel als man auf den ersten Blick denken sollte«. Schlegel, *Über die Sprache und Weisheit der Indier*, 289.

Indogermanische und christliche Kultur

Schlegel ist sich natürlich darüber im Klaren, dass er mit dieser Einordnung der europäischen Kultur in den indisch-persischen Traditionszusammenhang die enge Beziehung zwischen Judentum, Christentum und der abendländischen Kultur zerschneidet. Diese Situation ist für ihn deshalb auch persönlich brisant, weil er in der Zeit, in der er *Über die Sprache und Weisheit der Indier* niederschreibt, zum Katholizismus konvertiert. Er muss also »das Verhältnis des indischen Altertums zur mosaischen Urkunde und überhaupt zur Offenbarung« (295) diskutieren. Schon in der Frage nach dem Sprachursprung hatte er sich bis in die Terminologie an Herder angelehnt,[19] und auch in *Über die Sprache und Weisheit der Indier* betont er mit Herder die besondere Rolle des Alten Testaments. Freilich unterstellt er, »daß Moses, dem alle Weisheit der Ägypter bekannt war, von diesen bei den gebildeten Völkern des alten Asiens allgemein verbreiteten Lehren« gewusst habe (297). Es seien deshalb wie in den orientalischen Mythologien auch im Alten Testament »überall noch einzelne Spuren des göttlichen Lichtes vorhanden [...] aber alles entstellt und entartet.« Und er fügt in einer Anmerkung hinzu: »Herrliche Winke darüber finden sich in *Herders ältester Urkunde des Menschengeschlechts.* Nur daß ich jeden Strom entarteter Mystik nicht so *unmittelbar* aus dem reinen Quell göttlicher Offenbarung herleiten möchte« (297). Allerdings bemerkt er, wie auch schon Johann Friedrich Kleuker vor ihm,[20] die Ähnlichkeit »besonders der persischen Religion des Lichtes und der Lehre vom Kampf des Guten und Bösen, mit der heiligen Schrift sowohl des alten als auch des neuen Bundes« (299). Freilich sei, fügt er paulinisch-christlich hinzu, das Alte Testament ohnehin nur durch die Lehren des Neuen Testamentes zu begreifen.

Insgesamt vermeidet Schlegel in der Frage der Religion eine klare Festlegung auf die Alternative jüdisch-christlich versus indisch-persisch und

19 Zur ›Besonnenheit‹, s. oben Anm. 16, 127.

20 Vgl. Johann Friedrich Kleuker, *Ueber die Natur und den Ursprung der Emanationslehre bei den Kabbalisten*, Riga: Hartknoch 1786. Vgl. Schmidt-Biggemann, *Geschichte der christlichen Kabbala*, Bd. 3, 347–378.

verweist auf die Notwendigkeit weiterer Forschungen auf dem Gebiet der Orientalistik. Die Dichotomie, die er in der Linguistik zwischen flektierenden organischen und agglutinierenden mechanischen Sprachen gemacht hatte, taucht in seinem Abriss der asiatisch-europäischen Kulturgeschichte nicht mehr auf, bleibt als kulturgeschichtliche Alternative im Hintergrund aber präsent. Schlegel scheint allerdings eine Kulturerforschung zu favorisieren, die sich auf den schon bald indogermanisch genannten Bereich konzentriert. Dort versucht er auch die biblische Offenbarung einzuordnen, ohne sich weiter um die linguistische Hürde zu kümmern, dass die biblische Offenbarung wesentlich hebräisch, also in einer vermeintlich mechanischen Sprache, überliefert ist. Sein Forschungsprogramm ist ehrgeizig:

> So wie nun in der Völkergeschichte die Asiaten und die Europäer nur eine große Familie, Asien und Europa ein unzertrennbares Ganzes bilden, so sollte man sich immer mehr bemühen, auch die Literatur aller gebildeten Völker als eine fortgehende Entwicklung und ein einziges innig verbundenes Gebäude und Gebilde, als Ein großes Ganzes zu betrachten, wo denn manche einseitige und beschränkte Ansicht von selbst verschwinden, vieles im Zusammenhange erst verständlich, alles aber in diesem Lichte neu, erscheinen würde. (315)

3. Die Karriere der indogermanischen Grammatik: Franz Bopp

Auf den Spuren Schlegels

Schlegels *Über die Sprache und Weisheit der Indier* war ein Schlüsselbuch romantischer Philologie, das auf besondere Weise das Pathos philosophischer Spekulation mit linguistischen Beobachtungen und mythologischer Emphase vereinte.[21] Schlegel hat wohl gemeint, hier die ersehnte Einheit

21 In diesem Sinne hat das Buch Joseph Görres' *Mythengeschichte der asiatischen Welt* (2 Bde., Heidelberg: Mohr und Zimmer 1810) und Friedrich Creuzers *Symbolik und Mythologie der alten Völker, besonders der Griechen* (4 Bde., Leipzig/Darmstadt: Heyer und Leske 1810–1812) kategorial geprägt.

von Religion, Literatur und Philosophie zu finden. Dieses Programm hat den jungen Franz Bopp (1791–1867) und seinen Förderer und Freund Karl Windischmann (1775–1839)[22] fasziniert. Bopp ist 1812 auf den Spuren Schlegels nach Paris gereist und hat dort zunächst bei Silvestre de Sacy Arabisch und Persisch studiert und, weil ihm die Mittel fehlten und Schlegels Lehrer Alexander Hamilton aus seinem kriegsbedingten Pariser Arrest wieder nach England zurückgekehrt war, anhand gedruckter Grammatiken sowie nach gedruckten und handschriftlichen Quellen weitgehend selbständig Sanskrit gelernt. In Paris machte er 1814/15 Bekanntschaft mit Alexander von Humboldt und August Wilhelm Schlegel, den er im Sanskrit unterrichtete.

Bopp begann seine Studien mit der Lektüre der *Bhagavadgītā*, aus der auch schon Schlegel eine Partie übersetzt hatte.[23] An diesem Text lernte er die Regelmäßigkeit der Sanskritgrammatik kennen und kam »wegen der strengen Analogie, welche diese Sprache auszeichnet, sowie wegen ihrer auffallenden Verwandtschaft mit dem Griechischen, Lateinischen und anderen europäischen Sprachen« bald dazu, »das Sanskrit auch ohne Hilfe von Übersetzungen zu verstehen.«[24] Nach der *Bhagavadgītā* las er Partien der *Rāmāyana*,[25] die Schlegel ebenfalls schon teilweise übersetzt

22 Der Philosoph und Mediziner (und in dieser Kombination Anhänger Schellings) Windischmann, seit 1801 Hofmediziner des Mainzer Kurfürsten Friedrich Josef von Erthal in Aschaffenburg, wohin dieser hatte fliehen müssen, wurde 1803 Professor für Philosophie und Universalgeschichte am Lyzeum in Aschaffenburg und 1818 Professor an der neugegründeten Universität Bonn. Er gab nach Schlegels Tod dessen *Philosophische Vorlesungen* heraus.

23 Die *Bhagavadgītā* (»Gesang des Erhabenen«, Teil des hinduistischen Epos *Mahābhārata*, »Die große Geschichte der Bharatas«, verfasst in den letzten vorchristlichen Jahrhunderten, war bereits 1785 von Charles Wilkins, einem Mitstreiter von William Jones in der Asiatic Society, ins Englische übersetzt worden. August Wilhelm Schlegel legte 1823 eine lateinische Übertragung vor.

24 Salomon Lefmann, *Franz Bopp, sein Leben und seine Wissenschaft*, 2 Bde., Berlin: Reimer 1891, Bd. 1, 23.

25 *Rāmāyana* (»Gang Ramas«), das in den Jahrhunderten um die Zeitenwende entstandene zweite bedeutende Hindu-Epos, erzählt die Geschichte des Prinzen Rama, dessen Braut, die Prinzessin Sita, entführt und nach vielen Abenteuern zurückgewonnen wird.

hatte.[26] Bopp übertrug eine weitere Episode aus diesem Werk und schickte die Übersetzung an Windischmann, der sie seinerseits dem bayerischen Minister von Aretin weiterleitete,[27] woraufhin der bayerische König Max Josef Bopp ein Stipendium gewährte. Bopp war zunächst wie Schlegel und Windischmann besonders an der indischen Mythologie und Philosophie interessiert; neben *Bhagavadgītā* und *Rāmāyana* wollte er vor allem die *Veden* kennenlernen. Am 24. Februar 1815 schrieb er an Windischmann: »Die Veda's sind mein Ziel. Sind es immer gewesen. Was ich bisher gethan habe und noch thue, ist bloß Vorbereitung, Einweihung in die Mysterien. Ich werde mich später von den Mythen los winden und lautere Wahrheit schauen«.[28] Im September schickte er das Manuskript seines genialen Erstlings an Windischmann, der es mit einer langen Vorrede im folgenden Jahr unter dem Titel »Über das Conjugationssystem der Sanskritsprache in Vergleichung mit jenem der griechischen, lateinischen, persischen und germanischen Sprache« veröffentlichte.

Über das Conjugationssystem der Sanskritsprache

Das Werk ist das eigentliche Gründungsdokument der indogermanischen bzw. indoeuropäischen Sprachwissenschaft.[29] Bopp postuliert eine »Stammsprache« und beweist anhand grammatischer Ähnlichkeiten die Verwandtschaft aller indogermanischen Sprachen untereinander. Es ist eine Vollendung und zugleich ein Bruch mit der romantischen Sprach-

26 »Anfang des Ramayon« im Anhang zu Schlegel: *Über die Sprache und Weisheit der Indier*, 327–379.

27 Lefmann, *Franz Bopp*, Bd. 1, 25.

28 Ebd., Bd. 2, 18*f. (Briefwechsel, Nr. 10). Die *Veden* (»Wissen«) sind eine von Brahmanen über Jahrhunderte hinweg mündlich überlieferte und ab etwa 500 v. Chr. auch verschriftlichte Sammlung religiöser (v. a. kultischer) und philosophischer Texte, deren älteste Schicht, das *Rigveda* (»Verse des Wissens«) in die letzten Jahrhunderte des zweiten vorchristlichen Jahrtausends zurückreicht.

29 Rasmus Rask (1787–1832) hatte seine dänischsprachige Untersuchung zum Ursprung der altnordischen oder isländischen Sprache, in der er ähnliche Thesen wie Bopp vertrat, zwar 1814 bereits fertiggestellt, aber erst 1818 veröffentlicht.

philosophie, die die Einweihung in die Mysterien der indischen Weisheit erhofft hatte, denn das Buch kommt, jedenfalls auf der äußeren Darstellungsebene, völlig ohne den ideengeschichtlichen romantischen Humus aus, dem es entstammt. Es ist zunächst reine grammatische Philologie, aber mit dieser strengen Grammatik bedient es zugleich sprachgeschichtlich die spekulativen Erwartungen, die seit Schlegel virulent waren: Hier wurde die Verwandtschaft der europäischen Sprachen mit dem Sanskrit philologisch bewiesen und zugleich eine Brücke von Indien über Persien zu den Griechen, Lateinern und Germanen geschlagen. Selbstverständlich suggerierte diese grammatische Verwandtschaft auch einen gemeinsamen Ursprung der so linguistisch verbundenen Völker.

Aber zunächst ging es in diesem Werk eben um Grammatik. Diese Grammatik erwies sich als so elementar, dass sie die Spekulationen der Sprachursprungsschriften von Giambattista Vico und Herder ebenso wie die grammatischen Beobachtungen Friedrich Schlegels fortführte und entscheidend präzisierte. Diese waren von Verbalsubstantiven ausgegangen, von Begriffsstämmen, die noch nicht auf Verb oder Substantiv festgelegt waren. Die Flexionen hielten sie für variabel: Herder machte diese These am Hebräischen fest,[30] Vico am Griechischen und Altlateinischen.[31] Hier setzte Bopps grammatische Grundidee der Sanskritgrammatik an. Er beginnt mit der Definition des Verbs: »Unter Zeitwort oder Verbum im

30 »Noch existiert für mich kein Wort, sondern nur Töne zum Wort einer Empfindung; aber sehet! in den genannten [alten wilden] Sprachen, in ihren Interjektionen, in den Wurzeln ihrer Nominum und Verborum wieviel angefangene Reste dieser Töne. Die ältesten Morgenländischen Sprachen sind voll von Ausrüffen, für die wir spätergebildeten Völker oft nichts als Lücken, oder stumpfen, tauben Mißverstand haben«. Herder, *Über den Ursprung der Sprache*, 257, vgl. auch 290 f.

31 Giambattista Vico, *Principi di una scienza nuova d'intorno alla comune natura delle nazioni*, Neapel: Stamperia Muziana 1725/1730/1744, Nr. 446–455. Siehe Humboldt, *Über das vergleichende Sprachstudium*, Werke Bd. III, 13: Bei »rohen Sprachen« sei »der wichtigste Vorzug [...] feste und leichte Gliederung; diese aber setzt einfache, und in sich untrennbare Elemente voraus.« Zur grammatischen Struktur heißt es: »Der Plural wird wohl als Vielheit, aber der Singular gerade als Einzelnes, sondern nur als der Begriff überhaupt gedacht, Verbum und Nomen fallen zusammen, wo nicht gerade Person, oder Zeit auszudrücken ist; die Grammatik waltet noch nicht in der Sprache, sondern tritt nur im Fall des Bedürfnisses auf.«

engeren Sinne ist derjenige Redeteil zu verstehen, welcher die Verbindung eines Gegenstandes mit einer Eigenschaft und deren Verhältnis zu einander ausdrückt«.[32] Das entspricht ziemlich genau der aristotelischen Definition des Urteils: Verbindung des Subjekts mit einem Attribut (*tí katà tinós*).[33]

Auch der nächste Schritt sieht ganz aristotelisch aus. Bopp betont nämlich die besondere Bedeutung von ›sein‹ als derjenigen Wortform, die diese Verbindung von Subjekt und Attribut bzw. Subjekt und Prädikat (im Sinne von Attribut) zustande bringt:[34] Es sei »das so genannte verbum abstractum; sein, esse« zwar nicht im Sinne der Existenz, aber als Kopula »das grammatische Band zwischen Subjekt und Prädikat«.[35]

Im Sanskrit gebe es für »er, sie, es ist« zwei Ausdrücke, »nämlich *esti* und *bhavati*«. *Esti* bilde nicht alle Zeiten, sondern behelfe sich dann mit Formen von *bhavati*. Weiterhin fungiere *esti* (bzw. *asti*) nur als Kopula, während *bhavati* auch Existenz prädiziere. Aus der Wurzel von *bhavati*, *bhû*, werde eine Anzahl von Nomina abgeleitet, während aus der Wurzel von *asti*, *as*, nur ein Partizip und dessen Verneinung gebildet würden (*sat*: ›seiend‹, *asat*: ›nicht-seiend‹).[36]

Das ist eine metaphysisch außerordentlich wichtige Feststellung: *esse* und *existere* und damit das logische Prinzip des Urteils (›sein‹ als Kopula) und die Existenzaussage werden im Indogermanischen also nach Bopp unterschieden. Als Kopula ist ›sein‹ kein wirkliches Prädikat, als Existenzaussage schon.

Bopp zieht aus dieser Differenz nun grammatische Konsequenzen: ›Sein‹ im Sinne der Kopula ist nicht immer als besonderes Wort (unser Hilfsverb) sichtbar. Es werde »die Verbindung des Subjekts mit dem Prädikat nicht immer durch einen besonderen Redeteil ausgedrückt, sondern verschwiegen«. Stattdessen würden die Verhältnisse und Nebenbestim-

32 Lefmann: *Franz Bopp*, Bd. 1, 46.

33 Vgl. Ernst Tugendhat, *Ti kata tinos. Eine Untersuchung zu Struktur und Ursprung aristotelischer Grundbegriffe*, Freiburg im Breisgau: Alber 1958.

34 Zum indogermanischen Stamm von ›i‹: gehen, kommen, bewegen und gr.: *eimí* (sein) s. Kapitel III.4. »August Schleicher: Biologie der Sprache«, 137.

35 Lefmann, *Franz Bopp*, Bd. 1, 47.

36 Ebd.

mungen der Bedeutung durch »die innere Veränderung und Verbindung des Attributwortes selbst angezeigt«. Die auf diese Weise gebeugten (flektierten) Adjektive machten das »Gebiet der Zeitwörter im gewöhnlichen Sinne« aus.[37] Salomon Lefmann, Bopps Biograph, feiert diese Erkenntnis als die wichtigste Entdeckung der Sanskritgrammatik: »Zeitwörter sind also im weiteren flektierte Adjektiva oder Nomina mit partizipialer Bedeutung«.[38]

Das Indogermanische hat nach Bopp eine definierte Anzahl von Stammsilben, die die Sprache für die Verknüpfung von Subjekt und Prädikat nach Maßgabe über lange Zeit gemachter Erfahrungen im logischen Urteil semantisch bereitstellt. Sie werden aber nicht explizit mit dem Verbum abstractum *esse* (Sanskrit: *as*) verbunden, sondern das Urteil geschieht in der verkürzenden Flexion.

Die ursprüngliche Kopulationsleistung des Verbum abstractum (*as, esse*) zeige sich darin, »wie in der Konjugation der altindischen Zeitwörter [...] Stammsilbe und Hilfszeitwort sich in die grammatischen Funktionen des Verbum teilen«. Bopp will zeigen, dass es sich im Sanskrit so verhält,

> wie dasselbe in der griechischen Sprache der Fall sei, wie im Lateinischen das System der Verbindung der Wurzel mit einem Hilfszeitwort herrschend geworden [...] dass an allen den Sprachen, die von dem Sanskrit oder mit ihm von einer gemeinschaftlichen Mutter abstammen, keine Verhältnisbestimmung durch eine Flexion ausgedrückt werde, die ihnen nicht mit jener Ursprache gemein ist.[39]

Um dieses Ziel zu erreichen, wird die Konjugation der altindischen und der verwandten Sprachen vergleichend dargestellt:

> Auf Schritt und Tritt wird dabei neues – die Erkenntnis der Präsensstammformen, des Augments als einzig charakteristisches Zeichen des Präteritum,

37 Franz Bopp, *Über das Conjugationssystem der Sanskritsprache in Vergleichung mit jenem der griechischen, lateinischen, persischen und germanischen Sprache*, Frankfurt am Main: Andreä 1816, 5.

38 Lefmann, *Franz Bopp*, Bd. 1, 47.

39 Bopp, *Über das Conjugationssystem*, 8 f.

der Infinitiv- und Gerundialformen als Verbalnominen u. a. – aufgewiesen, ja ›entdeckt‹. Das ganze, die ganze Art sprachlicher Darstellung ist ein Neues.[40]

Mit Bopps Entdeckungen hat die indogermanische Sprachwissenschaft ihr grammatisches Gerüst bekommen: Indogermanistik ist seit dieser Zeit wesentlich Grammatik, und dieses Gerüst wird bald mythologisch aufgefüllt.

4. August Schleicher: Biologie der Sprache

August Schleicher (1821–1868) war Sammler von Volkserzählungen,[41] aber vor allem ein bedeutender Grammatiker und Sprachgeschichtler. Er stammte aus Sonneberg in Thüringen, war in Coburg zum Gymnasium gegangen und hatte 1840 in Leipzig begonnen, Theologie zu studieren, wechselte aber bald nach Tübingen. Spätestens hier kam ihm unter dem Einfluss des späten Hegelianismus seine Theologie abhanden, und er wandte sich der Philologie zu. Der wichtigste Tübinger Philologe war damals Heinrich Ewald, der als einer der Göttinger Sieben seines Amtes enthoben worden war und in Tübingen als Theologieprofessor zum Hauptgegner des dortigen Späthegelianismus wurde. Schleicher blieb zunächst Hegelianer, widmete sich bei Ewald aber vor allem seinen philologischen Interessen und Begabungen und lernte Hebräisch, Sanskrit, Arabisch und Persisch.

40 Lefmann: *Franz Bopp*, Bd. 1, 48.

41 August Schleicher, *Handbuch der litauischen Sprache, Bd. II: Litauisches Lesebuch und Glossar*, Prag: J. G. Calve'sche Verlagsbuchhandlung 1857; ders., *Volkstümliches aus Sonneberg im Meininger Oberlande,* Weimar: Böhlau 1858. Schleicher rekonstruierte sogar einen kurzen Mythos in der von ihm rekonstruierten indogermanischen Sprache (vgl. Mallory, *In Search of the Indo-Europeans*, 17). Siehe zu Schleicher und seiner Sprachwissenschaft Salomon Lefmann, *August Schleicher. Skizze*, Leipzig: B. G. Teubner 1870; Messling, *Gebeugter Geist*, 406–428; Ruth Römer, *Sprachwissenschaft und Rassenideologie in Deutschland*, München: Fink [2]1989; Brigit Beneš, *Wilhelm von Humboldt, Jacob Grimm, August Schleicher. Ein Vergleich ihrer Sprachauffassungen*, Winterthur: Keller 1958; sowie Tuska Benes, *In Babel's Shadow. Language, Philology, and the Nation in Nineteenth-Century Germany*, Detroit, Mich.: Wayne State Univ. Press 2008.

1843 schrieb er sich in Bonn für klassische Philologie ein und promovierte dort 1846.

Von 1848 bis 1850 bekam er ein Stipendium des Prinzen Georg von Sachsen-Meiningen, den er in Bonn kennengelernt hatte und der ihm die Freundschaft angeboten hatte. Er berichtete von Paris, London und Wien aus für die Augsburger Allgemeine Zeitung und die Kölnische Zeitung von der 1848er Revolution, mit der er sympathisierte. Seine liberale Haltung machte ihn der österreichischen Geheimpolizei verdächtig, aber er wurde dennoch 1850 in Prag Außerordentlicher Professor für Klassische Philologie und 1853 Ordentlicher Professor für Vergleichende Sprachforschung. Hier eignete er sich Tschechisch an und beschäftigte sich mit slawistischer Sprachwissenschaft. Der Begriff ›kirchenslawisch‹ geht auf ihn zurück. Zugleich lernte er auf Reisen nach Ostpreußen Litauisch und verfasste dazu neben vielen Einzelstudien das *Handbuch der Litauischen Sprache* (1856/57).

1856 verließ er Prag, weil er von den österreichischen Behörden als politisch unzuverlässig eingestuft und überwacht wurde und ihm diese Existenz unerträglich geworden war. Er zog sich, auch wegen seiner Lungenprobleme, in seine Heimatstadt Sonneberg zurück. Ein Jahr später wurde er Honorarprofessor an der Universität Jena, wo er mit großem Erfolg Indogermanistik lehrte, sich aber als atheistischer Liberaler unter der konservativen Professorenschaft unwohl fühlte. Allein die Freundschaft mit dem jungen Ernst Haeckel, dessen Ideen zur Evolution und zur Lebensenergie er teilte, machte ihm den Aufenthalt in Jena erträglich. In Jena schrieb er 1860 die Monographie und Grammatik *Die deutsche Sprache* und ein Jahr später die zweibändige vergleichende Grammatik der indogermanischen Sprachen *Compendium der vergleichenden Grammatik der indogermanischen Sprachen.* Sein Lungenleiden, das ihn schon in Prag immer wieder gequält hatte, erwies sich als unheilbar. Er ist 1868 im Alter von 47 Jahren an Lungentuberkulose gestorben.

Schleichers eigentliche Leistung ist die energische Rekonstruktion des Indogermanischen. Er stellte definitiv klar, dass auch das Sanskrit vom Indogermanischen abstammt. Zugleich betonte er nachdrücklich, dass Sprachen naturgewachsene Fähigkeiten und die Sprachwissenschaften mithin Naturwissenschaften seien. Er konstruierte einen Stammbaum der indogermanischen Sprachen, der nicht nur als sprachhistorisches Stemma, sondern auch als Ahnentafel der Völker und Rassen gedeutet werden konnte; jedenfalls interpretierte er das Indogermanische 1863 in seiner kleinen Abhandlung *Die Darwinsche Theorie und die Sprachwissenschaft* entschieden rassistisch im Sinne des Kampfes ums Dasein.

Schleicher hat die theoretischen Erwägungen seiner Sprachwissenschaft im ersten Teil von *Die deutsche Sprache* veröffentlicht,[42] einer hervorragend klaren Einführung in die Sprachphilosophie der Sprachgeschichtler. Schleicher beginnt mit sehr grundsätzlichen Erwägungen: Er definiert Sprache als lautes Denken,[43] d. h., sie besteht im Denken und im Lauten. Dabei ist das Lauten von der zur Verfügung stehenden Physiologie abhängig: »Die Function des Lautes besteht also in Bedeutung und Beziehung« (7), d. h. der Laut bedeutet, wenn er denn sprachlich verwendet wird, bereits etwas; in ihm sind Erfahrungen geronnen und er bezieht sich auf andere Laute, die denselben Charakter haben. Die Bedeutung ist an

42 In der Einleitung zu dem umfangreichen, vor allem tabellarischen *Compendium der vergleichenden Grammatik der indogermanischen Sprachen* werden diese Erwägungen kurz zusammengefasst und auf 1, Anm. 1 wird auf sie verwiesen.: »Außfürlichere darlegung des im folgenden behandelten s. in des vfrs ›Die Deutsche Sprache‹ Stuttg. 1860.« Gleich im ersten Satz wird dann programmatisch der Anspruch formuliert: »Die grammatik bildet einen theil der sprachwißenschaft oder glottik. Dise selbst ist ein theil der naturgeschichte des menschen. Ire methode ist im wesentlichen die der naturwißenschaften überhaupt [...] Eine der hauptaufgaben der glottik ist die ermittelung und beschreibung der sprachlichen sippen oder sprachstämme, d. h. der von einer und der selben ursprache ab stammenden sprachen und die anordnung diser sippen nach einem natürlichen systeme.« August Schleicher: *Compendium der vergleichenden Grammatik der indogermanischen Sprachen*, 2 Bde., Weimar: Böhlau ^{4}1876, Bd. 1, 1.

43 Vgl. August Schleicher, *Die deutsche Sprache,* Stuttgart: Cotta 1860, 4.

die Sprachwurzel gebunden. Diese ist der Bedeutungslaut. An sie können sich Beziehungslaute anhängen: Vorsilben und Endungen, die eine Beziehung des Stammes zu anderen Wörtern indizieren. Schleichers Beispiel lautet daher: »i« ist die Wurzel für »gehen«. Das griechische *e-i-mi* wird so rekonstruiert: Es ist »e Zusatz zur Wurzel i, um ihr die dauernde Beziehung des Präsens zu ertheilen, mi aber drückt die Beziehung zur ersten Pers. Sing. aus (urspr. ma, ›ich‹)« (7). Das philosophische Resultat dieser Rekonstruktion lautet:

> Bedeutung und Beziehung zusammen lautlich ausgedrückt geben das Wort; aus Worten besteht die Sprache, demnach beruht das Wesen des Wortes und somit das Wesen der Sprache im lautlichen Ausdrucke von Bedeutung und Beziehung; das Wesen einer jeden einzelnen Sprache wird bestimmt durch die Art und Weise, wie in ihr Bedeutung und Beziehung lautlich ausgedrückt wird. (7 f.)

Schleicher unterscheidet nun verschiedene grammatische Sprachtypen:

1. Die isolierenden Sprachen stellen Wurzeln nebeneinander, um Beziehungen (Funktionen) auszudrücken. (Da die Wurzeln bei diesen Sprachen einsilbig sind, heißen sie auch monosyllabe Sprachen.) Sein Beispiel ist das Chinesische. Die Wurzeln sind Verbalstämme: *seng* bedeutet sowohl »geboren werden« als auch »hervor bringen«; die Verdopplung der Silbe macht sie eindeutig zum kausativen »hervor bringen« (19), weitere Bestimmungen müssen durch Anfügung anderer Wurzeln geschehen.
2. Bei den zusammenfügenden (anfügenden, agglutinierenden) Sprachen sind die Beziehungsausdrücke mit der Wurzel fester verwachsen, wobei die Beziehungsausdrücke dabei von ihrer ursprünglichen Lautfülle verlieren. (Beispiele: Finno-Ugrisch, Baskisch und Turk-Sprachen.) Schleicher wählt ein Beispiel aus dem Ungarischen: Es wird zum Verbalstamm der Zusatz »machen«, oder »lassen« hinzugesetzt: »magyarisch *ír* ›er schreibt‹, aber *ír-at* er läßt schreiben« (20). Der Nachteil der agglutinierenden Sprachen bestehe darin, dass sie Wortungetüme produzierten, die syntaktisch schlecht zu verwalten seien.
3. Flektierende Sprachen sind der Hauptgegenstand seiner Grammatiken. Flektierende Sprachen verändern den Stamm – freilich nach festen Regeln: »So bilden wir im Deutschen z. B. von gothisch *sitan* jetzt *sitzen*

das Causativum gothisch *sat-jan* jetzt *setzen; sit* wird zu *sat* gesteigert, ebenso verhält sich *trinken* zu *tränken* u. a.« (20). Schleicher rühmt die Leistungsfähigkeit dieser dritten Klasse:

> Diese Möglichkeit, die Beziehung an der Wurzel selbst *symbolisch*[44] zu bezeichnen, also nicht durch beigefügte, ursprünglich selbständige Elemente, macht die Eigentümlichkeit der Flexion aus. Erst jetzt, mit der symbolischen Bezeichnung der Beziehung, ist die Aufgabe der Sprachbildung, das Hervorbringen eines treuen lautlichen Abbildes des Denkens, als vollständig gelöst zu betrachten. (20)

Die flektierenden Sprachen behalten zugleich die Möglichkeiten der isolierenden und agglutinierenden Sprachen. Sie sind also in ihrer Variationsfähigkeit am reichsten:

> Während in der ersten Klasse, der isolierenden, die Beziehung noch gar nicht ins lautliche Dasein tritt, fanden wir in der zweiten Classe Bedeutung und Beziehung lautlich vollkommen gesondert und so die strenge Einheit des Wortes gestört; in der dritten Classe ist diese Differenz wieder zur Einheit zusammengegangen, aber nicht zu jener unterschiedslosen Einheit der ersten Classe, sondern zu einer höheren Einheit, welche den Unterschied als überwundenes Moment, als aufgehoben in sich trägt, zur gegliederten Einheit. (21)

Es gibt, wie Schleicher betont, nur zwei flektierende Sprachstämme, das sind »der semitische und der indogermanische, also die Sprachen der Kulturträger in der bisherigen Geschichte der Menschheit.«(21)[45] Allerdings seien die Wurzeln des Semitischen und des Indogermanischen so verschieden, dass man nicht von einem gemeinsamen Ursprung beider ausgehen könne.

Er entwickelt nun ein halbbiologisches Klassifikationssystem: Sprachstämme (Sprachsippen) sind die umfassendsten Klassen, die in Sprachfami-

44 ›Symbol‹ heißt wohl: nicht durch eine agglutinierte Wurzel oder Restbestände davon erzeugt, sondern durch Veränderung der Wurzel. ›Symbol‹ verweist auf nichts anderes als die Wurzel-Veränderung. (Hier wird im Übrigen der Unterschied, den Schlegel zwischen agglutinierenden und flektierenden Sprachen macht, wieder aufgenommen.)

45 Hier korrigiert Schleicher Fr. Schlegels Klassifikation des Hebräischen (s. oben Anm. 13, 124). Das Chinesische als Kultursprache berücksichtigt er hierbei nicht.

lien, Dialekte, Mundarten etc. zerfallen. Diese Klassifizierung wird dann später für den Darwinismus-Zusammenhang bedeutsam.

Sprachursprünge und Sprachenbildung

Selbst wenn sich die Sprachwissenschaft – mindestens offiziell – Spekulationen über den Sprachursprung versagt, lassen sie sich doch nicht vermeiden. Die Frage nach der Geschichtlichkeit bzw. der Genealogie der Sprache provoziert unausweichlich auch die Sprachursprungsfrage. Die Geschichtlichkeit, d. h. die biologische Gewordenheit der Sprache, bedingt die Entwicklung der Sprache. Ein Anfang ist nicht konstruierbar. »Die Entwicklung, die Ausbildung der sprachlichen Lautform geschah in den Perioden, die vor aller Geschichte liegen«, so Schleicher (35). Er vertritt vehement die Vorstellung, es gebe vielfache Sprachursprünge. Sein Argument ist, dass alle Menschen, so isoliert sie auch leben, Sprache haben, und dass deshalb keine Ursprache im Sinne einer gemeinsamen Semantik (mit einheitlichen Wurzeln) denkbar sei.

Aber formal vollzieht sich mit der Sprache doch ein einheitlicher Prozess:

> Wo Menschen sich entwickelten, da entstund die Sprache; zunächst wohl nur lautliche Reflexe der von der Außenwelt erhaltenen Eindrücke, d. h. die Abspiegelung der Außenwelt im Denken, denn Denken und Sprache sind eben so identisch wie Inhalt und Form. (39 f.)

Dieses Denken bedingt zugleich die Lautung – die Lautung des Denkens ist je verschieden nach der Kommunikation der Sprache in Gemeinschaften. Es

> ist also höchst wahrscheinlich daß, wie später bei ganzen Völkern die Veränderungen der Sprache wesentlich gleichmäßig vor sich gingen, so auch in der Urzeit die Bildung der einfachsten Bedeutungslaute in einer Anzahl nah zueinander stehenden Individuen wesentlich gleichmäßig stattgefunden habe. (40)

Die Form, in der diese Sprache denkbar ist, ist die einfachste, die isolierende Sprachform, in der allein Wurzeln kommuniziert wurden. Für Schleicher ist diese Form wie eine lebendige Zelle, aus der sich das gesamte organische Leben entwickelt – die Sprache gehört zu den lebendigen Organismen.

Wie lange diese ›vorhistorische‹ Zeit dauerte, in der sich die Sprache entwickelte, weiß Schleicher nicht zu sagen; und er geht vom Aktualismus aus: »Plötzliche sprachliche Veränderungen vorauszusetzen widerspräche allem, was wir vom Leben der Sprache und dem der Organismen überhaupt wissen« (41).[46] Für die flektierenden Sprachen, also Indogermanisch und Semitisch, nimmt er – mehr oder weniger willkürlich, aber höchst vorsichtig – an, dass sie vor 4.000 Jahren den Höhepunkt ihrer Formenbildung erreicht, sich danach aber abgeschliffen hätten, aber sie seien »trotz vielfacher Veränderung in Laut und Form doch bis zur Stunde keineswegs in eine niedrigere morphologische Classe zurückgesunken«, sondern hätten »vielmehr ihren eigenthümlichen Typus diese vier Jahrtausende hindurch treu bewahrt« (41).

Er setzt, ohne auch das näher begründen zu können, einen viermal so langen Zeitraum von den ältesten Wurzelformen der Sprache bis zur Entwicklung der flektierenden Ursprachen Semitisch und Indogermanisch an und begründet diese 20.000 Jahre Sprache mit analogen Zeitvorstellungen in der Naturwissenschaft:

> So würden wir also eine Zeit von zwanzigtausend Jahren für erforderlich halten für die Entwickelung des sprachlichen Lebens von seinen ersten Anfängen bis zur Gegenwart. Bekanntlich haben die neuesten Forschungen im Gebiete der Entwickelungsgeschichte unseres Planeten zur Annahme so großer Zeiträume für Lebensperioden desselben geführt, daß der von uns, allerdings auf vielfach unsicherer Grundlage versuchte Anschlag der bisherigen Lebensdauer der Sprache wenigstens durch die Anzahl der in Anspruch genommenen Jahrtausende keinen Anstoß geben kann. (42)[47]

Die Sprachentwicklung stellt sich Schleicher – durchaus plausibel – so vor: Die älteste Fassung der Sprache sei die isolierende, dann folge die agglutinierende, am Ende stehe die flektierende Sprache. Die Sprachwissenschaft könne diese Entwicklung durch die Etymologie nachweisen.

46 Zum Aktualismus s. oben das Kapitel I.1. »James Hutton: *Erdgeschichte als zeitsprengender Prozess der Stratifikation*«, 28–32.

47 Schleichers Zeitvorstellungen sind nach moderneren Erkenntnissen deutlich zu kurz.

Unter den Sprachen setzten sich die leistungsfähigeren durch und nähmen immer mehr Gebiet für sich in Anspruch. Schleicher weiß das, auch ohne Darwin schon gelesen zu haben: »Im Laufe der Jahrtausende starben nun viele, vielleicht die meisten dieser Ursprachen aus, wodurch andere ihr Gebiet immer mehr ausdehnten« (44).

Entscheidend ist für ihn die Sprache als Lautung. Dies bleibt ein unerklärliches Wunder:

> Warum überhaupt der Mensch gerade den Laut zum Materiale genommen, in der er seine Anschauungen und Begriffe abgebildet, nicht etwa die Gebärde, auch dieses mag eher von der Philosophie als von der Sprachwissenschaft discutirt werden; wir müssen uns ebenfalls mit der Wahrnehmung der Sache und mit dem unentwickelten Gefühle genügen lassen, daß alles dieß nach absoluter Nothwendigkeit vor sich gehen mußte und gar nicht anders sein konnte. (44)

Schon Herder habe die kommunikative Zweckmäßigkeit der Lautung aus mittlerer Entfernung herausgehoben. Diese Pragmatik müsse mit den unbegrenzten Bezeichnungsmöglichkeiten der sprachlichen Lautung zusammengesehen werden. Zwar ist die Frage danach, wie die ersten Eindrücke in die Urlaute der Ursprache transformiert worden sind, für Schleicher nicht weiter erklärlich, aber die Ursprache – mindestens die der indogermanischen und auch der semitischen Sprach-Familien – lasse sich rekonstruieren. Aus den Wortformen der höher organisierten Sprachen könnten nämlich »die ältesten Theile, die Kerne, an die alles übrige später anschloß«, d. h. die reinen Bedeutungslaute oder »Wurzeln«, herausgelöst werden. Der Satz ›Der Mensch steht‹ wird auf die reinen Wortbedeutungen, die nach Form und Funktion noch unpräzisiert sind, reduziert: also ›Mensch‹, ›stehen‹ – d. h. indogermanisch *ma sta.* Das ist dann die indogermanische Ursprache. Diese Fassung soll – so die nicht weiter begründete und vermutlich auch nicht zu begründende Hypothese – der frühesten und einfachsten Entwicklungsstufe der monosyllaben Sprachen entsprechen. Aus diesen einfachen Formen, die in den monosyllaben Sprachen erhalten geblieben sind, hätten sich dann allmählich die agglutinierenden und die flektierenden Sprachen entwickelt.

Diese flektierenden Sprachen schleifen sich – wird weiter gemutmaßt – ab, wenn sie »geschichtlich« von immer mehr Leuten gesprochen werden, zunächst und unmittelbar geschehe das »als Folge des Strebens, unseren Sprachorganen die Sache leicht zu machen« (49).[48] Wenn die Kommunikation unter zahlreichen Teilnehmern erst einmal stabilisiert ist, dann werden keine neuen Formen mehr gebildet, sondern die alten werden eingeschmolzen. Dies gelte für Verb- und Kasusendungen: »das Gefühl für die Function der einzelnen Elemente« gehe allmählich verloren. Sprache werde pragmatisch und sei nicht länger bewusste, feierliche, vielleicht kultische und dichterische Handlung. Das Sprachgefühl stabilisiere die Fülle der Formen, aber die »Lautgesetze, Analogie, Vereinfachung der sprachlichen Formen« (65) zeugten vom Verlust des Sprachgefühls, wahrscheinlich auch von gesteigerter Sprachpragmatik:[49] »Die Function der Beziehungslaute im Gegensatze zu der des Bedeutungslautes wird nicht mehr empfunden, sie erlischt mehr und mehr, die Worte werden nur als solche im Ganzen gefühlt« (66). In den formal hochentwickelten Sprachen hätten die Wörter einen Großteil der Beziehungen (und Funktionen) darzustellen vermocht, aber diese Aufgabe müsse in den weiterentwickelten Flexionssprachen, die ihre Formen abschleifen, die Syntax übernehmen. Das lateinische *amo* werde z. B. im Französischen zu *j'aime* auseinandergezogen, Präpositionen übernähmen die Funktion der Beziehungsformen.

Für Schleicher steht außer Frage, »daß die höher organisierten Sprachen schließlich sich den einfacher gebauten wieder nähern« (70), aber sie reduzierten sich nicht auf den Stand der monosyllaben Sprachen zurück: »gerade die Wurzelveränderung haftet auch bei der stärksten Abschleifung der Endungen, und völlig schwinden sehen wir sie nirgends« (71). Die Flexionsstrukturen blieben auch in den Vereinfachungen stabil, weshalb Schleicher auch von keinem Hinweis darauf weiß, dass das Chinesische seine Struktur geändert habe.

48 Vermutlich ist das auch eine Frage der Kommunikationshäufigkeit.

49 Der Begriff der Sprachpragmatik steht Schleicher nicht zur Verfügung. Bei den Quellen, den ältesten bekannten schriftlich überlieferten Zeugnissen des Sanskrits, handelt es sich um Ritualtexte, die von ihrer Natur her sehr artifiziell gestaltet sind. Kann man sich vorstellen, dass das Sanskrit mit seinen komplizierten Formeln sozusagen »umgangssprachlich« benutzt wurde? Welche Umgangssprache muss man sich vorstellen?

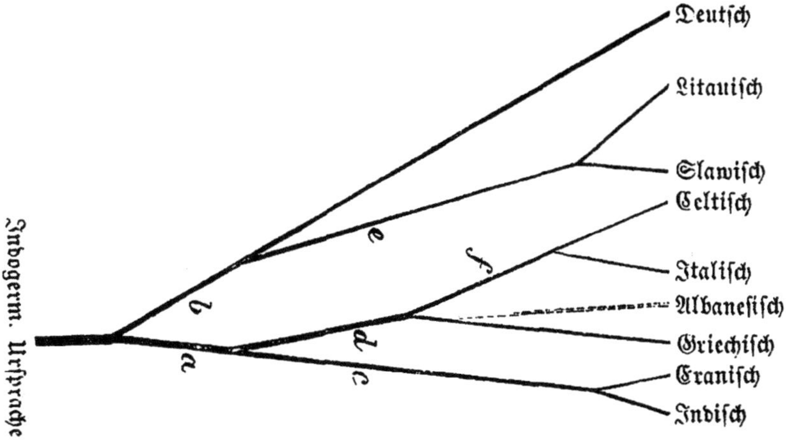

Abb. 2: *Stemma der indogermanischen Sprachen von August Schleicher (1860)*

Nationen und Kultur der Indogermanen

Schleicher fasst die Sprachen, die sich angeblich aus der indogermanischen Ursprache entwickelt haben sollen, in einem vereinfachten Schema zusammen, das dem Stemma von editionswissenschaftlicher Handschriftenphilologie entspricht (s. Abb. 2). Die älteste Fassung ist diejenige, von der sich alle späteren ableiten – sofern sich die Familienähnlichkeit belegen lässt. Bei der Stemmatik der Editionen sind das Überlieferungsbesonderheiten, z. B. sich wiederholende Abschreibfehler,[50] in der Sprache Gesetzmäßigkeiten der Lautentwicklungen in Stämmen, Endungen und Präfixen.

Sprache bilde ein wesentliches Moment der »Nationalität«, weil sie die einzelnen Völker innerlich binde. Es stellt sich beim Begriff der Nation natürlich die Frage nach dem Land der »Indogermanen«: Die »indischen« »Arier« (›Arier‹ sei ihre Selbstbezeichnung) sollen angeblich von Nordwe-

50 Vgl. Sebastiano Timpanaro, *Die Entstehung der Lachmannschen Methode*, (hg. v. Dieter Irmer), Hamburg: Buske ^{2}1971, bes. 73–78.

sten nach Indien eingewandert sein, die »Iraner« (Eraner, Perser), die sich ebenfalls »Arier« nannten, dagegen von Osten nach Persien:

> Je östlicher ein indogermanisches volk wont, desto mer altes hat seine sprache erhalten, je westlicher, desto weniger altes und desto mer neubildungen enthält sie. Hierauß, wie auß anderen andeutungen folgt, daß die Slawodeutschen zuerst ire wanderung nach westen an traten, dann folgten die Graecoitalokelten, von den zurück bleibenden Ariern zogen die Inder südwärts, die Eraner breiteten sich in richtung südwest auß. Die heimat des indogermanischen urvolkes ist somit in Centralhochasien zu suchen.[51]

Zuerst habe sich von dort das Volk getrennt, aus dem durch spätere Teilungen »Slawen, Litauer, Deutsche« hervorgingen, danach das »Urvolk« der Griechen, Albaner, Italer und Kelten.

Auf eine gemeinsame Kultur der Indogermanen könne man schließen, weil es Wörter gebe, die in allen diesen Sprachen vorkommen und auf einen gemeinsamen Stamm zurückgeführt werden können: Familienterminologie, ökonomische Kategorien (Sesshaftigkeit, Getreide), außerdem Wörter für Rind, Ross, Schaf und Hund. Schleicher erkennt auch »Anfänge staatlicher Entwicklung«. (85) Gezählt wird mit Dekaden, aber nicht über 999. Für 1.000 gibt es keine gemeinsame indogermanische Benennung. Es gibt aber ein gemeinsames Wort für Gott und für den höchsten Gott:

> Die Gottheit verehrte dieses Volk wohl im leuchtenden Himmel, da das gemeinsame Wort für Gott (Sanskrit *dêvas,* lateinisch *deus*, *divus* litauisch *dëvas,* deutsch im Nordischen *tîvar* Plur. vorliegend; die Form, die dieses Wort in der indogermanischen Ursprache hatte, war *daivas*) der Himmlische oder Leuchtende bedeutet, ebenso wie der ebenfalls gemeinsame Name des höchsten Gottes (sanskrit *djaus*, Gen. *divas*, griechisch *Zeus*, Gen. *Dios,* lateinisch in *Ju-piter, Jovis.* Deutsch [sc. nordisch] *Tyr,* Gen. *Tys,* urdeutsch wohl *Tius*, Gen. *Tivis*) ursprünglich Himmel und zwar leuchtender Himmel (von der Wurzel *div* leuchten) bedeutet. (86)

Eine ausgearbeitete Mythologie habe sich, meint Schleicher, erst später mit den vedischen Hymnen entwickelt. Er vertritt die These, dass die

51 Schleicher, *Compendium der vergleichenden Grammatik*, 7.

Gemeinsamkeit der Mythologie aufgrund ursprünglich gemeinsamer Naturanschauungen entstanden sei (86).

Er schreibt seine Abhandlung *Die deutsche Sprache* auch als liberaler deutscher Patriot, und so ist es wenig verwunderlich, dass er den deskriptiven historischen Teil mit dem Lob des Gotischen abschließt:

> Das Gotische ist von allen deutschen Sprachen die alterthümlichste, die der deutschen Grundsprache am nächsten stehende. Mittels derselben können wir die Grundsprache am leichtesten erschließen, ja man bedient sich nicht selten des Gotischen in der Weise, als wäre es selbst jene Grundsprache. Die hohe lautliche und formliche Schönheit, die das Deutsche auszeichnet und die, was das wunderbar lebendig erhaltene, ja weiter als in der Ursprache entwickelte Vokalsystem betrifft, von keiner andern indogermanischen Sprache erreicht wird, hat das Gotische am treuesten und reinsten erhalten, obschon kein deutscher Sprachzweig dieser Vorzüge völlig enträth. (90 f.)

5. Vergleichende Mythologie

Karl Joseph Windischmann als Bopps Mythologe

Der junge Franz Bopp, Katholik wie Schlegel, war in seinen wissenschaftlichen Anfängen von diesem tief beeindruckt und hatte an Mythologie ursprünglich so viel Interesse wie sein Lehrer Karl Joseph Windischmann. Aber er konzentrierte sich im Lauf der Zeit immer mehr auf die Grammatik. Freilich hatte auch dieser Schwerpunkt ideologische und nationalherkunftsgeschichtliche Konnotationen. Diese finden sich zwar nicht bei Bopp selbst, sondern bei Windischmann, der die Einführung zu Bopps *Conjugationsprinzip* schrieb. Windischmann lobt in seiner Vorrede, dass Bopp das Gotische in seiner Grammatik als germanische Ursprache behandelt habe. Die Sprache Wulfilas, des Bibelübersetzers ins Gotische, »halte so zu sagen die Mitte zwischen dem Sanskrit und dem Deutschen« und er konjiziert daraus eine sprach- und stammestypische ständische politische Ordnung. Es werde mit dieser Grammatik »somit die Geschichte des indischen und des germanischen Volkes und die Besonderheit der Grundverfassung von beiden – der *strengen Sonderung* des Lehr- Wehr-

Nähr- und Dienststandes *oder ihres freien Kreißlaufs* – selbst beleuchtet«.[52] Windischmann würdigt Bopp nicht allein als Grammatiker, sondern auch als Übersetzer. Er stellt dabei fest, dass vor allem die Veden mit der Offenbarungserzählung des biblischen Monotheismus konkurrieren: »Die schriftliche Abfassung dieser [sc. Veden], freilich weit früher begonnenen Ueberlieferungen soll 2.000 Jahre vor Christi Geburt, also in die Zeit Abrahams fallen – ein merkwürdiger Moment!«[53]

Zwar ist von dieser Emphase in Bopps gedruckten Texten nichts zu spüren. In den Briefen an Windischmann kommt Bopp aber auf die Veden als geheimnisvolle Urtexte zu sprechen, die ihn ebenso wie die Mythologie faszinierten;[54] und er ist auch an der vergleichenden Mythologie interessiert. Er möchte sich, schreibt er an Windischmann, mit der

> Mythologie der altdeutschen Völkerstämme vertraut machen. Da sie mit den Indiern eine Sprache redeten, so kann ihre Mythologie doch unmöglich ganz verschieden von der Indischen sein. Es läßt sich vielleicht durch die Vergleichung beider auffinden, auf welchem Punkte die indische Religion kurz vor der Absonderung der deutschen Stämme gestanden.[55]

Der besondere Reiz des Sanskrit lag nun nicht nur in der generativen Grammatik, die die Sprache und Schrift der »Indier« – nach der Konjektur Windischmanns – über Abrahams Zeiten hinaus zurückdatierte, sondern auch in der sprachlichen und vor allem mythisch-theologischen Perfektion, in der sie überliefert worden waren. Die sprachliche Perfektion und die mythische Stimmigkeit hatten sie mit Homer gemeinsam. Um diese Übereinstimmung von Sprachperfektion und Mythologie bei Homer zu erklären, hatte Friedrich August Wolf die Einheit des homerischen Werks in eine Folge von Erzählungen aufgelöst, die im Laufe der mündlichen Überlieferung durch Bardengesänge immer weiter perfektioniert worden war. In der indischen Mythologie und vor allem in den Veden wurde eine uralte

52 Bopp: *Über das Conjugationssystem*, XI.

53 Ebd., XXXXI.

54 Siehe das Zitat oben, Anm. 28, 133.

55 Bopp an Windischmann am 24. Aug. 1815, vgl. Lefmann: *Franz Bopp*, Bd. 2, 28*.

Literatur in philosophischer Begrifflichkeit und sprachlicher Perfektion bekannt, die auf keine Tradition zurückgeführt werden konnte.[56]

Auch wenn für Bopp diese Fragen immer weniger im Brennpunkt seines Interesses standen, so veröffentlichte er doch 1816 im *Conjugationssystem* zentrale »philosophische« Teile aus vedischen Texten als Spezimina sowohl seiner Übersetzungskunst als auch der Dignität seiner Quellen: einen Hymnus aus dem Rigveda, »gesprochen von Batsch, Tochter von Ambhrĭna, sich selbst preisend als die höchste allgemeine Welt-Seele« (290–292), eine Lehrerzählung aus dem Samaveda mit dem Titel »Was ist unsere Seele und wer ist Brahma« (293) und eine Abhandlung aus dem Samyveda über die Genealogie der Welt, ihre Herkunft aus einem Ei, die Entstehung von Wasser, Feuer, Luft und Erde, sowie des geschlechtlichen Lebens. Diese Genealogie stellt durchaus eine Variante des biblischen Buchs Genesis dar.

Später (1829) hat Bopp auch die Sündflutgeschichte aus dem Mahâbhârata übersetzt. Er führt seine Übersetzung folgendermaßen ein: »Die Geschichte von einer allgemeinen Erdüberschwemmung, wie sie in der Mahâ-Bhârata und anderen indischen Schriften erzählt wird, bietet eine unverkennbare und höchst merkwürdige Übereinstimmung mit der mosaischen Überlieferung von der Sündflut dar«.[57]

56 Sie dürften, da es sich um Priestertraditionen handelt, ebenso wie die Epen Homers, in dieser Tradition sprachlich perfektioniert worden sein.

57 Franz Bopp, *Die Sündflut nebst drei anderen der wichtigsten Episoden des Mahâ-Bhârata*, Berlin: Königliche Akademie der Wissenschaften 1829. Bopp fasst sie so zusammen: »Einem frommen Könige, genannt Manus, erschien der Herr der Geschöpfe (prâschâpatis) Brahmâ, das höchste Wesen, verkündete ihm die bevorstehende alles vertilgende Überschwemmung, befahl ihm ein Schiff zu bauen und es in der Zeit der Gefahr zu besteigen, und die Samen aller Art, wie sie immer genannt würden, wohl von einander abgesondert mitzunehmen. Manus gehorchte dem Befehlen der Gottheit, brachte alle Samen in ein Schiff, welches er dann selbst bestieg. Das Schiff aber, von der Gottheit geleitet, schwamm viele Jahre auf dem Meere, bis es endlich auf des Berges Himawân höchstem Gipfel sich niederließ, wo es auf Befehl der Gottheit festgebunden wurde. Dieser Gipfel wird darum heute noch Nau-Bandhanan genannt, und von Manus stammt das erhaltene Menschengeschlecht ab.« Vorrede, IV f. Bei den beiden anderen Episoden handelt es sich um die kleine Märchendichtung *Sâwitrî und Draupadî* und um *Ardschunas*

Aber er hat diese Stücke nie als ursprünglich offenbarte, arkane Weisheiten ausgegeben; vielmehr verwandte er sie entweder als Muster für Übersetzungsübungen wie *Indralokâgamanam. Ardschunas Reise zu Indras Himmel* (1824) oder er stellte sie allein als Beispiele aus der indischen Literatur vor. Vor weiteren Konjekturen hütete er sich und konzentrierte sich in Berlin als Universitätsprofessor und Akademiemitglied auf die indogermanische und vergleichende Grammatik. 1833–1852 erschien sein Hauptwerk in sechs Teilen: *Vergleichende Grammatik des Sanskrit, Zend, Griechischen, Lateinischen, Litauischen, Gotischen und Deutschen.*

Linguistische Paläontologie und vergleichende Mythologie: Adalbert Kuhn

Auch wenn sich Bopp aus der Diskussion um die indogermanische Mythologie zurückzog, seit Schlegels *Sprache und Weisheit der Indier* war das Thema Mythologie auch für die Linguistik virulent; und es hatte eine kaum überschätzbare Wirkung, zumal in der vergleichenden Sprachwissenschaft. Die *Zeitschrift für vergleichende Sprachforschung*, 1852 von Adalbert Kuhn gegründet, existiert unter dem Namen *Historische Sprachforschung* noch heute.

Die vergleichende Mythologie der Indogermanisten[58] geht, ebenso wie die genealogische Grammatik, von der naturgeschichtlichen Kontinuität der Sprache aus. Diese Kontinuitätsthese entspricht in den Voraussetzungen dem Aktualismus der Geologie: dieselben Sprachgesetze gelten von den Indogermanen/Ariern bis heute. Die Sprache wird als natürlich gedeutet. Die Mythologie wird folglich nicht theologisch als Uroffenbarung, sondern als natürliche Kulturentwicklung verstanden. Die Mythen müssen

Rückkehr. Die letzte Episode schließt an den Text *Ardschunas Reise zu Indras Himmel* von 1824 an.

58 Siehe: Léon Poliakov, *The Aryan Myth. A History of Racist and Nationalist Ideas in Europe*, übers. v. E. Howard, New York: Basic Books 1974 (urspr. frz. 1971); und Richard Noll, *The Jung Cult. Origins of a Charismatic Movement*, Princeton, NJ: Univ. Press 1994, insb. Kap. 5 »Völkisch Utopianism and Sun Worship«, 75–108.

sich folglich auf natürliche Phänomene beziehen – und hier sind die Naturzeiten und deren astronomische Implikationen sowie Wetterphänomene der ursprüngliche Bezugsbereich der Mythologie. Für die vergleichenden Mythologen erschließt sich von hier aus ein symbolisches Arsenal, das geradezu unerschöpflich ist.[59] Begonnen hat diese Erforschung mit einem Schulprogramm am Köllnischen Gymnasium in Berlin, das der damalige Referendar Adalbert Kuhn veröffentlichte; und die vergleichende Mythologie wurde dann ein internationales Forschungskonzept, das seine Höhepunkte in den höchst einflussreichen Vorlesungen zur Wissenschaft der Sprache von Friedrich Max Müller und in der 50bändigen Ausgabe der asiatischen Weisheit erreichte, die Müller mit Geldern der Britischen Ostindischen Company organisierte.

Linguistische Paläontologie

Im Jahre 1845 veröffentliche der Lehrer am Köllnischen Realgymnasium zu Berlin, Adalbert Kuhn,[60] ein Schulprogramm mit dem Titel *Zur ältesten Geschichte der indogermanischen Völker*.[61] Dieses Programm wurde die Geburtsurkunde der linguistischen Paläontologie. Kuhns Hauptthese ist vergleichsweise einfach: Die älteste Aufklärung über den Ursprung der Völker bietet die Sprache.

> Eine von festen Grundsätzen ausgehende Beobachtung der verschiedenen Erscheinungen derselben hat nämlich gelehrt, dass die Deutschen, Celten, Römer, Griechen, Slawen, Inder, das Volk der Zend-Avesta, sowie verschiedene mit die-

59 Ein Ergebnis dieser vergleichenden Mythenforschung ist das *Handwörterbuch des deutschen Aberglaubens* (hg. v. Eduard Hoffmann-Krayer und Hanns Bächtold-Stäubli), 10 Bde., Berlin: De Gruyter 1927–1942 u. ö.

60 Franz Felix Adalbert Kuhn (1812 in Königsberg/Neumark–1881 in Berlin) ist ein Musterprodukt der Berliner Philologie im 19. Jahrhundert. Er war von 1827 bis 1833 Schüler am Joachimsthaler Gymnasium in Berlin, studierte in den Jahren 1833 bis1837 Philologie in Berlin (auch bei Bopp), begann nach seinem Studium als Proband am Köllnischen Gymnasium in Berlin, wurde 1841 ebd. zum Lehrer und 1870 zum Direktor ernannt. Er behielt dieses Amt bis zu seinem Tode. Von 1872 an war er zudem Mitglied der Königlichen Akademie der Wissenschaften.

61 Adalbert Kuhn, *Zur ältesten Geschichte der indogermanischen Völker*, Berlin: Nauck 1845, 1–18.

> sen einzelnen in näherer oder entfernterer Beziehung stehenden Völker durch eine gemeinsame Abkunft zusammengehören, dass in den Sprachen der genannten die Züge einer gemeinsamen Mutter aufs deutlichste erkennbar seien, und andere Umstände haben es wahrscheinlich gemacht, dass das Stammland derselben in Asien zu suchen sei. Wem daher die Geschichte des menschlichen Entwicklungsganges überhaupt von einigem Interesse ist, dem wird sicher die Frage von Bedeutung sein, ob es nicht mittelst eben derselben Sprachvergleichung möglich sei, von jenem Resultate der Verwandtschaft aller dieser Völker zu einem weiteren zu gelangen, nämlich zur Feststellung der Grundzüge, welche den Zustand jenes Urvolkes zur Zeit, da es noch vereinigt war, gebildet haben. (1 f.)

Dieser Zweck soll durch Sprachvergleiche der »deutschen, lateinischen, griechischen und indischen«, auch keltischen und slawischen Schlüsselwörter erreicht werden. Er untersucht also folgende:

- Familien-Schlüsselwörter: Vater, Mutter, Sohn, Tochter, Bruder, Schwester, Schwiegervater, Schwiegermutter, Schwiegersohn, Schwiegertochter, Schwager, Schwägerin, Oheim; dazu allgemein: Mann, Frau, Mädchen, Jüngling.
- Politische Schlüsselbegriffe: Volk (= viele), Herrscher, Herr, König, Recht und richtig sowie verwandte Begriffe, Gebieter, Macht/Kraft, Feind, Sklave, hostis – Gast/Feind.
- Haustiere: Vieh, Stier, Ochse, Kuh, Pferd, Schaf, Schwein, Ziege, Hund – Katzen scheinen noch nicht gezähmt zu sein –, Maus, Biene, Wespe, Fliege, Gans, Ente, Huhn und Hahn (beides erst spät), Taube.
- Ökonomie: Werk (Arbeit), Getreide, Spelzen und Weizen. Mühle, Haus, Hof, Wohnung, Dorf, Stadt.

Kuhn folgert: »Diese letzten Zusammenstellungen mögen genügen, um den Beweis dafür zu liefern, dass die Ahnen der indogermanischen Völker bereits ein sesshaftes Volk waren« (18). Er will die Untersuchungen fortsetzen:

> namentlich ist es noch das religiöse Gebiet, welches reiche Ausbeute verspricht und zugleich die nothwendige Ergänzung des entworfenen Gemäldes und das geistige Element gewährt. Wenn wir schon in diesen Blättern Gelegenheit hatten, mehrfache Aufschlüsse durch die Sprache der Veden zu erlangen, so

wird dies noch in viel höherem Grade bei der Betrachtung der Mythen und Religion dieser Schriften in Bezug auf die übrigen Stämme der Fall sein. (18)

Dieses Programm wurde ausgeführt in seiner bald berühmten und überaus erfolgreichen *Zeitschrift für vergleichende Sprachforschung*, die die positivistisch-grammatische Philologie aller indogermanischen Sprachen behandelte, welche ihrerseits die Grundlage der Etymologien der vergleichenden Mythologie bildete. Zugleich sammelte Adalbert Kuhn nach dem Vorbild Jacob Grimms regionale Sagen (z. B. *Märkische Sagen* oder *Westfälische Sagen*), die ihm zum Material für seine vergleichende Mythenforschung dienten.

Vergleichende Mythenforschung

Kuhns monographisches Hauptwerk erschien 1859: *Die Herabkunft des Feuers und des Göttertranks.*[62] Auf den ersten Blick scheint dieses Buch eine kaum geordnete Anhäufung von Assoziationen zu sein, ein Geflecht loser Sinnfäden, die so oder auch anders verbunden werden könnten. Materialien sind die Sanskrit-Literatur, Jacob Grimms *Deutsche Mythologie*, Kuhns eigene Sagen- und Märchensammlungen und andere, vor allem volkskundliche Quellen.

Wenn man die vielfältigen Assoziationen und Motive, die hier dargestellt sind, mit dem eisernen Kamm durchfährt, dann finden sich folgende Hauptsinnstrukturen: Das Feuer kommt vom Himmel (Sonne und Blitz), der Göttertrank ist der belebende Regen, der die Pflanzen, zumal die Bäume, immer erneut grünen macht. Die Meteorologie für diesen Zusammenhang ist das Gewitter mit Blitz und Regen; die Pflanze, die das himmlische Licht/Feuer sowie den Göttertrank zur Erde vermittelt, ist die Esche, die eine besondere Bedeutung als Blitzabwehr und Wünschelrute hat, die in menschlicher Gestalt Alraune ist und als Fruchtbarkeitssymbol eine Springwurzel. Für den Feuerraub und den Raub des Göttertranks, der

62 Ich benutze die 2., vermehrte Auflage. Adalbert Kuhn, *Mythologische Studien*, 2 Bde., Bd. 1: *Die Herabkunft des Feuers und des Göttertranks*, (hg. v. Ernst Kuhn), Gütersloh: Bertelsmann 1886. Diese Ausgabe hat ein ausführliches Inhaltsverzeichnis, an dem man sich orientieren kann.

ewiges Leben gewährt wie der Regen in der Natur, steht die Figur des Prometheus. Dieser ist zugleich Menschenbildner, weil er über Feuer/Wärme und Lebenswasser verfügt, um die Materie zu beleben. Jedes Motiv wird in vielen Variationen wiedererkannt, durch historische und volkskundliche Sagen und Gebräuche belegt und, wo immer möglich, etymologisch durch Namengleichheit begründet.

Kuhns wichtigste Motive sind Feuer/Licht und Sonne. Hier spielt die Metapher des Rades eine Schlüsselrolle. Das Rad dreht sich um die Nabe. Eine ähnliche Drehbewegung vollzieht sich auch beim Erzeugen von Feuer mit dem ›Feuerzeug‹. Dieser Prozess der Herstellung des Feuers mit einem Stab, der sich in einem anderen Holz dreht, wird zugleich als Zeugungsakt verstanden, durch den Leben entsteht. In diese Metapherngruppe gehören auch der Sonnenwagen, der von glänzenden (buttrigen) Pferden gezogen wird, sowie die Sitte der Feuerräder zum Frühlingsanfang (Ostern) und zur Sonnenwende. Der Specht, der an der Weltesche pickt, und der Storch, der Feuer (und die Kinder) bringt und der vor Feuer schützt: all diese Gebräuche lassen sich bei den indogermanischen Völkern miteinander verknüpfen. Und das tut Adalbert Kuhn mit einer Fülle von Belegen. Am Ende kommt so etwas wie eine durch Kulte, »Aberglauben« und Erzählungen belebte Natur zustande, die eine alles belebende und allgötternde Naturreligion in Erzählungen und Kulten dokumentiert.[63]

Diese Naturmythologie ist bald als volkskundlicher Spinozismus im Sinne der Phrase *Deus sive natura* und als elementare Religion gedeutet worden.

63 Im Prinzip handelt es ich um ein ähnliches Ergebnis wie bei Jacob Grimms *Deutscher Mythologie*, aber die Materialbasis ist ungemein erweitert, weil sie sich auf alle indogermanischen Sprachen bezieht.

Sprachwissenschaft als Philosophie: Friedrich Max Müllers[64] *Vorlesungen über die Wissenschaft der Sprache*[65]

Friedrich Max Müller, 1823 in Dessau geboren, war der Sohn des Dichters Wilhelm Müller (*Die schöne Müllerin* und *Die Winterreise*, vertont von Franz Schubert), besuchte die Nikolaischule in Leipzig und begann an der dortigen Universität zunächst ein Studium in Philologie und Philosophie. 1844/45 lernte er gemeinsam mit Paul de Lagarde Persisch bei Friedrich Rückert in Berlin. Mit Theodor Fontane verband ihn eine lebenslange Freundschaft. 1845 kam er nach Paris und 1846 nach England, wo er Karriere machte. Er veröffentlichte im Auftrag der englischen Ostindienkompanie den *Rigveda* mit einem ausführlichen Kommentar des *Sāyana*.[66] Seit 1868 war er erster Inhaber des Lehrstuhls für Comparative Philology in Oxford. 1875 legte er seine Professur nieder, um im Auftrag der Ostindienkompanie die Sammlung der *Sacred Books of the East* zu betreuen, eine Aufgabe, die er bis zu seinem Tode 1900 fortführte. Bei seinem Tode waren 41 Bände erschienen. Insgesamt wurden es 50 Bände mit englischen Übersetzungen asiatischer religiöser Literatur.

Sprachwurzeln und Metaphysikkritik

Anders als Kuhn, der sich vor allem für einen Grammatiker und Sammler hielt, hat Müller in seinen *Vorlesungen über die Wissenschaft der Sprache* (zuerst 1861/64) einen durchaus umfassenden philosophischen Anspruch. Er sieht sich als Empirist in der Nachfolge von John Locke, den er häufig anführt. Seine Vorlesungen behandeln im ersten Teil ausführlich die Theorie des Spracherwerbs und die Geschichte der Sprachwissenschaften,

64 Siehe Nirad C. Chaudhuri, *Scholar Extraordinary. The Life of Professor the Rt. Hon. Friedrich Max Müller*, London: Chatto & Windus 1974. Siehe Johannes H. Voigt, *Max Mueller. The Man and His Ideas*, Calcutta: K. L. Mukhopadhyay 1967.

65 Max Müller, *Vorlesungen über die Wissenschaft der Sprache*, 2 Bde. (hg. v. Carl Böttger), Leipzig: Klinkhardt ²1870. Die Vorlesungen sind 1861 (Bd. 1) und 1863 (Bd. 2) gehalten worden, die erste engl Ausgabe entstand 1861 und 1864.

66 Friedrich Max Müller, *Rig-Veda-Sanhita. The Sacred Hymns of the Brahmans Together with the Commentary of Sayanacharya*, 6 Bde., London: W. H. Allen 1849–1874.

auch die Frage nach dem Ursprung der Sprachen – hier erweist er sich als durchaus konservativer Vertreter einer Ursprache nach biblischem Muster (Bd. 1, 297), im zweiten stellt er die die physiologischen Voraussetzungen der sprachlichen Lautung, die Grundlagen der etymologischen Forschung und besonders ausführlich seine Theorie der Mythologie dar. Für dieses Thema ist die Vorlesung über Metaphern ein Schlüssel (Bd. 2, 8. Vorlesung, 364–416). Sie ist zugleich eine Sprachgeschichte der Mythologie.

Müller geht hier zunächst vom *Essay on Human Unterstanding* aus, in dem Locke die Rolle der Wörter beschreibt, die sämtlich sinnlichen Anschauungen entstammten. Trotz dieser Betonung der Bedeutung der Wörter habe Locke doch niemals bemerkt, »dass allgemeine Ideen und Wörter untrennbar sind« (Bd. 2, 367). Müller will, wie alle seine positivistischen Zeitgenossen, in der Sprachwissenschaft eine Übereinstimmung mit den »induktiven Wissenschaften« erreichen – seine sprachwissenschaftlichen Mittel sind daher Grammatik und Etymologie.[67] Er geht davon aus, dass alle Wurzeln von Wörtern ursprünglich sinnliche Bestimmungen sind: »Alle Wurzeln, d. h. alle materiellen Elemente der Sprache sind die lautlichen Zeichen für Sinneseindrücke und nur für solche, so indossiert die vergleichende Philologie die Schlüsse, zu denen Locke gelangt ist, vollständig.« (369 f.) Er führt eine lange Reihe von Beispielen an; eines davon behandelt die Etymologie von ›Glauben‹ und ›Liebe‹:

> Das englische to believe wird im Allgemeinen dem deutschen belieben und dem lateinischen libet, es beliebt, gleichgestellt. Aber to believe bedeutete eben so wie das deutsche g(e)lauben ursprünglich mehr als schlichtweg etwas gutheissen oder billigen. Beide Wörter müssen auf die Wurzel lubh zurückgeführt werden, welche ihre Grundbedeutung im sanskritischen lobha, Verlangen, und im lateinischen libido, heftiges Verlangen, zügellose Begier, festgehalten haben. Dieselbe Wurzel wurde zum Ausdruck jenes unwiderstehlichen Seelenhanges gewählt, welche den Menschen die Schranken der sinnlichen Wahrnehmung und die Gesetze der Vernunft (credo quia absurdum) scheinbar durchbrechen

67 Zur Etymologie gibt es eine eigene Vorlesung: Max Müller, *Vorlesungen über die Wissenschaft der Sprache*, Bd. 2, 6. Vorlesung: *Ueber die Grundsätze etymologischer Forschung*; ders., *Vorlesungen über die Wissenschaft der Sprache*, Bd. 2, 7. Vorlesung: *Über das Wachstum der Wurzeln.*

lässt und ihn mit ungezügelter Kraft antreibt, eine Wahrheit, welche allein das natürliche Sehnen seines Wesens befriedigen kann, festzuhalten und anzunehmen. Dies ist der Glaube in seinem wahren Sinne, obgleich er im Laufe der Zeit sich zu der Bedeutung einer bloßen Annahme, eines Gutdünkens abgeschwächt hat, gerade ebenso wie lieben (to love), welches von derselben Wurzel to believe herkommt, auch zu der schwächeren Bedeutung des Gernhabens, Billigens gekommen ist. (375)

Wie sehr Max Müllers Sprachwissenschaft von philosophischen Erwägungen bestimmt ist, zeigt die ausführliche Diskussion philosophischer Kernbegriffe: ›Wahrheit‹ und *truth* stimmten mit ›treu‹ überein; das sanskritische *dhruva* heiße ›haltbar‹, ›zuverlässig‹. Ein anderes Wort für ›treu‹ sei »im Sanskritischen satya, ein von dem Participium Praesentis des Hülfsverbs as, sein, gebildetes Adjectiv. Sat ist das lateinische ens, seiend« (375). Offensichtlich geht Müller davon aus, dass *sat* (›seiend‹) zugleich ›Treue‹ und ›Wahrheit‹ bedeute. Noch abstrakter als ›seiend‹ sei aber, »wenn es überhaupt für einen rationellen Begriff gelten soll, der immateriellste aller Begriffe, nämlich *nichts*«. Dieser Begriff werde durch die »Negation des Reellen, Handgreiflichen oder durch Vergleichung mit demselben« gebildet[68] und heiße im Sanskrit *asat*, das Nichtseiende, im Lateinischen *nihil*, d. h. *nihilum*, was für *nifilum*, d. h. *ne-filum* steht und ›nicht einen Faden, nicht das Mindeste‹ bedeutet.« Nun folgt ein Musterstück induktiver Philosophie und Metaphysikkritik: Vermöge

des fortwährenden Gebrauchs solcher Redensarten bildete sich im Geiste allmählich eine unbestimmte Idee eines Nichts, und nihil wird zum Namen für etwas Positives und Reelles. Die Menschen fingen schon in sehr früher Zeit an vom Nichts ebenso zu sprechen, wie wenn es ein Etwas wäre, sie sprachen von der Idee der Vernichtung, annihilation (fr. annéantissement) und erzitterten darob, obgleich doch diese Idee nur dem Gehirn eines Tollen begreiflich erscheinen möchte. (377)

Diesem Metaphysikverriss entspricht die lange Polemik gegen das buddhistische Konzept des Nichts, das »unter dem Namen Nirvâna zu dem

68 Freilich beschreibt Müller den Akt der Negation nicht eigens philosophisch, sondern setzt ihn unhinterfragt linguistisch voraus.

höchsten Zielpuncte von Millionen unter den Verehrern des Buddha geworden ist« (378).

Als weitere philosophische Kernbegriffe führt Müller folgende an: ›Ich‹, französisch *Je*, das sanskritische *aham* gehöre »zu den frühesten Bildungen der arischen Sprache«, er könne es nicht ableiten. *Être* und *esse* kämen von der »Wurzel *as*, welche in allen arischen Sprachen das Material für das Hülfsverb geliefert hat«. Müller führt es aber auf *asu*, d. h. ›Leben‹ zurück. Das sei die sinnliche Wurzel von ›*esse*‹ (382).

Mythologie als defizitäre Metaphorik

Entscheidend für Müller ist, dass die sinnlichen Wahrnehmungen durch die Sprachzeichen so klassifiziert werden, dass verschiedene analoge Wahrnehmungen mit nur einem Sprachzeichen benannt werden. Das Prinzip heißt: Ähnliche sinnliche Wahrnehmungen werden mit einem Wort benannt, d. h. klassifiziert. Die Frage danach, was denn ›ähnlich‹ sei, lässt sich freilich nur zirkulär beantworten: das, was erfolgreich in einem logischen Urteil klassifiziert wird. Diesen Prozess nennt Müller Metapher:

> Metapher heisst im Allgemeinen das Uebertragen eines Namens von einem Gegenstand, dem derselbe eigentlich zukommt, auf andere Gegenstände, welche auf unseren Geist den Eindruck machen, als ob sie an den Eigenthümlichkeiten des ersten Gegenstandes auf irgendeine Weise Theil hätten. (384)

In einem logischen Urteil werden einem Wortstamm Eigenschaften attribuiert, die ihm in diesem Prozess der Prädikation zuerkannt und als Teil seines Wesens bestimmt werden. Zwischen Attribuierung, Intentionalität und Metapher gibt es keinen Unterschied mehr.

Müller schätzt diese Bedeutung der Metapher als schlechterdings kulturkonstituierend ein: »In dem Geistesleben des Menschen war ohne Mitwirken der Metapher kein Fortschritt möglich« (385). Seine Beispiele: Es wurden »von Wurzeln, welche scheinen, glänzen bedeuten, Namen wie Sonne, Mond, Sterne, die Augen des Menschen, Gold, Silber, Spiel, Freude, Glück und Liebe gebildet« (386). Ähnliches stellt er für die Wurzel ›schlagen‹ – etwa für ›Axt‹, ›Schlagfluss‹ und ›gehen‹ fest.

Dafür muss die Wurzel eines Wortes als Laut aber schon lange mit Bedeutung besetzt worden sein. Die Wurzel ist bereits Folge einer Prädikation. Diese Voraussetzung ist Müller bewusst:

> Alles, was wir im Bezug auf das Wesen der arischen Wurzeln mit Sicherheit sagen können, beschränkt sich darauf, dass wir ihnen eine bestimmte Form und eine bestimmte Bedeutung beilegen. [...] Als die arischen Sprachen sich individuell zu gestalten anfingen, hatten ihre Wurzeln, sowohl in Form als in Bedeutung, einen bestimmten Typus angenommen. Sie waren nicht mehr blosse Interjectionen mit wechselnden und unbestimmten Vocalen, mit Consonanten, die zwischen gutturaler und labialer Berührung hin und her schwankten und sich für eine stumme, tönende oder aspirierte Aussprache noch nicht entschieden hatten. Auch waren sie nicht Ausdrücke für Eindrücke des Augenblicks, für plötzlich eintretende Gefühlszustände, welche zu anderen Empfindungen von ähnlichen oder unähnlichem Charakter in keiner Beziehung gestanden hätten. (326)

Müller unterscheidet zwischen zwei Arten der Metapher: einer radikalen und einer poetischen. Die radikale Metapher lagere sich an den Stamm an und bestimmte etwa die Benennung von Sonne, Feuer und Frühling, und zwar als Teil des Wortes. Radikale Metaphern zeigten sich in den Etymologien. Die poetischen Metaphern sind diejenigen, in denen »ein Nomen oder Verbum, das für ein bestimmtes Object oder eine bestimmte Handlung fertig gemacht und festgesetzt ist, in dichterischer Weise auf ein anderes Object oder eine andere Handlung fertig gemacht und festgesetzt ist« (387). Das bedeutet also: Regenwolken sind Kühe mit schweren Eutern, die Sonne ein von glänzenden Pferden gezogener Wagen, der Blitz ein Pfeil etc. Vor allem bezieht sich Müller auf den Tagesablauf: Das Morgenrot gebiert den Tag, die Nacht verschlingt die Helligkeit des Tages. Müller erwägt, dass es eine Zeit gegeben habe, in der

> die Gedanken, welche über den engen Horizont unseres Alltagslebens hinausgingen, durch Metaphern ausgedrückt werden mussten und dass diese Metaphern noch nicht zu dem geworden waren, was sie für uns sind, nämlich zu blossen durch Gebrauch und Ueberlieferung gewöhnlich gewordenen Aus-

drücken, sondern dass sie noch halb in ihrem ursprünglichen, halb in ihrem modificierten Charakter gefühlt und ausgedrückt wurden. (388)[69]

Ob es sich bei diesem Status um ein Zeitalter handelte oder um eine eher systematisch erforderliche Entwicklungsstufe, bleibe dahingestellt. Jedenfalls geht auch Müller nicht davon aus, dass diese Stufe chronologisch genau bestimmt werden könne (390).

Den Übergang von der Metapher zur Mythologie stellt sich Müller so vor:

> So oft nun ein Wort, das zuerst metaphorisch gebraucht wurde, ohne eine ganz klare Auffassung der Schritte, welche von seiner ursprünglichen Bedeutung zur metaphorischen hinüberführten, gebraucht wird, so ist auch gleich Gefahr vorhanden, dass es mythologisch gebraucht werde; so oft diese Schritte vergessen und künstliche Schritte an ihre Stelle gesetzt werden, so hat man Mythologie oder, wenn ich so sagen darf, krankgewordene Sprache, mag sie sich nun auf geistliche oder weltliche Angelegenheiten beziehen. (391)

Noch einmal Adalbert Kuhn: Über Entwicklungsstufen der Mythenbildung

Adalbert Kuhn hat spät, erst im Jahr 1873, in einer Akademierede auf Müllers Theorien reagiert.[70] Im Prinzip teilt er die positivistische antiromantische Theorie Müllers, die Mythen seien aus defizitärer Erkenntnis der metaphorischen Prädikation von Naturphänomenen entstanden. In Details jedoch widerspricht er ihm.

Kuhn beginnt seine Rede mit der Feststellung seiner – möglicherweise eigenen – Entdeckung:

> Es ist ein mehr und mehr zu allgemeiner geltung kommender satz, daß die grundlage der mythen auf sprachlichem gebiet zu suchen und daß polynomie und homonymie die wesentlichsten factoren derselben seien. Nirgends tritt dies klarer hervor als in den vedischen schriften und da den sammlern und erklärern

69 Diese Idee hat Adalbert Kuhn in *Ueber Entwicklungsstufen der Mythenbildung* [1873], Berlin: Königliche Akademie der Wissenschaften 1874 zu Recht für sinnlos erklärt.

70 Kuhn, *Ueber Entwicklungsstufen der Mythenbildung*.

> derselben das richtige verständnis der wörter und wendungen mehrfach noch klar gegenwärtig ist, so finden wir in ihnen vielfach überraschende aufschlüsse, die uns auch in den mythen anderer völker, vor allem der verwandten, zum verständnis zu leiten geeignet sind. (123)

Es fänden sich in den Veden noch vielfältige Wörter für ›Erde‹, ›Nacht‹, ›Gold‹, ›Strahl‹, ›Morgenröte‹, ›Wolke‹, ›Wasser‹ usw.

Seine Begründung für diese Vielfalt ist bemerkenswert aristotelisch. Es handele sich nämlich um eine Urteils- bzw. Begriffsbildung durch die Anreicherung der Prädikation, die einem ›Gegenstand‹ zugesprochen werden, der dadurch erst zum Begriff wird:

> Diese mannichfaltigkeit des ausdrucks beruht einmal darauf, daß alle substantivbildung nur aus der hervorhebung einer einzelnen an dem zu nennenden gegenstande haftenden eigenschaft hervorgegangen ist, [...] bis dann endlich, namentlich mit dem eintritt der literarischen entwicklung der sprachen, einer oder mehrere solcher ausdrücke in den allgemeinen gebrauch übergehen und die übrigen verschwinden. (123)

Das ist die eine Seite, sozusagen die Reduktion semantischer Komplexität. Die andere Seite ist die »poetische übertragung, [...] die zweien mit oft nur *einer* gleichen eigenschaft ausgestatteten gegenständen dieselbe bezeichnung gibt, die ursprünglich nur einem derselben zukamen, so wenn z. B. die strahlen zügel, finger, hände, kühe u. s. w. heißen« (124). Im Laufe der weiteren sprachlichen Entwicklung werde »das ursprünglich allen verständliche mehr und mehr verdunkelt und zum unverständlichen räthsel«. Er stellt sich die weitere Entwicklung so vor, dass »das ursprünglich klare verständnis des ausdrucks getrübt werden und allmählich der mythische ausdruck eintreten« musste (124). In der Auseinandersetzung mit Müller geht es ihm nun darum, wann dieser Mythos entstanden sei und ob man dafür eine Periode bei den Indogermanen ansetzen könne. Er zitiert Müllers achte Vorlesung *Die Metaphern*, wo dieser von seiner früheren Vorstellung, es lasse sich eine solche mythisierende Periode postulieren, Abstand nimmt. Entscheidend für Kuhn ist, dass

> jede stufe der socialen und politischen entwicklung ihren mehr oder minder eigenthümlichen mythologischen charakter hat und dass das neben- und durch-

einanderliegen solcher, so zu sagen *mythologischer schichten*[71] die lösung der mythologischen räthsel oft nicht wenig erschwert. (126)

Er führt als Beispiel einen vedischen Mythos an, in dem der »endliche Sieg des lichts schon bei allen Indogermanen zur zeit, als sie noch ein volk waren, zur allgemeinen überzeugung geworden«. Der Mythos lautet:

> Die Devas und Asuras kämpften in dieser welt mit einander; sie kämpften im osten, da besiegten die Asuras dieselben, sie kämpften im süden, da besiegten die Asuras dieselben, sie kämpften im westen, da besiegten die Asuras dieselben, sie kämpften im norden, da besiegten die Asuras dieselben, sie kämpften im nordosten, da wurden sie nicht besiegt; diese himmelsgegend heißt die unbesiegte. (127)

Seine Interpretation lautet daher:

> Der mythos ist vollständig klar, sobald man sich vergegenwärtigt, daß Devas und Asuras ausdrücke für licht und dunkel, tag und nacht sind. [...] Der kampf des dunkels beginnt natürlich am abend, und zwar im osten beginnend und dem sonnenlauf folgend; das licht weicht mehr und mehr vom osten, zum süden, zum westen, es schwindet zum Norden und hält sich vom westen zum nordost als schwacher lichtschimmer am horizont, um von da ab zum neuen morgenlichte zu wachsen. (127)

Wie immer man sich das vorzustellen hat – so recht kann ich mir den nächtlichen Schimmer vom Nordwesten nach Nordost nur als eine Art Nordlicht imaginieren – entscheidend ist der Naturalismus: Es wird nichts Göttliches erfordert für diese Mythendeutung.

6. Romantische und positivistische Mythologie

Was leistet also die linguistische Mythologie? Sie geht davon aus, dass Naturphänomene ursprünglich nicht-metaphorisch benannt wurden: ›Baum‹ ist Baum und ›Blitz‹ ist Blitz und ›Donner‹ ist Donner. Das entspricht der aristotelischen Sprachtheorie, nach der eine ursprüngliche Hin-deutung

71 Das ist geologische Terminologie!

und damit Be-deutung einen ›natürlichen‹ Gegenstand benennt und ihn damit als Gattung bestimmt. Das ist Homonymie. Die Mythologie entstehe, wenn über die ›natürliche‹ Gattungsbestimmung hinaus eine andere ›natürliche‹ Gattung mit der ursprünglichen verbunden wird. Dies geschieht durch die Technik der Metaphorik bzw. Metonymie. Dann werden die den beiden Benennungsbegriffen je zugeordneten Prädikate untereinander vermischt: Der Donner brüllt, die Wolke regnet als fruchtbares Euter, das Gewitter wird zum Zorn des Himmels und die Nacht vertreibt in immer wiederkehrendem Kampf den Tag. Aufgrund dieser Metaphernbilder können nun Geschichten über die Kuh und den Himmel, den Zorn der Götter im Gewitter, den Krieg des lichten und dunklen Prinzips erzählt und immer weiter ausgeschmückt werden. Was die linguistische Theorie zu erklären versucht, ist Naturmythologie als immerwährende Wiederkehr des Gleichen; ihre Mythologie ist verkleidete Natur.

Diese Naturmythologie ist freilich außerstande, historische Mythologie zu erklären. Das abendländische mythologische Epos *par excellence*, die *Ilias*, fällt aus ihrer Kompetenz.[72] Der historische Mythos geht von geschichtlichen Ereignissen aus, die im Verlauf ihres ständig wiederholten, gelegentlich jahrhundertelangen Erzähltwerdens eine eigene Dignität bekommen. Sie berichten nicht von immergleichen Naturprozessen, sondern sie werden zu narrativen Identifikationskernen derjenigen Familien, Stämme und Völker, die sie erzählen und die sie im Erzählen als die ihren und nur als die ihren begreifen. Dieses Konzept eines Nationalmythos ist für die politische Romantik charakteristisch geworden.

1853, bald nach der Gründung der *Zeitschrift für vergleichende Sprachforschung* durch Adalbert Kuhn und fast zehn Jahre, bevor Müller seine sprachwissenschaftlichen Vorlesungen hielt, schrieb Karl Simrock in der Einleitung zu seinem *Handbuch der Deutschen Mythologie mit Einschluß der nordischen*:

72 Friedrich Max Müller sprach dann auch der *Ilias* zunächst ihren historischen Kern ab und interpretierte sie als Kampf von Sonne und Wolken, bis ihn Heinrich Schliemann nach längerer Diskussion von der Historizität des Epos überzeugte. Siehe Manfred Flügge, *Heinrich Schliemanns Weg nach Troja. Die Geschichte eines Mythomanen*, München: dtv 2001, 237.

> Mythus ist die älteste Form, in welcher der heidnische Volksgeist die Welt und die göttlichen Dinge erkannte. Die Wahrheit erschien ihm in der vorgeschichtlichen Zeit und erscheint dem Ungebildeten noch heutzutage nicht in abstracten Begriffen, wie jetzt dem geschulten, gebildeten Geiste: sie verkörperte sich ihm in ein Bild, ein Sinn- und Gedankenbild, seine Anschauungen kleideten sich in Erzählungen von den Thaten und Erlebnissen der Götter, und diese Bilder, diese Erzählungen nennen wir Mythus. Der Mythus enthält also Wahrheit in der Form der Schönheit: der Mythus ist Poesie, die älteste und erhabenste Poesie der Völker. Er ist Wahrheit und Dichtung zugleich, Wahrheit dem Inhalte, Dichtung der Form nach.[73]

Diese Frage nach dem Verhältnis von Mythos, Religion, Poesie und Volk wird im fünften Kapitel dieser Studie »Mythos und Messias« verhandelt werden.

73 Karl Simrock, *Handbuch der deutschen Mythologie mit Einschluß der nordischen*, Bonn: Marcus ^{2}1864 [1. Aufl. 3 Bde. 1853–55], 1 f.

IV. Teil: Weltrevolution des Lebens: Darwin und die darwinistische Anthropologie

1. Das Ende der Heilsgeschichte

Darwins *Origin of Species* (1859) ist der Dreh- und Angelpunkt gleichermaßen von Natur-, Wissenschafts- und Kulturgeschichte in der zweiten Hälfte des 19. Jahrhunderts. Mit Darwin wird die Biologie zur Leitwissenschaft der Geistes- und Gesellschaftswissenschaften.[1]

Die Erdgeschichte war seit James Hutton als kontinuierlicher natürlicher Prozess aufgefasst worden, William Smiths Entdeckung der Leitfossilien in den Gesteinsschichten hatte deutlich gemacht, dass die Grenze zwischen Geologie und Biologie fließend war, Charles Lyell hatte diese Erkenntnisse systematisch zusammengefasst und mit der Geschichte des Klimas verbunden. Die Naturgeschichte war nicht mehr Historia naturalis dergestalt, dass die Natur als Tableau aufgefasst wurde; vielmehr handelte es sich jetzt um eine prozessuale Naturgeschichte. Aber die Triebkraft dieses Prozesses war unklar. Die Dynamik des Naturprozesses wurde zunächst durchweg einer theologischen bzw. metaphysischen (die Terminologie ist nicht deutlich abgegrenzt) Instanz zugesprochen. Das galt für Jean-Baptiste de Lamarcks Idee des Fortschritts in der Biologie durch die ständige Veränderung der Gattungen, aber auch für Lyells Bekenntnis zur Schöpfung der Prototypen von Gattungen.

Das Ziel der biologischen Entwicklung war der Mensch. In gewisser Weise bediente diese Fassung der Naturgeschichte immer noch die alte Heilsgeschichte, die das ewige Heil der Menschen zum Ziel hatte. Das Heil lag jetzt freilich nicht mehr in der übernatürlichen, transzendenten Glückseligkeit, für die Gott den Menschen geschaffen hatte, sondern in der Perfektibilität der diesseitigen Natur, die absolut war und keine Übernatur über sich duldete. Aber auch sie war teleologisch angelegt, denn sie

1 Siehe *Der Darwinismus. Die Geschichte einer Theorie* (hg. v. Günter Altner), Darmstadt: Wissenschaftliche Buchgesellschaft 1981.

hatte den perfekten Menschen zum Ziel, gleichermaßen biologisch und soziologisch. Die Sprache als Merkmal des Menschen war, wie August Schleicher pointiert herausgestellt hatte, als Teil eines natürlichen Entwicklungsprozesses etabliert. Der Übergang von der Sprachfähigkeit des Menschen zur Kultur war mit den Theorien der ursprünglichen Mythenbildung seit Adalbert Kuhn und Max Müller linguistisch bestimmt. Mit Auguste Comtes Gesellschaftstheorie, so wurde unterstellt, konnte der Darwinismus soziologisch und heilsgeschichtlich verwaltbar werden, indem die Humanität als natürliches Ziel der menschlichen Entwicklung beschrieben wurde. Jedenfalls lag des Menschen Heil in dieser Welt.

Allerdings behielt die immanente Heilsgeschichte seit Darwin nichts mehr von dem alten erbaulichen, sozusagen semitranszendenten Fortschrittscharakter. Dadurch, dass Darwin das theologische Fortschrittskonzept mit dem Konkurrenzkonzept der Lebewesen, ihrem ständigen Kampf auf Leben und Tod verband, war es nicht mehr möglich, die Teleologie der Natur mit dem Streben nach dem Guten zu verbinden. Der Kampf ums Dasein, der den Fortschritt des Lebens zur Perfektibilität antrieb, war eben das strikte Gegenteil des Strebens nach dem Guten, das die alte, theologisch grundierte Teleologie der Welt definiert hatte und in der alles Leben durch genau dieses Streben nach dem Guten bestimmt war. Darwins Theorie entkoppelte die theologisch bestimmte Verknotung des Guten und Perfekten mit dem Moralischen. Die Perfektion der Welt wurde dadurch erreicht, dass das Moralische gleichgültig war. Die Perfektionsprozesse der Natur waren immanent und amoralisch.[2]

Darwins Entdeckung der Verbesserung der Natur durch den Kampf ums Dasein war der eigentliche Gottesmord des 19. Jahrhunderts – wenn es sich denn überhaupt um Mord handelte. Es war wohl eher die Entdeckung, dass ohne die Instanz eines Gottes die Natur ebenso perfekt funktionierte wie mit dieser Instanz. Gott war überflüssig. Mit dem wissenschaftlichen Sparsamkeitsprinzip, dass diejenige Theorie akzeptabler sei, die mit den wenigsten Voraussetzungen auskam, nahm der Darwinismus der Theologie

2 Vgl. Wolf Lepenies, Historisierung der Natur und Entmoralisierung der Wissenschaften seit dem 18. Jahrhundert, in: *Natur und Geschichte* (hg. v. Hubert Markl), München: Oldenbourgh 1983, 263–288.

ihre Kompetenz für Natur und Moral. Seine Suggestion lag darin, die Dynamik der Natur als immanent zu verstehen. Die Natur wurde absolut, es gab keine fremden Götter neben ihr.

2. Darwins Revolution der Natur

Bemerkungen zur Biographie Darwins

Charles Darwins (1809–1882) Biographie ist hinreichend bekannt. Dennoch ist es nicht ganz überflüssig, auf die religiösen Skrupel hinzuweisen, die ihn lebenslang trotz aller Naturgläubigkeit verfolgten. Den Beruf seines Vaters zu übernehmen und Arzt zu werden, wurde ihm wegen des Ekels beim Sezieren 1825 zu Beginn seines Studiums in Edinburgh zuwider. Er wechselte 1827 nach Cambridge zur Theologie, machte aber von seiner Religion – trotz des Theologiestudiums – kaum Gebrauch. Ihn interessierte, schon während seines Theologiestudiums, die Botanik, vielleicht ein Erbe seines Großvater Erasmus Darwin. Die Fachbindung war für die Söhne der Gentry nicht sehr strikt. John Stevens Henslow (1796–1861), Professor der Mineralogie und Botaniker in Cambridge mit theologischen Interessen, mit dem Darwin sein Leben lang befreundet blieb, führte den jüngeren Freund in Biologie und Mineralogie ein.

Henslow sowie die Lektüre der Südamerikaberichte Alexander von Humboldts waren dafür verantwortlich, dass sich Darwin ein Vierteljahr nach seinem Examen als Baccalaureus Artium der Expedition der Beagle anschloss. Er nahm den gerade erschienenen ersten Band von Lyells *Principles of Geology* (1830) mit,[3] der ihm als geologischer Leitfaden diente. In Südamerika erreichte ihn auch der zweite Band. Auf dieser Reise sammelte Darwin die Materialien für sein Hauptwerk. Er hatte sich vorher vor allem als botanischer Sammler und als Jäger profiliert und entwickelte nun die

3 Charles Darwin, *The Autobiography of Charles Darwin, 1809–1882* [1887] (hg. v. Nora Barlow), London: Collins 1958. Dt.: Charles Darwin, *Autobiographie* (hg. v. S. L. Sobol/ Rolf Feurich), Leipzig/Jena: Urania-Verlag 1959, 87.

Fähigkeit, ausdauernd, penibel, detailgenau zu beobachten, zu zeichnen und zu katalogisieren.

Die Beagle segelte am 27. Dezember 1831 von Devonport aus. Ihre Route verlief über Brasilien, die Magellanstraße, die Westküste Südamerikas und die Südseeinseln. Das Expeditionsschiff kehrte nach knapp fünf Jahren am 2. Oktober 1836 nach England zurück. Darwin überstand die lange Seereise nicht unbeschadet und behielt eine lebenslange Kränklichkeit zurück.

Nach der Rückkehr lebte er als ›Gentleman-Scientist‹. Zunächst ordnete und verzeichnete er in London die Sammlungen, die er von seiner Expedition mitgebracht hatte. Danach zog er nach Staffordshire zu seinem Onkel Josiah Wedgwood aufs Land und heiratete 1839 seine Cousine E. Wedgwood. 1842 erwarb er den Landsitz Down bei Beckenham in Kent, wo er, ständig kränkelnd, ununterbrochen biologisch forschte. Hier begann er damit, die Ergebnisse seiner Sammel- und Katalogisierungstätigkeit theoretisch durchzuarbeiten – und hier entwickelte er seine Selektionstheorie, die er 1842 und 1844 in zwei Skizzen festhielt.[4] Aber er veröffentlichte beide Texte nicht, da er sich über die theologisch-moralischen Implikationen seiner Theorie durchaus im Klaren war.

Seinen Glauben hatte er, wie er in seiner Autobiographie schreibt, schon während seiner Reise auf der Beagle verloren – zunächst den an die Offenbarung, dann den an Gott überhaupt. Als Grund nennt Darwin in seiner Autobiographie die Theodizeefrage nach dem Leiden in der Welt, die den christlichen Gottesbegriff für ihn inakzeptabel machte:

> Dass in der Welt viel Leid ist, bestreitet niemand. Manche haben versucht, es mit Bezug auf den Menschen zu erklären, sodass es seiner moralischen Besserung diene. Aber die Zahl der Menschen ist nichtig im Vergleich zur Zahl aller

4 Dt.: Charles Darwin, *Die Fundamente zur Entstehung der Arten. Zwei in den Jahren 1842 und 1844 verfasste Essays*, übers. v. Maria Semon, Leipzig: Teubner 1911. Engl.: Charles Darwin, *The Foundations of the Origin of Species. Two essays written in 1842 and 1844* (hg. v. Francis Darwin), London: Univ. Press 1909. Die Skizze von 1842 wurde im selben Jahr vom Sohn auch schon einzeln herausgegeben, dann kurz darauf noch einmal zusammen mit der Skizze aus 1844. Siehe dazu auch Richard B. Freeman, *The Works of Charles Darwin. An annotated bibliographical handlist*, Folkestone, Kent: Dawson ²1977.

> anderen bewussten Lebewesen, und häufig leiden sie sehr ohne jede moralische Besserung. Dieser sehr alte, der Existenz des Leids entnommene Beweisgrund gegen die Existenz einer intelligenten ersten Ursache scheint mir viel Gewicht zu haben; wohingegen, wie oben bemerkt, das Dasein vielen Leids mit der Ansicht gut übereinstimmt, dass alle organischen Wesen durch Abänderung und natürliche Zuchtwahl entwickelt worden sind.[5]

Er schob deshalb in Kenntnis dieses polittheologischen Risikos die Veröffentlichung seiner Theorie hinaus und publizierte zunächst Monographien über die Rankenfüßler (Cirripedien).

1854 begann er auf Drängen seiner Freunde, vor allem Lyells, dann doch mit der Ordnung seiner Papiere für die Darstellung der Selektionstheorie, wofür er vier Bände einplante. Dieser Plan ist so nicht zur Ausführung gekommen. 1855 hatte der Ingenieur und Forschungsreisende Alfred Russell Wallace einen Aufsatz an Darwin geschickt, der die Evolutionstheorie betraf. Drei Jahre später, 1858, sandte Wallace, der sich gerade auf einer Forschungsreise in der Südsee befand, einen zweiten Aufsatz, in dem er eindeutig dieselbe Selektionstheorie wie Darwin vertrat. Um einem möglichen Prioritätsstreit zu entgehen, der freilich nicht zustandekam, weil Wallace darauf verzichtete,[6] beschloss Darwin, die Veröffentlichung seines Buchs zu beschleunigen. Wallace hat übrigens die Priorität Darwins immer anerkannt und den Ausdruck ›Darwinismus‹ geprägt.[7]

5 Charles Darwin, *The Autobiography of Charles Darwin and selected letters* (hg. v. Francis Darwin), New York: Dover 1958 [zuerst 1892], 64: »That there is much suffering in the world no one disputes. Some have attempted to explain this with reference to man by imagining that it serves for his moral improvement. But the number of men in the world is as nothing compared with that of all other sentient beings, and they often suffer greatly without any moral improvement. This very old argument from the existence of suffering against the existence of an intelligent First Cause seems to me a strong one; whereas, as just remarked, the presence of much suffering agrees well with the view that all organic beings have been developed through variation and natural selection.«

6 Im Einzelnen dargestellt bei Edward Bayley, *Charles Lyell*, London: Nelson and Sons 1962, 186–191.

7 Charles Darwin, *Die Entstehung der Arten durch natürliche Zuchtwahl*, übers. v. Carl Wilhelm Neumann, Stuttgart: Reclam 1963. Vgl. das Nachwort von Gerhard Heberer, ebd. 684.

Die Veröffentlichung der *Origin of Species* im Jahr 1859 war eine Revolution. Darwin war von nun an eine Person von höchstem wissenschaftlichem, politischem und ideologischem Interesse. Seine Propagatoren waren in England Thomas Henry Huxley und in Deutschland Ernst Haeckel. Darwin hatte wohl auch gehofft, dass Lyell in das Propagandahorn seiner Anhänger stoßen würde, aber dieser zierte sich: Die theologischen Folgen von Darwins Theorie waren ihm unheimlich.

Darwin versuchte in diesem Sturm zunächst, sich als reiner Biologe zu stilisieren und sozusagen unter der öffentlichen Aufregung wegzutauchen: Er veröffentlichte 1868 *The variation of animals and plants under domestication*. Aber dann stürzte er sich 1871 doch mit seinem Werk *The descent of man, and selection in relation to sex* mitten ins wissenschaftsideologische Getümmel um den Ursprung des Menschen. Auch dieses Buch machte Epoche. Darwin arbeitete weiter an diesem Thema und veröffentlichte 1872 *The expression of the emotions in man and animals.* Danach zog er sich wieder auf seine Biologie zurück. Am 19. April 1882 starb er über seiner Arbeit und wurde in der folgenden Woche in Westminster Abbey beigesetzt.

The Origin of Species (1859)[8]

Malthus: Essay on the Principle of Population

Man kann Darwins Hauptwerk und das Prinzip des Kampfes ums Dasein (*struggle for life*) nicht ohne die soziologischen Selektionsprinzipien verstehen, die Darwin, und im Übrigen auch Alfred Russell Wallace, aus der Lektüre von Thomas R. Malthus' *Essay on the Principle of Population* (zuerst 1798) übernahmen. In diesem Essay formuliert Malthus das Bevölkerungsgesetz. Überbevölkerung sei das Hauptproblem bei gleich-

8 Charles Darwin, *On the Origin of Species by Means of Natural Selection, or the Preservation of Favoured Races in the Struggle for Life,* London: John Murray 1859. Dt. Titel vollständig: Charles Darwin, *Über die Entstehung der Arten durch natürliche Auslese oder das Erhaltenbleiben der begünstigten Rassen im Ringen um die Existenz*. Zit. Ausgabe: Darwin, *Die Entstehung der Arten. S. Fn.7.*

bleibenden oder nur unzureichend steigerbaren Ressourcen. Ein Mensch, so schreibt er,

> der in einer schon okkupierten Welt geboren wird, wenn seine Familie nicht die Mittel hat, ihn zu ernähren, oder wenn die Gesellschaft seine Arbeit nicht nötig hat, dieser Mensch hat nicht das mindeste Recht, irgend einen Teil von Nahrung zu verlangen, und er ist wirklich zu viel auf der Erde. Bei dem großen Gastmahl der Natur ist durchaus kein Gedeck für ihn gelegt. Die Natur gebietet ihm, abzutreten, und sie säumt nicht, selbst diesen Befehl zur Ausführung zu bringen.[9]

Bei der Lektüre von Malthus, so Darwin in seiner Autobiographie, sei ihm »die Theorie vom Überleben der besseren Varianten [Herbert Spencer nannte dies ›survival of the fittest‹] im Ringen um die Existenz« als Grundlage der Veränderung der Arten aufgegangen[10]. Es ist jedenfalls bemerkenswert, dass die soziologische Selektionstheorie, die zunächst in der Biologie Karriere machte, dann später wieder auf die menschliche Gesellschaft rückangewendet wurde.

Darwins *Origin of Species*[11] ist eine bemerkenswerte Mischung von Züchtungskunde, Naturbeobachtung und Theorie. Das Buch gibt sich streng empirisch. Es bietet eine Überfülle von Beispielen, eine Art naturge-

9 Darwin las die 6. Aufl. 1826. Thomas Robert Malthus (1766–1834). Malthus war seit 1796 Pfarrer und ab 1806 Prof. für politische Ökonomie. Siehe Thomas Robert Malthus, *An Essay on the Principle of Population,* London: J. Johnson 1798. Siehe Thomas Robert Malthus, *Principles of Political Economy,* London: John Murray 1820. Im *Essay* sagt Malthus über das Bevölkerungsgesetz: »Überbevölkerung ist das Hauptproblem bei gleichbleibenden oder nur unzureichend steigerbaren Ressourcen«. Das Zitat aus dem Artikel in Wikipedia s. v. Malthus (Nov. 2019). Vorher hatte schon Johann Peter Süßmilch diese Theorie vertreten: s. Johann Peter Süßmilch, *Die göttliche Ordnung in den Veränderungen des menschlichen Geschlechts,* Berlin: Gohl 1742.

10 Man kann die Entwicklung der Theorie im Einzelnen an den Note-Books nachvollziehen, in denen Darwin fortlaufend die Klassifikationen und Experimente beschrieben hat. Allerdings scheint er dieses Prinzip schon vor der Malthus-Lektüre erwogen zu haben.

11 Kapitel in Darwin: *Die Entstehung der Arten*:
Vorweg: Literaturbericht.
1. Kapitel: »Abänderung im Zustande der Domestikation«
2. Kapitel: »Abänderung im Naturzustande«
3. Kapitel: »Der Kampf ums Dasein«

schichtliches Narrativ, das von den Prinzipien des Kampfes ums Dasein, der natürlichen Zuchtwahl und dem Überleben des Tüchtigsten strukturiert wird. Diese Prinzipien erklären die Entwicklungsgeschichte der Natur von primitiven zu höherentwickelten Gattungen und die Verbreitung der erfolgreichen Gattungen, die sich ihrerseits den jeweiligen geographischen Lebensbedingungen anpassen.

Momente des Kampfs ums Dasein

Darwins Prinzipien beruhen zunächst auf Malthus' Analyse der Überbevölkerung: Es besteht ein Überschuss an Nachkommen, der stabil bleibt, obwohl die überschüssigen Individuen nicht ernährt werden können. Daraus folgt bei konstanten Ressourcen eine entsprechende Vernichtung dieses Überschusses. Aus diesen soziologischen Prinzipien zieht Darwin die Konsequenzen für die Entstehung der Arten. Die Voraussetzung ist, dass bei den Individuen einer Gattung erbliche Variabilität besteht. Daraus folgt wiederum, dass die der jeweiligen Umwelt besser angepassten Individuen mit größerer Wahrscheinlichkeit im Konkurrenzringen überleben. Diese Auslese der besseren Varianten führt fortschreitend zur Verbesserung durch Anpassung und zum Wandel des Artbildes.[12]

Geringe Vorteile sichern das Überleben und verändern allmählich die Gattung.

4. Kapitel: »Natürliche Zuchtwahl oder Überleben des Tüchtigsten«
5. Kapitel: »Gesetze der Abänderung«
6. Kapitel: »Schwierigkeiten der Theorie«
7. Kapitel: »Einwände gegen die natürliche Zuchtwahl«
8. Kapitel: »Instinkt«
9. Kapitel: »Bastardbildung«
10. Kapitel: »Die Lückenhaftigkeit der geologischen Urkunden«
11. Kapitel: »Die geologische Aufeinanderfolge organischer Wesen«
12. Kapitel: »Geographische Verbreitung«
13. Kapitel: »Geographische Verbreitung (Fortsetzung)«
14. Kapitel: »Gegenseitige Verwandtschaft der Lebewesen; Morphologie; Embryologie; rudimentäre Organe«
15. Kapitel: »Zusammenfassung und Schluss«.

12 Vgl. Darwin, *Die Entstehung der Arten*, Übersetzung von Carl W. Neumann, Nachwort von Gerhard Heberer, Stuttgart: Reclam 1974, Nachwort Heberer, 683.

> In diesem Wettbewerb wird jede *Veränderung, wie gering* sie auch sein und aus welchen Ursachen sie auch entstanden sein mag, wenn sie nur irgendwie dem Individuum vorteilhaft ist, auch zur Erhaltung dieses Individuums beitragen und sich gewöhnlich auch auf die Nachkommen vererben. Diese werden daher mehr Aussichten haben, am Leben zu bleiben; denn von den vielen Individuen einer Art, die geboren werden, lebt nur eine geringe Anzahl fort. Ich habe dieses Prinzip, das jede geringfügige wenn nur nützliche Veränderung konserviert, ›natürliche Zuchtwahl‹ (*natural selection*) genannt, um seine Beziehung zu der vom Menschen veranlaßten künstlichen Zuchtwahl zu kennzeichnen. Indessen ist der von Herbert Spencer gebrauchte Ausdruck ›Überleben des Tüchtigsten‹ (*survival of the fittest*) besser und zuweilen ebenso bequem. (100)[13]

Beim Kampf ums Dasein geht es nicht nur um das Leben des Individuums, sondern auch um seine Fähigkeit, Nachkommen zu hinterlassen. Die Selbstbehauptung der Individuen führt zur Artverbesserung.

Dieser Kampf zeigt sich am heftigsten zwischen Individuen und Varietäten derselben Art (116). Darwins Indiz für diese These sind die Vorteile, die ein besser angepasster Körper bei der Verteilung knapper Ressourcen hat. Er konstatiert, dass »nämlich der Körperbau jedes Lebewesens in engster, aber oft verborgener Beziehung steht zu dem aller anderen Wesen, die mit ihm in Wettbewerb um Nahrung und Wohnung stehen« (117). Diese Bevorteilung der angepassteren Individuen werde wirksam, wenn viele Individuen einer Gattung in einer Population leben.

Die Zuchtwahl (*Selection*) geschieht als natürliche und geschlechtliche. Die natürliche Zuchtwahl, schreibt Darwin, wirke »still und unsichtbar [...] an der Verbesserung der organischen Wesen und ihrer organischen und anorganischen Lebensbedingungen« (126) mit. Die allmähliche Anpassung an die jeweiligen Umwelten, die in winzigen, aber überlebenswichtigen Mutationen geschieht, ist eine Hauptbedingung des Artenwandels.

13 Das ausschlaggebende Argument für diese Begrifflichkeit Spencers stammt von Alfred Russell Wallace: Der Terminus ›natural selection‹ sei unangemessen, weil es sich nicht um eine positive Auswahl Begünstigter, sondern umgekehrt um eine negative Elimination der Benachteiligten handelt – relevant auch deshalb, weil Darwin nach seiner Veröffentlichung vorgeworfen wurde, seine ›natural selection‹ personifiziere die Natur. Ab der fünften Ausgabe (1869) nahm Darwin die Formel *survival of the fittest* daher in sein *The Origin of Species* auf.

Die geschlechtliche Zuchtwahl »hängt nicht von einem Kampf ums Dasein mit anderen Lebewesen oder äußeren Umständen ab, sondern vom Kampf zwischen den Individuen eines Geschlechts, gewöhnlich des männlichen, um den Besitz des anderen« (131). Beim Kampf bekommt der Sieger das Weibchen bzw. die Weiber: »Das Schlußergebnis für den erfolglosen Mitbewerber ist nicht dessen Tod, sondern eine geringe oder gar keine Nachkommenschaft« (131). Generell gilt für natürliche und sexuelle Selektion, dass der Konkurrenzdruck und damit der Selektionsmechanismus in großen Territorien härter ist als in kleinen Territorien. Deshalb gibt es auf abgeschlossenen Territorien, in Seen und auf Inseln merkwürdige Sonderentwicklungen – etwa das Känguru und das Schnabeltier in Australien. Die natürliche Zuchtwahl bedingt das Aussterben, die Verbreitung und die Verbesserung der Arten. An die jeweilige Lebenswelt angepasste, spezialisierte Tiere überleben, die anderen sterben aus. Wenn sich freilich die Umweltbedingungen verändern, sind die spezialisierten Gattungen auch die gefährdetsten. Da die Gattungen aber ohnehin nicht stabil sind, verändern sich nicht nur die Arten, sondern zugleich das Zusammenleben der überlebenden Arten:

> Artengruppen, d. h. Gattungen und Familien, erscheinen und verschwinden nach denselben allgemeinen Regeln wie einzelne Arten; sie verändern sich mehr oder weniger schnell und in höherem oder geringerem Grade. Eine einmal verschwundene Gruppe erscheint nicht wieder. (472)

Umgekehrt ist die Verbreitung von Gattungen natürlich auf deren Anpassungserfolg sowie das Fehlen von natürlichen Feinden oder ungünstigen Umweltbedingungen zurückzuführen. Darwin führt dazu zwei Beispiele an: Muscheln in der Kreidezeit und Pferde in Amerika, nachdem die Spanier sie eingeführt hatten. Allgemein gilt:

> Die Bewohner der Erde haben in jeder der aufeinanderfolgenden Perioden ihre Vorgänger im Kampfe ums Dasein besiegt und stehen daher auf einer höheren Organisationsstufe als jene; ihr Körperbau ist im Allgemeinen mehr spezialisiert. […] Ausgestorbene geologisch alte Tiere gleichen in gewissem Grade den Embryonen der zu denselben Klassen gehörenden neueren Tiere, und diese merkwürdige Tatsache findet durch unsere Theorie ihre einfache Erklärung. (505)

Darwins Naturkonzept
Darwin definiert Natur als »die vereinigte Wirkung und Leistung vieler Naturgesetze und unter Gesetzen die nachgewiesene Aufeinanderfolge der Ereignisse« (122). Er geht also vom Konzept der Naturgesetze aus, gemeint sind physikalische, geologische und biologische Gesetze. Seine Modelle sind wohl die Geologie Lyells und die Selektionsgesetze seiner Biologie. In beiden Fällen handelt es sich um Prozesse der Naturgeschichte; und diese Naturgeschichtlichkeit unterscheidet geologische sowie biologische Gesetze von denen der Physik. Physikalische Gesetze sind unabhängig von der Zeit und können immer und überall demonstriert werden. Biologische Gesetze sind gleichermaßen überzeitlich gültig und durch den Menschen nicht beeinflussbar. Aber sie sind nicht immer und überall gleichermaßen demonstrierbar. Der Mensch »kann weder Varietäten schaffen noch ihr Auftreten verhindern; er kann sie nur, wo sie vorkommen, erhalten und häufen« (121).

Durch das Verhältnis von Biologie und Paläontologie lassen sich die Erdzeiten relativ zueinander bestimmen.[14] Schon in Lyells geologischen Erwägungen war klargeworden, dass die Geologie und die Paläontologie mit Zeiträumen rechnen mussten, die weit über die überlieferten Vorstellungsgrenzen hinausgingen. Zwar konnte die Geologie mit Hilfe von Empirie und Phantasie erklären, wann welche Gebiete durch Absenkung oder Auffaltung, durch Trennung und Kollision ihre Eigenart bekommen hatten, sie konnte auch beschreiben, wie die geographischen und klimatischen Verhältnisse Flora und Fauna veränderten. Die Zeiten, die dafür erforderlich waren, konnten aber nicht zuverlässig quantifiziert werden. Auch Darwin vermeidet, genaue Zahlen anzugeben. Aber mit den Methoden der Geologie und der Paläontologie ließen sich relative Zeiten ausmachen. Man wusste, welche Fossilien in welchen paläontologischen Schichten vorkamen und konnte aus der Schichtung auf das relative Alter schließen. Dasselbe Muster galt für die Knochenfunde in Höhlen, gleichgültig ob sie von Tieren oder Menschen stammten. Hier wurde die Geologie durch

14 Vgl. Darwin, *Die Entstehung der Arten*, 10. Kapitel: »Die Lückenhaftigkeit der geologischen Urkunden«; 11. Kapitel: »Die geologische Aufeinanderfolge organischer Wesen«.

die Archäologie fortgeführt. Aber es war höchst riskant, Zeiträume mit absoluten Zahlen zu benennen.

Die Theorie des Gattungswandels hatte notwendig die Konsequenz, dass biologische Gattungen nicht mehr mit stabilen Benennungen bezeichnet werden konnten.[15] Das Kriterium von Gattungen war, wo es sich um die Fragen der Naturgeschichte handelte, die Abstammung. Nur über die gemeinsame Abstammung konnte die wirkliche Zugehörigkeit einer Art zu einer Gattung bestimmt werden. Diese Zugehörigkeit fasst Darwin unter den Begriff ›Morphologie‹ – sie ist ihm das Hauptkriterium seiner Abstammungslehre: »Morphologie ist einer der interessantesten Teile, ja man kann sagen, die Seele der Naturgeschichte« (605). Beispielsweise führt Darwin an: Die menschliche Greifhand, der Grabfuß des Maulwurfs, der Lauffuß des Pferdes, der Ruderfuß der Schildkröte und der Flügel der Fledermaus stammten von einem ursprünglichen Typus ab. Stolz kann er die Frage »Wie kommen diese morphologischen Ähnlichkeiten zustande?« kontern: »Durch die natürliche Zuchtwahl können wir alle diese Frage bis zu einer gewissen Grenze beantworten« (609). Er weiß, dass er bei dieser Antwort zeitlich weit zurückgehen muss bis »fast jenseits der Grenzen der Forschung« (609). Aber er will dennoch die Symmetrie der Tiere, die Besonderheit der doppelt auftretenden Organe auf die sich wiederholende Zellteilung zurückführen und meint, »der Stammvater der Wirbeltiere wird also wahrscheinlich viele Wirbel, der unbekannte Vorfahr der Gliedertiere viele Segmente und der der Blütenpflanzen viele zu einer oder mehreren Spiralen geordnete Blätter besessen haben« (609). Gleichermaßen ist die Embryologie für ihn ein Merkmal, dass sich die Gattungen aus Urtypen entwickelt haben. Er stellt fest, dass Embryonen verwandter Wirbeltiere kaum unterscheidbar seien und berichtet, er besitze zwei in Spiritus konservierte Embryonen und könne nicht angeben, welcher Klasse sie angehörten: »Sie können Eidechsen, kleine Vögel oder sehr junge Säugetiere sein, so vollkommen gleichen sich diese Tiere in der Bildungsweise von Kopf und Rumpf« (614).

15 Darwin, *Die Entstehung der Arten*, 14. Kapitel: »Gegenseitige Verwandtschaft der Lebewesen; Morphologie; Embryologie; rudimentäre Organe«.

Zusammenfassend: Die Klassifikation der organischen Wesen aller Zeiten besteht in einander untergeordneten Gruppen, die als weit verzweigte Verwandtschaftsverhältnisse gedeutet werden müssen. Der Übergang von Merkmalen, die aus Anpassungsmutationen zustande gekommen sind, zu denen, die genealogisch vererbt werden, lässt sich, stellt Darwin fest, zwanglos erklären, »wenn wir die gemeinsame Abstammung verwandter Formen, ihre Abänderung durch Variation und natürliche Zuchtwahl sowie die Möglichkeit des Aussterbens und der Divergenz der Charaktere gelten lassen« (636).

Philosophisches Fazit

Darwin geht von einem Naturkonzept aus, das allein Empirie als Erkenntnisform zulässt. Die gewonnenen Befunde werden durch die Dynamik des Selektionsprinzips in einem umfassenden Narrativ strukturiert. So wird die Natur zum schlechterdings autarken und allumfassenden Begriff und damit zum Forschungsgegenstand von konkurrenzloser Dignität. Darwin bietet eine ungeheure Fülle biologischer Einzelheiten aus Fauna und Flora an, um diesen Naturabsolutismus empirisch zu belegen. Die Exempelfülle, die er anführt, dient wesentlich auch dazu, die Übergänge der Arten ineinander sowie die umweltbedingten Sonderentwicklungen darzustellen. Damit beschreibt er, dass die Veränderung von Gattungen nicht durch eine transzendente Instanz verursacht wird, die den Naturgesetzen nicht unterliegt.

Darwin argumentiert deshalb in *Origin of Species* ausschließlich immanent biologisch. Alle Fragen nach Theologie und Geschichte sind sozusagen von innen aufgesogen. Die Natur substituiert jeden persönlichen Gott und jede Willensteleologie des Menschen. Damit ist auch der persönliche Bezug der menschlichen Individuen zu irgendeiner transzendenten Instanz sinnlos geworden.

Die Haare des Hauptes sind nicht gezählt. Das Individuum ist durch seine Gattung definiert und durch sonst nichts. Alles existentialistische Pathos über individuelles Geworfensein und den Sinn des individuellen Daseins ist nur sentimentales Gejängel. Stattdessen herrscht die Auslese, sie perfektioniert die Natur in sich. Das Ergebnis dieser Perfektionierung ist die Folge der Gattungen, an deren Spitze der Mensch steht. Diese Nichtbeachtung der Individuen durch die Natur ist eine der größten Herausforderungen des Darwinismus. Die Natur respektiert die Individuen nicht, aber sie benutzt sie im Prozess der Vervollkommnung der Gattungen.

Dem Absolutismus der Natur unterliegt selbstverständlich auch der Mensch. Die menschliche Geschichte ist vollständig Teil dieses Naturprozesses. Gleichgültig, was der Einzelne oder die Gattung ›tut‹ – ›tut‹ ist in dem Sinne aufgefasst, dass der Mensch seine Zwecke im politischen Handeln selbst setzt und dieses Handeln dadurch sinnvoll macht – gleichgültig also, was der Einzelne oder die Gattung tun, sie unterliegen dem biologischen Naturgesetz des *survival of the fittest*.

Darin, diese Natur dienstbar zu machen, indem man ihre Eigengesetzlichkeit sich aneignet und sie als Wille zur Macht interpretiert, liegt das hohe politische Risiko der Aufhebung der Geschichte in die Naturgeschichte. Denn dann wird der ›Gattungswille‹ als natürlich-politische Unausweichlichkeit dargestellt und derjenige, der diesen ›natürlichen Gattungswillen‹ politisch definiert, handelt natürlich, unausweichlich, ohne Alternative und damit totalitär.

»Nur eine Bemerkung über Religion«

Darwin schließt seine *Origin of Species* mit einer apologetischen Notiz:

> Ich sehe keinen vernünftigen Grund, warum die in diesem Werke entwickelten Ansichten irgendwie religiöse Gefühle verletzen sollten. [...] Ein berühmter geistlicher Schriftsteller schrieb mir, er habe ›allmählich einsehen gelernt, daß es ebenso erhaben sei, von der Gottheit zu glauben, sie habe nur wenige der Fortentwicklung zu anderen Formen fähige Urtypen erschaffen, als anzunehmen, sie habe immer neue Schöpfungsakte ins Werk setzen müssen, um die durch die Wirkung ihrer Gesetze verursachten Lücken auszufüllen.‹ (666 f.)

Als 1859 die *Entstehung der Arten* erschien, konnte man vielleicht meinen, Darwin habe mit der Theologie trotz seiner Theorien noch nicht gebrochen. Als aber sein Sohn im Jahre 1894 die Autobiographie seines Vaters veröffentlichte, wurde deutlich, dass dieses letzte Stück nur dem Zweck diente, Darwin vor dem Feuer der theologischen Kritik zu schützen. Denn seit seiner Reise auf der Beagle war er sich darüber im Klaren, dass die

Theologie, die er in Cambridge studiert hatte, und die Naturgesetze, die er bei seinen Untersuchungen entdeckte, miteinander nicht kompatibel waren.

3. Die anthropologische Dynamik des Darwinismus

Die Tendenz, die Geobiologie auf die Anthropologie auszuweiten, war unausweichlich. Es waren Menschen, die die biologische Theorie der Artenvielfalt und -entwicklung erkannten und formulierten, und sie waren Teil genau dieser Entwicklung. Ebenso unausweichlich waren die Kriterien der Geobiologie: Der Aktualismus, der die Kontinuität der geobiologischen Entwicklung bis in die Gegenwart feststellte, endete – bislang – vor der Naturgeschichte des Menschen. Aber die Entstehung der Arten musste sich am Ende immer auf den Menschen beziehen; deshalb war es einerseits bemerkenswert, dass Darwin nach der Veröffentlichung von *Origin of Species* mehr als zehn Jahre zögerte, ehe er seine Anthropologie drucken ließ, andererseits war es aber durchaus verständlich, dass die biologischen Anthropologien im Anschluss an sein Werk geradezu ins Kraut schossen.

1863 erschienen Charles Lyells *Geological Evidences of the Antiquity of Man*. Im selben Jahr publizierte Thomas H. Huxley seine überaus erfolgreiche Essaysammlung *Man's Place in Nature*. 1866 veröffentlichte Ernst Haeckel seine *Generelle Morphologie*, zwei Jahre später wurde seine *Natürliche Schöpfungsgeschichte* gedruckt, die die Abstammung des Menschen ausführlich behandelte. 1871 kam dann endlich auch Darwins biologische Anthropologie heraus: *The descent of man, and selection in relation to sex*.

Charles Lyell: Archäologie und Anthropologie[16]

Lyell war als Geologe längst berühmt; er hätte sich auf seinen Lorbeeren ausruhen können, aber die epochale Publikation seines Freundes Darwin ließ ihm keine Ruhe. Er war sich über die anthropologischen Implikationen von Darwins Biologie durchaus im Klaren, konnte sie aber nicht teilen.[17]

Das Alter des Menschengeschlechts

Lyell gibt sich, wie immer, so auch hier in seiner Anthropologie, als Empirist. Seine Materialien sind bio-archäologischer Natur, und er schließt aus seinen Befunden auf das *Geologische Alter des Menschengeschlechts*. Für Lyell sind die Funde besonders wichtig, in denen Steinwerkzeuge und Menschenknochen in derselben Schicht wie die ausgestorbenen Tiere – Höhlenbär, Höhlenlöwe, Mammut, Flusspferd – gefunden wurden. Er kommt zu dem Ergebnis, dass er seine früher in den *Principles of Geology* vertretene Meinung, der Mensch sei erst deutlich nach diesen Tieren aufgetreten, revidieren muss. Er ist jetzt davon überzeugt, dass viele Indizien »auf das hohe Alter des paläolithischen Menschen hinweisen«.[18] Es finden sich nämlich Spuren menschlicher Besiedlung in Landschaften, die sich seither gänzlich verändert haben, die von nunmehr ausgestorbenen Tieren belebt waren und von einem bedeutend wärmerem Klima als das derzeitige geprägt waren (334 f.).[19]

16 Charles Lyell, *Das Alter des Menschengeschlechts auf der Erde und der Ursprung der Arten durch Abänderung nebst einer Beschreibung der Eis-Zeit in Europa und Amerika*, Leipzig: Verlag von Theodor Thomas ²1874. Engl. Titel: Charles Lyell, *Geological Evidences of the Antiquity of Man*, London 1863. Ludwig »Louis« Büchner hat das Buch bereits 1864 als erster übersetzt.

17 Edward Bailey, *Charles Lyell*, London: Nelson 1962, 191.

18 Lyell, *Alter des Menschengeschlechts*, 163.

19 Er fasst zusammen: »Es ist bereits klar, daß der Mensch in Europa gleichzeitig gelebt hat mit zwei jetzt ausgestorbenen Elefanten-Arten, E. primigenus und E. antiquus, ebenso mit drei deßgleichen Nashorn-Arten, Rh. tichorhinus, Rh. hemitoechus (Falc.), Rh. megarhinus, mit dem Höhlenbär, dem Höhlenlöwen und der Höhlenhyäne, mit verschiedenen, jetzt ausgestorbenen Stier-, Pferd- und Hirsch-Arten und mit vielen kleineren Fleischfressern, Nagethieren und Insectenfressern. Während diese langsam verschwanden, zogen der

Lyell behandelt in einem eigenen sehr kurzen Kapitel den Neandertaler, den er aber nicht recht einordnen kann. Er berichtet nur von seinem Schädel »von ungewöhnlicher Größe und Dicke, der Vorderkopf schmal und sehr niedrig, die Augenbrauen enorm vorragend.« (43). Die Schädelform deutet er als Vorstufe des europäischen Menschen oder als atavistische Rückbildung des Homo sapiens. Dass es sich um eine andere Gattung Mensch hätte handeln können, liegt außerhalb seiner Vorstellung.

Sobald der Mensch auftaucht, wird die Naturgeschichte zugleich zu einer Kulturgeschichte. Die Idee, Werkzeuge als Indikatoren von Kulturepochen zu betrachten, stammt, wie Lyell weiß, von skandinavischen Forschern (7).[20] Lyell betont, dass diese Kulturen sich sehr langsam entwickelt hätten – natürlich war die Steinzeit die längste Periode: »Aber wenn wir bedenken, wie wilde Rassen lange Zeiten ohne den mindesten, bemerkbaren Fortschritt verbringen, so werden wir geneigt sein, die Zeichen langer, verflossener Zeiträume auch in der Verschiedenheit der Vollendung sehr roher Werkzeuge zu erkennen« (337).

Lyell hatte in den ersten Auflagen seiner *Principles of Geology* gegen Lamarck nachdrücklich die These vom göttlichen Ursprung und der Stabilität der Gattungen vertreten. Unter dem Eindruck von Darwins *Origin of Species* sieht er sich nun gezwungen, diese Meinung zu revidieren. Er hat sich lange von der These verabschiedet, dass der Mensch erst seit 6.000 Jahren existierte. Die anthropologische Zeitspanne, die er konzediert, ist jetzt erheblich länger. Seit 1830 seien die biogeologischen Kenntnisse geradezu explodiert. Es gebe einen Wissenszuwachs, der »wahrscheinlich alles übertrifft, was früher bekannt war« (354 f.). Das betrifft vor allem die Definition von Spezies und Arten. Lyell stellt fest, »was Lamarck damals vorhersagte, ist eingetroffen: Je mehr neue Formen wir kennen, um so

Moschusochse, das Renthier und andere hochnordische Arten, welche noch leben, aus den Thälern der Themse und Seine nordwärts nach ihren gegenwärtigen kälteren Standorten.«

20 Christian Jürgensen Thomsen (1788–1865) war Begründer des sog. Dreiperiodensystems und der Einteilung der Vor- und Frühgeschichte in Steinzeit, Bronzezeit und Eisenzeit. Im Jahr 1836 erläuterte er seine Erkenntnisse in einem *Leitfaden zur nordischen Altertumskunde* (zunächst dänisch: *Ledetraad til nordisk Oldkyndighed.* Kopenhagen: Kongelige Nordiske Oldskriftselskab 1836, ein Jahr später deutsch). Sein System wurde danach von der Archäologie in ganz Europa übernommen und gilt in seinen Grundzügen bis heute.

weniger sind wir im Stande, zu sagen, was wir unter einer ›Art‹ und was wir unter einer ›Spielart‹ verstehen« (355).

Lamarck war davon ausgegangen, es gebe in der Natur ein metaphysisches Prinzip, das zur Vervollkommnung aller Arten dränge. Diese Metaphysik, mit der Lyell eigentlich sympathisieren müsste, gibt er nun auf zugunsten von Darwins Theorie des *struggle for survival*. Er fasst die Hauptthesen des *Origin of Species* noch einmal zusammen: Der an Malthus orientierte Kampf ums Dasein führe zur Anpassung der Spezies an ihre Umwelt und zur Entstehung neuer Rassen (380 f.). Es handle sich hier nicht um ein metaphysisches Fortschrittsmodell der Natur, sondern nur um Überleben durch Anpassung:

> Eins der hauptsächlichen Anrechte, welche Herrn Darwin's Theorie auf Annahme besitzt, besteht darin, daß sie uns der Zulassung eines Fortschrittgesetzes als nothwendigen Begleiters der Abänderung überhebt. Sie erklärt ebensowohl das, was man Entartung nennt oder eine rückläufige Bewegung nach einer einfacheren Bildung hin, und erfordert nicht Lamarck's fortwährende Monaden-Schöpfung (384).

Es bleibt Lyell unter diesen Bedingungen gar nichts anderes übrig, als auch den Menschen, zumindest in seiner physischen Verfassung, als natürliches Produkt der Evolution zu begreifen. Das gilt ihm zufolge aber nicht für die geistige Natur des Menschen.

Der göttliche Ursprung der Sprache

Sprache ist *das* besondere Merkmal des Menschen, und natürlich stellt sich für Lyell die Frage, wie denn das Verhältnis der Selektionstheorie zur Sprache ist, ob Sprache etwas sei, was den biologischen Gesetzen ebenso unterworfen ist wie die Artenentstehung. Lyell prüft also, ob Darwins Theorie des Ursprungs der Arten auch auf die Sprachen übertragen werden kann. Er führt das ›Arische‹ als die Ursprungssprache an, die »in den letzten Jahren ein Lieblingsgegenstand der Erörterung unter deutschen Philologen oder Sprachkundigen« (435) geworden sei. Sein Gewährsmann ist Max Müller, der gezeigt habe, dass das

> Lateinische selbst, sowohl wie das Griechische, Sanskrit, Zend (oder Baktrisch), Litthauische, Alt-Slawonische, Gothische und Armenische ebenso acht Spielar-

> ten eines gemeinschaftlichen und noch älteren Vorbildes sind, und das keines von ihnen der Vater der übrigen gewesen sein kann. (436)

Sprachen seien im Prinzip nicht so stabil wie die Rassen, aber die Sprachverwandtschaft könne dennoch rekonstruiert werden. Die Vielfalt der Sprachen entspreche der Vielfalt der Arten. Deshalb sieht er kein Indiz für einen gemeinsamen Sprachursprung der Menschheit: »Wenn alle bekannten Sprachen abgeleitet und keine ursprünglichen Schöpfungen sind, so muß jede von ihnen langsam in einem einzelnen geographischen Bezirk gereift« sein (448).

Das ist freilich keine Erklärung dafür, dass Sprache überhaupt entstanden ist. Der Ursprung der Sprache bleibt für Lyell ein Theologicum, und er erwägt, dass es nur aufgrund der Sprachfähigkeit einen Fortschritt der Menschheit gebe: »Fortschreitende Verbesserung der Sprache ist eine nothwendige Folge des Fortschritts des menschlichen Geistes von einem Geschlecht zum andern« (450). Zudem sieht er sich und seine Mitmenschen »immer noch sehr weit davon entfernt, alle Gesetze zu begreifen, welche die Bildung jeder Sprache regiert haben« (451). Lyell kann am Ende nur konstatieren, dass die Sprache das Kriterium ist, das Mensch und Tier unterscheidet. Die Entstehung der Sprache bleibt rätselhaft und wunderbar, und die Frage danach führt zu ausweglosen Aporien. Er führt Wilhelm von Humboldts Diktum an, dass »der Mensch Mensch ist nur durch das Mittel der Sprache, aber daß er, um die Sprache zu erfinden, schon Mensch sein mußte« (451).[21]

Die Entwicklung des Menschen zu einem sich verbessernden geistigen und sittlichen Wesen schreibt er einer Macht zu, die mit »Abänderung« und »natürliche[r] Auswahl« nicht verwechselt werden sollte:

> In unsern Versuchen, den Ursprung der Arten zu erklären, finden wir uns noch schneller im Angesicht der Thätigkeit eines Entwicklungsgesetzes von so erhabener Art, daß er fast in derselben Beziehung zu des Menschen beschränktem

21 Das Zitat stammt aus Wilhelm von Humboldts Abhandlung *Ueber das vergleichende Sprachstudium in Beziehung auf die verschiedenen Epochen der Sprachentwicklung* von 1820, in: *Werke in fünf Bänden,* Bd. 3: *Schriften zur Sprachphilosophie* (hg. v. Andreas Flitner/Klaus Giel), Darmstadt: Wiss. Buchges. 1963, 1–25, 11. S. o. 119.

> Verstande steht, wie die Gottheit selbst; ein Gesetz, welches fähig ist, neue und mächtige Kräfte, wie die sittlichen und Verstandeskräfte des menschlichen Geschlechts, einem natürlichen System hinzuzufügen, das bereits Millionen Jahre ohne die Dazwischenkunft irgend einer analogen (gleichartigen) Ursache im Ganzen gewesen war. Wenn wir ›Abänderung‹ oder ›natürliche Auswahl‹ mit solchen schöpferischen Gesetzen zusammenwerfen, so vergöttern wir secundäre (abgeleitete) Ursachen oder übertreiben ihren Einfluß in's Unmeßbare. (452)[22]

Und so ist es nur konsequent, dass Lyell seine Anthropologie mit einem Bekenntnis zu einem ursprünglichen Geist-Prinzip beschließt:

> Es mag ausgesprochen werden, daß, weit entfernt eine materialistische Tendenz zu haben, die angenommene, sich allmählich steigernde Einführung von Leben – Empfindung – Instinkt – Verstand der höheren Säugethiere – und zuletzt der vervollkommnungsfähigen Vernunft des Menschen selbst auf die Oberfläche der Erde in aufeinanderfolgenden geologischen Perioden oder Zeitaltern sich uns unter dem Bilde der stets anwachsenden Herrschaft des Geistes über die Materie darstellt. (506)[23]

Thomas Henry Huxley (1825–1895)[24]: Man's Place in Nature

Thomas Henry Huxley »Darwins Bulldogge«, war jemand, der die neue Wissenschaft mit großem Erfolg öffentlich machte. Er stammte aus einem anglikanischen Elternhaus und war gelernter Mediziner. Von 1846 bis1850 arbeitete er als Schiffsarzt und eignete sich auf seinen Fahrten seine umfassenden biologischen und geologischen Kenntnisse an. Anschließend machte er Karriere als Professor an verschiedenen Institutionen – an der Royal School of Mines, der Royal Institution und dem Royal College

22 Der Übersetzer Ludwig Büchner reagiert wütend auf diese Vorstellung, »welche einer gesunden Logik nicht zu überwindende Schwierigkeiten entgegensetzt. [...] Die angenommene erste oder Ur-Ursache liegt so gänzlich außerhalb jedes Bereiches unserer Erkenntniß, daß in wissenschaftlichen Dingen niemals der geringste Bezug auf sie genommen werden kann.« Lyell, *Alter des Menschengeschlechts,* 453.

23 Ludwig Büchner kommentiert: »Freilich nur in der Materie und durch die Materie«.

24 Die Essay-Sammlung *Evidence as to Man's Place in Nature* erschien zuerst 1863 (London: Williams & Norgate).

of Surgeons. 1860 wurde er auf einen Schlag berühmt durch seine in der Öffentlichkeit breit rezipierte Diskussion mit dem Bischof von Oxford, Samuel Wilberforce, über Darwins *Origin of Species.* Als Hauptvertreter des Agnostizismus – den Begriff setzte er durch – wurde er Mitglied zahlreicher europäischer Akademien und des X-Clubs, eines elitären Zirkels von Wissenschaftlern, die sich für die ideologische Aufwertung der Naturwissenschaften engagierten.

Seine Essaysammlung *Evidence as to Man's Place in Nature* erschien 1863,[25] vier Jahre nach Darwins *Entstehung der Arten,* und wurde ein großer Publikumserfolg. Darwin hatte in *Origin of Species* alle anthropologischen Konsequenzen seiner Theorie ausgespart, vor allem hatte er die Frage danach vermieden, wie denn das Verhältnis des Menschen zu seinen stammesgeschichtlichen Vorfahren beschrieben werden könne. Allerdings schrie seine Deszendenztheorie danach, die Frage zu beantworten, wie es mit dem Menschen in dieser Theorie stünde und welcher Platz ihm zukäme. Genau dieses tat – mit biologischer Kompetenz sowie der ihm eigenen Agressivität und stilistischen Brillanz – Darwins Freund Huxley. Es handelt sich bei dem Büchlein *Evidence as to Man's Place in Nature* um eine Sammlung von Aufsätzen, Vorträgen und um eine zusammenhängende Vorlesungsreihe.[26] Insgesamt ergibt sich daraus eine höchst kompetente populärwissenschaftliche Einführung in den Darwinismus.

Die Sammlung hat als Frontispiz die berühmte Skelettreihe (s. Abb. 3 auf Seite 189), die als Illustration für die Abstammung des Menschen Epoche machte: vom Gibbon, dem Orang-Utan, über den Schimpansen und den Gorilla bis zum Menschen. Für Huxley ist interessant, dass

25 Thomas Henry Huxley, *Man's Place in Nature and other Essays*, London: Dent & Co o. J. [1906].

26 Das Buch enthält 15 Vorlesungen und Essays:
Die Nummern IV–IX bilden eine fortlaufende Vorlesungsreihe, die anderen Artikel sind als eigenständige Texte konzipiert.

I. *On the Natural History of Man-Like Apes.*
II. *On the Relations of Man to the Lower Animals.*
III. *On Some Fossil Remains of Man.*
IV. *The Present Condition of Organic Nature.*
V. *The Past Condition of Organic Nature.*

der Gibbon, ein kleiner Affe, die größte Skelett- und Schädelähnlichkeit mit dem des Menschen hat, und dass die menschlichen Rassen keine wesentlichen Skelettverschiedenheiten untereinander aufweisen.

Zunächst beschreibt Huxley die *Natural History of Man-Like Apes*, d. h. die Entdeckung und Erforschung der Menschenaffen in der Kolonialgeschichte der Frühen Neuzeit. Man muss sich vergegenwärtigen, dass in der Mitte des 19. Jahrhunderts die Kenntnis dieser Tiere nur auf Beschreibungen und auf den wenigen Skeletten der getöteten Tiere beruhte, die in die europäischen Naturkundemuseen gelangt waren. Huxley vergleicht die Skelette und Schädel der Primaten untereinander sowie mit dem menschlichen Knochenbau und stellt fest, dass die menschlichen Skelette eine eng verwandte Klasse bilden und der Abstand von den Primaten erheblich ist.

Der Essay *On the Relation of Man to the Lower Animals* ist der anthropologisch bedeutendste der gesamten Sammlung. Huxley geht hier sehr sorgfältig vor. Er beginnt mit erheblichem existentiell-religiösen Naturpathos, das aus einem Katechismus stammen könnte – ›Wozu sind wir auf Erden‹?

> Die Frage aller Fragen der Menschheit, das Problem, das allen anderen zugrunde liegt und das tiefer greift als alle anderen, ist die Bestimmung des Ortes, den der

VI. *The Method by Which the Causes of the Present and Past Conditions of Organic Nature are to be Discovered. – The Origination of Living Beings.*
VII. *The Perpetuation of Living Beings, Hereditary Transmission and Variation.*
VIII. *The Conditions of Existence as Affecting the Perpetuation of Living Beings.*
IX. *A Critical Examination of the Position of Mr. Darwin's Work »On the Origin of Species« in Relation to the Complete Theory of the Causes of the Phenomena of Organic Nature.*
X. *On the Educational Value of the Natural History Sciences (Lecture delivered at St. Martin's Hall, July 22, 1854).*
XI. *On the Persistent Types of animal Life (Lecture delivered at the Royal Institution, June 3, 1854).*
XII. *Time and Life (Macmillan's Magazine, December 1859).*
XIII. *Darwin on the Origin of Species (Westminster Review, April 1860).*
XIV. *The Darwinian Hypothesis (Times, December 26, 1859).*
XV. *A Lobster; or, the Study of Zoology (Lecture delivered at South Kensington Museum, May 14, 1860).*

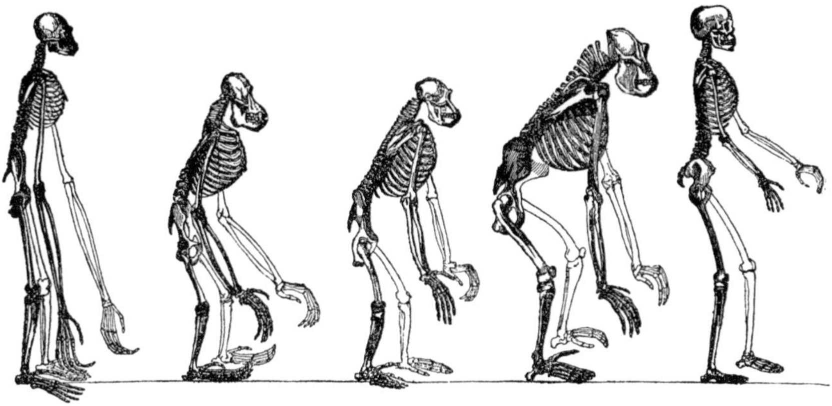

Abb. 3: *Schema der Abstammung des Menschen von Thomas Henry Huxley (1863)*

> Mensch in der Natur einnimmt und seiner Beziehungen zum Universum der Dinge. Woher stammt unsere Rasse, wo liegen die Grenzen unserer Macht über die Natur und der Natur über uns, welches ist unser Ziel. Das sind die Probleme, die sich allen irdischen Menschenkindern ständig neu und in unverminderter Intensität stellen. (52)[27]

Nicht, dass er diese Fragen wirklich beantwortete, aber Huxley suggeriert, die Natur beantworte diese Probleme durch ihre Entwicklungsgeschichte. Deshalb stellt er den Bauplan des Lebens vor, wie er ihn kennt. Er beginnt mit der befruchteten Zelle als Baustein des organischen Lebens[28] und beschreibt dann die Entwicklung von Säugetieren, wobei er feststellt,

27 »The question of questions for mankind – the problem which underlies all others, and is more deeply interesting than any other – is the ascertainment of the place which Man occupies in nature and of his relations to the universe of things. Whence our race has come; what are the limits of our power over nature, and of nature's power over us; to what goal we are tending; are the problems which present themselves anew and with undiminished interest to every man born into the world.«

28 Zur Frage des organischen Lebens äußert er sich später und stellt dann fest, dass die Biologie seiner Zeit den Übergang von der Chemie zur Biologie nicht beschreiben kann.

dass die Frühentwicklung bei allen Wirbeltieren gleich verläuft.[29] Die menschliche Entwicklung entspricht der der Säugetiere, und es ist für Huxley evident, »that the Ape which most nearly approaches man, in the totality of its organization, is either the Chimpanzee or the Gorilla« (65).

Er versucht nun, die Eigenart der jeweiligen Spezies der Primaten quantitativ zu bestimmen: die Proportionen der jeweiligen Skelette, die Form des Rückgrates, des Beckens, die Extremitäten und die Greifhand mit dem Daumen, vor allem den Schädel (s. Abb. 4 auf der nächsten Seite) und die Zähne, ihre Anzahl und Funktion. Sein Ergebnis lautet:

> Welches Organsystem auch immer wir erforschen, der Vergleich mit der Reihe der Affen führt immer zum selben Ergebnis, dass nämlich die strukturellen Unterschiede, die den Menschen vom Gorilla und vom Schimpansen unterscheiden, geringer sind als die, die den Gorilla von niedrigeren Affenarten trennen. (96)[30]

Dieses Ergebnis wird nun in den Darwinismus eingeordnet. Darwin habe an zahllosen Beispielen überzeugend dargetan, dass und wie das Selektionsprinzip in der Natur neue Arten hervorbringe. Der Mensch falle unter dieses Prinzip. Darwin habe mit der Selektion das Wirkprinzip der Natur beschrieben (99).[31] Huxley hat sicher Recht, wenn er Darwin mit Kopernikus vergleicht:

> Soweit ich sehe, passen Mr. Darwins Hypothesen nicht allein mit allen biologischen Tatsachen zusammen, sondern sie verbinden die Tatsachen der

29 Diese Einischt entspricht dem phylogenetischen Grundgesetz Haeckels. Siehe u. »Ernst Haeckel (1834–1919): Monismus als Religion«, 202–213.

30 »Thus, whatever system of organs be studied, the comparison of their modifications in the ape series leads to one and the same result – that the structural differences which separate Man from the Gorilla and the Chimpanzee are not so great as those which separate the Gorilla from lower apes«.

31 »It cannot be doubted, I think, that Mr. Darwin has satisfactorily proved that what he terms selection, or selective modification, must occur, and does occur, in nature; and he has also proved to superfluity that such selection is competent to produce forms as distinct, structurally, as some genera even are. If the animated world presented us with none but structural differences, I should have no hesitation in saying that Mr. Darwin had demonstrated the existence of a true physical cause, amply competent to account for the origin of living species, and of man among the rest.«

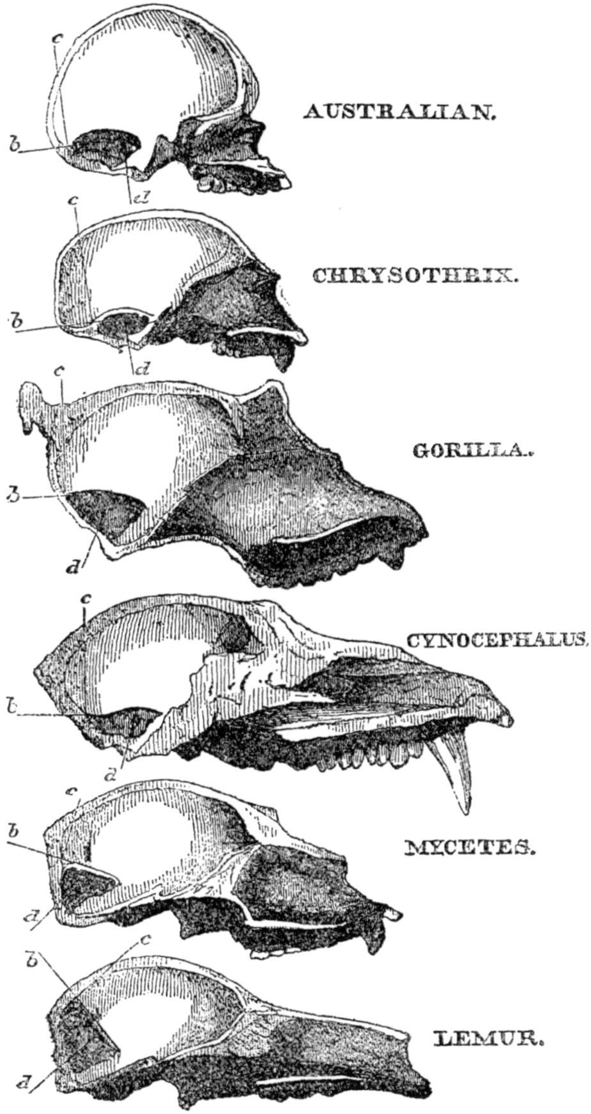

Abb. 4: *Schädelentwicklung vom Lemuren zum Austral-Menschen von Thomas Henry Huxley (1863)*

Entwicklung mit denen der vergleichenden Anatomie, der geographischen Verteilung und der Paläontologie und erklären sie so präzise wie keine Theorie zuvor. Ich bin fest davon überzeugt, dass seine Hypothesen so nahe an der Wahrheit sind wie zum Beispiel der Kopernikanismus mit seiner Theorie der Planetenbewegung. (100)[32]

Die theologischen Konsequenzen des Darwinismus sind Huxley bewusst. Er höre, sagt er, das Geschrei von allen Seiten:

> Wir sind Frauen und Männer und nicht bloß eine bessere Affenart, unsere Beine sind etwas länger, unserer Füße kompakter, unser Gehirn größer als das deiner wilden Schimpansen und Gorillas. Die Kraft der Erkenntnis, das Bewusstsein von Gut und Böse, die Zartheit menschlicher Gefühle erheben uns über alle Tiere, auch wenn sie uns noch so ähnlich sehen. (101 f.)[33]

Huxley entgegnet auf diese Einwände, dass für diese geistigen Fähigkeiten die Anatomie, die er hier dargestellt habe, völlig gleichgültig sei. Zwischen den zivilisierten Säugetieren und den wilden Säugetieren gebe es zwar einen breiten Graben (*vast gulf*); aber die »unity of origin of man and brutes« stehe für ihn fest. Die Besonderheit des Menschen durch die Schöpfung Gottes sei nichts als ein Vorurteil,

> mehr noch: wenn Du als denkender Mensch erst einmal von den traditionellen Vorurteilen befreit bist, wirst du überzeugt sein, dass die niedrige Natur der Grund ist, aus dem der Mensch mit allen seine glänzenden Fähigkeiten emporkam, und du wirst den weiten Weg durch die Vergangenheit verstehen, der die Ursache dafür ist, dass wir einer edlen Zukunft zustreben. (103)[34]

32 »Now, Mr. Darwin's hypothesis is not, so far as I am aware, inconsistent with any known biological fact; on the contrary, if admitted, the facts of Development, of Comparative Anatomy, of Geographical Distribution, and of Palaeontology, become connected together, and exhibit a meaning such as they never possessed before; and I, for one, am fully convinced, that if not precisely true, this hypothesis is as near an approximation to the truth as, for example, the Copernican hypothesis was to the theory of planetary motions.«

33 »We are men and women, not a mere better sort of apes, a little longer in the leg, more compact in the foot, and bigger in brain than your brutal Chimpanzees and Gorillas. The power of knowledge – the conscience of good and evil – the pitiful tenderness of human affections, raise us out of all real fellowship with the brutes, however closely they may seem to approximate us.«

34 »Nay more, thoughtful man, once escaped from the blinding influences of traditional

Huxley polemisiert vor allem gegen die Physica Mosaica. Die Bibel sei falsche Mythologie, die mit dem Anspruch daherkomme, es handle sich um Naturkunde. Die griechische Mythologie erhebe ja keinen Anspruch auf Wahrheit,

> aber die gleichzeitigen Phantasien, die die rohen Einwohner Palästinas hatten, die von Schreibern übermittelt sind, deren Namen und Alter, wie jeder Gelehrte zugibt, nicht bekannt sind, haben unglücklicherweise ein anderes Schicksal gehabt und sie werden noch heutzutage von neun Zehnteln der zivilisierten Welt als auf maßgebliche Autorität gestützte Tatsachen und als wissenschaftlich bewiesen betrachtet; und das betrifft die Entstehung aller Dinge, darunter auch die der Arten. Wir leben im 19. Jahrhundert, und angesichts der Blüte der Naturwissenschaft ist die halbbarbarische Kosmogonie der Hebräer der Incubus der Philosophie und die Schande der Orthodoxie. Wer kann die geduldigen und ernsten Wahrheitssucher von Galilei bis heute zählen, denen der fanatische Eifer der Bibelfrommen das Leben vergällt und den Namen verschandelt hat. (318 f.)[35]

August Schleicher als linguistischer Darwinist

Es herrscht in allen anthropologischen Erwägungen des Darwinismus in einem Punkte Einigkeit: Der Mensch unterscheidet sich vom Tier durch die Sprache. Freilich ist damit allerdings noch nicht viel über die Stellung

prejudice, will find in the lowly stock whence man has sprung, the best evidence of the splendour of his capacities; and will discern in his long progress through the Past, a reasonable ground of faith in his attainment of a nobler Future.«

35 »[...] but the coeval imaginations current among the rude inhabitants of Palestine, recorded by writers whose very name and age are admitted by every scholar to be unknown, have unfortunately not yet shared their fate, but, even at this day, are regarded by nine-tenths of the civilized world as the authoritative standard of fact and the criterion of the justice of scientific conclusions, in all that relates to the origin of things, among them, of species. In this nineteenth century, as at the dawn of physical science, the cosmogony of the semi-barbarous Hebrew is the incubus of the philosopher and the opprobrium of the orthodox. Who shall number the patient and earnest seekers after truth from the days of Galileo until now, whose lives have been embittered and their good name blasted by the mistaken zeal of the Bibliolaters?«

der Sprache im Darwinismus gesagt. Denn es gibt zwei Probleme, die sich in folgenden Fragen formulieren lassen: 1. Lässt sich der Ursprung der Sprache mit den darwinistischen Auslesekategorien erklären? 2. Unterliegen die Sprachen den Auslesekriterien, die Darwin als Entstehungsgrund für die Arten der Lebewesen beschrieben hat? Die erste Frage erweist sich auch bei überzeugten Darwinisten als nicht lösbar; die zweite hingegen wird als lösbar beschrieben: Die Prinzipien des Darwinismus gelten auch für die Genealogie und die Verhältnisbestimmung der menschlichen Sprachen.

August Schleichers Abhandlung *Die Darwinsche Theorie und die Sprachwissenschaft*[36] ist zwar nur ein schmales Heftchen von 29 Seiten, aber es handelt sich um ein ideologisches Spitzenstück, denn es zeigt das Selbstverständnis des Philologen als Naturwissenschaftler und ist zugleich ein sehr frühes Zeugnis für die interdisziplinäre Wirkung Darwins.

Die intellektuelle Ausstrahlung der Naturwissenschaften auf die Wissenschaften, die später Kulturwissenschaften heißen werden, war schon vor Darwins Ruhm erheblich. Ebenso wie Schleicher deklarierte auch Max Müller in seinen Vorlesungen über die Wissenschaft der Sprache: »Die Sprachwissenschaft gehört zu den Naturwissenschaften«.[37] August Schleicher war mit Ernst Haeckel befreundet. Dieser, schon 1860 ›Monist‹, d. h. Vertreter einer Theorie der dynamischen Leib-Seele-Einheit, hatte von Beginn an die Bedeutung von Darwins *Ursprung der Arten* erkannt und seinen Freund dazu gedrängt, sich dessen Theorie in Bezug auf die Sprachwissenschaft anzuschauen. Offensichtlich fiel dieser Vorschlag auf fruchtbaren Boden. Schleicher hatte 1860, ehe er Darwins Theorie kannte, in *Die deutsche Sprache* beschrieben, dass einige Sprachformen sich erfolg-

36 August Schleicher, *Die Darwinsche Theorie und die Sprachwissenschaft. Offenes Sendschreiben an Herrn Dr. Ernst Häckel, a. o. Professor der Zoologie und Director des Zoologischen Museums an der Universität Jena,* Weimar: Böhlau 1863. Schleicher verteidigt seine Thesen zwei Jahre später in einer kleinen Broschüre: August Schleicher, *Über die Bedeutung der Sprache für die Naturgeschichte des Menschen*, Weimar: Böhlau 1865.

37 Max Müller, *Vorlesungen über die Wissenschaft der Sprache*. Bd. 1, Leipzig: Gustav Mayer 1866, S. 1, Überschrift der ersten Vorlesung.

reich ausbreiteten und andere untergingen, und nun, nach der Lektüre des *Ursprungs der Arten*, fand er seine Sprachtheorien biologisch bestätigt.[38]

Schleichers Hauptargument ist eine Art metaphysischer Analogie: Sprachen seien Organismen wie Pflanzen. Diese Wesensbestimmung mache die Sprachen für die darwinistische Deutung geeignet:

> Die Sprachen sind Naturorganismen, die, ohne vom Willen des Menschen bestimmt zu sein, entstunden, nach bestimmten Gesetzen wuchsen und sich entwickelten und wiederum altern und absterben; auch ihnen ist jene Reihe von Erscheinungen eigen, die man unter dem Namen ›Leben‹ zu verstehen pflegt. Die Glottik, die Wissenschaft der Sprache, ist demnach eine Naturwissenschaft; ihre Methode ist im Ganzen und Allgemeinen dieselbe, wie bei den übrigen Naturwissenschaften.[39] So konnte mir denn auch das Studium des Darwinschen Buches, zu dem Du [sc. Ernst Haeckel] mich veranlassest, nicht als meinem Fache allzu ferne liegend erscheinen. (6 f.)

Schleicher bekennt sich enthusiastisch zum Darwinismus, freilich in der Haeckel'schen Variante des Monismus (8).[40] Er kennt auch die geologischen Hintergründe des Darwinismus bei Lyell, von dem er die Theorie des Aktualismus übernimmt und für die Sprachgeschichte fruchtbar macht: »Lyell hat bekanntlich auch das Leben unseres Planeten als eine Reihe ganz allmählich verlaufender Veränderungen dargestellt; ein ruckweises, plötzli-

38 Vgl. Schleicher, *Die Darwinsche Theorie und die Sprachwissenschaft*, 4: »Von den sprachlichen Organismen gelten nämlich ähnliche Ansichten, wie sie Darwin von den lebenden Wesen überhaupt ausspricht, theils fast allgemein, theils habe ich zufällig im Jahre 1860, in welchem die deutsche Übersetzung von Darwins Werk erschien, über den ›Kampf ums Dasein‹, über das Erlöschen alter Formen, über die große Ausbreitung und Differenzierung einzelner Arten auf sprachlichem Gebiete mich in einer Weise ausgesprochen, welche, den Ausdruck abgerechnet, mit Darwins Ansichten in auffälliger Weise zusammenstimmt.«

39 Schleicher merkt an: »Von der Philologie, einer historischen Disciplin, ist hier natürlich nicht die Rede.«

40 »Die Richtung des Denkens der Neuzeit läuft unverkennbar auf Monismus hinaus. [...] es gibt weder Geist noch Materie im gewöhnlichen Sinne, sondern nur eines, das beides zugleich ist«. Die Behauptung Darwins, dass sich seine Theorie mit der Schöpfung vereinbaren lasse, hält er für einen »Widerspruch Darwins mit sich selbst«. Die »Vorstellung allmählichen Werdens der Naturorganismen« lasse sich »keineswegs mit der Schöpfung aus dem nichts vereinigen«. Schleicher, *Die Darwinsche Theorie und die Sprachwissenschaft*, 7.

ches Eintreten neuer Lebensphasen finde hier eben so wenig statt, als im Leben anderer Naturorganismen« (10). Und er stellt fest:

> Was Lyell für die Lebensgeschichte der Erde, das hat Darwin für die Lebensgeschichte der Bewohner der Erde ausgeführt. [...] Das, was Darwin für die Arten der Thiere und Pflanzen geltend macht, gilt aber nun auch, wenigstens in seinen hauptsächlichsten Zügen, für die Organismen der Sprachen. (11)

Schleicher wollte sich wohl als Darwin der Sprachwissenschaften stilisieren. Er stellt jedenfalls eine Reihe von Klassifikationsanalogien auf: Die biologische Gattung entspreche dem Sprachstamm bzw. der Sprachsippe, die Arten einer Gattung den Sprachen eines Stammes; und im Übrigen sei selbst die Uneinigkeit zwischen den Sprachforschern und Botanikern über das, was nun ein Stamm und eine Art sei, ein Beleg für die Verwandtschaft beider Wissenschaften. Und so habe er, Schleicher, wie Darwin, einen Sprachstammbaum aufgeführt, denn

> [e]s zweifelt niemand mehr daran, dass die ganze Sippe der indogermanischen Sprachen indisch, eranisch (persisch, armenisch u. s. w.), griechisch, italisch (lateinisch, oskisch, umbrisch samt Tochtersprachen des ersteren), keltisch, slawisch, litauisch, germanisch oder deutsch, also eine Sippe, die aus zahlreichen Arten, Unterarten und Varietäten besteht, von einer einzigen Grundform, der indogermanischen Ursprache, ihren Ausgang genommen habe; dasselbe gilt von den Sprachen der semitischen Sippe, zu welcher bekanntlich hebräisch, syrisch und chaldäisch, arabisch u. s. f. gehören, sowie von allen Sprachsippen und Sprachstämmen überhaupt. (13 f.)

Die indogermanische Ursprache sei eine Reihe von Generationen gesprochen worden. Das Volk habe sich vermehrt und sei in verschiedene Regionen divergiert, so dass sich die Sprachen mit dieser Wanderung auch verändert hätten. Das Ergebnis dieser Wanderung zeige sich im Sprachenstammbaum (s. Abb. 5 auf Seite 198/199).

Das Material, an dem sich die Entwicklung dieser Sprachen aus der einen Ursprache nachweisen lasse, seien die Sprachwurzeln. Alle Sprachen hätten von diesen Wurzeln ihren Ausgang genommen: Es »waren Bedeutungslaute, einfache Lautbilder für Anschauungen, Vorstellungen, Begriffe, die in jeder Beziehung, d. h. als jede grammatische Form fungieren konnten, ohne dass für diese Functionen ein lautlicher Ausdruck, so zu sagen ein Organ, vorhanden war« (22). Diese Wurzeln, stellt Schleicher fest, entsprächen den Zellen des biologischen Organismus. Durch Variationen dieser Wurzeln, etwa durch Verdoppelungen und Verbindungen mit anderen Sprachelementen, die im Prozess der Anlagerung die Bedeutung der Wurzel variierten, seien die Flexionen entstanden. Die Vielzahl der Sprachwurzeln in den verschiedenen Sprachen macht es für Schleicher zwar unmöglich, eine einheitliche Ursprache vorauszusetzen, aber einheitlich ist die Wurzelform aller Ursprachen – eben wie die Zellen in allen Organismen.[41]

Wie die Organismen der Biologie, stellt Schleicher fest, kämpfen auch die Sprachen um ihr Dasein – und er kennt auch den Sieger: die indogermanischen Sprachen: »In der gegenwärtigen Lebensperiode der Menschheit sind vor allem die Sprachen indogermanischen Stammes die Sieger im Kampf ums Dasein; sie sind in fortwährender Ausbreitung begriffen und haben bereits zahlreichen andern Sprachen den Boden entzogen« (28).

Schleichers Thesen blieben nicht unwidersprochen. Zwei Jahre nach seinem offenen Brief an Haeckel verteidigte Schleicher seine Thesen in einem Vortrag, den er drucken ließ: *Über die Bedeutung der Sprache für die Naturgeschichte des Menschen*.[42] Inzwischen war Huxleys *Evidence of Man's Place in Nature* erschienen und sofort ins Deutsche übersetzt worden.[43] Schleicher wendet Huxleys Thesen entschlossen auf die Sprachwissenschaft an. Er insistiert darauf, dass es sich bei der Sprachwissenschaft, die er Glottik nennt, um eine deskriptive Naturwissenschaft handle, und natürlich ist sein Muster die Biologie. Er geht von Gehirn und Sprachorganen als den physiologischen Bedingungen der Sprache aus. Die Sprache ist eine Wirkung dieser Organe und ihre Erscheinungsform als Sprache ist der Laut. Insofern sind Sprachen »als etwas materiell Existierendes zu betrachten« (10).

41 Schleicher, *Die Darwinsche Theorie und die Sprachwissenschaft*, 24: »die einfache Zelle ist wohl die gemeinsame Urform derselben (scil. der pflanzlichen und thierischen Organismen), wie die einfache Wurzel der Sprachen.«

42 August Schleicher, *Über die Bedeutung der Sprache für die Naturgeschichte des Menschen*, Weimar: Böhlau 1865.

43 Thomas Henry Huxley, *Zeugnisse für die Stellung des Menschen in der Natur. Drei Abhandlungen*, übers. v. Julius Victor Carus, Braunschweig: Vieweg 1863.

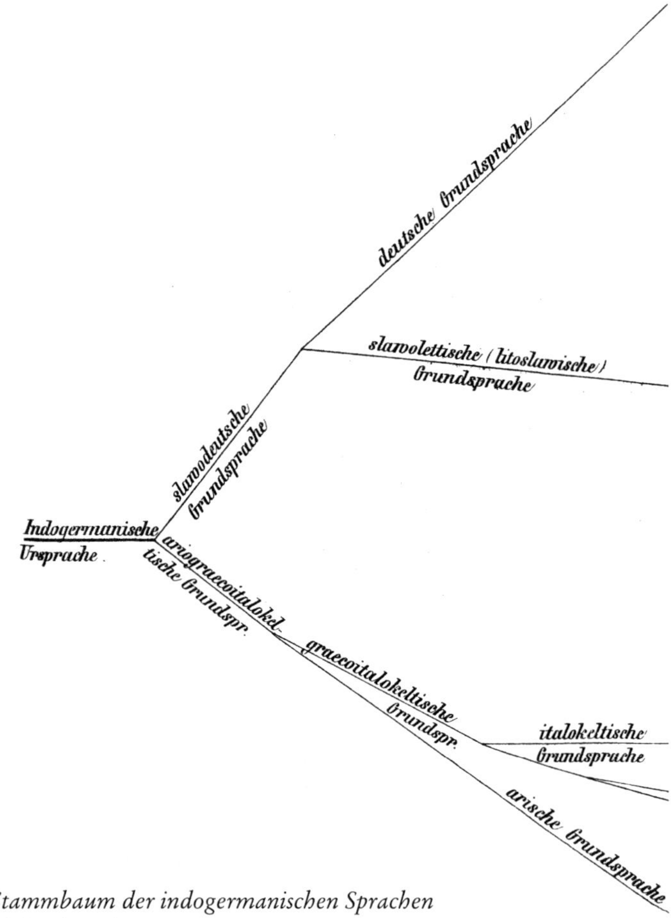

Abb. 5: *Großer Stammbaum der indogermanischen Sprachen von August Schleicher (1863)*

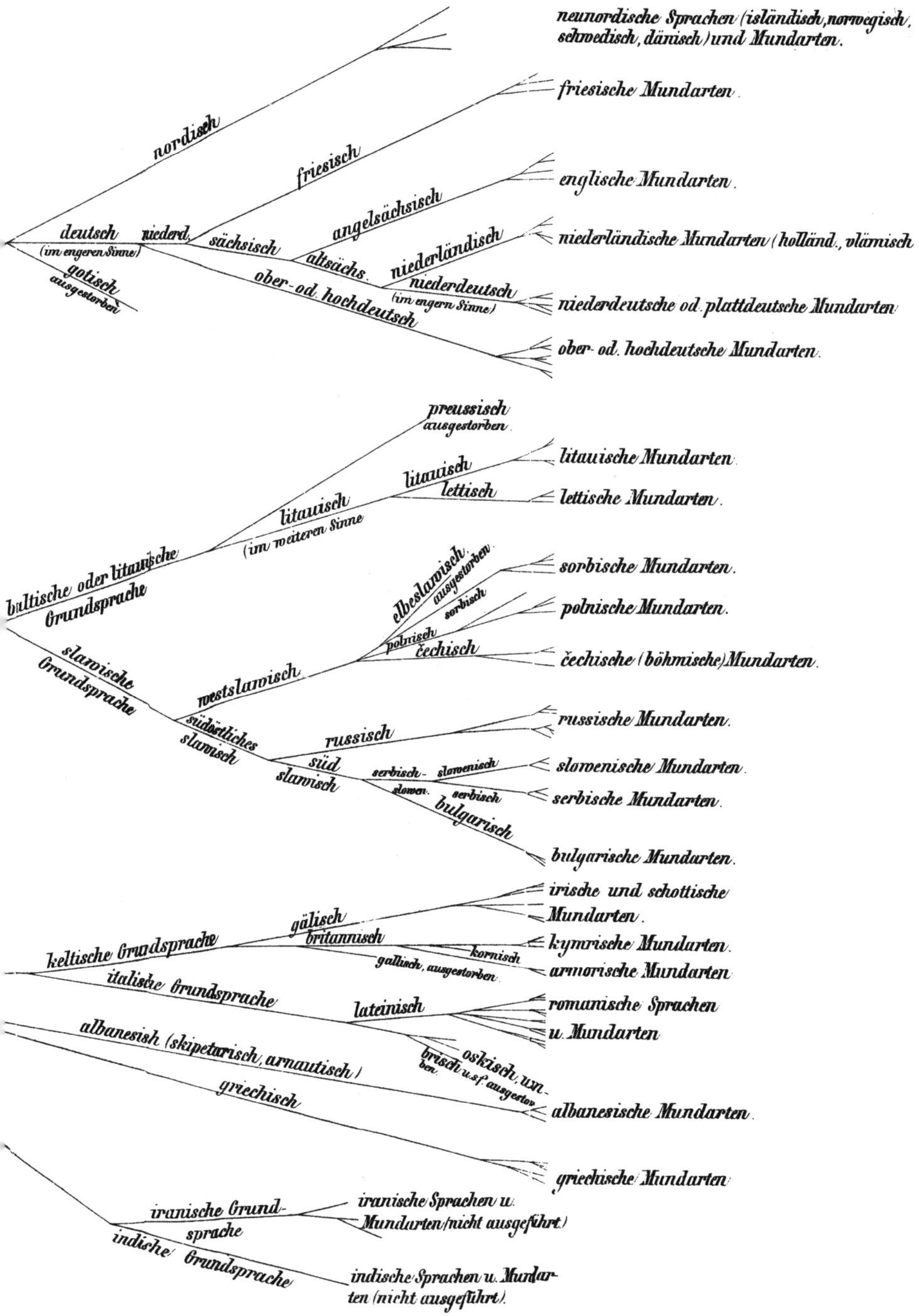

neunordische Sprachen (isländisch, norwegisch, schwedisch, dänisch) und Mundarten.
nordisch
friesische Mundarten.
friesisch
englische Mundarten.
angelsächsisch
niederländische Mundarten (holländ., vlämisch
niederländisch
niederdeutsche od. plattdeutsche Mundarten
niederdeutsch (im engern Sinne)
ober- od. hochdeutsche Mundarten.
deutsch (im engeren Sinne)
niederd.
sächsisch
altsächs.
ober- od. hochdeutsch
gotisch ausgestorben
preussisch ausgestorben.
litauische Mundarten.
litauisch
lettisch
lettische Mundarten.
litauisch (im weiteren Sinne
baltische oder litauische Grundsprache
sorbische Mundarten.
elbeslawisch ausgestorben
sorbisch
polnische Mundarten.
polnisch
čechisch
čechische (böhmische) Mundarten.
westslawisch
slawische Grundsprache
russische Mundarten.
südöstliches slawisch
russisch
süd slawisch
serbisch-slowen.
slowenisch
slowenische Mundarten.
serbisch
serbische Mundarten.
bulgarisch
bulgarische Mundarten.
irische und schottische Mundarten.
gälisch
britannisch
kymrische Mundarten.
kornisch
gallisch, ausgestorben.
armorische Mundarten
keltische Grundsprache
italische Grundsprache
lateinisch
romanische Sprachen u. Mundarten
oskisch, umbrisch u. s. f. ausgestorben.
albanesish (skipetarisch, arnautisch)
albanesische Mundarten.
griechisch
griechische Mundarten
iranische Grundsprache
iranische Sprachen u. Mundarten (nicht ausgeführt.)
indische Grundsprache
indische Sprachen u. Mundarten (nicht ausgeführt).

Sprache und Physiologie sind, wie er betont, habituell aufs Engste verbunden. Schleicher bezweifelt, dass man überhaupt eine zweite Sprache so gut lernen könne wie die Muttersprache, weil schon in der frühen Kindheit die Formung der Physiologie in Hirn, Mund und Ohr durch die Sprache erfolge. Indogermanische Schwestersprachen lernten sich noch vergleichsweise perfekt, aber Sprachen mit nicht-verwandten Stämmen, etwa Chinesisch oder ozeanische Sprachen, könne man nie mit derselben inneren Formung neu lernen, wie sie die Muttersprache zustande gebracht hätte.

Die Sprachphysiologie ist freilich nur die Außenseite von Schleichers Sprachanthropologie. Viel entscheidender ist seine Idee, man könne das gesamte Menschengeschlecht nach den Sprachen ordnen: »Ist aber die Sprache das humanum kat'exochen, so liegt der Gedanke nahe, ob nicht von ihr gerade der Eintheilungsgrund für eine wissenschaftliche systematische Anordnung der Menschheit herzunehmen sei, ob wir nicht in der Sprache die Grundlage eines natürlichen Systems der gens homo gefunden haben« (16). Körperliche Merkmale – etwa Schädelformen oder Hautfarbe – taugten nicht zur Klassifikation des spezifisch Menschlichen: »Das natürliche System der Sprachen ist zugleich das natürliche System der Menschheit« (17 f.).

Sprache hat eine Entstehungsgeschichte. Zwar lässt sich der Beginn der Sprache nicht feststellen, aber die Sprache ist das Unterscheidungsmerkmal zwischen Anthropoiden und Menschen. Hier nimmt Schleicher eine klare Trennung vor.[44] Und die »vergleichende Anatomie der Sprachen weist nach, dass die höher organisierten Sprachen aus einfacheren Sprachorganismen ganz allmählich, wahrscheinlich im Verlauf sehr langer Zeiträume sich entwickelt haben« (19 f.). Sprachen sind nicht irgendwann erfunden worden, alle Konventionstheorien über Sprache sind sinnlos: »Das Aelteste, woraus Sprachen entstunden, sind Laute zur Bezeichnung von Anschauungen und Begriffen.« Wortarten, Deklinationen, Konjugationen sind spätere Zusätze zu den Urwurzeln.[45]

44 Diese These ist bemerkenswert angesichts der variablen Gattungsgrenzen in der Biologie, die für den Darwinismus charakteristisch sind. Und in der Tat liegt hier bei Schleicher ein Problem, das er mit Lyell, Huxley und Darwin teilt.

45 Diese Theorie hat er ausführlich in »Die deutsche Sprache« dargestellt. S. o., 137–148.

Nicht alle Sprachen sind auf eine Ursprache zurückzuführen. Wie von einer Vielzahl von Gattungen, so ist auch von einer Vielzahl von Sprachen auszugehen. Schleicher postuliert einen zeitlichen Korridor, weil die Entstehung neuer Sprachen »nur in jener Periode stattfinden konnte, als der Mensch überhaupt zum Menschen ward« (23).

Diese These ist bemerkenswert, und sie zeigt erneut das Dilemma der Sprachursprungstheorien. Bei aller Variabilität der Gattungen, die den Darwinismus auszeichnet, ist der Mensch doch in einer Sonderrolle. Die Definition des Menschen durch die Sprache hat etwas Dezisionistisches, denn Schleichers Definition von Sprache als »unmittelbarer Gefühlsausdruck durch den Laut« (14) und »Gedankenausdruck durch Worte« als das »einzige ausschließliche Charakteristicum des Menschen« (ebd.) ist für die Definition der Sprache als spezifisch menschlich ungenügend. Laute als Gedanken- und Gefühlsausdruck gibt es bei allen höher entwickelten Tieren. Die Kombination von Kommunikation, Denomination und Ausdruck, die zu einer distinkten Begrifflichkeit führt, ist das Minimum, das für die menschliche Sprache erforderlich ist. Die Schwierigkeit, diese Komplexität nicht beschreiben zu können, teilt Schleicher mit allen Sprachursprungstheoretikern, auch mit Darwin, Huxley und Haeckel.

Mit dem Dilemma des Sprachursprungs sei es allerdings nach Schleicher, wie es wolle. Für den Darwinisten ist es wichtiger, dass Sprachen untergehen, wenn sie den Kampf ums Dasein nicht bestehen, und dass es sich bei den Sprachen, die überleben, um Variationen von leistungsfähigen alten Sprachen handelt, die sich im natürlichen Prozess der Kommunikation weiterentwickeln. Das natürliche »Sprachleben« vollziehe sich »in allen Individuen, welche die Sprache reden, spontan und in übereinstimmender Weise« (24). Dieses Leben ist ähnlich wie Fauna und Flora in der Biologie regional verwurzelt.

So entwickelt sich die Sprache für Schleicher in drei Perioden von der Formung der Physiologie über die Urgeschichte zur Kulturgeschichte:

> 1) die Periode der Entwickelung des körperlichen Organismus nach seinen wesentlichen Zügen, wahrscheinlich von ungleich längerer Zeitdauer als die folgende Periode und hier von uns nur der Kürze wegen als ein Abschnitt betrachtet; 2) die Periode der Entwicklung der Sprache; 3) Die Periode des

> geschichtlichen Lebens, in deren Anfängen wir noch stehen und in welche manche Völker der Erde noch nicht eingetreten zu sein scheinen (28).

Mit diesem Entwicklungschema ist die Kulturgeschichte vollends in die Naturgeschichte integriert.

Ernst Haeckel (1834–1919): Monismus als Religion

Biographisches

Ernst Haeckel[46] ist ohne Zweifel einer der einflussreichsten Naturideologen des 19. Jahrhunderts. Er wird vom Biologen immer stärker zum Religionsverkünder. Diese Entwicklung vom Wissenschaftler zum Propheten teilt er mit Auguste Comte, David Friedrich Strauß, Friedrich Engels und mit Nietzsche. Haeckels besondere Bedeutung besteht darin, dass er als hervorragender Biologe zugleich eine Naturreligion predigte, die die gesellschaftsreformerischen humanistischen Ideen Comtes mit Goethe'schem spinozistischem Geist und biologischen Entwicklungsgesetzen koppelte. Seine Bücher sind, wie im 19. Jahrhundert zumal in Deutschland üblich, meistens als sehr gut verständliche Vorlesungen für ein breites Publikum geschrieben und auch tatsächlich gehalten worden. Ihr Reiz besteht darin, dass sie als biologische Enzyklopädien verfasst sind, die den jeweiligen neuesten Stand der biologischen Forschung mit klaren weltanschaulichen Positionen verbinden. Sie beginnen sämtlich mit der Darstellung des Siegeszugs des Darwinismus, als dessen Vorläufer immer die Naturphilosophien

46 Siehe Rainer Willmann/Julia Voss, *The Art and Science of Ernst Haeckel* (hg. v. Benedikt Taschen), Köln: Taschen 2017; Arnher E. Lenz/Volker Mueller (Hg.), *Darwin, Haeckel und die Folgen. Monismus in Vergangenheit und Gegenwart*, Neustadt am Rübenberge: Angelika Lenz 2006; Bernhard Kleeberg, *Theophysis. Ernst Haeckels Philosophie des Naturganzen*, Köln: Böhlau 2005; Andreas W. Daum, *Wissenschaftspopularisierung im 19. Jahrhundert. Bürgerliche Kultur, naturwissenschaftliche Bildung und die deutsche Öffentlichkeit 1848–1914*, München: Oldenbourg 1998; Erika Krauße, *Ernst Haeckel.* (Leipzig: Teubner 1984. (Biographien hervorragender Wissenschaftler und Mediziner 70); Paul Ziche (Hrsg), *Monismus um 1900. Wissenschaftskultur und Weltanschauung*, Berlin: VWB 2000; Heiko Weber, *Monistische und antimonistische Weltanschauung. Eine Auswahlbibliographie*, Berlin: VWB 2000.

Goethes, Lamarcks und Lyells figurieren. Die wiederkehrenden Elogen genau dieser prädarwinistischen und darwinistischen Entwicklungstheorien sind ein Teil von Haeckels Wissenschafts- und Weltanschauungspolitik: in diesem Kanon präsentiert er sich selbst als den Biologen, der die Welträtsel zu lösen in der Lage ist.

Haeckel wurde 1834 in Potsdam in eine Beamtenfamilie hineingeboren,[47] studierte zunächst Medizin in Berlin, wo er den Biologen und Physiologen Johannes Müller hörte,[48] wechselte dann nach Würzburg zu Rudolf Virchow, dessen Keim- und Bläschentheorie ihn beeindruckte, weil sie erstmals ohne den romantischen »Lebensgeist« auskam. 1856 war er kurze Zeit Assistent Virchows und wurde 1857 in Berlin zum Doktor der Medizin promoviert. 1858 bekam er seine Approbation als Arzt, praktizierte aber nur kurz, denn sein Freund Carl Gegenbaur, den er aus seiner Würzburger Zeit kannte und der inzwischen Professor in Jena geworden war, lud ihn dorthin ein. Hier habilitierte sich Haeckel im Jahr 1861 für Biologie. Schon 1860 hatte er Darwins gerade erschienene *Entstehung der Arten* gelesen, und so hielt er 1862, gleich nach seiner Habilitation, Vorlesungen über Darwins Theorien. 1865 wird er Ordinarius für Biologie in Jena und erhält den Ehrendoktor der philosophischen Fakultät. In Jena lehrt er bis 1909.

1866 trifft er in London Darwin, Huxley und Lyell und besucht 1879 Darwin, der ihn sehr schätzt, zum zweiten Mal.[49] Er bedauert Darwins zurückgezogenes Leben und beschließt, seine Mission des Darwinismus zu intensivieren. In seinen Vortragsreisen, die außerordentlich erfolgreich

47 Vgl. die Einleitung von Iring Fetscher in Ernst Haeckel, *Die Welträtsel. Gemeinverständliche Studien über monistische Philosophie*, Stuttgart: Kröner [11]1984.

48 Johannes Peter Müller wurde 1801in Koblenz geboren und starb 1858 in Berlin. Seit 1826 war er außerordentlicher, seit 1830 ordentlicher Professor in Berlin. Hauptwerk: Johannes Peter Müller, *Handbuch der Physiologie des Menschen für Vorlesungen*, 2 Bde., Coblenz: Hölscher 1833/1840.

49 Vgl. Darwins Brief an Haeckel vom 21. Mai 1867, wo er ihm für die »Generelle Morphologie« dankt: »It never occurred to me for a moment to doubt that your work, with the whole subject so admirably and clearly arranged, as well as fortified by so many new facts and arguments, would not advance our common object to the highest degree.« Darwin, *The Autobiography of Charles Darwin and selected letters*, 279.

waren, propagierte er denn auch weiterhin den Darwin'schen Entwicklungsgedanken, den er mit seinen monistischen Ideen anreicherte. Seine Forderung, den Darwinismus im schulischen Biologieunterricht zu lehren, brachte ihn in Konflikt mit den preußischen Behörden, die die Schullektüre von Darwins und Haeckels Lehren untersagten.

Haeckel konzipierte seine Biologie in drei Hauptwerken: *Generelle Morphologie der Organismen* (1866), *Natürliche Schöpfungslehre* (1868) und *Anthropogenie* (1874). Die ideologisch wichtigste Schrift ist die *Natürliche Schöpfungslehre*, die die Ergebnisse der *Generellen Morphologie* publikumswirksam neu fasst und in eine universale Entwicklungslehre der Natur eingliedert. Die *Anthropogenie* wendet die Entwicklungslehre auf die Stammesgeschichte des Menschen und seiner Organe an. Nach der Fertigstellung seiner Hauptwerke, von denen die *Natürliche Schöpfungslehre* und die *Anthropogenie* in ständig neuen Auflagen überarbeitet werden, wird Haeckel mehr und mehr Missionar einer eigenen monistischen Religion, die er aus seiner Biologie destilliert. 1899 erscheinen die ungemein erfolgreichen *Welträtsel*, die gegenüber den Hauptwerken zwar keine neuen kategorialen Erkenntnisse vermitteln, die aber in knapper, vorzüglich formulierter Form so etwas wie ein Katechismus und eine Kurzdogmatik des Monismus sind.

Mit den *Welträtseln* von 1899 wird Haeckels Monismus zur Religion, die Kultur- und Naturphilosophie miteinander kurzschließt. Die *Welträtsel* werden zur Bibel der Naturreligiösen. Das Buch wird bis 1919 elfmal aufgelegt und in alle Kultursprachen übersetzt. Die höchste Wirkung entfaltet es in Deutschland und in den angelsächsischen Ländern.

Haeckel will kein Materialist sein. Er geht von einem spinozistisch-goetheanischen universalen Substanzbegriff aus, der als Attribute Geist und Materie hat: Die Materie bleibt erhalten, die Energie bleibt identisch (Gesetz von der Erhaltung der Kraft, Robert Mayer). Die Substanz äußert ihre Kraft als Kausalität und die Kausalität wiederum wirkt als Leben der Natur, in der Materie und Kraft verbunden sind. Das Leben materialisiert sich in Zellen, die sich zu Lebewesen verbinden, die sich durch die Selektion ständig vervollkommnen. Die Evolutionstheorie enthüllt die Geheimnisse der Entstehung des Lebens, des Denkens und der Sprache. Die Teleologie der Natur wird durch die Selektion ersetzt. Freiheit – und damit die

Machbarkeit aller menschlichen Geschichte – werden zu Schimären erklärt: Gott und Unsterblichkeit werden als »Illusionen« entlarvt.

Der Monismus entwickelt sich, ähnlich der positivistischen Religion Comtes, mit der sich der Monismus verbindet, zu einer eigenen Denomination. 1904, bei einem Kongress der Freidenker in Rom, lässt sich Haeckel, während der Papst im Vatikan interniert ist, zum monistischen Gegenpapst ausrufen. Er legt einen Lorbeerkranz am Denkmal Giordano Brunos nieder, den er als monistischen Vorläufer verehrt und zum Wissenschaftsmärtyrer heiligspricht. Am 11. Januar 1906 wird auf seine Initiative hin der Monistenbund in Jena gegründet.

Haeckel rutscht, vielleicht im Überschwang der eigenen Bedeutsamkeit, immer stärker in die Rassendiskussion des 19. Jahrhunderts hinein. Die strikten Anhänger Darwins sind keine Rassisten, aber Haeckel hatte schon in der *Natürlichen Schöpfungsgeschichte* mit den Rassetheorien geliebäugelt. 1904 behauptete er in *Lebenswunder* den unterschiedlichen Lebenswert verschiedener Menschentypen.[50] 1905 wurde er als Begründer des Monistenbundes Ehrenmitglied in der Gesellschaft für Rassenhygiene.[51] 1915 befürwortet er in *Ewigkeit* die Tötung der »unheilbar an Geisteskrankheit, Krebs oder Aussatz Leidenden, die selbst ihre Erlösung wünschen«. Und bei neugeborenen Kindern mit Defekten rät er: »Eine kleine Dosis Morphium oder Zyankali würde nicht nur diese bedauerns-

50 Vgl. Ernst Haeckel, *Die Lebenswunder. Gemeinverständliche Studien über biologische Philosophie*, Leipzig: Kröner 1904.

51 Die Gesellschaft für Rassenhygiene wurde 1905 von dem Mediziner und Privatgelehrten Alfred Ploetz (1860–1940) gegründet und existierte bis 1945. Ihr Ziel war es, Rassenhygiene als Wissenschaft zu etablieren. Ploetz: »Gemeinschaft Gleichstrebender von hervorragender sittlicher, intellektueller und körperlicher Tüchtigkeit, deren Lebensführung selbst die Grundzüge der neuen Wissenschaft zu verwirklichen helfen soll.« Anfangs war die Gesellschaft noch gegen Züchtungsutopien. Außerdem war sie nicht durchgehend antisemitisch, aber interessiert am ›Nordischen Übermenschen‹. 1933 ging die Gesellschaft auf Regierungskurs. Der Hauptvertreter war Ernst Rüdin. Nun ging es um ›nationalsozialistische Rassenhygiene‹. Die Gesellschaft unterstützte das »Gesetz zur Verhütung erbkranken Nachwuchses« (Euthanasiegesetz). Vgl. Wikipedia s. v. Gesellschaft für Rassenhygiene. Letzter Zugriff: 24. 08. 2020.

werten Geschöpfe selbst, sondern auch ihre Angehörigen von der Last eines langjährigen, qualvollen Daseins befreien«.[52]

Im ersten Weltkrieg war er brennender großdeutscher Chauvinist. Er starb in Jena 1919, als der Krieg verloren war.

Generelle Morphologie der Organismen (1866) / *Anthropogenie* (1874)
Haeckels erste große Schrift, die den Darwinismus propagierte, erschien 1866: *Generelle Morphologie der Organismen. Allgemeine Grundzüge der organischen Formenwissenschaft, mechanisch begründet durch die von Charles Darwin reformirte Descendenztheorie.*[53] Es ist eine enzyklopädische Darstellung der biologischen Naturformen, die nach ihrer Entwicklung vorgestellt werden, und Haeckel ist besonders stolz auf die genealogischen Übersichtsschemata.

Er habe in der *Generellen Morphologie*, schreibt er später zusammenfassend in seiner *Anthropogenie*,

> den ersten Versuch gemacht, die Entwickelungs-Theorie auf die gesammte Systematik der Organismen mit Inbegriff des Menschen anzuwenden. Ich habe dort die hypothetischen Stammbäume der einzelnen Klassen des Thierreiches, des Protistenreiches [sc. Einzeller] und des Pflanzenreiches so zu entwerfen versucht, wie es nach der Darwin'schen Theorie nicht allein im Prinzip nothwendig, sondern auch wirklich bis zu einem gewissen Grade der Wahrscheinlichkeit jetzt schon möglich ist. Denn wenn überhaupt die Abstammungslehre richtig ist, wie sie Lamarck zuerst bestimmt formulirt und Darwin später fest begründet hat, so muss man auch im Stande sein, das natürliche System der Thiere und Pflanzen genealogisch zu deuten, und die kleineren und größeren Abtheilungen des Systems als Zweige und Aeste eines *Stammbaumes* hinzustellen. Die acht genealogischen Tafeln, welche ich dem zweiten Bande der Generellen Morphologie angehängt habe, sind die ersten derartigen Entwürfe.[54]

52 Ernst Haeckel, *Ewigkeit. Weltkriegsgedanken. Leben und Tod. Religion und Entwicklungslehre*, Berlin: Reimer 1915, 35.

53 Ernst Haeckel, *Generelle Morphologie der Organismen. Allgemeine Grundzüge der organischen Formen-Wissenschaft, mechanisch begründet durch die von Charles Darwin reformirte Descendenz-Theorie*, 2 Bde., Berlin: Reimer 1866.

54 Ernst Haeckel, *Anthropogenie oder Entwickelungsgeschichte des Menschen. Keimes- und Stammes-Geschichte*, 2 Bde., Leipzig: Wilhelm Engelmann [4]1891, 87.

Er habe hier auch die wichtigsten Stationen der »Ahnenreihe des Menschen« durch die Wirbeltiere verfolgt.[55] So ganz zufrieden scheint er allerdings nicht gewesen zu sein, denn er schreibt 1891: »Diesen Versuch habe ich sodann wesentlich verbessert und in populärer Darstellung weiter ausgeführt im XXVI–XXVIII Vortrage meiner Natürlichen Schöpfungsgeschichte (1868; 8.verbesserte Auflage 1889)« (87).

Neben den zahlreichen Stammbäumen wird in der *Generellen Morphologie* das »biogenetische Grundgesetz« formuliert. Danach ist

> die Ontogenesis, oder die Entwicklung des Individuums, eine kurze und schnelle, durch die Gesetze der Vererbung und Anpassung bedingte Wiederholung (Recapitulation) der Phylogenesis oder der Entwickelung des zugehörigen Stammes, d. h. der Vorfahren, welche die Ahnenkette des betreffenden Individuums bilden.[56]

Dieses biogenetische Grundgesetz hat Haeckel stets als embryonalen Beleg für die Entwicklungsgeschichte der Arten verstanden.

Die dritte wichtige Entdeckung der *Generellen Morphologie* ist der fließende Übergang von unorganischen zu organischen Substanzen, die Haeckel am Kohlenstoff beobachtet. Er geht davon aus, dass bei der Kristallbildung flüssige Teile zu festen werden. Das ist eine äußerliche Aggregation, und analog dazu schließt er, dass

> beim Wachstum der Organismen in folge ihres festflüssigen Aggregatzustandes die neu aufgenommenen Theilchen ins Innere des Organismus vorrücken (Intusreception), während die Anorgane nur durch Apposition, durch Ansatz neuer, gleichartiger Materie von außen zunehmen.[57]

Weiter berichtet Haeckel, er habe in der *Generellen Morphologie* (I, 111–166) »ausführlich bewiesen«, dass die Unterschiede zwischen organischen

55 Ebd.

56 *Generelle Morphologie der Organismen* II, 110–147; 371, in Ernst Haeckel, *Natürliche Schöpfungsgeschichte. Gemeinverständliche wissenschaftliche Vorträge über die Entwicklungslehre im Allgemeinen und diejenige von Darwin, Goethe und Lamarck im Besonderen, über die Anwendung derselben auf den Ursprung des Menschen und andere damit zusammenhängende Grundfragen der Naturwissenschaft*, Berlin: Reimer [4]1874, 276.

57 Zit. nach Haeckel, *Natürliche Schöpfungsgeschichte*, 298.

und anorganischen Naturkörpern »von der eigenthümlichen Natur des Kohlenstoffs abhängen« (299). Die Kristallbildung kenne eine innere und eine äußere Gestaltungskraft. Die innere Gestaltungskraft, die die Form der Kristalle bestimmt, »ist das Resultat der spezifisch bestimmten Art und Weise, in welcher sich die kleinsten Theilchen der krystallisirenden Materie nach verschiedenen Richtungen hin gesetzmäßig an einander lagern« (ebd.). Die äußere Gestaltungskraft sind die »Einflüsse und Existenzbedingungen der Außenwelt« (300). Dasselbe gelte für die Organismen.[58]

Dass Haeckel Mängel in seiner *Generellen Morphologie* gesehen haben muss, zeigt sich auch daran, dass er schon zwei Jahre später die wichtigsten Ergebnisse in der *Natürlichen Schöpfungsgeschichte* neu arrangiert. Hier stellt er dann umfassend seine entwicklungsgeschichtliche Methode dar und legt die Grundlagen für seine Religion des Monismus.

In der *Anthropogenie* verwendet Haeckel die Kategorien der *Natürlichen Schöpfungsgeschichte* und erfüllt einen Programmpunkt dieses Buchs, indem er die Stammesgeschichte des Menschen strikt biologisch fasst und eine stammesgeschichtliche Genese aller menschlichen Organe darstellt. Es handelt sich dabei um Haeckels biologische Anthropologie. Auf kulturphilosophische Implikationen verzichtet er daher weitgehend. Methodisch bietet die *Anthropogenie* gegenüber der *Natürlichen Schöpfungsgeschichte* nichts Neues, aber sie beansprucht, die biologischen Grundlagen der Anthropologie entwicklungsgeschichtlich darzustellen, um so die Stellung des Menschen in der Natur genau zu justieren und damit die monistische Weltanschauung zu stabilisieren.

Natürliche Schöpfungsgeschichte (1868)

Die *Natürliche Schöpfungsgeschichte* schließt an die *Generelle Morphologie* an, indem sie die Ergebnisse dieses Buchs in einem neuen Zusammenhang darstellt: Alle Morphologie wird jetzt als Ergebnis einer Entwicklung betrachtet, die als Erklärungsparadigma für den gesamten Kosmos fungiert. Wegen dieses Universalanspruchs ist die *Natürliche Schöpfungsgeschichte* Haeckels methodisch wichtigstes Buch. Drei Jahre vor Darwins *Abstam-*

58 Haeckel verweist in *Anthropogenie*, 301 auf *Generelle Morphologie* I, 146; 156; 158.

mung des Menschen erschienen, ist es eines der wichtigsten Exempel naturalistischer Ideologie des 19. Jahrhunderts. In der Nachfolge Darwins wird die genealogische Argumentation dann zur Selbstverständlichkeit. Die natürliche Entwicklung wird in einer entschiedenen Gegnerschaft zur Schöpfungstheologie inszeniert, und diese wird mit der aristotelisch-thomistischen Lehre von der Gattungskonstanz identifiziert.

Die *Natürliche Schöpfungsgeschichte* war sehr erfolgreich und ihr Anspruch erheblich: Die religiöse Schöpfungsgeschichte soll durch eine systematische Entwicklungsgeschichte der gesamten Natur substituiert werden. Bis 1899 erlebte sie neun Auflagen, 1874 erschien schon die fünfte Auflage. Das Buch besteht aus 24 Vorträgen, die in fünf Abschnitte aufgeteilt sind. Zunächst stellt Haeckel darin die »Geschichte der Entwickelungslehre« dar. Seine Referenzautoren sind Carl von Linné, Georges Cuvier und Louis Agassiz, Goethe und Lorenz Oken, Kant und Lamarck und schließlich Lyell und Darwin.[59] Es folgt, wie in allen populären Schriften Haeckels, eine ausführliche Beschreibung von Darwins Haupttheorien, deren historische Entwicklungen und ihre Grundlagen. Danach, im »Darwinistischen Teil«, stellt er die Selektionstheorie, die natürliche Züchtung und den Kampf ums Dasein dar.

Erst im dritten »kosmogenetischen Teil«, kommt er auf sein eigentliches Thema zu sprechen: die Grundzüge und Grundgesetze der Entwicklungslehre. Hier geht er weit über Darwin hinaus. Er beginnt mit seiner wichtigsten Entdeckung, dem phylogenetischen Grundgesetz, dass jedes Lebewesen die Geschichte der Gattung in den verschiedenen Stadien seiner embryonalen Entwicklung wiederholt. Dazu stellt er die Entwicklung des Menschen von der Zelle über das Ei und seiner Befruchtung und die embryonale Entwicklung dar. Dieser Abschnitt (XII. Vortrag) dient als Beweis dafür, dass die genealogische Methode – d. h. das Paradigma der Entwicklung – für die Natur universell gültig ist. Er wendet nun die Genealogie auf die Geschichte des Kosmos,[60] auf die Entstehung der Erde

59 Haeckel, *Natürliche Schöpfungsgeschichte, Entwickelungstheorie von Goethe und Oken* (IV. Vortrag), *Entwickelungstheorie von Kant und Lamarck* (V. Vortrag), *Entwickelungstheorie von Lyell und Darwin* (VI. Vortrag).

60 Er bezieht sich hier auf Kants *Allgemeine Naturgeschichte und Theorie des Himmels.*

und des Wassers, aber vor allem auf den Ursprung des Lebens an. Er lehnt die Spontanzeugung des Lebens ab und definiert das Leben als besondere Kohlenstoffverbindung.[61]

Allerdings kann er auf die Frage nach dem Ursprung des Lebens, nach der Urzeugung und Formung von Organismen keine Antwort geben. Hier liegt ein Sprung in der sonst kontinuierlichen kosmischen Entwicklungsgeschichte von der Urmaterie bis zum Menschen vor.

> Von der Urzeugung, welche man auch oft als freiwillige oder ursprüngliche Zeugung bezeichnet (generatio spontanea, aequivoca, primaria etc.) müssen wir zunächst zwei wesentlich verschiedene Arten unterscheiden, nämlich Autogonie und Plasmogonie. Unter Autogonie verstehen wir die Entstehung eines einfachsten organischen Individuums in einer anorganischen Bildungsflüssigkeit, d. h. in einer Flüssigkeit, welche die zur Zusammensetzung des Organismus erforderlichen Grundstoffe in einfachen und beständigen Verbindungen gelöst enthält (z. B. Kohlensäure, Ammoniak, binäre Salze u. s. w.); Plasmagonie dagegen nennen wir die Urzeugung dann, wenn der Organismus in einer organischen Bildungsflüssigkeit entsteht, d. h. in einer Flüssigkeit, welche jene erforderlichen Grundstoffe in Form von verwickelten und lockern Kohlenstoffverbindungen gelöst enthält (z. B. Eiweiß, Fett, Kohlehydraten etc).[62]

Und Haeckel gibt zu, dass der »Vorgang der Autogonie sowohl als auch der Plasmogonie [...] bis jetzt noch nicht direkt mit voller Sicherheit beobachtet« sei (302).

Allerdings weiß er, dass die Zellen aus Moneren (Protozoen) entstanden sind, aus Kleinstlebewesen, die noch keine in Zellen geordneten Organe haben und sich durch Teilung vermehren. Die Zellen als Elemente des Lebendigen hätten sich in einem solchen Prozess der Urzeugung entwickelt. Aber da dieser Übergangsprozess bisher noch nicht experimentell bewiesen werden konnte, müsse man entweder von einer spontanen Urzeugung ausgehen, wie er zähneknirschend konzediert, oder: »Wenn Sie die Hypo-

61 Das hatte er schon im zweiten Bande der *Generellen Morphologie* beschrieben, vgl. auch ebd. I, 111–166.

62 Haeckel, *Generelle Morphologie* I, 174, zit. nach Haeckel, *Natürliche Schöpfungsgeschichte*, 301 f.

these der Urzeugung nicht annehmen, so müssen Sie an diesem einzigen Punkte der Entwickelungstheorie zum Wunder einer *übernatürlichen Schöpfung* Zuflucht nehmen« (309).

Wenn sich die Zellen aus den Moneren erst entwickelt haben, bilden sie die Bausteine des Lebendigen. Haeckel glaubt, »daß alle mehrzelligen Thiere und Pflanzen ursprünglich von einzelligen Organismen abstammen« (368). Er geht so weit, dass er für die Pflanzen und Tiere »eine einstämmige oder monophyletische Deszendenz« annimmt (373). Beide stammen von den Urwesen oder Protisten (Moneren) ab. Haeckel stellt nun Stammbäume für die Pflanzenentwicklung[63] sowie für die Genealogie der Tiere[64] auf und arbeitet die Pflanzen- und Tiergattungen systematisch durch. Am Ende steht die Vorlesung über den Ursprung und Stammbaum des Menschen (XXII. Vortrag). Haeckel rekonstruiert eine Vorfahrenreihe des Menschen von den Moneren bis zu den Menschenaffen (579–590). Allerdings kennt er keine Affenart, die als unmittelbarer Vorfahr des Menschen infrage käme. Er konstruiert deshalb einen »sprachlosen Urmenschen«:

> Diese Affenmenschen oder Pithekanthropen lebten wahrscheinlich erst gegen Ende der Tertiärzeit. Sie entstanden aus den Menschenaffen oder Anthropoiden durch vollständige Angewöhnung an den aufrechten Gang und die entsprechende stärkere Differenzierung der beiden Beinpaare. (590)

Dass sie sprachlos waren, schließt Haeckel (nach dem phylogenetischen Grundgesetz) daraus, dass die Kinder zunächst sprachlos sind:

> Die echten Menschen entwickelten sich aus den Affenmenschen der vorhergehenden Stufe durch die allmähliche Ausbildung der thierischen Lautsprache zur gegliederten oder articulirten Wortsprache. Mit der Entwickelung dieser Funktion ging natürlich diejenige ihrer Organe, die höhere Differenzierung des Kehlkopfes und des Gehirns, Hand in Hand. (591)

In der Theorie der Sprachfähigkeit des Menschen schließt sich Haeckel der Glottik seines erst kürzlich verstorbenen Freundes Schleicher an:

63 Ebd., 432, Tafel V.

64 Ebd., 440, Tafel VI.

> Mehr als alles andre mußte die Entstehung der menschlichen Sprache veredelnd und umbildend auf das menschliche Seelenleben und somit auf das Gehirn einwirken. Die höhere Differenzierung und Vervollkommnung des Gehirns, und des Geisteslebens als der höchsten Funktion des Gehirns, entwickelte sich in unmittelbarer Wechselwirkung mit seiner Aeußerung durch die Sprache. Daher konnten die bedeutendsten Vertreter der vergleichenden Sprachforschung in der Entwickelung der menschlichen Sprache den wichtigsten Scheidungsprozeß von seinen thierischen Vorfahren erblickten. Dies hat namentlich August Schleicher in seinem Schriftchen ›Ueber die Bedeutung der Sprache für die Naturgeschichte des Menschen‹ hervorgehoben. (597 f.)

Die Anthropologie enthält auch eine Rassenkunde des Menschen. Haeckel geht davon aus, dass die Menschen in den verschiedenen Weltregionen aus unterschiedlichen Ursprüngen stammen. Er unterscheidet 12 Menschenarten und 36 Rassen (604 f.), die er nach Haarwuchs, Region und Sprache differenziert. Die wichtigsten und fortgeschrittensten sind für ihn die »mittelländischen Menschen«, die er nach ihrer Sprachform in semitische und indogermanische unterscheidet. Hier bezieht er sich erneut auf Schleicher:

> Die indogermanische Rasse schließlich, welche alle übrigen Menschenrassen in der geistigen Entwickelung weit überflügelt hat, spaltete sich gleich der semitischen schon sehr früh in zwei divergente Zweige, den ario-romanischen und slavo-germanischen Zweig. [...] Wie sich die weitere Verzweigung der indogermanischen Rasse auf Grund der vergleichenden Sprachforschung im Einzelnen genau verfolgen läßt, hat August Schleicher in sehr anschaulicher Form genealogisch entwickelt. (617)

Den Schluss bildet die Prophetenrede des naturphilosophischen Entwicklungstheoretikers:

> Schon jetzt läßt sich mit Bestimmtheit voraussehen, daß der vollständige Sieg unserer Entwickelungslehre unermeßlich reiche Früchte tragen wird, Früchte, die in der ganzen Kulturgeschichte der Menschheit ohne Gleichen sind. Die nächste und unmittelbarste Folge desselben, die gänzliche Reform der Biologie, wird nothwendig die noch wichtigere Reform der Anthropologie nach sich ziehen. Aus dieser neuen Menschenlehre wird sich eine neue Philosophie entwickeln, nicht gleich den meisten der bisherigen luftigen Systeme auf metaphysische Spekulationen, sondern auf den realen Boden der vergleichenden Zoologie gegründet. (656 f.)

Der »mächtig veredelnde Einfluß der monistischen Philosophie« sei der Beginn eines neuen Zeitalters, durch die Erkenntnis der wahren Natur, in der Befreiung von religiösen Vorurteilen und autoritären Anmaßungen gehe die Menschheit einer segensreichen Zukunft entgegen.[65]

4. Darwins Anthropologie[66]

Darwins *Abstammung des Menschen* erschien spät, 1871, erst nach dem Ende des Jahrzehnts, das den Darwinismus als biologische Weltanschauung etabliert hatte. Er war lange mit diesem Thema schwanger gegangen, hatte sich aber nicht recht getraut, die anthropologischen Konsequenzen seiner *Origin of Species* zu veröffentlichen, obgleich er wohl von seinen Freunden dazu gedrängt wurde. Jetzt, nachdem seine Thesen ein gutes Jahrzehnt diskutiert worden waren und sich die Fruchtbarkeit seiner Theorie gezeigt hatte, sah er die Zeit als reif an, auch den Menschen in seiner Position in der Natur zu bestimmen. In der Vorrede der *Abstammung des Menschen* wies er auf seine Mitstreiter hin, die den Weg für diese Publikation geebnet

65 Haeckel, *Natürliche Schöpfungsgeschichte*, 658: »Die einfache Naturreligion, welche sich auf das klare Wissen von der Natur und ihren unerschöpflichen Offenbarungsschatz gründet, wird zukünftig in weit höherem Maße veredelnd und vervollkommnend auf den Entwicklungsgang der Menschheit einwirken, als die mannichfaltigen Kirchenreligionen der verschiedenen Völker, welche auf dem blinden Glauben an die dunkeln Geheimnisse einer Priesterkaste und ihre mythologischen Offenbarungen beruhen. Kommende Jahrhunderte werden unsre Zeit, welcher mit der wissenschaftlichen Begründung der Abstammungslehre der höchste Preis menschlicher Erkenntniß beschieden war, als den Zeitpunkt feiern, mit welchem ein neues segensreiches Zeitalter der menschlichen Entwicklung beginnt, charakterisiert durch den Sieg des freien erkennenden Geistes über die Gewaltherrschaft der Autorität, und durch den mächtig veredelnden Einfluß der monistischen Philosophie.«

66 Charles Darwin, *The Descent of Man, and Selection in Relation to Sex*, 2 Bde., London: John Murray 1871. Dt.: Charles Darwin, *Die Abstammung des Menschen und die geschlechtliche Zuchtwahl*, 2 Bde., übers. v. Julius Victor Carus, Stuttgart: Schweizerbart 1871. Hier zitiert nach: Charles Darwin, *Die Abstammung des Menschen und die geschlechtliche Zuchtwahl*, übers. v. Georg Gärtner, Halle: Otto Hendel 1890.

hatten: auf Wallace, Huxley, die deutschen Materialisten Carl Vogt,[67] Ludwig Büchner,[68] Friedrich Rolle[69] und vornehmlich auf Haeckel:

> Der letztere Gelehrte hat neben seinem großen Werke ›Generelle Morphologie‹ (1866) neuerlich seine ›Natürliche Schöpfungsgeschichte‹ (1868) herausgegeben, in welcher er die Genealogie des Menschen erschöpfend bespricht. Wenn dieses Werk erschienen wäre, bevor ich meinen Essay geschrieben hätte, so würde ich diesen wahrscheinlich niemals vollendet haben.[70]

Verglichen mit der strikt biologischen, tabellarisch durchsystematisierten Abstammungslehre des Menschen, die Haeckel schon in der *Natürlichen Schöpfungsgeschichte* vorgestellt hatte, ist Darwins Anthropologie eher rhapsodisch. Sie basiert gleichermaßen auf biologischen, phänomenologischen und vor allem auf ethnologischen Beobachtungen. Jegliche philosophische Fragestellung, sei sie erkenntnistheoretisch, sprachphilosophisch, psychologisch oder rechtstheoretisch, liegt ihm fern.

Selektion

Darwins Hauptkategorie ist die Selektion, die zur Bevorzugung der besten Individuen einer Gattung führt. Er hatte in *Origin of Species* zwischen natürlicher und geschlechtlicher Zuchtwahl unterschieden. Die Gattung Mensch nimmt er jetzt, in der *Abstammung des Menschen*, als gegebenen Schlusspunkt der Artenentwicklung. Natürlich unterliegt auch der Mensch der selektiven Entwicklungsgeschichte. Er stammt schließlich

67 Carl Vogt (1817–1895) wurde als Anhänger der 48er Revolution aus Hessen ausgewiesen. Vogt war ab 1852 Prof. für Geologie und ab 1872 Prof. für Zoologie in Genf.

68 Ludwig Büchner (1824–1899), war der jüngere Bruder des Dichters Georg Büchner. Ludwig Büchner, *Sechs Vorlesungen über die Darwinsche Theorie von der Verwandlung der Arten [...] In allgemein verständlicher Darstellung*, Leipzig: Thomas 1868.

69 Friedrich Rolle (1827–1887). Friedrich Rolle, *Der Mensch, seine Abstammung und Gesittung im Lichte der Darwin'schen Lehre von der Art-Entstehung und auf Grundlage der neuern geologischen Entdeckungen dargestellt*, Frankfurt am Main: Hermann 1866.

70 Darwin, *Die Abstammung des Menschen*, 3 f. Zur Wertschätzung Haeckels durch Darwin siehe oben, 203 f., Anm. 49.

stammesgeschichtlich von niedrigen Formen, den Primaten, ab und diese Abstammung vollzog sich im Selektionsprozess.

Menschenrassen können miteinander gekreuzt werden, sie haben sich im Laufe der Menschheitsgeschichte immer wieder vermischt. Darwin hält deshalb die Menschenrassen nicht für stabil und findet keinen Grund für eine Feinklassifikation der Rassen (215). Allerdings gibt es für ihn eine Rassenkonkurrenz, die zum Aussterben der Unterlegenen führt: »Das Aussterben ist hauptsächlich die Folge der Konkurrenz zwischen Stamm und Stamm, Rasse und Rasse« (236). Und dieser Prozess vollzieht sich ganz selbstverständlich im Fortschritt der Zivilisierung: »Wenn civilisierte Nationen mit Barbaren in Berührung kommen, so ist, ausgenommen wenn ein tödliches Klima der eingeborenen Rasse zu Hilfe kommt, der Kampf nur kurz« (236 f.).

Ein entscheidender Faktor der Entstehung neuer Arten ist die geschlechtliche Zuchtwahl, die die Entstehung des Menschen verursachte. Die Selektionsgesetze der Biologie bleiben prinzipiell auch weiterhin beim Menschen in Kraft. Das heißt, die biologischen Unterschiede von Mann und Frau sind im Selektionsprozess entstanden und haben zur derzeitigen Geschlechtertypologie geführt. Hier bedient Darwin nun alle konservativen Gender-Topoi, die das 19. Jahrhundert zur Verfügung hatte.

Der biologische Vorzug des Mannes besteht darin, dass er stärker und intelligenter ist als die Frau:

> Der Mann ist mutiger, kampfeslustiger und energischer als die Frau, und er hat einen erfindungsreicheren Geist. Sein Gehirn ist absolut größer, aber ob relativ im Verhältnis zu seinem größeren Körper, ist, wie ich glaube, nicht bestimmt erwiesen. Bei der Frau ist das Geschlecht runder, die Kiefer und die Basis des Schädels sind kleiner, die Umrisse des Körpers runder und an einzelnen Stellen vorspringender. Ihr Becken ist breiter als das des Mannes, welch letzteres Merkmal jedoch mehr als ein primäres als ein sekundäres Geschlechtsmerkmal angesehen werden kann. Auch wird sie in früherem Alter, als der Mann, geschlechtsreif. (717)

Diese Merkmale gleichen denen der Vierhänder, der Affenarten, mit denen der Mensch stammesgeschichtlich verwandt ist.

Die Frauen sind seit alters her Objekt des Kampfes, Nebenbuhler werden ausgeschaltet, bei den Männern siegt der, der intelligent, energisch, ausdauernd und mutig ist (726).

Frauen sind zart, altruistisch und weniger intelligent als Männer: »Die Frau scheint sich hinsichtlich der geistigen Anlagen hauptsächlich durch größere Zartheit und geringere Selbstsucht vom Manne zu unterscheiden« (725). Darwin stellt explizit die kulturellen Vorzüge des Mannes heraus:

> Der Hauptunterschied in den intellektuellen Kräften beider Geschlechter wird dadurch gezeigt, daß der Mann in allem, was er unternimmt, einen höheren Grad erreicht als die Frau es vermag, es möge nun tiefes Nachdenken, Vernunft, Einbildungskraft oder bloß den Gebrauch der Sinne und Hände erfordern. Wenn man zwei Verzeichnisse der bedeutendsten Männer und Frauen in der Poesie, Malerei, Bildnerei, Musik (beides Komposition und Ausübung inbegriffen), Geschichte, Wissenschaft und Philosophie mit einem halben Dutzend Namen unter jedem Gegenstande aufstellte, würden beide Listen den Vergleich miteinander nicht aushalten. (725 f.)

Die Begründung für diesen kulturellen Geschlechterunterschied ist wieder das Prinzip der Selektion, seine Wirksamkeit erstreckt sich auch auf die Entwicklung von Einbildungskraft und Vernunft: Diese

> werden beim Menschen teils durch geschlechtliche Zuchtwahl, das heißt durch den Streit der rivalisierenden Männchen, und teils durch natürliche Zuchtwahl, das ist der gewöhnliche Kampf um das Dasein, entwickelt worden sein, und da in beiden Fällen der Kampf im Maturitätsalter stattgefunden haben wird, werden die erworbenen Charaktere in größerem Maßstabe auf die männlichen als auf die weiblichen Nachkommen überliefert worden sein. (727)

Urformen des Rechts: Patriarchalische Familien

Die Menschen haben Darwin zufolge ursprünglich in polygamen Familienverbänden gelebt. Diese Familienstruktur kennt Darwin aus Expeditions- und Reiseberichten in den Kolonien, und er überträgt seine Kenntnisse auf die primitiven Familienstrukturen der biologischen vorgeschichtlichen Menschenzeit:

> Wenn wir daher weit zurückschauen und nach den geselligen Gewohnheiten des jetzigen Menschen urteilen, dann ist die glaubwürdige Annahme die, daß der Mensch ursprünglich in kleinen Gemeinden, jeder Mann mit einer, oder, wenn er mächtig genug war, mit mehreren Frauen zusammenlebte, die er eifrig behütete. (759)

Tötung von Kindern, zumal von weiblichen Neugeborenen, dient der Stärkung der Familienverbände, die für Jagd und Kampf vor allem männliche Nachkommen brauchen. Darwin kennt diese Gewohnheit auch aus zeitgenössischen ethnologischen Berichten: »Dieser Gebrauch ist jetzt überall verbreitet, wie auch die Annahme begründet ist, daß er in früheren Zeiten noch bedeutender vorgeherrscht hat« (760).

Die Wirkung der geschlechtlichen Zuchtwahl beim Menschengeschlecht ist eine strikt patriarchalische Familienstruktur:

> Die stärksten und kräftigsten Männer – die ihre Familien am besten schützen und ernähren konnten – die mit den besten Waffen versehen waren und das größte Eigentum, wie viele Hunde und andere Tiere besaßen – werden durchschnittlich mehr Nachkommen aufgezogen haben als die schwächeren und ärmeren Glieder desselben Stammes. Es kann daher keinem Zweifel unterliegen, daß solche Männer im allgemeinen die anziehenderen Frauen gewählt haben. (764 f.)

Das ist die biologische Variante des Schönheitssinns: die Weibchen bewundern die Schönheit ihrer Männchen und umgekehrt. Was als schön empfunden wird, ist zugleich instinktiv und kulturell bedingt; allemal ist es sexuelle Auslese. So sind die Frauen allmählich das schönere, aber auch das schwächere Geschlecht geworden (767). Die so gewonnene Vorherrschaft der Männer hat »frühes Eheversprechen und Sklaverei der Frauen« (762) zur Folge. Die Unterordnung der Frau unter den Mann, die bis in den körperlichen Habitus reicht, ist deshalb für Darwin eine natürliche Folge der geschlechtlichen Zuchtwahl.

Darwin ist bemerkenswert unvorsichtig in seiner psychologischen Terminologie. Anders als Haeckel, der sich auf Schleicher beruft, kennt er keine sprachphilosophischen Kautelen. Er schreibt den Tieren umstandslos alle menschlichen Fähigkeiten zu und verlässt sich dabei allein auf seine Beobachtungen, die er vor allem bei seinem Hund gemacht hat: »Alle Tiere fühlen *Verwunderung*, und viele zeigen *Neugierde*« (91). – Man kann daraus schließen: Wenn Philosophie aus Verwunderung und Neugierde entstanden ist, dann sind die Tiere eben auch Philosophen.

»Der Trieb zur *Nachahmung* ist sehr stark beim Menschen und besonders, wie ich beobachtet habe, bei den Wilden« (92), so Darwin. Die Frage nach der Mimesis, die sich hier kulturphilosophisch anschließen müsste, bleibt ungestellt. Worin die Nachahmung bei den »Wilden« bestehe, ob es sich um Sprache, Kult oder alltäglichen Habitus handele, wird nicht diskutiert.

»Kaum irgend eine Fähigkeit ist für die intellektuelle Entwicklung des Menschen wichtiger als die *Aufmerksamkeit*. Auch Tiere zeigen deutlich diese Fähigkeit« (94). Aufmerksamkeit und Intentionalität führen beim Menschen zu Begriffsbildung. Auch dieser Punkt wird von Darwin nicht weiter ausgeführt.

Es ist bemerkenswert, dass Darwin, der sonst das Verhalten von Tieren so genau beobachtet, das Verhältnis von Gedächtnis und Einbildungskraft nicht bedenkt. Er stellt fest: »Es ist fast überflüssig zu erwähnen, dass Tiere ein vorzügliches *Gedächtnis* für Personen und Orte zeigen« (94), und er schließt daran an: »Die *Einbildungskraft* ist eines der höchsten Vorrechte des Menschen, durch diese Fähigkeit verbindet er frühere Bilder und Ideen, unabhängig vom Willen« (95) Das Gedächtnis, so muss man hier einwenden, kann nur funktionieren, wenn es sich die Dinge, an die es sich erinnert, einbilden kann. Jede Wiedererkennung eines Gegenstandes ist deshalb auch von der Einbildungskraft abhängig. Das hatte schon Aristoteles in *De memoria et reminiscentia* in Bezug auf Menschen und Tiere gleichermaßen beschrieben. Weshalb Darwin den Tieren Gedächtnis und den Menschen exklusiv Einbildungskraft zuschreibt, bleibt deshalb unklar.

Dagegen konzediert Darwin Menschen und Tieren gleichermaßen Vernunft, ohne freilich zu definieren, was er damit meint: »Unter allen Fähigkeiten des menschlichen Geistes nimmt, wie man wohl zugeben wird, die *Vernunft* die höchste Stelle ein. Nur wenige Menschen bestreiten noch, dass die Tiere eine gewisse Fähigkeit des Denkens besitzen« (95). Allein die Abstraktion, die allgemeinen Ideen, das Selbstbewusstsein und die geistige Individualität werden dem Menschen allein zugeschrieben. Nähere Definitionen fehlen wiederum, und Darwin bekennt hier seine philosophische Inkompetenz: »Es würde selbst für jemand, der viel mehr geistige Erkenntnis besäße, als ich, sehr schwer sein, zu bestimmen, inwieweit sich bei den Tieren irgendeine Spur dieser hohen geistigen Vermögen findet« (106).

Ähnlich wie die vergleichende Psychologie zwischen Mensch und Tier sind auch die Bemerkungen zur Sprache durchaus unterkomplex. Sprache wird allein als Ausdruck von Empfindungen verstanden, deshalb besitzen nach Darwin auch Tiere Sprache:

> *Sprache.* – Diese Fähigkeit gerade ist als ein Hauptunterschied zwischen Menschen und den niedriger stehenden Tieren angesehen worden. Aber der Mensch ist, wie ein durchaus kompetenter Beurteiler, Erzbischof Whateley, bemerkt, ›nicht das einzige Geschöpf, das sich einer Sprache bedienen kann, um das, was in seiner Seele vorgeht, auszudrücken und mehr oder minder verstehen kann, was auf diese Weise von andern ausgedrückt wird‹. (108)

Sprache wird als artikulierter Ausdruck von Empfindungen verstanden. Offensichtlich ist mit Empfindung die Rezeptionsfähigkeit von Außeneindrücken gemeint. Darwin kann somit behaupten, es gebe die Verbindung von Zeichen und Sachen auch bei den Tieren: »Ein Hund bildet sich einen allgemeinen Begriff von einer Katze oder einem Schaf so gut wie ein Philosoph« (114). Die Sprachen seien deshalb kein besonderer Schöpfungsakt des Menschen, sondern entwickelten sich aus primitiven Ausdrücken (118).

Von Syntax, Grammatik, Wortarten, Wortwurzeln, Präfixen und Sprachfamilien ist nicht die Rede, lediglich von den physiologischen Voraussetzungen des Sprechens im Stimmorgan (113). Immerhin zitiert Darwin Max Müller, der bemerke: »In jeder Sprache findet beständig zwischen den Wörtern und grammatischen Formen ein Kampf ums Dasein statt« (116).

Jede Form eines ursprünglichen Monotheismus ist für Darwin inakzeptabel: »Es giebt keinen Beweis dafür, dass der Mensch von seinem Ursprung an mit dem veredelnden Glauben an die Existenz eines allmächtigen Gottes begabt war« (120). Vielmehr, weiß er aus seinen ethnologischen Berichten, gibt es bei primitiven Völkern Geisterglauben, und auch dieser könne als Religion aufgefasst werden: »Wenn wir indessen in den Ausdruck ›Religion‹ den Glauben an unsichtbare oder geistige Kräfte mit einbegreifen, so liegt die Sache ganz anders; denn dieser Glaube scheint bei den weniger civilisierten Völkern ganz allgemein zu sein« (ebd.). Der Glaube, dass Naturerscheinungen auf das Wirken von Geistern zurückgeführt werden müsse, scheint für Darwin eine notwendige Hypothese primitiver Menschen zu sein, weil diese sich eine belebte Natur ohne solche handelnden Wesen nicht vorstellen könnten. Glaube ist deshalb für Darwin ein natürlicher Instinkt, der hinter jeder Bewegung eine Ursache vermutet, analog zu seinem Hund, der knurrt, wenn sich der Sonnenschirm bewegt.

Ethik hält Darwin für eine Verbindung von natürlichem sozialem Instinkt und Egoismus. Diese Fähigkeiten findet Darwin auch bei Tieren: Die

> folgende Annahme scheint mir in hohem Grade wahrscheinlich, nämlich, dass kein Tier, welches es auch sei, das mit hervorragenden geselligen Instinkten begabt ist – die gegenseitige Zuneigung der Eltern und Kinder ist hier eingeschlossen – es vermeiden könnte, dass sich bei ihm der *Sinn für das Moralische oder das Gewissen* einstellt, sobald seine geistigen Fähigkeiten so gut wie beim Menschen entwickelt wären. (125 f.)

Seine Begründung lautet ganz pragmatisch: 1. Es gibt ein natürliches Vergnügen an Geselligkeit, vielfach auch bei Tieren. 2. Die Erinnerungen vergangener Geselligkeit zeigen, dass Hunger, Durst und Sexualität in der Gemeinschaft befriedigt werden (139). 3. Sprache zeigt Billigung und Missbilligung durch Mitmenschen; hier entwickeln sich die moralischen Gefühle: »Die Natur und Stärke der Gefühle, welche wir Bedauern, Scham, Reue oder Gewissensbisse nennen, beruhen augenscheinlich nicht nur auf der Stärke des verletzten Instinkts, sondern teils auf der Stärke der

Versuchung und noch häufiger auf dem Urteil des Mitmenschen« (146). Deshalb ist die moralische Vernunft ein natürliches und gesellschaftliches Phänomen. Diese »eigentlichen sozialen Tugenden« (149) findet Darwin auch beim »sozialen Instinkt« (154) der Tiere.

Darwin will Egoismus und Altruismus mit biologischen Argumenten verschränken[71] und begründet seinen ethischen Pragmatismus stammesgeschichtlich damit, dass

> in einer sehr frühen Periode der Geschichte der Menschheit die ausgesprochenen Wünsche der Genossenschaft das Betragen jedes Mitgliedes unwillkürlich und in hohem Maße beeinflußt haben werden, und da alle nach Wohlbefinden streben, so wird das ›Princip des größten Glückes‹ ein überaus wichtiger sekundärer Führer und Zweck geworden sein, während der sociale Instinkt im Verein mit der Sympathie (welche beide den Beifall oder den Tadel anderer in Betracht ziehen) als primärer Impuls und Führer diente. (155)

Anthropologie der Zivilisation

Darwin hat Probleme bei der naturgeschichtlichen Erklärung der Sklaverei, die er aus ethischen Gründen ablehnt, aber stammesgeschichtlich nicht negieren kann. Sie möchte zwar in den alten Zeiten nützlich gewesen sein, sei aber »ein großes Verbrechen« (151). Er kennt auch das ethnologische Phänomen, dass alle Fremden, die nicht zum Stamm gehören, minderberechtigt sind. Er ist hier mit der schwierigen Frage konfrontiert, wie denn das Verhältnis partikulärer primitiver Stammessitten zur allgemeinen Menschheitsethik gefasst werden kann. Er rettet sich in eine Art Sprachuniversalismus, ohne zu beschreiben, wie denn die universale Sprache mit den jeweiligen Stammessprachen und -sitten vermittelbar sei. Mit der Sprache, meint er, sei der Mensch in den Stand gesetzt worden, die Konsequenzen seiner Handlungen vorweg zu erkennen; und deshalb könne er genügend Kenntnisse erlangen, um »verderbliche Sitten und Aberglauben abzulegen«. Dadurch sei der Maßstab seiner Moralität höher und höher

71 Darwin, *Die Abstammung des Menschen*, 153; 158. Er zitiert hier die Utilitaristen Herbert Spencer und John Stuart Mill.

gestiegen (159 f.). Wie er diesen Moralfortschritt mit seiner biologischen Selektionstheorie verbinden will, bleibt sein Geheimnis.

Zwar wird bei der Frage einer universalen Moral in Bezug auf die Sklaverei deutlich, dass Darwin an einen moralischen Fortschritt glaubt. Dieser Fortschritt bestimmt für ihn die Entwicklung der intellektuellen und moralischen Fähigkeiten von der Urzeit bis zur entwickelten Zivilisation. Die Moral entsteht in der ursprünglichen patriarchalischen Familienstruktur als Zusammenschluss von Individuen und hat den Zweck, aus der Erfahrung zu lernen und sich zu verteidigen (166). Das Ergebnis sei eine Kriegergesellschaft, die durch Ehre und Verteidigungsruhm charakterisiert sei (169). Dem entspreche die natürliche Zuchtwahl: »Bei Wilden werden die an Körper und Geist Schwachen bald eliminiert sein, und diejenigen, welche am Leben bleiben, zeigen gewöhnlich eine sehr kräftige Gesundheit« (172).

Dieser natürliche moralische Fortschritt beruht auf Selektion. Freilich werde diese natürliche Moral in den zivilisierten Staaten außer Kraft gesetzt. Dort würden die Schwachen geschützt und die tüchtigsten Männer auch noch zum Militär eingezogen. Deshalb dürften sie nicht heiraten (173). Gleichwohl seien die Zivilisationsstaaten wegen ihrer Institutionen stabil. Warum dies so sei, beschreibt er nicht. Aber er belegt seine Befürchtungen, es handle sich hier um unnatürliche Verhältnisse, mit ausführlichen Statistiken: Wenn die

> lasterhaften oder in anderer Weise untergeordneten Mitglieder der Gesellschaft sich im Verhältnis viel schneller vermehren, als die bessere Klasse Menschen, wird es mit der Nation abwärts gehen [...]. Wir können nur sagen, dass der Fortschritt von einer Zunahme der tatsächlichen Zahl der Bevölkerung abhängt, und von der Anzahl der Menschen, die mit hohen intellektuellen und moralischen Eigenschaften ausgestattet sind. (180 f.)

Darwins ideologische Remedur: Moral, Gottesglaube und geschlechtliche Zuchtwahl

Gegen die statistisch belegte Gefahr, dass die Menschheit durch unnatürliches Verhalten ihre natürliche Spitzenstellung verliere, gibt Darwin im Schlusskapitel seiner Anthropologie politische Ratschläge: Angesichts der Instabilität des menschlichen Stammes, wegen der Unterschiede der Rassen und wegen der natürlichen Zuchtwahl, die immer bessere Individuen hervorbringe, sei die Stärkung der Moral das erste Gebot. Moral sei ein natürlicher Instinkt, der familiär verstärkt werde.[72] Die moralischen Instinkte, die Darwin auch den Tieren zuschreibt, seien ursprünglich nicht universal, sondern auf die jeweilige Gemeinschaft bezogen. Sie seien vorteilhaft und stammten aus der Zuchtwahl.

Der Glaube an Gott ist für Darwin der unumstößliche Unterschied zwischen Mensch und Tier (786), allerdings zieht er daraus nicht die Konsequenz, dass der Gottesglaube auch eine universale Moral denkbar mache. Vielmehr gibt er zur Verbesserung der Menschheit biologische Ratschläge, die er aus der Lehre der geschlechtlichen Zuchtwahl zieht:

Wie bei Pferd, Rind und Hund möge auch der Mensch den Charakter und die Herkunft der einzelnen Individuen gut beachten. Geistige Vorzüge und Tugend seien entscheidender als Reichtum und gesellschaftlicher Rang. Aus diesen Gründen postuliert Darwin ein Eheschließungsprogramm: In Bezug auf die jeweiligen Ehegatten könne man

> bei der Wahl einiges thun, nicht allein für die körperliche Konstitution und Bildung seiner Nachkommen, sondern auch für ihre intellektuellen und moralischen Eigenschaften. Beide Geschlechter sollten auf eine eheliche Verbindung verzichten, wenn sie in bemerkbarem Grade sowohl körperlich als geistig unbedeutend sind. (793)

Und er fährt fort: »die, welche am fähigsten sind, sollten weder durch Gesetze noch Rücksichten gehindert werden, die beste und zahlreichste Nachkommenschaft zu haben« (794).

All dieses ist Teil von Darwins Vorstellung des Menschen als eines natürlichen Wesens, eines Wesens, das zwar die Krone der Evolution ist, aber doch Naturwesen bleibt. Vielleicht ist Darwin am Ende seines Buchs trotz allem bescheiden:

72 Darwin, *Die Abstammung des Menschen*, 783: »Die Grundursache liegt im moralischen Instinkt; wir begreifen unter diesem Ausdruck auch die Familienbande.«

Wir dürfen aber, wie es mir scheint, uns der Überzeugung nicht verschließen, dass der Mensch mit allen seinen edlen Eigenschaften, mit seiner Sympathie, welche er für den Geringsten fühlt, mit seinem Wohlwollen, welches sich nicht nur auf Menschen, sondern auch auf die niedrigste lebende Kreatur erstreckt, mit seinem gottähnlichen Intellekt, welcher die Bewegungen und den Bau des Sonnensystems erforscht hat – mit allen diesen herrlichen Kräften – dennoch immer noch an seinem Körper die unleugbaren Spuren seiner niederen Abkunft trägt. (795)

V. Teil: Mythos und Messias

Das vorliegende Kapitel über »Mythos und Messias« ist, zugegebenermaßen, ein Ritt über den Bodensee. Hier wird versucht, die ideologischen Leitbegriffe ›Mythos‹, ›Religion‹ und ›Nation‹ in ihrer Verschlungenheit zu beschreiben. Der Ausgangsbefund ist folgender: Zu Beginn des 19. Jahrhunderts wird die Religion mit der Transzendentalphilosophie einerseits subjektivistisch verdünnt, andererseits mit nationalpolitisch gedeuteter Weltgeschichte aufgeladen. Johann Gottlieb Fichte ist dabei der wichtigste Propagator. Diese ideenpolitische Mischung bildet den Nährboden, in dem die Mythologie, eine Kreuzung von griechischer Klassizität sowie deutscher und universalreligiöser Selbstsinngebung, eingepflanzt wird und weiterwächst. Die Mythologie ist Gegenstand sowohl der klassischen Philologie, der nationalen Identitätssuche als auch der romantischen Universalpoesie. Diese neubedeutende Mythologie durchwuchert und zersprengt die christliche Exegese. Nach David Friedrich Strauß' *Leben Jesu* ist die neutestamentliche Lehre durch die Mythologie weitgehend absorbiert. Das hat zur Folge, dass die Figur Jesu umgedeutet wird: Sie wird vom auferstandenen Erlöser und Gottessohn zum Produkt mythisierender Volkserzählungen. Ernest Renan verschärft die Kritik an der Jesusfigur: Jesus ist bei ihm nur ein galiläischer Volksheld und als Gegner der Pharisäer zugleich Zeuge des Antijudaismus. Insgesamt werden Judentum und Christentum gleichermaßen als geistlose Lehren eines tumben religiösen Monotheismus gedeutet. Die ›echte‹ Religion verkündet von nun an die mythische Vielfalt des Göttlichen.

Dennoch zeigt sich das messianische Mark der abendländischen Religiosität als lebendig wirksam: Noch unter den Bedingungen des Darwinismus verkündet Nietzsche als Prophet und Messias seiner neuen Religion den Übermenschen als Erlösungsbotschaft.

1. Mythos und Nation

Weder der soziologische noch der darwinistische Naturalismus kamen ohne heilsgeschichtliche Anleihen aus. Gerade deshalb, weil die Religion als überwunden galt, wirkten die Momente, die im Naturalismus nicht absorbiert werden konnten, zunächst subkutan, ehe sie ihre Virulenz öffentlich entfalteten. Der Auflösungsprozess der Religion erwies sich deshalb als besonders langfristig, weil es offensichtlich kaum möglich war, auf die heilsgeschichtlichen Hoffnungen, die ein zentrales Moment der abendländischen Religionen waren, zu verzichten. In der Französischen Revolution war zwar die Religion ideologischer Staatsfeind Nummer Eins, aber das war vor allem deshalb der Fall, weil jetzt die Nation anstelle der Religion die Rolle des Heilsbringers beanspruchte. Diese nationalpolitische Theologie provozierte in den Napoleonischen Kriegen die Entstehung von nationalen heilsgeschichtlichen Konkurrenzansprüchen; schließlich findet der Krieg zwischen Feinden statt. In Kriegen geht es um Leben und Tod, und deshalb hat die Kriegspropaganda den Zweck, die jeweilige eigene Rolle im Kampf mit allen ideologischen Mitteln zu stärken. Die Wirkung der nationalen Kriegsrhetorik wird dadurch verstärkt, dass dem Sieger eine weltgeschichtlich bedeutende Zukunft verheißen wird – auch das ist profane Heilsgeschichte. Und als politische verbindet sie sich mit den Zukunftshoffnungen, die von der Religion, wie verblasst auch immer, als Morgenröte nationaler Größe herüberleuchten.

Fichte als deutscher Prophet

Wie kein anderer Philosoph des Deutschen Idealismus ist Johann Gottlieb Fichte mit dem aufkommenden deutschen Nationalismus der Freiheitskriege verbunden, den er als politische Theologie gefasst hat. Den Kampf gegen Napoleon deutete er als heilsgeschichtliche Aufgabe der Deutschen, deren weltgeschichtliche Epoche nun angebrochen sei. Seine eigene Rolle sah er zweifach: zum einen als Prophet dieser auf die Deutschen zulaufenden Weltgeschichte und zum andern als Volkserzieher, der das Volk für diese Heilsaufgabe vorbereiten sollte. Fichtes prophetische Verkündigung war eine explizit philosophische Neufassung des Christentums, die sich bereits im Titel seines Werks zeigt: »Anweisung zum seligen Leben oder auch die Religionslehre«. Seinen weltgeschichtlichen Erziehungsauftrag erfüllte er in den *Reden an die Deutsche Nation*.

Johanneische Theologie: *Anweisung zum seligen Leben* (1806)[1]
Die *Anweisung zum seligen Leben* ist Fichtes theologisch-philosophisches Evangelium. Die Grundlage ist spinozistisch, denn das Leben vollziehe sich in Natur und Erkenntnis zugleich. Die Seligkeit, die Fichte allein irdisch versteht, besteht in der Durchdringung von menschlicher Erkenntnis und göttlichem Leben. Diese Lehre findet Fichte im Johannesevangelium wieder. Freilich handelt es sich um ein philosophisch reduziertes, weltimmanentes Evangelium, das die Erleuchtung des menschlichen Geistes durch den Logos heraushebt. Den dogmatischen Kern des Johannesevangeliums, die Lehre von der Inkarnation Jesu als Gottes Wort, kann Fichte nicht nachvollziehen.

Um das Johannesevangelium als lichte »Lehre des echten Christentums«[2] zu konturieren, wird die paulinische Theologie angeschwärzt. Fichte verurteilt, dass »der Apostel Paulus und seine Partei, als die Urheber des entgegengesetzten christlichen Systems, halbe Juden geblieben und den Grundirrtum des Juden- sowie des Heidentums«,[3] nämlich die

1 Johann Gottlieb Fichte, *Die Anweisung zum seligen Leben* (hg. v. Heinrich Scholz), Berlin: Deutsche Bibliothek 1912, Vorrede, V.

2 Zusammenfassung von Heinrich Scholz in: Fichte, *Anweisung zum seligen Leben*, 222.

3 Fichte: *Anweisung zum seligen Leben*, 88. Heinrich Scholz ist zu Recht über diesen Zusammenhang irritiert und kommentiert (S. 212): »Vgl. die 7. und 13. Vorlesung der Grundzüge des gegenwärtigen Zeitalters (WW VII, 96ff. und 190f.). Fichte ist wohl der erste gewesen, der, wie später Lagarde u. a., [z. B. Rosenberg im *Mythus des 20. Jahrhunderts*] in seltsamer Verkennung des historischen Tatbestandes, Paulus und den Paulinismus für den großen Verderber des Christentums, des Johanneischen Christentums der menschenfreundlichen Gottesliebe, genannt hat. Paulus mit seiner Rechtfertigungsdogmatik und seinem eifrigen Judengott, Paulus, dieser ewig besorgte Grübler, der trotz aller Weisungen des Meisters das Räsonnieren nicht lassen kann, Paulus, der erste Kirchenchrist, hat ›den Grund zur Auflösung des Christentums gelegt‹ (a. a. O., 100).« Scholz fügt an, dass Schleiermacher in seiner »berühmten« Besprechung der »Grundzüge« diese Theorie nachdrücklich zurückgewiesen habe.

eifersüchtige Sektenbildung, nie überwunden hätten. Dagegen hebt er den Prolog des Johannesevangeliums heraus und wertet ihn als historischen Solitär und genuine jesuanische Lehre:

> Die Vorrede ist anzusehen als der Auszug und der allgemeine Standpunkt aller Reden Jesu; sie hat darum, der Absicht des Verfassers nach, die gleiche Autorität, wie Jesu unmittelbare Reden. Auch die Vorrede ist, nach Johannes' Ansicht, nicht des Johannes', sondern Jesu Lehre; und zwar der Geist und die innigste Wurzel von Jesu ganzer Lehre.[4]

Freilich kann Fichte nicht den ganzen Johannesprolog akzeptieren, den eigentlichen Kern der Vorrede, die Christologie, lehnt er ab, weil er die zeitliche Realität einer Idee – die Fleischwerdung des Logos – nicht denken kann. Er weiß, dass er damit den Kern des Christentums nicht akzeptiert. Zwar stellt er fest: »Jesus von Nazareth sei eben schlechthin von und durch sich, durch sein bloßes Dasein, Natur, Instinkt, ohne besonnene Kunst, ohne Anweisung, die vollkommene sinnliche Darstellung des ewigen Wortes, so wie es vor ihm schlechthin niemand gewesen« (95). Aber er hält die Christologie für messianische »Träume von einem Sohne Davids« (95), und das sei paulinisch und jüdisch – und deshalb inakzeptabel. Gegen Paulus behauptet Fichte, Christus sei, im johanneischen Geiste verstanden, die Symbolfigur für die menschliche Teilhabe am Göttlichen.[5] Die Denkfigur, dass das Menschengeschlecht insgesamt die Manifestation des göttlichen Geistes in der Welt sei, ist Fichtes Lehre der Vergottung des Menschengeschlechts. Das johanneische Christentum sei in dem Sinne wahr, dass »alle diejenigen, die seit Jesus zur Vereinigung mit Gott gekommen, nur

4 Fichte, *Anweisung zum seligen Leben*, 90 f.

5 Heinrich Scholz beschreibt das in seinem Kommentar (S. 212 f.) präzise: »Fichtes negative Haltung gründet sich auf das folgenschwere, in dieser Klarheit und Schärfe zuerst von ihm formulierte geschichtsphilosophische Axiom von der Unmöglichkeit adäquater und verbindlicher Ideenmanifestationen in großen historischen Persönlichkeiten. ›Die Idee ist nicht ein individueller Zierrat, da das Individuum als solches überhaupt nicht in der Idee liegt, sondern sie strebt, auszuströmen in das ganze Menschengeschlecht, dieses neu zu beleben und nach sich umzubilden‹.« Das Zitat stammt aus Fichtes Erlanger Vorlesungen. Siehe Johann Gottlieb Fichte, *Vorlesungen über das Wesen des Gelehrten, und seine Erscheinungen im Gebiete der Freiheit,* Berlin: Himburgische Buchhandlung 1805, 60.

durch ihn und vermittels seiner dazu gekommen« seien (97). Christus ist für Fichte ein metaphysisches Prinzip. Die Historizität Christi als des Jesus und das Historische überhaupt ist für ihn gleichgültig: »Nur das Metaphysische, keineswegs aber das Historische macht selig; das letztere macht nur verständig« (98).

Die Konsequenz seines johanneischen Pantheismus ist eine kosmische Liebeslehre, die sich als die Einheit von intellektueller Beseligung und persönlicher Pflicht zeige. Durch die Vernichtung der Selbstliebe falle der Wille des Ich mit dem Leben Gottes zusammen, und die Verwirklichung dieser höheren Moralität innerhalb der Sinnenwelt »sei die Erscheinung des unmittelbaren göttlichen Wesens in der Wirklichkeit« (144). In dieser religiösen Selbstverwirklichung des Menschen besteht das Ziel aller Geschichte – und die deutsche Nation hat die Aufgabe, die Völker zu diesem Ziel zu führen.

Reden an die Deutsche Nation (1808)

Fichte stellt die Deutschen als das »Urvolk, das Volk schlechtweg« dar, in dem die Freiheit zum Entschlusse und Handeln komme und so das Leben beginne.[6] Er bedient die nationalen Topoi: zunächst das taciteische Klischee des eigenständig sittlich-freien Volks der Germanen, dann die evangelisch-deutsche Nationaldeutung der Reformation[7] und schließlich interpretiert er Lessings *Erziehung des Menschengeschlechts* in nationaler Verengung: »Nur diejenige Nation, welche zuvörderst die Aufgabe der Erziehung zum vollkommnen Menschen durch die wirkliche Ausübung gelöst haben wird, wird sodann auch jene des vollkommnen Staats lösen« (197).

Hier stellt sich die Frage, wer eigentlich der Erzieher zur Freiheit sei. Offensichtlich ein nicht näher identifizierbares Individuum Nation, das durch Geistesgeschichte und große geistige Persönlichkeiten wie Luther oder Leibniz verkörpert wird, das sich durch Festigkeit, Sicherheit und

6 Johann Gottlieb Fichte, *Reden an die deutsche Nation*, Berlin: Realschulbuchhandlung 1808, 120.

7 Das gilt schon für Sleidanus und Melanchthon, s. Emil Menke-Glückert, *Die Geschichtsschreibung der Reformation und Gegenreformation. Bodin und die Begründung der Geschichtsmethodologie durch Bartholomäus Keckermann*, Leipzig: Hinrichs 1912.

Unabhängigkeit auszeichnet und in dem sich lebendige Freiheit in ›Leben und Liebe‹ (241) verwirklicht. Einblick in diese Nation hat der Philosoph, der am Zielpunkt der transzendentalen Freiheitsphilosophie steht, der die Bewegung, die er beobachtet, zugleich in seiner Philosophie repräsentiert und beschleunigt, der dabei selbst aus Einsicht ins Tatsächliche zum Erzieher wird und sich der Wahrheit als Erzieher verpflichtet weiß. Diese Erziehungsverpflichtung geht über den nationalen Rahmen hinaus bis zum weltgeschichtlichen Entwurf einer Erlösungsphilosophie, in der die deutsche Nation eine besondere Rolle spielt.

Dieses theologisch-politische Selbsterlösungsprojekt beschreibt Fichte prophetisch in seiner siebten und letzten Rede an die deutsche Nation: »Ihr sehet im Geiste dieses Geschlecht den deutschen Namen zum glorreichsten aller Völker erheben, ihr sehet diese Nation als Wiedergebärerin und Wiederherstellerin der Welt« (462). Wiedergeburt besteht also im kulturellen Imperialismus der fortgeschrittensten Nation, die die anderen Nationen zu erziehen hat:

> [W]as an Geistigkeit, und Freiheit dieser Geistigkeit glaubt, und die ewige Fortbildung dieser Geistigkeit durch Freiheit will, das, wo es auch geboren sey und in welcher Sprache es rede, ist unsers Geschlechts, es gehört uns an, und es wird sich zu uns thun. Was an Stillstand, Rückgang und Zirkeltanz glaubt oder gar eine tote Natur an das Ruder der Weltregierung sezt, dieses, wo auch es geboren sei und welche Sprache es rede, ist undeutsch, und fremd für uns, und es ist zu wünschen, daß es je eher je lieber sich gänzlich von uns abtrenne. (238)

Von der neuen Deutung Homers bis zur romantischen Universalpoesie

Fichte sah sich nicht als Romantiker, sondern als nationaler Prophet. Was er prophezeite, bediente freilich nicht nur die heilsgeschichtlichen Erwartungen, sondern auch die nationalen Eitelkeiten – und dieses nationale Selbstverständnis war durch die Geschichten bestimmt, die als Identifikationsnarrative fungierten: die germanische Einfachheit und Ehrlichkeit, die Tapferkeit und Treue, wie sie seit der Renaissance das taciteische Selbstbild der Deutschen prägten. Neuerdings wurde dieses Selbstbild durch Johann

Gottfried Herders Neukonzeption der Nation verstärkt, der die nationale Kultur durch Mythen, Märchen und Volkslieder bestimmte.

Die romantischen Kulturgeschichtler waren sämtlich auch klassische Philologen. Die romantische Begeisterung für die Mythologie hatte ihre Wurzeln in der Philologie.

Christian Gottlob Heyne, Lehrer u. a. der Brüder Schlegel, hatte 1764 als Göttinger Prorektor eine Universitätsrede zum Thema *Nonnulla ad quaestionem de caussis fabularum seu mythorum veterum physicis*[8] gehalten, in der er, ausgehend vom Begriff des Enthusiasmus, darlegte, die Alten hätten ihre Naturerfahrungen nicht als Gesetze und Regeln begriffen, sondern sie als Geschichten (lat.: *fabulae*) und Mythen ausgedrückt. Er führt aus:

> Ein Geist, der von der vielfältigen Nutzbarkeit, von der Vollkommenheit und Majestät der Natur überwältigt, entzückt und gleichsam vom göttlichen Geist erschüttert ist, muss diese Größe feiern und loben; denn er ist durch natürliche Anstöße und Antriebe dazu hingerissen, ihre Erhabenheit und Bedeutung auszudrücken. Aber ihm stehen wegen seiner rohen und unentwickelten Sprache nicht die richtigen Worte zur Verfügung, um den Glanz der Erhabenheit und Größe passend zu beschreiben. Deshalb verwandelt er die Phänomene, die, wenn sie mit nüchternem Geist rekonstruiert und fixiert worden wären, nichts Ungewöhnliches und Unerhörtes mehr darstellten, in Mythen und Geschichten.[9]

8 Christian Gottlob Heyne, Proluduntur nonnulla ad quaestionem de causis fabularum seu mythorum veterum physicis, in: *Opuscula academica collecta et animadversionibus locupletata,* Bd. 1, Göttingen: Dietrich 1785, 184–206. Rede zum 27jährigen Bestehen der Universität Göttingen am 17. September 1764. Vgl. dazu Christian Hartlich/Walter Sachs, *Der Ursprung des Mythosbegriffes in der modernen Bibelwissenschaft*, Tübingen: Mohr 1952. Siehe auch Karl Otfried Müller, *Prolegomena zu einer wissenschaftlichen Mythologie. Mit einer antikritischen Zugabe*, Göttingen: Vandenhoeck & Ruprecht 1825. Müller bezieht sich vor allem auf Heynes Abhandlung: Sermonis mythici sive symbolici interpretatio ad causas et rationes ductasque inde regulas revocata, in: *Commentationes Societatis Regiae Scientiarum Gottingensis Recentiores* 16 (1807), 285–323. Das sei die reichhaltigste Abhandlung.

9 »Raptus enim et percussus magnarum et in publicam utilitatem ac popularium salutem incolumitatemque gestarum rerum specie et magnitudine animus, et quasi divino afflatu attonitus, cum ad celebrandas eas et laudibus efferendas, naturae ipsius impulsu et impetu

Heyne ist sich über die archaische Gewalt der Mythen und ihre kulturgeschichtliche Bedeutung durchaus im Klaren und warnt, man dürfe ihre Macht nicht unterschätzen, denn sie seien der Ursprung des menschlichen Wissens:

> Von hierher stammt ursprünglich alle menschliche Weisheit, und, obwohl die Geister durch philosophische Subtilität und grammatische sowie logische Spitzfindigkeit zu differenzierteren Begründungen geführt werden, und obwohl wir es einfach und klar lieben, kann die Weisheit der Alten adäquat nur durch die Kraft und Natur der Geschichten (fabulae) verstanden werden.[10]

Im aufgeklärten Antiquarianismus und in der klassischen Philologie wurde Homer so inszeniert und gedeutet, wie Heyne es gefordert hatte. Der britische Forschungsreisende Robert Wood veröffentlichte 1769 den *Essay on the Original Genius of Homer*, in dem er die These vertrat, dass Homers Epen zunächst mündlich tradiert worden waren und erst später verschriftlicht wurden. Allerdings stellte sich bald als Problem heraus, dass die angeblich raue und undifferenzierte Sprache der antiken Mythen sich bei Homer keineswegs nachweisen ließ. Die Sprache der homerischen Mythen war perfekt, ihre Poesie vollendet. Heyne hatte das wohl gesehen, aber für dieses Problem keine Lösung angeboten. Auch Wood hatte

ferretur, quando ad exprimenda sensa, rerumque magnitudinem et grauitatem, (quod, in rudi et recenti sermone, multo magis necesse erat fieri) verba idonea non suppetebant, ad comparationes et similitudines confugit, figuras et allegorias adsciuit, magnifica et splendida oratione omnia exornauit, reque ipsas, quae si a mente composita et sedata considerarentur, nihil adeo insoliti et inauditi haberent, forte etiam tenues essent et obuiae, in mythos et fabulas mutauit«. Heyne, *Nonnulla ad quaestionem de caussis fabularum seu mythorum veterum*, 187 f.

10 »Nec vero ipsa mythorum seu fabularum vis ac natura contemnenda et siue liberalis hominis otio siue philosophi acumine indigna habenda; quandoquidem omnis hominum sapientia ab iis primas origines duxit, et, quanquam, animis ipsa philosophiae subtilitate et dialectices grammaticesque acumine ad subtiliores rationes adductis, nuda nunc veritate merito magis delectamur, antiquarum tamen doctrinarum veterisque sapientiae interpretatio sine rectis *de fabularum vi et natura* notionibus male instituitur; qua eadem cognitio accuratiore neque carere possunt ii, qui in intelligentiae nostrae mentisque naturam, vires ac leges, inquirere, eiusque quasi annales, opus haud dubie longe pulcherrimum et vtilissimum, condere instituant.« Heyne, *Nonnulla ad quaestionem de caussis fabularum seu mythorum veterum*, 189.

zwar die mündliche Tradition der homerischen Texte entdeckt, aber auch er konnte keine Erklärung für die Perfektion der homerischen Sprache liefern.

Das änderte sich mit Friedrich August Wolf. 1795 erschienen seine *Prolegomena ad Homerum* und lösten eine Revolution der Mythendeutung aus. Wolfs These, dass Homer keine historische Person, sondern eine Kompositfigur sei, und dass die unter Homers Namen überlieferten Texte in einer jahrhundertelangen Barden- und Sängertradition entstanden seien, hatte zwei wesentliche Implikationen: 1. Sie erklärte, dass ein ursprünglicher Text des homerischen Epos nicht rekonstruiert werden könne. Vielmehr sei der überkommene Text der homerischen Epen – *Ilias* und *Odyssee* wurden auseinanderdividiert – von Sängerdichtern an den griechischen Höfen sozusagen professionell perfektioniert worden. 2. Damit präzisierte Wolf, selbst alles andere als ein Romantiker, Herders These von der poetischen Kraft der Völker, die sich in den nationalen Dichtungen und Epen manifestierte.

Herder: Nationalisierung des Mythos

Wie kein anderer hat Herder den Begriff der Kulturnation geprägt. Sein Nationenbegriff war nicht durch Staatlichkeit und auch nicht durch Loyalität gegenüber einem Souverän bestimmt. Für ihn waren Herkunft, Sprache und Mythologie die Kriterien einer Nation. Die Sprache war für ihn keineswegs pragmatisches Kommunikationsmittel eines Volkes, vielmehr wurde die Identität einer Nation durch Volkslieder,[11] durch die Erzählung einer gemeinsamen Tradition und vor allem durch eine gemeinsame Mythologie bestimmt. Diese Identität beruht nicht auf Fakten, sondern hat, wie Herder betont, ihr Fundament in der Einbildungskraft: »Die Mythologie jedes Volks ist der Abdruck der eigentlichen Art, wie es die Natur ansah, insonderheit ob es seinem Klima und Genius nach mehr Gutes oder Übel in derselben fand, und wie es sich etwa das Eine durch das Andere zu

11 Vgl. Johann Gottfried Herder, *Volkslieder*, Leipzig: Weygand 1778/1779; Johann Gottfried Herder, *Stimmen der Völker in Liedern*, Tübingen: Cotta ^{2}1807.

erklären suchte.«[12] Die Einbildungskraft, die die Mythologie erzeugt, ist für Herder auch die natürliche Quelle der Religion, und sie ist der Ort für die Wahrnehmung der Tradition. In dieser Konzeption ist die Religion schlechterdings originär und kategorial ununterscheidbar von der Mythologie. Sie bedient sich der »Symbole« (340), deren Tradition lebendig erhalten werden muss: »Daher ist auch bei den rohesten Völkern die Sprache der Religion immer die älteste, dunkelste Sprache, oft ihren Geweihten selbst, viel mehr den Fremdlingen unverständlich« (341).

Die Verbindung von Mythos, Religion und Tradition ist die Grundlage aller Kultur. Da es sich um natürliche Kulturentwicklungen handelt, sind die Mythologien und Kulte der unterschiedlichen Nationen von je eigener Natur und Art. Dass sie allesamt zur Humanität beitrügen, hofft und unterstellt Herder (342). Eigentlich müsste aus seiner Theorie der natürlichen Kulturentwickelung folgen, dass alle Religionen und Mythologien gleichrangig sind. Aber zu diesem Kulturrelativismus kann sich Herder nicht durchringen. Der Frage einer kulturellen Relativität der Mythologien und der Gleichberechtigung der Religionen entzieht er sich je länger desto mehr. Stattdessen kultiviert er den Gedanken, dass die biblische Tradition einen Sonderstatus habe: Gott habe – sozusagen als Korrektiv zu autochthonen mythischen Traditionen – die biblische Offenbarung vorgesehen.[13] So bleiben Mythologie und Christentum bei ihm bemerkenswert unverbunden – man kann sich des Gedankens nicht erwehren, dass Herder

12 Johann Gottfried Herder, *Ideen zur Philosophie der Geschichte der Menschheit*, Werke, Bd. III (hg. v. Wolfgang Pross), München Hanser 2002, 273.

13 Vgl. Johann Gottfried Herder, Über die ersten Urkunden des Menschlichen Geschlechts. Einige Anmerkungen, in: *Werke in zehn Bänden*, Bd. 5: *Schriften zum Alten Testament* (hg. v. Rudolf Smend), Frankfurt am Main: Deutscher Klassiker Verlag 1993, 9–178: »Die göttliche Überlieferung von der Schöpfung, und der Weltveränderung, und der ersten Unglücksfälle müssen hier so im Nationallicht erscheinen, als die Kosmogonien der Griechen, der Ursprung des Bösen unter den Iroquoisen, und die Geschichte früher Sündfluten und Nationalvorzüge unter den Arabern. Hier überall der Morgenländer, der Sohn Adams, Seths, Noahs, Sems, der Hebräer, der Jude, er rede aus dem Munde seiner Väter, er spreche aus den heiligen Sagen voriger Zeiten – jede allgemeinere, unbestimmtere Projektion ist verrückend, falsch, verwirrend. Man sieht, daß ich dem Ansehen der Stücke nichts raube, sondern dasselbe bestätige. In der Kindheit der Welt ist Alles davon Zeuge, daß Gott den Bedürfnissen der ersten Menschen, und so auch ihren dürftigen Kenntnissen

die Dichotomie von Mythologie und Poesie, die aus dem Volk stammte, und der Offenbarung, die einen transzendenten Ursprung beanspruchte, nicht hat bewältigen können. Es scheint, er habe einen Geist aus der Flasche gelassen, dessen dämonische Natur nicht zu beherrschen war.

Mythos als Universalpoesie

Die Poetisierung der Welt war der Traum der Frühromantiker. Sie schwärmten von der Einheit von Dichtung, Religion, Philosophie und Mythologie. Diese Einheit hätte die Transzendenz mitumfassen müssen. Die Romantiker beanspruchten genau, in der Universalpoesie die Einheit von Transzendenz und Immanenz zu erreichen. Wer immer das »Systemprogramm des Deutschen Idealismus«[14] (ungefähr 1796/97) verfasst haben mag – Hölderlin, Schelling oder Hegel – in jedem Fall war hier die Mythologie zentral: »Zuerst«, heißt es da, »werde ich hier von einer Idee sprechen, die, soviel ich weiß, noch in keines Menschen Sinn gekommen ist – wir müssen eine neue Mythologie haben, diese Mythologie aber muß im Dienste der Ideen stehen, sie muß eine Mythologie der Vernunft werden«.[15]

Im dritten Band des *Athenäum* (1800), der vielleicht wichtigsten Zeitschrift der literarisch-philosophischen Frühromantik, veröffentlichte Friedrich Schlegel ein ausführliches *Gespräch über die Poesie*. Hier rückte er seine programmatische *Rede über die Mythologie* ein, in der er die universalpoetische Aufgabe der Mythologie beschrieb:

> Es fehlt, behaupte ich, unserer Poesie an einem Mittelpunkt, wie es die Mythologie der Alten war, und alles wesentliche, worin die moderne Dichtkunst der antiken nachsteht, läßt sich in einem Worte zusammenfassen: Wir haben

in dieser Sache, die sie anderes nicht wissen konnten, als ein offenbarender Gott durch väterlichen Unterricht zu Hülfe gekommen.« Ebd., 27.

14 Der Titel stammt vom ersten Herausgeber Franz Rosenzweig.

15 Georg Wilhelm Friedrich Hegel, Ältestes Systemprogramm des deutschen Idealismus, in: *Georg Wilhelm Friedrich Hegel: Werke*, Bd. 1: *Frühe Schriften* (hg. v. Eva Moldenhauer/Karl Markus Michel), Frankfurt am Main: Suhrkamp 1971, 236.

> keine Mythologie. Aber, setze ich hinzu, wir sind nahe daran, eine zu erhalten, oder vielmehr wird es Zeit, daß wir ernsthaft dazu mitwirken sollen, eine hervorzubringen.[16]

Als Schlegel im Jahre 1802, zwei Jahre nach Veröffentlichung dieser Rede, zu seinen Sanskritstudien nach Paris aufbrach, stellte er sich wohl vor, dass seine indologischen Studien den romantischen Traum erfüllen könnten, Religion, Mythologie, Philosophie und Poesie zu vereinigen. In der *Sprache und Weisheit der Indier* (1808) hat er denn auch, wenngleich vorsichtig, versucht, die homerische Mythologie und die christliche Offenbarung in den Zusammenhang der indologischen Entdeckungen, die er gemacht hatte, einzufügen.[17] Aber er ist diesen Weg nicht weitergegangen. 1806 konvertierte er zum Katholizismus und konzentrierte sich anschließend, je länger desto intensiver, auf die abendländische Literatur und Kunst, die er aus katholischer Perspektive neu interpretierte.

Das Nibelungenlied als deutscher Nationalmythos

Man kann die Rolle Jakob Bodmers für die mittelalterliche deutsche Nationalliteratur kaum überschätzen. Schon 1746 hatte er mittelhochdeutsche Gedichte aus der Manessischen Liederhandschrift[18] veröffentlicht. Neun Jahre später, im Juni 1755, wies ihn der Arzt Johann Hermann Obereit auf das Manuskript des *Nibelungenliedes* hin, das er in der Bibliothek des Grafen von Hohenems entdeckt hatte.[19] Bodmer konnte den Kodex

16 Friedrich Schlegel, *Kritische Schriften* (hg. v. Wolfdietrich Rasch), München: Hanser 1970, 497.

17 Siehe oben, 130 f. am Ende des Kapitels zu »Sprache und Weisheit der Indier«.

18 Johann Jakob Bodmer/Johann Jakob Breitinger (Hg.), *Proben der alten schwäbischen Poesie des dreyzehnten Jahrhunderts aus der Maneßischen Sammlung*, Zürich: Heidegger 1748. Vollständig in zwei Teilen, Zürich: Orell und Comp. 1758/59.

19 Für das vorliegende Kapitel stütze ich mich vor allem auf den Aufsatz von Joachim Heinzle, Die Rezeption [des Nibelungenlieds] in der Neuzeit, in: *»Uns ist in alten Mären … « Das Nibelungenlied und seine Welt* (hg. v. der Badischen Landesbibliothek Karlsruhe und dem Badischen Landesmuseum Karlsruhe), Darmstadt: Primus 2003, 163–168, vor allem 163 f. Der Artikel ist weitgehend dupliziert in Joachim Heinzle,

entleihen und erkannte sofort den Rang des Werks, das seit zweieinhalb Jahrhunderten in Vergessenheit geraten war. Ihm erschien das *Nibelungenlied* als »eine Art von *Ilias*, und wenigstens etwas, so die Grundlage einer Ilias in sich enthält«.[20] Seine Teiledition[21] war denn auch nach dem Modell der Ilias gestaltet. Er ließ diejenigen Partien weg, die nach seiner Vorstellung nicht mit dem griechischen Muster übereinstimmten. Mit Bodmers Klassifizierung war der Rezeptionsweg des *Nibelungenlied*es vorgezeichnet: Es wurde Kronzeuge der innigen Verbindung von Griechentum und Deutschtum. Herder wird in den *Ideen zur Philosophie der Geschichte der Menschheit* (1784–91) Mythologie und Kulturnation aufs Engste miteinander verbinden. Diese Forderung fand er mit dem *Nibelungenlied* eingelöst, und das galt *a fortiori*, wenn das *Nibelungenlied* und das mythische Epos schlechthin, die *Ilias*, parallelisiert wurden.

Die Deutung des *Nibelungenlied*s als der deutschen *Ilias* wurde topisch. 1786 prophezeite Johannes von Müller: »Der Nibelungen Lied könnte die teutsche Ilias werden«.[22] In seiner Berliner Vorlesung über »Die Ge-

Unsterblicher Heldengesang. Die Nibelungen als nationaler Mythos der Deutschen, in: *Mythos und Mythologie* (hg. v. Reinhard Brandt/Steffen Schmidt), Berlin: Akademie-Verlag 2004, 185–202. Vgl. insgesamt: *Die Nibelungen. Sage – Epos – Mythos*, (hg. v. Joachim Heinzle/Klaus Klein/Ute Obhof), Wiesbaden: Reichert 2003. Siehe auch Jan-Dirk Müller, Nibelungenlied und kulturelles Gedächtnis, in: *Arbeiten zur Skandinavistik. 14. Arbeitstagung der deutschsprachigen Skandinavistik, 1.–5. 9. 1999 in München* (hg. v. Annegret Heitmann), Frankfurt am Main: Peter Lang 2001, 29–43.

20 Jakob Bodmer, Brief an Laurenz Zellweger vom 24. August 1755, zit. nach: *»Uns ist in alten Mären …« Das Nibelungenlied und seine Welt*, Kat. Nr. 135. Vgl. auch Annegret Pfalzgraf: *Eine Deutsche Ilias? Homer und das ›Nibelungenlied‹ bei Johann Jakob Bodmer. Zu den Anfängen der nationalen Nibelungenrezeption im 18. Jahrhundert*, Marburg: Tectum-Verlag 2003.

21 *Chriemhilden Rache, und die Klage. Zwey Heldengedichte aus dem schwaebischen Zeitpuncte, samt Fragmenten aus dem Gedichte von den Nibelungen und aus dem ›Josaphat‹* (hg. v. Jakob Bodmer), Zürich: Orell und Comp. 1757. Bodmer edierte nur das letzte Drittel, weil ihm dieser Teil in seiner Handlungsführung besonders gelungen erschien. Die anderen Stücke habe er »abgeschnitten, und ich glaube mit demselben Rechte, mit welchem Homer die Entführung der Helena, die Aufopferung der Iphigenia, und alle Begebnisse der zehn Jahre, die vor dem Zwiste zwischen Achilles und Agamemnon vorhergegangen sind, weggelassen hat.« Heinzle, *Unsterblicher Heldengesang*, 189 f.

22 Zit. nach Heinzle, Die Rezeption [des Nibelungenlieds] in der Neuzeit, 162 f.

schichte der romantischen Literatur« 1802/1803 urteilte August Wilhelm Schlegel, das »Lied der Nibelungen« könne sich »kühnlich mit der *Ilias* messen«, was »Lebendigkeit und Gegenwart der Darstellung«, die »Größe der Leidenschaften, Charaktere, und der ganzen Handlung« angehe, ja man könne sagen, es übertreffe sie, »wenn man es sich nicht zum Gesetz machen müßte, nie ein Meisterwerk auf Unkosten des anderen zu loben«.[23] Sein Hörer Karl Wilhelm Ferdinand Solger notierte sich zur selben Zeit, 1803: »Das Lied der Nibelungen ist, was seine Anlage betrifft, größer als die Ilias«. Er fasste die allgemeine Ansicht über das *Nibelungenlied* in die Formel vom »zum Grunde liegenden Nationalmythos«.[24] Der nationale Nibelungenkult wurde weiter angeheizt, als Friedrich Heinrich von der Hagen das *Nibelungenlied* 1807 in einer Bearbeitung veröffentlichte, die Mittel- und Neuhochdeutsch kombinierte, und seine emphatische Mittelalterpublizistik damit begründete, mit dem »Nationalepos der Deutschen« den antinapoleonischen Patriotismus zu stärken.[25]

Die Verbindung von griechischem und deutschem Nationalmythos wurde zugleich philologisch vertieft. Der Philologe Karl Lachmann (1793–1851) war Schüler von Friedrich August Wolf, dem Verfasser der *Prolegomena ad Homerum*. Lachmann übertrug 1816 die Homer-Theorie Wolfs,

23 August Wilhelm Schlegel, Geschichte der romantischen Literatur, in: *Kritische Schriften und Briefe*, Bd. 4 (hg. v. Edgar Lohner), Stuttgart: Kohlhammer 1965. Zitat nach Heinzle, *Die Rezeption [des Nibelungenlieds] in der Neuzeit*, 163.

24 Ludwig Tieck/Friedrich von Raumer (Hg.), *Solger's nachgelassene Schriften und Briefwechsel*, 2 Bde., Leipzig: Brockhaus 1826, 97. Zit. nach Heinzle, *Die Rezeption [des Nibelungenlieds] in der Neuzeit*, 163.

25 »Unterdeßen aber möchte einem Deutschen Gemüthe wohl nichts mehr zum Trost und zur wahrhaften Erbauung vorgestellt werden können, als der unsterbliche alte Heldengesang, der hier aus langer Vergessenheit lebendig und verjüngt wieder hervorgeht: das Lied der Nibelungen, unbedenklich eins der größten und wunderwürdigsten Werke aller Zeiten und Völker, durchaus aus Deutschem Leben und Sinne erwachsen und zur eigenthümlichen Vollendung gediehen, und als das erhabenste und vollkommenste Denkmal einer so lange verdunkelten Nazionalpoesie, unter den übrigen, zwar auch nicht unbedeutenden und geringen Resten derselben, doch ganz einzig und unerreicht dastehend, – dem koloßalen Wunderbau Erwins von Steinbach vergleichbar.« Friedrich von der Hagen, *Der Nibelungen Lied*, Berlin: Unger 1807, 1 f. Zit. nach Heinzle, Unsterblicher Heldengesang, 191.

Ilias und *Odyssee* seien aus Bardengesängen im Laufe von Jahrhunderten entstanden, auf das *Nibelungenlied*. Damit verzahnte er die griechische und die deutsche Mythologie auch in der Form:

> Ich glaube, [...] dass unser so genanntes Nibelungenlied, oder bestimmter, die Gestalt desselben, in der wir es, aus dem Anfange des dreizehnten Jahrhunderts uns überliefert, lesen, aus einer noch jetzt erkennbaren Zusammensetzung einzelner romanzenartiger Lieder entstanden sei.[26]

1826 gab Lachmann das Werk vollständig in mittelhochdeutscher Sprache heraus[27] und verwandte dabei die kritische Methode, die er für die Editionsphilologie der griechischen und lateinischen Texte entwickelt hatte. Mit diesen philologischen Weihen war das ›deutsche‹ *Nibelungenlied* im Kanon der Weltliteratur etabliert.

Dass es sich beim deutschen Nationalepos um Mythologie handelte, war unbestritten; alle, die sich mit dem *Nibelungenlied* befassten, haben das griechische Konzept des Mythos unbedenklich auf das mittelhochdeutsche Werk übertragen.

Am Beginn des 19. Jahrhunderts sind die wichtigsten Momente des Mythosbegriffs versammelt: Für Herder ist der Mythos elementar, ein konstitutives Moment ursprünglicher Religiosität und zugleich nationaler Identität. Er fungiert bei Friedrich Schlegel als Schlüssel zur Einheit von Philosophie, Religion und Dichtung. Mit diesem Anspruch substituiert der Mythos mehr und mehr die Offenbarungsreligion, die selbst, vor allem von Fichte, tendenziell schon zum Moment religiöser, anthropologischer Vergottung und philosophischer Heilsverheißung umgedeutet wurde. Diese Momente schwirren sozusagen in der intellektuellen Atmosphäre. Was aber einen Mythos ausmachte, war damit theoretisch keineswegs erklärt – und es war jetzt wieder ein Gräzist, freilich kein Editionsphi-

26 Karl Lachmann, *Über die ursprüngliche Gestalt des Gedichts von der Nibelungen Noth*, Berlin: Dümmler 1816, 3 f. Zit. nach Heinzle, *Die Rezeption [des Nibelungenlieds] in der Neuzeit*, 171, Kat. Nr. 141.

27 Karl Lachmann, *Der Nibelungen Noth und die Klage. Nach der ältesten Ueberlieferung mit Bezeichnung des Unechten und mit den Abweichungen der gemeinen Lesart*, Berlin: Reimer 1826.

lologe, sondern ein Literaturgeschichtler und Enzyklopädist, der eine wissenschaftliche Theorie des Mythos entwickelte: Karl Otfried Müller.

2. Mythologie als Wissenschaft: Karl Otfried Müller (1797–1840)

Karl Otfried Müller, geboren 1797 als ältestes von vier Kindern des Brieger Pastors Karl Daniel Müller, begann sein Studium 1814 in Breslau. 1816 wechselte er nach Berlin, wo er Schleiermacher, Solger und August Boeckh hörte. Mit Friedrich August Wolf, der die Altertumswissenschaften editionsphilologisch definierte, kam er nicht zurecht. 1818 wurde er promoviert und bekam zunächst eine Anstellung als Lehrer am Maria-Magdalena-Gymnasium in Breslau. Boeckh bemühte sich, ihm eine Stelle an der Berliner Universität zu verschaffen, aber die Göttinger Altertumswissenschaftler waren schneller: Müller wurde dort 1819 außerordentlicher Professor, vier Jahre später Ordinarius und Akademiemitglied. 1837 gehörte er zu den liberalen Professoren, die gegen die hannoversche Politik votierten, wurde aber, anders als die ›Göttinger Sieben‹, nicht entlassen. 1839 reiste er nach Griechenland, um Materialien für seine geplante Geschichte Griechenlands zu sammeln. Er starb 1840 in Athen auf dieser Forschungsreise.

Die Perfektion des Mythos

Karl Otfried Müller war Gräzist und wollte auch nichts anderes sein. Sein Konzept der Philologie ist an August Boeckh geschult. Es geht ihm nicht, wie Wolf und Lachmann, um Editionsphilologie, sondern um enzyklopädische Altertumswissenschaft. Für dieses Konzept ist der Begriff der Mythologie zentral, und Müller hat ihn 1825 in den *Prolegomena zu einer wissenschaftlichen griechischen Mythologie*[28] grundlegend analysiert:

28 Karl Otfried Müller, *Prolegomena zu einer wissenschaftlichen Mythologie. Mit einer antikritischen Zugabe*, Göttingen: Vandenhoeck & Ruprecht 1825.

»Nicht blos der äussern, auch der innern Geschichte des Griechischen Volks ist die Wurzel abgeschnitten, wenn man den Mythus als für die Wissenschaft unbrauchbar wegwirft« (207). Im Mythos solle die »Menschheit im Ganzen« uns weit über jede einzelne Epoche erheben,

> auch das Verschiedene sollen wir in seinem Wesen verstehen lernen. Ich glaube, dass die Kunde des Alterthums den Geist aus keinem Grunde mehr erhebt und humanisirt, als weil sie eine fremde Menschheit uns in ihrem ganzen, tüchtigen, in sich vollendeten Dasein vor Augen stellt. Und führt uns nicht von allen Theilen der Altertumskunde die Mythologie am weitesten aus den Kreisen der Gegenwart hinaus, in Werkstätten von Ideen und Formen hinein, deren ganze Anlage und Einrichtung noch ein geschichtliches Problem ist? (207 f.)

Müller beschreibt den Begriff des Mythos als perfekten Ausdruck einer historischen Periode. Er schielt nicht nach der politischen Bedeutung oder nach der Philosophie als Maßstäben des Mythos.[29] »So wie wir eine Zeit annehmen müssen,« schreibt er, »in der die mythische Darstellung eigentlich blühte, so müssen wir auch annehmen, daß das geistige Eigenthum dieser Zeit in einer gewissen Vollständigkeit durch dieselbe überliefert wurde« (78). Die griechische Mythologie sei von Anfang an perfekt:

> Wir sollten die Vorzeit denken, welche die Mythen schuf, aus denen die Poesie der Griechen hervorblühte, von der die unsre – keine *matre pulchra filia pulchrior* ist. Wie würde man das ältre Alterthum verachten, stände nicht gleich am Eingang Homeros unendlich schöne Göttergestalt mit seiner aufs sinnreichste ausgebildeten Sprache und Versharmonie. (79 f.)

29 »In der That giebt es vielleicht kein gefährlicheres Vorurtheil als dieses so lange und von vielen noch jetzt gehegte, welche statt von der Geschichte Belehrung zu heischen – damit anfangen die Geschichte belehren zu wollen. ›Man dürfe ja keine tiefen und schönen Ideen im Mythos suchen, der selbst nur durch den Mangel an direktem Ausdruck, ab ingenii humani imbecillitate et a dictionis egestate, entstanden sei.‹ Statt also nachzuforschen, warum jene Epoche der Griechischen Menschheit dieser Ausdrucksweise sich vor allem bedient habe, entscheidet man gleich: sie habe sich so seltsam ausgedrückt, weil sie für jeden andern Ausdruck zu roh und dumm gewesen sei.« Ebd., 79. Dies ist im Prinzip ein Vorwurf gegen Christian Gottlob Heyne, und er gilt auch für Max Müllers und Adalbert Kuhns spätere Mythentheorien. S. o. Kap. III, 5.

Der Mythos hat, konstatiert Karl Otfried Müller, die Form der Erzählung.[30] Das gilt sowohl für die relativ wenigen theogonischen Mythen,[31] in denen Prozesse der Natur sozusagen allegorisch repräsentiert sind – die Nacht hat mit dem Erebos den Äther gezeugt, daher stammt das Licht – als auch für die zahllosen griechischen Landschafts- und Ortsmythen. Die Mythenerzählungen behandeln »Genealogien von Heroen, Abentheuer, Wanderungen, Vermählungen derselben, Eroberungen von Städten und Landschaften füllen die heroische oder lokale Mythologie grösstentheils aus« (80). Sie durchwalten und beleben alle Literaturgattungen: Heldenepen wie *Ilias* und *Odyssee*, genealogische Lehrgedichte wie Hesiods *Theogonie*,[32] die Gedichte Pindars und zumal die Tragödien.

Weder bei Homer noch bei Hesiod oder Pindar sei der Mythos notwendig tragischer Natur. Die griechischen Tragödien seien freilich immer auf den Mythos angewiesen, und sie sind zugleich an das »Gesetz ihrer Dichtungsgattung« (89) gebunden. Im Prozess der tragischen Dichtung verändere sich deshalb der Mythos:

> Der Mythus musste einer Tragödie gerecht sein, er musste den tragischen Charakter und die Abschließung haben, die ein solches Dichtwerk erforderte. Auf jeden Fall lag die Versuchung sehr nah, dem Mythus nachzuhelfen, ihn

30 »Den[n] da der Mythus die Form der Erzählung hat, faktische Begebenheiten aber in keiner andern Form vorgetragen werden können, Ausdruck also und Inhalt sich bei diesem Element der Mythologie weit mehr entsprechen als dem andern [scil. dem gedachten Mythos]: so ist auch weit leichter abzunehmen, was für Classen von Begebenheiten vorgetragen werden.« Müller, *Prolegomena*, 80.

31 Ebd., 71: Hier unterscheidet Müller das »Ideelle im Mythos«, das er in den Theogonien findet, von den historischen Mythen.

32 »Hesiods Theogonie erzählt auch der Form nach eine Geschichte, in der als handelnde Personen zuerst die Hauptgegenstände und Elemente der physischen Natur, wie Erde, Himmel, Meer, dann eine Classe von Wesen auftreten, welche Titanen genannt werden, und zum Theil offenbar der sinnlichen Natur, zum Theil einer Begriffswelt angehören, drittens die in Griechenlands Tempeln gewöhnlich verehrten Götter erscheinen.« Müller, *Prolegomena*, 84 f.

> tragischer umzubilden, ihm einen vollständigeren Schluss, mehr περιπέτεια, zu geben, als er im ursprünglichen Zusammenhange hatte. (89)

Die Entwicklung der Tragödie, schreibt Müller, sei dadurch gekennzeichnet, dass sie zunächst noch im Mythos wurzelte, den sie aber verändere, und zwar vor allem deshalb, weil der Glaube an die Götter im Schwinden war. Es zeige

> die Forschung im Einzelnen, dass Aeschylos und Sophokles diesen Versuchungen weit weniger nachgaben, und sich weit treuer an die Ueberlieferung hielten, als Euripides, bei dem freilich noch zwei Umstände hinzukamen, um Neuerungen zu bewirken. Erstens der Mangel an neuem Stoffe, welche ihn nöthigte, den mehr als einmal behandelten wieder vorzunehmen, und ihn, wenn er nicht ein altes Lied singen wollte, in wesentlichen Punkten abzuändern. Zweitens die damals eingerissene Aufklärung. Aeschylos und Sophokles glaubten noch, und die Götter standen ihnen in ihrer Persönlichkeit leibhaft wie wirkliche Wesen vor Augen. [...] Bei Euripides aber ist ein gewisses Philosophiren, freilich ein ziemlich schwankendes und unentschiednes, fast ganz an die Stelle der mythischen Religion getreten, wenn auch diese, der Natur seiner Dichtungsgattung nach, ein Hauptgegenstand derselben bleiben musste. (90)

Geschichte des Mythos

Die Charakterisierung des Mythos war bei Müller bisher an rhapsodischen Beispielen gewonnen worden; erst die Darstellung des Ursprungs, der Blüte und des Endes des Mythos entfaltet eine konsistente Genealogie der griechischen Kulturgeschichte.

Der Ursprung des Mythos

Über den Ursprung des Mythos lasse sich, stellt Müller fest, keine historisch belastbare Aussage machen. Volkssage und Mythos seien immer schon zusammen gewesen, in ihnen sei schon vor ihrer Bearbeitung durch die Dichter »Idee und Faktum, Geglaubtes und Erfahrnes, vereinigt« (108) gewesen. Er betont, dass »ein Erfinder eines Mythos im eigentlichen Sinne des Wortes ungedenkbar sei« (111). Entscheidend für das Verständnis des Mythos sei nicht die Kenntnis eines präzisen historischen Sachverhalts, vielmehr handele es sich um einen für die Kulturbildung unentbehrlichen Prozess: »Es ist der *Begriff einer gewissen Nothwendigkeit und Unbewusstheit im Bilden der alten Mythen,* auf welchen wir dringen« (111 f.).

Mythos, Symbol und Kult seien offensichtlich »gleich von Anfang mit dem Götterglauben da gewesen« (257): »Der Mythus erzählt eine That, wodurch sich das göttliche Wesen in seiner Kraft und Eigenthümlichkeit offenbart, das Symbol veranschaulicht sie dem Sinn durch einen in Zusammenhang damit gesetzten Gegenstand« (256 f.). Das Volk wollte erfahren,

> wie ihr Gott abwehre und schütze, und die Kraft des Glaubens bewirkte, dass sich schnell eine Erfahrung zur andern fand; Vorstellungen aber, welche die Gestalt der Erfahrung angenommen haben, sind gerade Mythen. So ist in seinem Entstehen schon der Cultus mit dem Mythus aufs strengste verbunden. (257)

Die Blüte des Mythos

Im Verlauf der Tradition, d. h. der Weitererzählung der Mythen habitualisierte sich der topische Umgang mit ihren Inhalten: Das Reden in ihren Bildern, Tropen und Topoi wurde zur

> Gewohnheit. Frühere Zeitalter hatten es sich so gedacht; darum dachte man ebenso, und erweiterte das frühere Denken durch Analogie, bei nach und nach immer mehr dämmerndem und tagendem Bewusstsein, dass man es mit einer gewissen Form der Darstellung zu thun habe. (122)

Die Glaubwürdigkeit der Mythen hängt an der kontinuierlichen Tradition und daran, dass in dieser Tradition Erzählungen mit Wahrheitsanspruch übermittelt werden:

> Die Mythen geben Erzählungen von den Zügen und Wanderungen der alten Heroen, in denen auch wirkliche Begebenheiten der mythischen Zeit enthalten sind. [. . .] Diese können aber zum grossen Theile auf keine andere Weise auf die Nachwelt gekommen sein, als durch eine von der That beginnende und durch stetige Mittheilung fortgepflanzte Tradition. (166 f.)

Die lokalen Einzelmythen sind die Voraussetzung für die Entstehung des Großmythos, wie ihn Homer repräsentiert. Es sei durch die Analyse der einzelnen Momente des griechischen Mythos klargeworden,

> dass der Homerische Olymp und die künstlerische Götterwelt, in welcher jede Richtung des menschlichen Geistes, jede Thätigkeit und jedes Talent seine ideale Darstellung findet, nicht die ursprüngliche Form Griechischer Götterverehrung war, sondern sich durch allmälige Vereinigung gebildet hat; indem erstens eine jede Stadt die Götter, welche die inwohnenden Stämme ihr zugeführt hatten, in einen Kreis zusammenfasste [...]; zweitens die Griechischen Völker, aus einem natürlichen Streben, anderswo verehrte und schon darum geglaubte Götter auch sich zu Freunden zu machen, ihnen ebenfalls Altäre errichteten. (241)

In diesem Adaptionsprozess sei es zu einer Systematisierung der Götterwelt gekommen, indem sie

> die hie und da unverbundnen und sich widerstrebenden Glieder des Göttervereins immer mehr in Uebereinstimmung brachten, und die poetischen Charaktere der einzelnen nach den Erfordernissen des Ganzen eben so wie nach dem alten örtlichen Glauben bestimmten und festsetzten. (ebd.)

Das Ende des Mythos

Dass die Griechen einen Unterschied zwischen dem historischen und mythischen Zeitalter machten (165), ist für Müller ein Indiz für das Ende der Glaubwürdigkeit des Mythos. Die Gründe für den Niedergang des Mythos sind die aufkommende Philosophie, die Schriftlichkeit und der Wandel der Religiosität:

1. Philosophie: Mit der Philosophie ende das für den Mythos konstitutive Verschmelzen des Gedachten und Faktischen:

> Sobald man Gedanken über Welt und Gottheit als solche, zuerst in einzelnen Sätzen, dann in zusammenhängender und dialektischer Rede, auszusprechen, sobald man das Ergebnis der Erkundigung nach wirklichen Vorgängen für sich darzustellen gewohnt war: musste die Mythendichtung aussterben. Philosophie und Historie, wie sie um die sechzigste Olympiade zu blühn anfingen, – ihr litterarisches Erscheinen setzt aber lange Vorbereitung innerer Thätigkeiten voraus – lösten den ersterbenden Mythus ab. (170)

2. Schriftlichkeit: Der Mythos habe seine Wurzel in der mündlichen Überlieferung, darin lebe und gedeihe er. Unter den Bedingungen der Schriftlichkeit werde sein Leben »durch deren Bestimmtheit und Sicherheit gehemmt und unterdrückt« (171).
3. Veränderung der religiösen Denkweise – d. h. Kreditverlust der Religion: Dieser Prozess vollziehe sich in vier Epochen:

> Voran steht die Zeit, die aus mancherlei religiösen Ideen und Gefühlen, und ihrer Anwendung auf Natur- und Menschenwelt die Mythen schuf; dann folgt eine andere, die sie mit Glauben als Fakta einer wunderbaren Vorzeit überlieferte; darauf eine dritte (die Pindarische) deren Religiosität durch philosophische Spekulation umgebildet war, und daher mit manchen alten Mythen schon in Gegensatz trat ; weiter die Zeit philosophischer Aufklärung (die Euripideische), welche die Mythen als Formen betrachtete, aber nicht als Formen uralten Denkens, sondern ihre eignen, untergeschobenen, Vorstellungen. Nur die erste Periode ist die eigentlich schöpferische, aber die zweite setzt ihre Tätigkeit nach Analogien und Schlüssen fort, die dritte ändert nach einer innern Nothwendigkeit, die vierte spielt nach Willkühr mit der Mythologie, und braucht sie am Ende nur als unentbehrliches Substrat und Schmuck der Poesie. (ebd.)

Mit Müllers *Prolegomena* wurde Mythologie als Wissenschaft methodisch erschließbar. Der griechische Mythos lieferte das Muster; er war vollkommener Ausdruck einer Epoche, seine elementare Form war die Erzählung von Heroen- und Göttertaten. Die Topoi des ursprünglich mündlich tradierten Mythos wurden in allen Literaturgattungen benutzt. Die Verschriftlichung fixierte die Erzählungen und hinderte zunächst das Weiterleben, und die Philosophie beschädigte endgültig die Glaubwürdigkeit des Mythos.

3. Mythologie als Dogmenkritik: David Friedrich Strauß (1808–1874)

Mythos und Naturwissenschaft

Die christliche Lehre beanspruchte, etwas Anderes zu sein als ein Mythos. Ein Mythos war eine autochthone Geschichte, die zur Selbstidentifizierung eines Volkes und seiner historischen Selbstbestätigung erzählt wurde. Die Geschichten, aus denen er bestand, waren vergangen, ihre Glaubwürdigkeit nahm ab, als die Philosophie zu herrschen begann. Das war beim Christentum anders: Das Christentum behauptete, es sei transzendent offenbart, es gelte universell und für alle, seine Wahrheiten seien zeitunabhängig. Die Dogmen, die aus den biblischen Texten gewonnen worden waren, galten als verbindliche Wahrheiten, wie denn die biblischen Erzählungen als Berichte von Tatsachen gelesen wurden. Historische Faktizität und Dogmatik hatten beide einen strikten Wahrheitsanspruch, dessen besondere Dignität darin bestand, dass diese Lehre als göttliche Offenbarung transzendent garantiert war. Die Anwendung des Mythoskonzepts auf die Bibel konnte nur zur Destruktion dieser Wahrheitsansprüche führen: Der Mythosbegriff absorbierte das Christentum.

Wie kein Theologe des 19. Jahrhunderts hat David Friedrich Strauß[33] die christliche Dogmatik durch Exegese ruiniert. Er hat eine bewegte Biographie als protestantischer Erzketzer des 19. Jahrhunderts. Geboren wurde er 1808 in Ludwigsburg als drittes Kind des Kaufmanns Johann Friedrich Strauß. Von 1821 an besuchte er das theologische Seminar in Blaubeuren und wurde dort durch den hegelianischen Theologen Ferdinand Christian Baur geprägt. Hier las er, eher mäßig interessiert, die Schriften Kants, nahm aber Schellings Philosophie begeistert auf, beschäf-

33 Werner Zager, Strauß, David Friedrich, in: *WiBiLex. Das wissenschaftliche Bibellexikon im Internet*, erstellt Feb. 2009 (https://www.bibelwissenschaft.de/stichwort/53990/, letzter Zugriff: 26. 2. 2020); sowie das Vorwort zur Reprint-Ausgabe des *Lebens Jesu* von 1835 (siehe unten Anm. 35). – Siehe auch. Friedrich Wilhelm Graf, *Kritik und Pseudo-Spekulation. David Friedrich Strauß als Dogmatiker im Kontext der positionellen Theologie seiner Zeit*, München: Kaiser 1982.

tigte sich mit Jakob Böhme und mit dem Konzept des Mythos. 1826 bekam sein Lehrer Baur einen theologischen Lehrstuhl in Tübingen, Strauß folgte ihm und lernte durch ihn Schleiermachers *Glaubenslehre* kennen. Am Studienende las er mit Kommilitonen Hegels *Phänomenologie*. 1831 ging er nach Berlin, wo er Hegel noch kurz vor dessen Tod kennenlernte. 1832 wurde er Stiftsrepetent am Tübinger Stift und war damit für die Theologieausbildung der dortigen Studenten verantwortlich. Als 1835 der erste Teil des *Leben Jesu* erschien, wurde er sogleich seines Amtes enthoben. Zwar verschaffte man ihm, damit er das Werk fertigstellen könne, eine Gymnasialprofessorenstelle für Griechisch in Ludwigsburg, aber er gab diese Stelle bald auf und wurde von nun an Privatgelehrter. Eine Professur in Zürich konnte er wegen der Intervention der Kantonsregierung nicht antreten. 1848 scheiterte er als Kandidat für die Frankfurter Nationalversammlung. 1864 erschien die zweite Fassung seines Hauptwerks: *Das Leben Jesu, für das deutsche Volk bearbeitet*. 1872 wurde sein Modernismuscredo gedruckt: *Der alte und der neue Glaube. Ein Bekenntniß*[34]. David Friedrich Strauß starb 1874 in Ludwigsburg.

Die beiden Fassungen seines Hauptwerks *Das Leben Jesu, kritisch bearbeitet* (1835)[35] und *Das Leben Jesu für das deutsche Volk bearbeitet* (1864)[36] bedeuteten für die protestantische Theologie das Ende des lutherischen Prinzips *sola scriptura* und damit auch das Ende der dogmatischen Kreditierungsvoraussetzung *sola fide*. Der entscheidende Schritt, den Strauß 1835 noch eher zögerlich vollzieht und 1864 dann energisch forciert,[37] ist die konsequente Anwendung des Mythosbegriffs auf das Neue Testament. Dieses Vorgehen impliziert, dass mit dem Ende des mythischen Zeitalters die Entstehung von Mythen keineswegs zu Ende ist;

34 David Friedrich Strauß, *Der alte und der neue Glaube. Ein Bekenntniß*, Leipzig: Hirzel 1872.

35 David Friedrich Strauß, *Das Leben Jesu, kritisch bearbeitet*, mit einer Einleitung von Werner Zager, Darmstadt: Wissenschaftliche Buchgesellschaft 2012 [ND der Ausgabe 1835].

36 David Friedrich Strauß, *Das Leben Jesu, für das deutsche Volk bearbeitet*, Leipzig: Brockhaus 1864.

37 Ich beziehe mich in meinen Ausführungen vor allem auf die zweite Fassung des *Lebens Jesu, für das deutsche Volk bearbeitet* von 1864.

vielmehr gibt es auch in den Zeiten, die historisch präzise fassbar sind, Mythen, die das Faktische zugleich verklären und verteufeln, illuminieren und verdunkeln.[38] Strauß unterscheidet deshalb strikt zwischen den rekonstruierbaren, mindestens aber denkbaren Fakten, die den Gesetzen der Natur entsprechen und den Partien, die über die natürlich erklärbaren Fakten hinausgehen: diese identifiziert er als mythisch. Er weiß sich – zumal in der zweiten Fassung des *Leben Jesu* – im Einklang mit der allgemeinen, »gesunden« öffentlichen Meinung. Der Untertitel »für das deutsche Volk bearbeitet« hat einen durchaus erzieherischen Anspruch. Es geht ihm darum, den Glauben des Volks der Reformation an die naturwissenschaftlichen Erkenntnisse heranzuführen. Das bedeutet die komplette Naturalisierung der Theologie des Neuen Testaments.

Hier wird das Tischtuch zwischen gläubigen und kritischen Theologen zerschnitten. Strauß geht prinzipiell davon aus, dass das historische Leben Jesu ganz irdisch war und dass deshalb alle Transzendenzbezüge, von denen das Neue Testament berichtet, als mythisch klassifiziert werden müssen. Sein Schibboleth ist das Wunder, das nicht statthaben darf, weil Wunder den durch immanente Kausalität bestimmten Lauf der Natur durchbrechen. Deshalb muss zwischen dem Tatsächlichen, das ohne Wunder auskommt, und dem Mythischen, in dem den Tatsachen im Nachhinein Wunder angedichtet werden, unterschieden werden. Strauß' kritisches Augenmerk liegt daher neben den Wundern, die als Jesu Wirken erzählt werden, auf dem Hauptwunder schlechthin, der Auferstehung.

Strauß kennt sich in der Theologie und Exegese aus, und er demonstriert seine Kenntnisse. Er kommentiert die vorliegenden Arbeiten zur Geschichte des Lebens Jesu – die wichtigsten sind für ihn Herder und Friedrich Schleiermacher – und, in der Fassung von 1864, sich selbst. Er habe in der Darstellung des Lebens Jesu von 1835 zwischen dem historischen Jesus und der Evangelienfigur Jesus unterschieden:

> Der Widerstreit zwischen dem Uebernatürlichen, wovon die Evangelien berichten, und dem Natürlichen, das die geschichtliche Behandlung als den ihr

38 Man könnte hier an die Unterscheidung von Primär- und Sekundärmythen denken, die Hans Blumenberg in *Arbeit am Mythos* (Frankfurt am Main: Suhrkamp 1979) verwendet.

ausschließlich brauchbaren Stoff verlangt, war nicht auszugleichen, so lange die Evangelien, oder auch nur eines derselben, als geschichtliche Quellen im vollen Sinne genommen wurden. (29 f.)[39]

Er habe daraus die Konsequenz gezogen: »Statt historischer Ereignisse aus seinem [Jesu] Leben sollten wir in den evangelischen Erzählungen zum großen Theil nur Niederschläge messianischer Zeitideen, diese nur etwa näher bestimmt durch den Eindruck seiner Persönlichkeit, seiner Lehren und Schicksale, erkennen« (30).[40]

Vor allem stellt er die Kriterien seiner Bibelkritik vor: 1. Die Ausschaltung des Wunders als Bedingung der historischen Darstellung des Lebens Jesu. 2. Den Begriff des Mythos als exegetisches Interpretament der Erzählungen des Neuen Testaments.

Er definiert ›Wunder‹ als ein Geschehen, das,

aus dem Wirken und Zusammenwirken endlicher Ursachen unerklärlich, als unmittelbare Einwirkung der obersten unendlichen Ursache oder Gottes selbst erscheint, zu dem Zwecke, Gottes Wesen und Willen in die Welt zu bethätigen, insbesondere einen göttlichen Gesandten in die Welt einzuführen, am Leben zu erhalten, in seinem Thun zu leiten, und hauptsächlich bei den Menschen zu beglaubigen. (146)

Diese Definition ist ganz auf die Christologie hin formuliert; Jesu Heilswirken ist damit als wunderbares Geschehen klassifiziert: »Ein solches

39 Er schließt mit dieser Unterscheidung an Lessing an: Gotthold Ephraim Lessing, Neue Hypothese über die Evangelisten als bloß menschliche Geschichtsschreiber betrachtet (1778), in: Ders.: *Werke,* (hg. v. Herbert G. Göpfert), Bd. 7: *Religionskritische Schriften*, München: Hanser 1976, 614–635.

40 Strauß reagiert (Abschnitt 8) auch kurz auf Renans *Vie de Jésus*, das 1863 herausgekommen war; wahrscheinlich hat er es nur kurz vor Drucklegung seines Buchs zu Gesicht bekommen. Er lobt »das Bestreben mit der menschlichen Entwicklung Jesu vollen Ernst zu machen« (S. 37) und stellt als Resultat bei dem »französischen Weltkind« fest, dass Jesu Religionsstiftung mit der Grundlegung von Philosophie und Wissenschaft vergleichbar sei, wenn »von Jesu die ächte Religion in der Menschheit nur so datirt, wie von Sokrates die Philosophie, von Aristoteles die Wissenschaft überhaupt, nämlich so, daß einzelne Ansätze schon vorher, bedeutende Fortschritte auch nachher noch gemacht worden sind und möglich bleiben, unbeschadet der ausgezeichneten Stellung jedoch, die jenen großen Anfängern und Begründern in ihrem Fache zukommt« (S. 38).

Geschehen nun erkennt die Geschichtsforschung, soweit sie in der Lage ist, ihren eigenen Gesetzen zu folgen, schlechterdings nirgends an« (146).

Der Mythos des Messias

Er habe, schreibt Strauß 1864, in seinem *Leben Jesu* von 1835 den Begriff des Mythos als Schlüssel für die »evangelischen Wundergeschichten« eingeführt: »Es ist vergeblich, habe ich gesagt, Geschichten, wie die vom Stern der Weisen, von der Verklärung, von der wunderbaren Speisung u. s. f. als natürliche Vorgänge sich begreiflich machen zu wollen« (150). Also müssten »dergleichen Erzählungen als Dichtungen« aufgefasst werden. Das Motiv für diese Wundererzählungen seien die damaligen Messiaserwartungen gewesen:

> Nachdem einmal, sagte ich, erst Wenige, dann immer Mehrere dazu gelangt waren, in Jesu den Messias zu sehen, glaubten sie, es müsse an ihm auch alles zugetroffen sein, was man, den alttestamentlichen Weissagungen und Vorbildern und deren landläufiger Auslegung zufolge, von dem Messias erwartete. (151)[41]

Diese »urchristliche Mythenproduktion« (153) entspreche den Erkenntnissen in der allgemeinen Religionsgeschichte:

> Das ist eben der Fortschritt, den in neueren Zeiten die Wissenschaft der Mythologie gemacht hat, daß sie begriffen hat, wie der Mythus in seiner ursprünglichen Gestalt nicht bewußte oder absichtliche Dichtung eines Einzelnen, sondern Erzeugniß des Gemeinbewußtseins eines Volks oder eines religiösen Kreises ist, das wohl ein Einzelner zuerst ausspricht, aber eben deßwegen damit Glauben findet, weil er darin nur das Organ der allgemeinen Ueberzeugung ist (153 f.).

So habe beispielsweise der wunderbare Fischfang (Luk. 5) »durch Weitererzählen von Mund zu Munde« seine biblische Fassung gefunden. Für die

41 Die Messiaserwartung ist das Hauptargument für Hermann Samuel Reimarus' Kritik des Neuen Testaments. Vgl. David Friedrich Strauß, *Hermann Samuel Reimarus und seine ›Schutzschrift für die vernünftigen Verehrer Gottes‹*, zuerst 1862, ND. Hildesheim: Olms 1991.

Auferstehungsgeschichte denkt sich Strauß einen kleinen Dialog aus: Im Streit um den verschwundenen Leichnam Jesu sage der Jude:

> Kein Wunder, daß man das Grab leer fand, ihr hattet ja den Leichnam daraus weggestohlen. Wir gestohlen? erwiderte der Christ, wie hätten wir das gekonnt, da ihr gewiß das Grab sorgfältig verwahrt hattet? Das glaubte er, weil er es voraussetzte; ein Anderer, der ihm nacherzählte, sagte schon bestimmter, das Grab sei verwahrt gewesen, und das darauf gedrückte Siegel fand man ja im Daniel, dessen Löwengrube sich zum Vorbilde des Grabes Jesu, worin ihm der Tod so wenig anhaben konnte, als dort jenem die Bestien, von selbst darbot. Oder sagte ein Jude: Ja, er mag euch erschienen sein, aber als körperloses Gespenst aus der Unterwelt. Als körperloses Gespenst? antwortete der Christ; aber er hatte ja (das verstand sich für den Christen von selbst) und zeigte noch die Nägelmale von der Kreuzigung. Das Zeichen konnte ein Wiedererzähler schon als Betastenlassen verstehen, und so konnten auch dergleichen Erzählungen in gutem Glauben und doch ganz ungeschichtlich ausgebildet werden. (154 f.)

Solcherart spontanes mythologisches Erzählleben spricht Strauß freilich nur den Synoptikern zu. Der Verfasser des vierten Evangeliums sei »sich seines freien Dichtens so gut bewußt gewesen, als Homer, wenn er die Unterhaltung des Odysseus mit der Kalypso oder des Achilleus mit seiner göttlichen Mutter schilderte« (155). Strauß geht wie schon K. O. Müller davon aus, dass nicht nur unbewusste, spontane Erzählungen, sondern auch bewusste Dichtungen unter dem Begriff ›Mythos‹ figurieren, sofern »sie Glauben gefunden haben und in die Sage eines Volkes oder einer Religionspartei übergegangen sind« (159). Und damit trifft der Begriff ›Mythos‹ den Bereich der Bibel, der nicht als historisch-natürlich identifiziert werden kann: »Jede unhistorische Erzählung, wie auch immer entstanden, in welcher eine religiöse Gemeinschaft einen Bestandtheil ihrer heiligen Grundlage, weil einen absoluten Ausdruck ihrer konstitutiven Empfindungen und Vorstellungen erkennt, ist ein Mythus« (159).[42]

Von diesen begrifflichen Voraussetzungen her ist Strauß' weiterer Gedankengang konturiert: Zunächst geht es um »Das Leben Jesu im geschichtlichen Umriß«.[43] Geschichte ist bei Strauß historische Faktizität,

42 Selbstzitat aus Strauß, *Das Leben Jesu, kritisch bearbeitet*, 96.

43 Ebd. Erstes Buch, Abschnitt 27–50.

allein nach natürlichen Kriterien rekonstruiert. Als Quellen von Jesu Leben kommen allein die Synoptiker infrage; an den Erzählungen über Jesus als Wanderprediger und seine Kreuzigung gibt es keine historischen Zweifel. Strauß fasst darüber hinaus den Inhalt von Jesu Predigten sowie seine Mutmaßungen über Jesu Charakter als historische Tatsachen.[44] Jesus predigt, praktische Philosophie und Brüderlichkeit sei das »eigenthümliche Moralprincip des Christenthums« (207). Die Emphase der Menschenliebe, die Jesu Charakter kennzeichnet, wird zugleich zur moralischen Deutung seines Bewusstseins als Gottessohn stilisiert – und damit naturalisiert:

> Sofern sich Jesus in dieser humanen Liebesstimmung und der aus ihr fließenden Thätigkeit über alle Hemmungen und Schranken des Menschenlebens hinausgehoben, mit seinem himmlischen Vater einig fühlte, entsprang daraus eine innere Glückseligkeit, mit welcher verglichen alle äußeren Freuden und Leiden ihre Bedeutung verloren. (ebd)

Bis zu dieser Humanitätsemphase kann Strauß der Jesus-Darstellung der Synoptiker folgen; die Wundergeschichten[45] und vor allem die Auferstehungsberichte klassifiziert er als historisch irrelevant.[46]

Den entscheidenden kritischen Schritt vollzieht Strauß in seinen Ausführungen über »Die mythische Geschichte Jesu in ihrer Entstehung und Ausbildung«[47]. Hier werden alle dogmatischen Kerntopoi als mythisch denunziert – und das ist das eigentliche exegetische Todesurteil für das Christentum, das von der Mythologie absorbiert wird. Strauß stellt »Mythengruppen« zusammen, die er Punkt für Punkt abhandelt. Diese Mythengruppen sind typologische Topoi, Erzählungen aus dem Alten Testament und aus dem Umkreis der Verfasser der Evangelien, die als Interpretamente von Jesu Leben und Lehre verwendet werden. Die mythischen Topoi bestimmen die Erwartungen, die man an den Messias stellte und die, nachdem Jesus als Messias identifiziert wurde, in Erzählungen nachträglich auf Jesus projiziert wurden.

44 Ebd. 34: *Das religiöse Bewußtsein Jesu nach den drei ersten Evangelien.*

45 Ebd. Abschn. 42.

46 *Das Leben Jesu, für das deutsche Volk bearbeitet*, Abschnitte 45, 46.

47 Diese Ausführungen machen die zweite Hälfte des *Leben Jesu, für das deutsche Volk bearbeitet* aus.

Jesu Messianismus wird mythisch stabilisiert, indem er zunächst als Davidsohn stilisiert und dann, in einer unüberbietbaren Steigerung, als Gottessohn benannt wird. Jesus ist dann in Analogie zur Schöpfung durch das göttliche Wort selbst fleischgewordenes Wort Gottes. Diese Analogie von Schöpfung und Inkarnation wird durch die Lehre konkretisiert, dass Jesus ohne männliches Zutun durch den heiligen Geist in Maria gezeugt wird.

Mit der Diskreditierung dieser Lehren als Mythenerzählung ist der Kern des Christentums, die Einlässlichkeit Gottes in diese Welt – real geworden durch seinen Sohn – zerstört. Die Besonderheit des Christentums unter den monotheistischen Religionen ist damit aufgehoben.

Die anderen Mythengruppen sind folgende: Jesus der andere Moses, Jesus als Wundertäter und Jesu Verklärung. Aber auch die Geschichte des Leidens, Todes und der Auferstehung Jesu setzen die Heiligkeit Jesu, seine besondere Transzendenzbeziehung und seine Einbindung in die typologischen Prophetien des Alten Testaments voraus. Eine andere als die mythische Qualität kann ihnen Strauß nicht mehr kreditieren.

Humanitätsreligion

So bleibt von der Lehre Jesu nicht mehr als humane Liebesstimmung übrig. Diese findet Strauß auch in der Philosophie. Sokrates und Jesus sind für ihn gleichrangige Personen; und er stellt fest, dass die Philosophen in Bezug auf Sokrates bessere Berichterstatter seien als die Evangelisten in Bezug auf Jesus: »Xenophon und Plato – wem fällt dabei nicht Matthäus und Johannes ein, aber wie ungünstig für die beiden letzteren fällt die Vergleichung aus« (622).

Strauß gewinnt aus seinen exegetischen Erkenntnissen den Anspruch, es müsse nun »die Fortbildung der Christusreligion zur Humanitätsreligion« (625), der religiöse Fortschritt vom Christentum zur allgemeinen Weltreligion verkündet werden: Jesus sei nur der Beginn eines sich ständig weiterentwickelnden Christentums:

> so hoch immer Jesus unter denjenigen steht, welche der Menschheit das, was sie sein soll, reiner und deutlicher vorgebildet haben, so war er doch hierin weder der erste noch der letzte, sondern, wie er in Israel und Hellas, am Ganges und Oxus, Vorgänger gehabt hat, so ist er auch nicht ohne Nachfolger geblieben, vielmehr ist auch nach ihm jenes Vorbild noch weiter entwickelt, allseitiger ausgebildet, seiner verschiedenen Züge mehr in's Gleichgewicht gegen einander gebracht worden. (626)

Zwar seien bei Jesus Gottes- und Nächstenliebe entwickelt, aber ihm fehle der Familiensinn, sein Verhältnis zum Staat sei »ein lediglich passives« (626), dem Erwerb sei er abgeneigt, »und alles vollends, was Kunst und schönen Lebensgenuß betrifft, bleibt völlig außerhalb seines Gesichtskreises« (ebd.). Jesus habe das »sittliche Musterbild« in mehreren Hauptzügen zuerst ins Licht gesetzt, aber seine Weiterbildung und Vollendung sei die »Aufgabe und das Werk der gesammten Menschheit« (627).

Dieser Schluss verweist auf die fortschreitende, verbürgerlichte Menschheitsreligion, die Strauß 1872 in *Der alte und der neue Glaube* verkündet und die Nietzsche in der ersten *Unzeitgemäßen Betrachtung* als Philisterreligion verspottet hat. Nietzsche seinerseits wird auch eine neue Religion verkünden, freilich nicht den Fortschritt des Christentums zur Universalreligion, sondern den Fluch aufs Christentum und den Übermenschen als Überwindung aller Religion. Aber auch darin ist er noch abhängig von den Topoi, die Strauß im *Leben Jesu* als mythisch denunziert hat. Trotz und wegen der ersten »Unzeitgemäßen Betrachtung« steht Nietzsche als Religionsverkünder in der Nachfolge von Strauß.

4. Ernest Renan als Sprachtheologe (1823–1892)

Ein Forscher muss seinen Gegenstand nicht lieben; wenn er seine Objekte in der nötigen Distanz hält, kann er vielleicht am besten damit umgehen. Das gilt auch für die Philologie.

Wie immer man das emotionale Verhältnis Ernest Renans[48] zu seinem Forschungsgebiet betrachtet, von Distanz kann keine Rede sein. Vielmehr

48 Siehe Olender, *Die Sprachen des Paradieses*, 58–86. Siehe auch Markus Messling, *Gebeug-*

liegt der Reiz bei der Lektüre seiner Schriften und ihr Erfolg darin, dass Renan nie *sine ira et studio* schreibt – und weil sein Gegenstand Philologie und Religion sind, betreffen Renans Gefühle nicht nur die Philologen, sondern vor allem auch die frommen und die unfrommen Leser.

Renans Lehre vom Christentum

Renans Bestseller *Vie de Jésus* erschien zuerst 1863, provozierte in Frankreich eine Sensation und wurde sogleich auch ins Deutsche übersetzt. Renan wandelt in den Spuren von David Friedrich Strauß, dessen Werk er kennt und schätzt. Er teilt, mindestens partiell, auch die biographischen Verwerfungen seines deutschen Kollegen. Er beginnt als Theologe, ihm kommt 1845 sein Glaube abhanden und er verfasst seine *Vie de Jésus* als den ersten Band der siebenbändigen *Histoire des origines du Christianisme* (1863–1883). Im Anschluss an die Veröffentlichung der *Vie de Jésus* verliert er seinen Posten am Collège de France und bekommt ihn erst 1871 zurück. Dann aber wird er einer der führenden Intellektuellen im öffentlichen Leben Frankreichs und 1878 Mitglied der Académie Française. Bis zu seinem Tod 1892 ist er dann Sekretär des Collège de France.

Wie Strauß behandelt auch Renan die Evangelien als profane Geschichtsquellen. Aber anders als Strauß erzählt er das Leben Jesu als Roman eines edlen Helden. Bei den biblischen Geschichten, die angeblich von Jesus berichteten, handle es sich um später aufgezeichnete fromme Legenden, die freilich einen historischen Kern gehabt hätten. Die Wunder seien typische Legendentopoi.

Renans Jesus hat eine linguistische und biologische Dimension. Renan ist Semitist und geht davon aus, dass die Semiten und die Indoeuropäer die wichtigsten ›Kulturrassen‹ seien. Jesu ›Rasse‹ sei nicht festzustellen, weil das Volk in Galiläa ein ›rassisches Gemisch‹ gewesen sei. Jesus sei ein charismatischer, aber intellektuell einfacher Jude gewesen, der zunächst über seinen dörflich-nazarenischen Horizont nicht hinausgeblickt habe. Damit

ter Geist. Rassismus und Erkenntnis in der modernen europäischen Philologie, Göttingen: Wallstein 2016, 352–405.

ist er zwar an seine Region gebunden, aber zugleich wird er tendenziell rassisch sozusagen entjudaisiert; später, bei Alfred Rosenberg, wird er zum Arier.

Im Anschluss an Fichte lehrt Renan, dass Paulus die jesuanische Lehre verfälscht habe – auch Strauß hatte wie oben beschrieben stets die Differenz zwischen Paulus und den Evangelien, zumal den Synoptikern, betont. In seinem Paulus-Buch von 1869, dem zweiten Band seiner *Histoire des origines du Christianisme*, verschärft Renan die antipaulinische Polemik seiner Vorgänger:[49]

> Ein Mann hat mehr als alle andern zu dieser reißenden Ausdehnung des Christenthums mitgewirkt, hat die enge und wunderbar gefährliche Windel zerrissen, mit der das Kind seit seiner Geburt umgeben war, hat verkündet, daß das Christenthum keine einfache Form des Judenthums, sondern eine vollständige, durch sich selbst bestimmte Religion sei. (470)

Paulus nehme mit dieser Deutung des Christentums ohne Zweifel eine Schlüsselstellung in der Überlieferung von Jesu Lehre ein. Aber er habe im Gegensatz zu den anderen Aposteln Jesus nie gesehen oder gehört. Er kenne Jesu Lehre kaum: »Der Christus, der ihm persönliche Offenbarungen macht, ist sein eigenes Trugbild: er glaubt Christus zu vernehmen und hört sich selbst« (ebd.). Renan psychologisiert gern und gut: Der Apostel Petrus habe Jesus »in seinem himmlischen Glorienschein als Ideal der Güte und der Schönheit« geliebt. Und er fragt:

> Was war Paulus? Er war kein Heiliger, der herrschende Zug seines Charakters war nicht die Güte, er war stolz, barsch, abstoßend, vertheidigte sich, steifte sich auf das, was er gesagt, hatte harte Worte, glaubte durchaus recht zu haben, hielt an seiner Meinung fest, gerieth mit Verschiedenen in Streit. (473)

Renan verachtet die rabbinische Gelehrsamkeit, und folglich auch die seines biblischen Widersachers Paulus:

> Er war kein Gelehrter, man kann selbst sagen, daß er der Wissenschaft durch seine paradoxe Verachtung der Vernunft, durch sein Lob der sichtbaren Narrheit,

49 Ernest Renan, *Paulus*, Paris: Lévy 1869, dt.: Leipzig: Brockhaus 1869, Stellen aus den Schlusspassagen.

> durch seine Verherrlichung des übernatürlichen Widersinns sehr geschadet hat. Er war auch kein Dichter; seine Schriften sind Werke von hoher Originalität, aber ohne Reiz; ihre Form ist rauh und fast jeder Anmuth beraubt. (ebd.)

Für Renan ist Paulus vor allem Missionar und kirchenpolitischer Organisator:

> Was war er denn? Er war ein hervorragender Mann der That, ein starker, mit sich fortreißender, enthusiastischer Geist, ein Eroberer, ein Missionar, ein Verkünder, nach allen Seiten um so eifriger, als er früher seinen Fanatismus im entgegengesetzten Sinne entfaltet hatte. Der Mann der That aber, so edel er auch ist, wenn es sich um ein edles Ziel handelt, ist Gott weniger nahe, als der, der in reiner Liebe für das Gute, Wahre oder Schöne gelebt hat. [...] [E]r könnte kein Gelehrter sein, denn seine Meinung bestimmt er nach dem politischen Nutzen [...]. (473 f.)

Der Anteil des Apostels Paulus an der Entstehung des Christentums werde jedoch weit überschätzt. Nicht Kirchenorganisation, sondern tätige Liebe sei die entscheidende Kategorie der wahren Religion, deshalb seien Franz von Assisi und der Verfasser der *Imitatio Christi* höher zu schätzen als Paulus. Renans Jesus ist nicht der paulinische leidende und auferstandene Gottessohn, sondern ein junger Theaterheld: »Das Leben eines Gottes ist: einen Augenblick zu erscheinen, einen sanften und tiefen Blick zu werfen, sehr jung zu sterben; das Leben eines Menschen ist: Kampf, Streit und Sieg.«

Die Zeit der Theologie des Paulus sei vorbei: »der Römerbrief ist nicht mehr der Inbegriff des Christenthums, sondern die Bergpredigt; das wahre Christenthum kommt aus den Evangelien, nicht aus den paulinischen Briefen«. Paulus ist für Renan der Anfang eines dogmatischen und unmenschlichen Irrwegs im Christentum: er ist der »Vater des spitzfindigen Augustinus, des trockenen Thomas von Aquino, des düstern Calvinisten, des mürrischen Jansenisten, der grausamen Theologie, die verdammt und zur Verdammung vorherbestimmt« (474 f.).

Das klingt alles stark nach Fichte und findet sich bald bei Nietzsche wieder, der ein gründlicher Leser Renans war. In der paulinischen Theologie werde das lebensbejahende Beispiel Jesu verfälscht in eine närrische, lebensferne (»Verherrlichung des übernatürlichen Widersinns« [473]) und zugleich düstere Theologenreligion, die nur Verdammnis kenne.

Renans Kampf gegen den Monotheismus

Als Semitist steht Renan mit seinem Gegenstand in Widerstreit. Er beherrscht sein Fach, aber irgendwie scheint er den Eindruck zu haben, dass die Semitistik gegenüber der Indogermanistik von nachgeordnetem Rang sei. 1862, ein Jahr bevor seine *Vie de Jésus* erschien, vergleicht er die Sprachen Sanskrit und Hebräisch und kommt zum Ergebnis, die »schreckliche Einfalt des semitischen Geistes bringe das menschliche Gehirn zum Schrumpfen und verhindere jede höhere geistige Leistung«.[50]

Sprache ist ein Kulturkriterium, positiv wie negativ. Renan konstatiert eine durch die Sprache fundierte Dichotomie zwischen Indoeuropäern und Semiten. Ein wesentliches Ergebnis der modernen Philologie bestehe darin, den doppelten Weg gezeigt zu haben, den zwei in Sitten, Sprache und Geist grundverschiedene ›Rassen‹ gegangen seien, auf der einen Seite die indoeuropäische Rasse, die die edlen Völker Indiens, Persiens, Kaukasiens und ganz Europas umfasse, auf der anderen Seite die Rasse, die fälschlicherweise semitisch genannt werde, womit die Bevölkerung Ostasiens und des Mittelmeers bis zum Euphratgebiet gemeint sei.

50 »[C]'est l'épouvantable simplicité de l'esprit sémitique, rétrécissant le cerveau humain, le fermant à toute idée delicate, à tout sentiment fin, à toute recherche rationnelle, pour le mettre en face d'une éternelle tautologie: *Dieu est Dieu.*« Ernest Renan, *De la part des peuples sémitiques dans l'histoire de la civilisation. Discours à ouverture du cours de langues hébraïque, chaldaïque et syriaque,* Paris: Lévy ^{4}1862, 28. Im Nachtrag im *Journal asiatique*, 5. Reihe, Bd. XIII, S. 214–282; 417–450, verteidigt Renan seine Ansichten. – Kritisch zu Renan: Heymann Steinthal, Zur Charakteristik der Semitischen Völker, in: *Zeitschrift für Völkerpsychologie und Sprachwissenschaft* 1 (1860), 328–345. Siehe Rudolf von Jhering, *Vorgeschichte der Indoeuropäer*, Leipzig: Breitkopf & Härtel und Duncker & Humblot 1894, 288–305. Siehe auch: Andreas Künzli, *L. L. Zamenhof (1859–1917). Esperanto, Hillelismus (Homaranismus) und die »jüdische Frage« in Ost- und Westeuropa*, Wiesbaden: Harrassowitz 2010. Birgit Schäbler, *Moderne Muslime. Ernest Renan und die Geschichte der ersten Islamdebatte 1883*, Paderborn: Ferdinand Schöningh 2016.

Warum Renan behauptet, dass es technischen und zivilisatorischen Fortschritt nur bei den Indoeuropäern gegeben habe, die freilich keinen Monotheismus entwickelt hätten, ist für einen international renommierten Semitisten rätselhaft. Auch zu seiner Zeit waren die mesopotamischen Hochkulturen bekannt, die dem semitischen Sprachraum angehörten, und die Indogermanistik hatte in ihren Götteretymologien ihren Eingott entdeckt. Der griechische philosophische Monotheismus kann ihm nicht unbekannt gewesen sein.

Renan lässt sich zu einer dichotomischen Rhetorik fortreißen; es handelt sich um das aggressive Bekennertum eines atheistisch gewordenen Apostaten. Sein entscheidendes Argument lautet: Der Monotheismus verhindere eine moderne zivilisatorische und kulturelle Vielfalt. Kulturelle Hochleistungen seien nur bei den indoeuropäischen Rassen möglich, deren Sprache variabel und deren Mythologie polytheistisch sei:

> Von der indoeuropäischen Rasse stammen nahezu alle großen weltgeschichtlichen Errungenschaften in Militär, Politik, Intellektualität ab, von der semitischen hingegen nur die religiösen Bewegungen. Die indoeuropäische Rasse, die sich mit der Vielfalt des Universums beschäftigte, entwickelte keinen Monotheismus. Dagegen beraubte die semitische, bestimmt durch feste und sichere Sichtweisen, zunächst die Gottheit ihrer Flügel und erreichte ohne Reflexion und Denken die reinste Form der Religion, die die Menschheit kennt.[51]

51 »Le résultat essentiel de la philologie moderne a été de montrer dans l'histoire de la civilisation l'action d'un double courant, produit par deux races profondément distinctes de mœurs, de langue et d'esprit : d'une part, la race indo-européenne, embrassant les populations nobles de l'Inde, de la Perse, du Caucase, de l'Europe entière ; de l'autre, la race appelée du nom très-fautif de sémitique, comprenant les populations indigènes de l'Asie occidentale et méridionale depuis Euphrate. À la race indo-européenne appartiennent presque tous les grands mouvements militaires, politiques, intellectuels de l'histoire du monde; à la race sémitique, les mouvements religieux. La race indo-européenne, préoccupée de la variété de l'univers, n'arriva pas d'elle-même au monothéisme. La race sémitique au contraire, guidée par ses vues fermes et sûres, dégagea tout d'abord la Divinité de ses voiles, et sans réflexion ni raisonnement, atteignit la forme religieuse la plus épurée que l'humanité ait connue.« Ernest Renan, *Études d'histoire religieuse*, Paris: Lévy ^{7}1864, 84 f. Vgl. »L'homme de la race indo-européenne n'arriva pas aussi vite que le Sémite à se séparer du monde. [...] La race sémitique, au contraire, arriva évidemment sans aucun effort à la notion du Dieu suprême. Cette grande conquête ne fut pas

Aber diese Erkenntnis sei philosophisch folgenlos geblieben.

Offensichtlich ist Toleranz für Renan ein wesentliches Zivilisationsmerkmal, denn er klagt die semitischen Völker an, in ihrem Wesen intolerant zu sein. Die Intoleranz der semitischen Völker sei eine notwendige Konsequenz ihres Monotheismus. Die Intoleranz im Abendland sei überhaupt, behauptet er, Konsequenz des semitischen Monotheismus:

> Vor ihrer Konversion zu den semitischen Ideen (Judentum, Christentum und Islam) betrachteten die indoeuropäischen Völker ihre Religion keineswegs als absolute Wahrheiten, sondern als eine Art Familien- oder Kastenerbschaft. Deshalb war ihnen Intoleranz und Proselytenmacherei fremd. Deshalb findet man nur bei diesen Völkern Freiheit des Denkens, kritischen Geist und individuelle Forschung.[52]

Offensichtlich sind dem französischen Atheisten und Nationalisten Renan Judentum, Christentum und Islam gleichermaßen als internationalistischer, vaterlandsvergessener Einheitskult suspekt. Auch hier erkennt er im Monotheismus den Schuldigen. Unter großzügiger Vernachlässigung der Tempelzentrierung des jüdischen Kults und der islamischen Kaaba stellt Renan fest, die Semiten strebten einen ortsunabhängigen internationalen Gottesdienst an und müssten deshalb alle Religionen, die sich von ihnen unterschieden, als böse deklarieren:

> Die Intoleranz ist nun wirklich in diesem Sinne ein Merkmal der semitischen Rasse und ein Teil der guten und schlechten Gesetze, die sie der Menschheit gegeben haben. Die durchaus außergewöhnlichen muslimischen Eroberungen waren nur einer Rasse möglich, die in ihrem Herzen keine Verschiedenheit zuließ und deren Credo in einem Wort bestand: Gott ist Gott.[53]

pour elle l'effet du progrès et de la réflexion philosophique : ce fut une de ses premières aperceptions.« Ebd., S. 86 f.

52 »L'intolérance des peuples sémitiques est la conséquence nécessaire de leur monothéisme. Les peuples indo-européens, avant leur conversion aux idées sémitiques (juives, chrétiennes ou musulmanes), n'ayant jamais pris leur religion comme la vérité absolue, mais comme une sorte d'héritage de famille ou de caste, devaient rester étrangers à l'intolérance et au prosélytisme : voilà pourquoi on ne trouve que chez ces peuples la liberté de penser, l'esprit d'examen et de recherche individuelle.« Renan, *Études d'histoire religieuse*, 87.

53 »Les Sémites, au contraire, aspirant à réaliser un culte indépendant des provinces et des pays, devaient déclarer mauvaises toutes les religions différentes de la leur. L'intolérance

Für Renan steht die ›indoeuropäische Toleranz‹ von Beginn an auf einer höheren Stufe der Menschheitsentwicklung. Dagegen sind die Semiten allein auf ihren Monotheismus beschränkt. Sie hätten weder schöne Künste und rationale Wissenschaft noch politisch stabile Organisationen oder ein funktionierendes Militär entwickelt. Offensichtlich hat Renan das rabbinische Judentum im Kopf, wenn er behauptet, die ›semitische Rasse‹ habe niemals eine Zivilisation in dem Sinne gehabt, wie wir das Wort verwenden. Die militärische Unterlegenheit der Semiten liege an ihrer religions- und sprachbedingten Unfähigkeit zu jeder Disziplin und Organisation.

Renans kultureller Antimonotheismus und Antisemitismus gipfelt in der Behauptung:

> Die Weltgeschichte kennt kein semitisches Großreich; die Leistung des Judentums, des Christentums und des Islam besteht darin, den menschlichen Geist zu simplifizieren, den Polytheismus zu verbannen und einzig ein Offenbarungsbuch zu schreiben, das die gesamte mythologische und kosmologische Vielfalt des heidnischen Altertums durch ein Wort zerstört: ›Au commencement, Dieu créa le ciel et la terre.‹[54]

est bien réellement en ce sens un fait de la race sémitique, et une partie des lois bons et mauvais qu'elle a faits au monde. Le phénomène extraordinaire de la conquête musulmane n'était possible qu'au sein d'une race incapable comme celle-ci de saisir les diversités, et dont tout le symbole se résume en un mot: Dieu est Dieu.« Renan, *Études d'histoire religieuse*, 87 f.

54 » [L]a tolérance indo-européenne partait d'un sentiment plus élevé de la destinée humaine et d'une plus grande largeur d'esprit [...]. [...] On comprend maintenant comment cette race, si éminemment douée pour créer les religions et les propager, devait, dans toutes les voies profanes, ne point dépasser la médiocrité. Race incomplète par sa simplicité même, elle n'a ni arts plastiques, ni science rationnelle, ni philosophie, ni vie politique, ni organisation militaire. La race sémitique n'a jamais compris la civilisation dans le sens que nous attachons à ce mot [...]. L'infériorité militaire des Sémites tient à cette incapacité de toute discipline et de toute organisation. [...] Aussi l'histoire ne nous offre-t-elle aucun grand empire fondé par des peuples sémitiques ; le judaïsme, le christianisme, l'islamisme, voilà leur œuvre, œuvre toujours dirigée vers le même but : simplifier l'esprit humain, bannir le polythéisme, écrire en tête du livre des révélations ce mot qui a rendu à la pensée humaine un si grand service en effaçant les complications mythologiques et cosmogoniques où se perdait l'antiquité profane : ›Au commencement, Dieu créa le ciel et la terre.‹« Renan, *Études d'histoire religieuse*, 88 f.

5. Dämon Nietzsche

Wie kein Intellektueller vor ihm hat Friedrich Nietzsche die geistige Struktur der abendländischen Welt revolutioniert. Er hat den Sinn der Welt zunächst als tragisch bestimmt und später jede Frage nach dem Sinn als sinnlos denunziert. Die Religion deutete er im Kampf ums Dasein als Ergebnis des Ressentiments der unterlegenen Schwachen, die versuchten, ihre physische Niederlage in intellektuelle Begriffsherrschaft zu sublimieren. Er verkündete eine neue Religion, die die Transzendenz in Immanenz umbog. Sie gipfelt in Zarathustras Predigt, der Erde treu zu sein. Und er hat sich schließlich selbst als den Messias gesehen, der die Lehre, die er verkündigte, zugleich erlitt. Es ist eine intellektuelle Entwicklung, die an Dramatik ihresgleichen sucht, und sie destruierte den, der sie formulierte, ausdrückte, erlitt, wie die Lehre Jesu ihren Urheber zerstörte.

Die Geburt der Tragödie aus dem Geiste der Musik[55]

Die *Geburt der Tragödie* lässt sich als Nietzsches Versuch fassen, im tragischen Mythos zu den Wurzeln abendländischer Selbst-Sinngebung zu gelangen. Die Mythosuntersuchungen von Karl Otfried Müller hatten gezeigt, dass der Mythos keineswegs seiner Natur nach tragisch war – für den Schopenhaurianer Nietzsche hingegen folgte aus dessen Metaphysik, dass der Mythos nur als tragisch gefasst werden konnte. Nietzsches Mythosbegriff ist deshalb weniger philologisch-historisch als vielmehr pessimistisch-metaphysisch: Es handelt sich um die Metaphysik der Tragödie.

55 Friedrich Nietzsche, *Die Geburt der Tragödie aus dem Geiste der Musik*, Erstausgabe Leipzig 1872, ^{2}1874 (ausgeliefert Chemnitz 1878); Leipzig 1886 unter d. T.: *Die Geburt der Tragödie, oder: Griechentum und Pessimismus. Neue Ausgabe mit dem Versuch einer Selbstkritik*. Hier zitiert nach: Friedrich Nietzsche, *Die Geburt der Tragödie aus dem Geiste der Musik*, in: *Sämtliche Werke,* Bd. 1. (hg. v. Giorgio Colli und Mazzino Montinari), München: dtv 1980.

Mythos gegen Philosophie

Die Tragödie bringt in ihrer inneren, ›apollinischen‹ Ordnung das ›dionysische‹ Chaos zur Erscheinung. Die Welt, die sich in diesem Mythos zeigt, ist tragisch. Die Tragödie ist ästhetisch, sie ist in ihrer intensivsten Wirkung schrecklich-schön. Tragik verlangt Größe, im Handeln und im Ertragen, Größe der Seele. Die griechische Philosophie versucht gegenstrebend, die Last dieser Größe durch Optimismus und Rationalität zu verringern. Sie reduziert die Dimension des Tragischen, indem sie das Gute und Schöne zum Sinn der Welt macht. Die Erfindung dieser optimistischen Ideenwelt kulminiert im Monotheismus. Unter der Ideenherrschaft der Philosophie zeigt die Komödie jetzt den Sinn der Welt, denn die Ideen, nach denen alles strebt, sind definitionsgemäß gutschön. Die Welt verliert ihre tragische Dimension, die Philosophie wird zur Erlösungslehre, und das Christentum beerbt diese Erlösungsfunktion – im Monotheismus wird die Tragödie unmöglich.

Man kann die Wirkung, die Nietzsches Lehre, das Tragische sei der eigentliche Sinn der Welt, zu Ende des 19. und im 20. Jahrhundert entfaltete, kaum überschätzen. Dass die Geschicke der Welt, die ihren Gott verloren hat, nur noch tragisch sein können, wird zur atheistischen Modephilosophie und durchtränkt die moderne Kunst nahezu vollständig. Sie ist am Ende von einem Klischee kaum noch unterscheidbar.

Die Tragödie, die Philosophie und das Musiktheater Richard Wagners

Im Verhältnis von Apollinischem und Dionysischem fasst Nietzsche mit Figuren des griechischen Mythos die Prozessualität, in der sich die Sinngebung der Welt vollzieht. Der Sinn dieses semantischen Urprozesses liegt in der Verschlingung von Musik und tragischem Mythos.

Das dionysische Ur-Eine, Widersprüchliche, uralt brüllend Dissonante, die »rauschvolle Wirklichkeit, die wiederum des Einzelnen nicht achtet« (30), erzeugt Schmerzen, die Lust erregen. Das Dionysische erweist erschreckend schön, dass dem Leben das Grausame zutiefst vertraut ist, es äußert sich menschlich in bestialisch wilden, ungebändigten Festen, geschlechtlicher Zuchtlosigkeit, Orgien der Destruktion. Es unterscheidet nicht zwischen Gattung und Natur und saugt alle Individualität in sich hinein. Es wirkt als metaphysischer Moloch, als das verschlingende Ur-Eine. Zugleich ist es eine wilde Kraft, die über sich in die Erscheinung hinauswill.

In der Erscheinung wird das ur-eine Chaos definiert und gefasst, denn der Schein ist die Differenz zum Ur-Einen überhaupt. Diese Tendenz, zur Erscheinung zu kommen, nennt Nietzsche ›apollinisch‹. Der apollinische Schein ist die einzige Möglichkeit, in der sich das Ur-Eine artikulieren kann. Freilich ist der Schein Apolls, der das Chaos in ablehnender Majestät bändigt, fragil: Er zerbricht im Moment, indem er erscheint. Der Mythos, der in dieser Form zum Ausdruck kommt, ist tragisch. Das Zerbrechen der kurzfristig erzeugten Form zeigt die Kraft des Dionysischen und die Schönheit des Apollinischen in einem herausgehobenen, dem eigentlich tragischen Moment. In dieser Peripetie inszeniert sich der tragische Mythos, die ewige Geschichte des Zerbrechens aller Individualität, ständig neu. Die Gewalt des Lebens vernichtet das Individuum, das sie erzeugt.

Dieser Prozess ist in seinem Wesen musikalisch. Musik verbindet Mathematik und Rausch. In der Musik wird sich das Ureine zuerst empfindlich, und in der Musik vollzieht sich die ständige Realisierung des Gestalthaften, des Scheins und der Ordnung, die aber in der unausweichlichen Zeitlichkeit der Musik vergehen. Das Individuum konstituiert sich und vergeht wie die Musik; es vergeht, indem es sich lustvoll mit dem Einen vereint.[56] Das Dionysische erlöst das Individuum, indem es es auflöst. Der tragische Held erfährt an sich die Leiden der Individuation, und er wird dadurch zum Inbegriff des semantischen Weltprozesses überhaupt. In der Tragödie wird das Dasein ästhetisch gerechtfertigt.

Sokrates personalisiert den Wendepunkt der kulturellen Weltgeschichte. Er ersetzt den tragischen Sinn der Welt durch Rationalität. Die Philosophie versucht mit ihrer Logik, die Tragödie zu zähmen und bekömmlich zu machen: Mit der Logik erfindet sie den Optimismus. Der Typus des theoretischen Menschen ist die Folge dieses Sokratismus. Hier entsteht der unerschütterliche Irrglaube an die universale Reichweite des Denkens. Seit

56 »Das Individuum, mit allen seinen Grenzen und Maassen, ging hier in der Selbstvergessenheit der dionysischen Zustände unter und vergass die apollinischen Satzungen.« Nietzsche, *Die Geburt der Tragödie*, 41.

Sokrates »eilt die Wissenschaft, von ihrem kräftigen Wahne angespornt, unaufhaltsam bis zu ihren Grenzen, an denen ihr im Wesen der Logik verborgener Optimismus scheitert« (101).

Nietzsches Pathos des tragischen Mythos lässt sich kaum ohne Richard Wagners Musiktheater begreifen. Wagner hatte im *Ring des Nibelungen* aus der deutschen und nordischen Mythologie eine Weltgeschichte gedichtet und komponiert, die Musik und Tragödie verschränkte. Sie bediente zwar noch den Rahmen der Heilsgeschichte, aber sie deutete die Apokalypse als tragisches Ende der Götter. In *Tristan und Isolde* fand Nietzsche seine tragischen Helden, die ihre Vollendung in ihrem Untergang erreichten. »Die Tragödie«, schrieb er, »saugt den höchsten Musikorgiasmus in sich hinein« (134). Und in dieser Musikerregung vollendet sich der tragische Held – zum Zerreißen ausgespannt zwischen apollinischer Individualität und Selbstauflösung im Rausch des Dionysischen: »Sehnen, Sehnen, im Sterben mich zu sehnen, vor Sehnsucht nicht zu sterben« (136).

Hier erlebt und erleidet auch der Zuhörer seine Katharsis:

> So gewaltig auch das Mitleiden in uns hineingreift, in einem gewissen Sinne rettet uns doch das Mitleiden vor dem Urleiden der Welt, wie das Gleichnisbild des Mythos uns vor dem unmittelbaren Anschauen der höchsten Weltidee, wie der Gedanke und das Wort vor dem ungedämmten Ergusse des unbewussten Willens rettet. (136 f.)

Nur in der Musik ertönt die Unergründlichkeit und nur durch das tragische Individuum wird sie erfahrbar.

Nietzsches genealogische Psychologie

Nietzsches Psychologie ist erst im Anschluss an den *Zarathustra* ausgearbeitet worden. Sie stellt im Wesentlichen die Destruktion der abendländischen Religionen durch denunziatorische Genealogie dar. Es handelt sich bei Nietzsches Genealogie wie im Darwinismus, in der Sprachwissenschaft und in der Philologie zunächst um eine Destruktion von theologischen Ewigkeitsansprüchen. Wenn Ewigkeitswerte genealogisch, d. h. als entstanden beschrieben werden, dann ist es mit ihrem Anspruch auf Zeitlosigkeit vorbei – betroffen sind der Gottesbegriff, die Moral und die Logik. Die Genealogie ist als Beschreibungsmodus für die biologische Gattung, die Sprache und den Mythos plausibel, nicht aber für den Anspruch einer Offenbarungsreligion. Genealogie ist die Methode eines absoluten Geschichtsbegriffs. Wenn sie bis in die Gegenwart hinein rekonstruiert wird, dann bekommt diese Gegenwart ihren Ort in der Universalgeschichte der Welt. Das gilt für die Geologie, für die Biologie zumal des Menschen, für seine Technik und für seine Kultur. Sie sind geworden und unbeständig.

In der Genealogie der Kultur geht es um die Macht, die die sublimierten Triebe als Moral über die physischen Herrschaftsansprüche der Starken beanspruchten: Diese Figur verschärft Darwins Kritik an der ›unnatürlichen‹ Zivilisation, in der den Schwachen, Kranken und Untüchtigen die Möglichkeit eröffnet wurde, sich fortzupflanzen und damit den Fortschritt der Gattung zu blockieren.[57] Nietzsche macht für diese Fehlentwicklung der Gesellschaft die Moral verantwortlich. *Jenseits von Gut und Böse* sowie die *Genealogie der Moral* sind Streitschriften, die die menschliche Gattung im Sinne Darwins ›natürlicher‹ machen wollen und die zugleich Nietzsches Verkündigung des Übermenschen im *Zarathustra* rechtfertigen.

Nietzsche wird in seiner Kulturkritik die Religion nicht los – er verkündet eine neue Lehre, die auf die Sublimationen der Moral und des Monotheismus verzichtet und »der Erde treu« bleiben will. Dabei handelt es sich um einen Messianismus von dieser Welt.

Ressentiment, Bewusstsein und Gewissen[58]

Das Aushalten des tragischen Sinns der Welt erfordert starke Charaktere, solche, die sein wollen, wie sie sind und sonst nichts. Die charakterlichen Schwächlinge hingegen, die die Tragödie der Welt nicht ertragen können, verkehren die Tragödie zur Komödie: ›Alles wird gut‹. Die Logikoptimisten, die diesen Prozess verwalten, tun so, als sei die Welt durch

57 Siehe oben Kap. IV, 4., 222 f. Darwins ideologische Remedur: Moral, Gottesglaube, geschlechtliche Zuchtwahl.

58 Die Begrifflichkeit des Ressentiments hat Nietzsche in der *Geburt der Tragödie* noch nicht entwickelt, sie tritt erst im Spätwerk nach dem *Zarathustra* auf. Es ist der Leitbegriff der *Genealogie der Moral.*

apollinische Rationalität beherrschbar. Sie reden sich und anderen ein, nicht die dunkle Macht der Natur, sondern der Geist und seine Rationalität seien die ursprünglichen Kräfte. Nietzsche beschreibt diesen Rationalisierungsprozess (wie später Sigmund Freud) als eine Rationalisierung *ex post*. Im Nachhinein wird das vergeistigende Ersatzhandeln der Verlierer so gedeutet, als ob es zweckrational gewesen wäre.

Ressentiment ist der Habitus derjenigen, die ihre Unfähigkeit sublimieren, die Welt als tragische zu erfahren. Die Sublimierungskonstruktionen der Rationalisierer erzeugen einen neuen Anspruch: Die Philosophie und mit ihr die Theologie behaupten die Ständigkeit und die ewige Wahrheit von Logik, Moral, Metaphysik und Monotheismus. In gewisser Weise bedient die Figur von Rationalisierung, Sublimation und Ressentiment den alten Topos des politisch-theologischen Priesterbetrugs; aber sie weitet den alten Betrugsvorwurf auf Philosophie und Logik aus. Deshalb verwendet Nietzsche für seine denunziatorische Methode den Begriff ›Psychologie‹. Es handelt sich um die Psychologie der Kulturentstehung.

Ausgangspunkt von Nietzsches genealogischer Argumentation ist die Darwin'sche Formel vom Kampf ums Dasein, die als Kampf aller gegen alle interpretiert wird. Die Starken sind die natürlich Schönen, die körperlich und rassisch Überlegenen, die starken »blonden germanischen Bestien«.[59] Nietzsches Prototypen sind Achill aus der *Ilias* oder Siegfried aus Wagners *Ring des Nibelungen*. Es sind diejenigen, die ihre Kraft exekutieren. Ihre Kraft ist die Stärke der Starken, sie bemerken die Seele nicht und tun, was sie tun. Sie sind rücksichts- und mitleidslos wie die Darwin'sche Natur, die Schwachen haben kein Recht auf Existenz.

Die Starken handeln, sie unterwerfen sich rücksichtslos die Welt, unterdrücken die Schwachen, knechten und züchtigen sie, so dass die Schwachen sich selbst in ihrem Schmerz spüren. Aber die Starken töten die Schwachen nicht, weil sie ihnen gleichgültig sind. Deshalb überleben die Schwachen. Sie haben nur das geschwächte Vermögen, ihr Handeln sublimierend auf sich selbst zu beziehen. Dieser Selbstbezug des Schwachen erschafft das Gewissen.

59 Friedrich Nietzsche, *Zur Genealogie der Moral* I, Nr. 11, in: *Sämtliche Werke,* Bd. 5 (hg. v. Giorgio Colli und Mazzino Montinari), München: dtv 1980, 275.

Körperlich ist das Gewissen die Exekution des Aktiv-Passiv-Verhältnisses, das sich im Erleiden von Strafen zeigt: In der Strafe muss der Handelnde für sein Tun leiden.[60] Er spürt sich selbst im Leiden und er erinnert sich an sein Handeln – so entstehen Selbstbewusstsein und Gewissen zugleich. Gesteigert wird dieser körperliche Selbstbezug durch Kasteiung: Der Asketpriester fügt sich selbst Schmerz zu – ist dabei aktiv und passiv zugleich. Dieser körperlich handelnd-leidende, schmerzliche Selbstbezug, der später Sadomasochismus genannt wird, wird im Gewissen sublimiert.[61]

Wegen des Schmerzes, den der Körper in Strafe und Selbstbezug erleiden muss, wird die Seele gegen sich selbst misstrauisch. Dieses Selbstmisstrauen ist das Gewissen. Gewissen ist Erinnerung an Schmerz. Die Seele wittert misstrauisch ihre Situation – darin besteht der Instinkt des kranken Tieres Mensch. Misstrauen ist die Neugierde des Unterlegenen, Misstrauen erzeugt das Bewusstsein seiner selbst. Die misstrauische Selbstbeobachtung indiziert zugleich die Angst des Intellektuellen um die Selbsterhaltung. Wegen dieser Angst um ihre Selbsterhaltung suchen die schwachen Intellektuellen hinter der wandelbaren Natur das Ewige. Aber das Ewige muss aus dem Schrecken der Unterdrückung destilliert und sublimiert werden.

60 Nietzsche, *Genealogie der Moral* II, Nr. 9, 298–300. Der Schuldner ist »friedlos« gesetzt, außerhalb, Brecher der Rechte, Zorn des geschädigten Gläubigers, *vae victis*; Krieg liefert die Formen der Strafe.

61 »Alle Instinkte, welche sich nicht nach außen entladen, *wenden sich nach innen* – dies ist das, was ich die *Verinnerlichung* des Menschen nenne: damit wächst erst das an den Menschen heran, was man später seine ›Seele‹ nennt«.Nietzsche, *Genealogie der Moral* II, Nr. 16, 322. »Der Mensch, der sich, aus Mangel an äußeren Feinden und Widerständen, eingezwängt in eine drückende Enge und Regelmäßigkeit der Sitte, ungeduldig selbst zerriss, verfolgte, annagte, aufstörte, misshandelte, dies an den Gitterstäben seines Käfigs sich wund stoßende Tier, das man ›zähmen‹ will, dieser Entbehrende und vom Heimweh der Wüste Verzehrte, der aus sich selbst ein Abenteuer, eine Folterstätte, eine unsichere und gefährliche Wildnis schaffen musste – dieser Narr, dieser sehnsüchtige und verzweifelte Gefangene wurde der Erfinder des ›schlechten Gewissens‹.« Ebd. 323.

Hinterwelt
Der Starke braucht keine Seele. Die Seele ist die Kompensationsinstanz des Schwachen. Die Schwachen haben, geschlagen und unterdrückt wie sie sind, nicht die Kraft, sich gewalttätig gegen die Starken zu erheben, aber der Wille zur Macht glimmt in ihren Seelen weiter, heimlich, dunkel glühend, unauslöschlich, solange sie leben. Der Wille zur Macht im Status der Unterdrückung sublimiert und rationalisiert sich in der Hinterlist der Intellektuellen: Sie erfinden die Moral. Moral ist die Invention einer Hinterwelt, der ewige Werte angedichtet werden: Das Gute, das Wahre, das Gerechte – und diese Werte werden einem Gott zugeschrieben. Dieser Gott des Ressentiments ist der des biblischen Magnifikat: Er erhebt die Niedrigen, die Hungrigen erfüllt er mit Gütern und lässt die Reichen leer ausgehen. Er stärkt die Schwachen und herrscht dadurch, dass er den Starken ein Bewusstsein und damit ein Gewissen einredet. Dieses Bewusstsein ist die Bedingung dafür, dass die Starken ihre Kraft verlieren. Sie werden mit ›Meta-physik‹ – Nietzsche übersetzt den Begriff wörtlich als »Hinter-Welt« – infiziert.

Statt selbst zu handeln, verseuchen die Intellektuellen, die Priester und Mundwerksburschen, die bedenkenlosen Schön-Starken mit der Fiktion ihrer ersatzweise konstruierten Hinterwelt. Sie, die Mundwerksburschen, reden den bedenkenlos Starken ein, die Ansprüche der Metaphysik, die Gebote der Moral und die Herrschaft der Logik, gälten auch für sie. Der Gewissenswurm nagt nun in ihnen. Die Schwachen implantieren den ehemals unbewusst Starken das Bewusstsein der Schuld, den Ansprüchen der Hinterwelt nicht zu genügen. Moral und Metaphysik sind deshalb sublimierter Wille zur Macht der Priesterintellektuellen.[62]

Nietzsche transformiert in seiner Psychologie Darwins Konzept einer Natur, die sich durch Individual- und Gattungskonkurrenz vervollkommnet, in eine pessimistische Kulturphilosophie. Wie bei Darwin ist die Kultur durch Unnatur charakterisiert, sie verhindert die Herrschaft der Stark-Gesunden. Nietzsche identifiziert auch die Verhinderer des Fortschritts zur Natur: die Katechonten sind die Priester-Intellektuellen. Um diese

62 *Genealogie der Moral* III, Nr. 27 (Sämtliche Werke, Bd. 5, 409): Verweis auf ein »Werk, das ich vorbereite: Wille zur Macht«.

Katechonten zu überwinden, braucht es einen Messias. Dieser Messias predigt im *Zarathustra*: »Ich verkünde Euch den Übermenschen«.

Nietzsche als Prophet und Messias: Zarathustra

Nietzsche hat den *Zarathustra* selbst als sein bestes Buch geschätzt.[63] Es ist die Verkündigung seiner Religion nach dem Tode Gottes. Nietzsche sieht sich selbst in der Tradition des Johannesevangeliums – dafür sprechen auch Zarathustras Symboltiere Adler und Schlange. Aus der Johannesapokalypse ist das Motiv des ›Ewigen Evangeliums‹ übernommen. Der Text des Zarathustra ist mit romantischen Nachtmotiven und vor allem im vierten Buch mit Dichtungen durchsetzt.

Der *Zarathustra* ist Nietzsches Evangelium; und Nietzsche ist in der Person des Zarathustra sein eigener Prophet und Messias. Die theologischen Momente des Buchs sind »psychologisch«, wie er schreibt, »ausgeklügelt«. Aus der biblischen Sprache kommt ein Großteil der Sprachmächtigkeit des Zarathustra, und weil die biblische Semantik verwendet und in ihrer Verwendung ins Gegenteil verkehrt ist, transportiert schon die Sprache die Frömmigkeit mit, die sie denunziert. Das gibt den Texten eine besondere, zitternd-ambivalente Natur. Sie sind sowohl fromm-anagogisch als auch beängstigend, ihr Duktus ist performative Blasphemie, erbauliche Gotteslästerlichkeit. Das gilt schon für den Titel: »Also sprach Zarathu-

63 Friedrich Nietzsche, *Ecce homo. Warum ich so gute Bücher schreibe. Also sprach Zarathustra*, in: *Sämtliche Werke. Studienausgabe*, Bd. 6, München: dtv 1980, 334–349.
Der *Zarathustra* ist in vier Teilen konzipiert. Der erste und zweite Teil erschien 1883, der dritte 1884, der vierte und letzte als Privatdruck 1885. 1886 ließ Nietzsche die ersten drei Teile zusammengebunden drucken, sozusagen als fertiges Werk fürs Publikum. Im Verzeichnis seiner Schriften (auf der letzten Umschlagseite von *Jenseits von Gut und Böse*, 1886) notierte er: »Der vierte und letzte Theil des genannten Werks, aus dem Anfange des Jahres 1885, wurde bisher dem Buchhandel noch nicht übergeben.« Alle vier Teile wurden erst 1892 in der Ausgabe von Peter Gast vereinigt. Zu Nietzsches Wertschätzung des Zarathustra siehe unten das Kap. »Ecce homo« – Zitate nach: Friedrich Nietzsche, *Also sprach Zarathustra*, in: *Sämtliche Werke. Studienausgabe*, Bd. 4, München: dtv 1980.

stra«. Er parodiert die biblischen Wendungen »Spruch des Herrn«, »also sprach Gott«, »und Gott sprach«. Durch diese Parodien wird der Text zur stilistischen Versuchung, denn da alles am Ende nur noch ästhetisch verstanden werden kann, zehrt Nietzsches Persiflage noch von den göttlichen Herrlichkeiten, die er verspottet.

Messianismus

Nietzsche begreift sich als Therapeut, als Weltenheiler und Weltheiland. Jesaia hatte den Juden im babylonischen Exil einen Messias als Heiland versprochen,[64] und Paulus hat Jesus von Nazareth als den versprochenen Messias der Völker gepredigt. Gott, der in seinem Sohn die Welt erlöst, wird sich am Ende in seiner Macht und Herrlichkeit zeigen: Das ist die Zeit des Messias, der das ewige Evangelium verkündet. Diese Formel der Johannesapokalypse ist seit Joachim von Fiore bis zu Lessings *Erziehung des Menschengeschlechts* präsent.

Jesus ›Christus‹, der Erzmessias, ist der einzige, der in der Tradition vergöttlicht wurde. Die Messiasse, die nach ihm kamen, ahmen ihn nach, aber keiner hat dieselbe dogmatische Karriere erlebt. Die messianischen Nachfolger Christi balancieren auf der Schneide zwischen Prophetie und Messianismus. Prophetenmessiasse sind in der abendländischen Tradition nicht selten. Im Mittelalter hat Joachim von Fiore messianische Bedeutung; für die nachfolgenden Jahrhunderte sind Girolamo Savonarola, die Münsteraner Wiedertäufer und zeitweise auch Martin Luther Messiaspropheten. Die Kabbalisten Petrus Galatinus, Guillaume Postel und Quirinus Kuhlmann, die ihre Evangelien selbst schrieben, sahen sich als messianische Propheten an der Schwelle zur Endzeit.[65] Der jüdische Messias Sabbathai Zwi stürzte im 17. Jahrhundert die jüdische Welt ins Glaubenschaos. Alle diese Messiaspropheten verkündeten das endgültige Kommen des transzendenten Gottes.

Das ändert sich im 19. Jahrhundert. Seit der Französischen Revolution blühen politisch-säkulare Messianismen. Der Motor dieses säkularen Mes-

64 Vgl. Jes. 40, 1–55,13.

65 Siehe dazu Wilhelm Schmidt-Biggemann, *Geschichte der christlichen Kabbala*, Bd. 1, Stuttgart-Bad Cannstatt: frommann-holzboog 2014.

sianismus ist die Revolution, das Ziel bleibt die Weltveränderung. Der neue Himmel und die neue Erde kommen aber nicht mehr wie das himmlische Jerusalem aus der Transzendenz, sondern die Erneuerung der Welt wird zur immanenten Bestimmung:[66] »es kömmt aber drauf an, sie zu verändern.« Das revolutionäre Moment haben die weltlichen und die himmlischen Messianismen gemeinsam: Sie stürzen die Gewaltigen vom Thron und erheben die Niedrigen. Der Übergang von der Kontemplation zum Handeln, die ›Philosophie mit dem Hammer‹, bedeutet Revolution – auch die Revolution der Denkungsart. Philosophie und Politik übernehmen die weltgeschichtlichen Versprechen der Theologie, und ihre Weltgeschichte hat ein Ziel.

Also sprach Zarathustra ist ein Prophetenbuch, und Nietzsche stilisiert sich damit als Prophet und Messias zugleich. Er spielt auf Leben und Tod: *Quo maius fieri nequit*. Diese Identifikation von Text und Person, die Bestimmung des eigenen Lebens als Botschaft und Verkündigung machen den Propheten aus. Der Prophet Nietzsche betrachtet sich selbst als die Erlösung, die er verkündet. In dieser Funktion beerbt Nietzsche Jesus von Nazareth, den Christus, aber auch die schreibenden kabbalistischen Messiaspropheten der christlichen Tradition.[67] Während sich der große französische Kabbalist Guillaume Postel als Inkarnation der neuen wortgewordenen Universalreligion verstand, die er verkündete, dichtete Quirinus Kuhlmann als Sprache gewordener göttlicher Logos und glaubte, das »Jesuelsche« letzte Zeitalter herbeibeschwören zu können. Nietzsche hingegen verkehrt die Vorzeichen: Er sieht sich im *Zarathustra* als Konkurrenzpropheten zum Christentum, und er verkündet deshalb den Tod

66 Vgl. Hans Urs von Balthasar, *Apokalypse der deutschen Seele. Studien zu einer Lehre von letzten Haltungen*, 3 Bde., Salzburg: Pustet 1937. Siehe auch Jacob Taubes, *Abendländische Eschatologie*, Bern: Francke 1947.

67 Siehe zu Guillaume Postel Wilhelm Schmidt-Biggemann, *Geschichte der christlichen Kabbala*, Bd. I, S. 510–657, zu Quirinus Kuhlmann s. Wilhelm Schmidt-Biggemann, Erlösung durch Philologie. Der poetische Messianismus Quirinus Kuhlmanns, in: *Apokalypse und Philologie. Wissensgeschichten und Weltentwürfe der Frühen Neuzeit* (hg. v. Anja Hallacker und Boris Bayer), Göttingen: V & R Unipress 2007, 187–225. Zu Sabbatai Zwi s. Gershom Scholem, *Sabbatai Zwi. Der mystische Messias* (hg. v. Angelika Schweikhart), Frankfurt am Main: Jüdischer Verlag 1992.

des christlichen Gottes. Das ist über die Versprachlichung des Heiligen Geistes hinaus, die die Vorgängerpropheten zu sein beanspruchten, eine gewaltige, eine gewalttätige Steigerung der semantischen Anstrengungen. Denn jetzt muss Nietzsche den Kern der abendländischen Tradition, nämlich die Rationalität der Philosophie und die theologische Deutung der Geschichte als Heilsgeschichte, den Gottesbegriff, die Weltgeschichte von Paradies, Sünde und Erlösung durch den Messias Jesus von Nazareth, die Erwartung eines Weltenendes und eines Weltengerichts, nicht allein destruieren, sondern auch substituieren. Und er tut das exakt mit der Symbolik, die zu demontieren und umzuwerten er beansprucht. Der parodierenden Sprache bleibt die alte heilsgeschichtliche Konnotation eingeschrieben, auch wenn sie jetzt als neue, antichristliche Botschaft dienen muss. Die Umwertung aller Werte kann nur als Parodie erfolgen, denn welche Semantik und welche Topik sollte Nietzsche zur Verfügung haben, wenn nicht die abendländische? Und anders als Darwin und der Darwinismus findet er in der Natur keinen Kandidaten, der alle erforderlichen Ansprüche auf Umwertung erfüllen könnte. Die Darwin'sche Natur bietet keinen vollwertigen Ersatz für den Verlust an Erklärungskomfort, den Philosophie und Theologie in zweieinhalbtausend Jahren erwirtschaftet haben. Nietzsche weiß, worum es geht: um die Deutung der Welt, deren Sinn aus der Transzendenz in die Immanenz zurückgebogen werden soll. Er reizt deshalb die abendländische Semantik bis an ihre symbolischen und theologischen Grenzen aus.

Nietzsche ist selbst Autor und Opfer der unüberbietbaren Darstellung des Weltensinns, seiner Stiftung und seiner Verweigerung. Er ist als Messias und Prophet Märtyrer seiner selbst. Es ist die Zeugenschaft der neuen Wahrheit, die sich selbst in ihrer Inszenierung destruiert und die Sinnstiftung als Wahrheitsdarstellung und -aufhebung begreift. Die Bühne ist Nietzsche, die Inszenierung ist er selbst als existentiales Ereignis.

Der Tod Gottes

Die Lehre vom Tod Gottes hat eine Vorgeschichte. In der Kritik aller theoretischen Gottesbeweise hatte Kant klargestellt, dass es keine sichere Erkenntnis von Gottes Existenz geben könne. Heinrich Heine hatte diese Lehre dann in seiner Darstellung der Religion und Philosophie in Deutschland als Gottesmord dargestellt: »Der Oberherr der Welt schwimmt unbewiesen in seinem Blute«, und weiter: »Hört Ihr das Glöckchen klingeln? Kniet nieder – Man bringt die Sakramente einem sterbenden Gotte.«[68] 1802 hatte Hegel in seiner Abhandlung *Glauben und Wissen* den Gottesbegriff in der »Unendlichkeit als [...] Abgrund des Nichts, worin alles Sein versinkt«, aufgelöst, und »das Gefühl: Gott selbst ist tot« als »spekulativen Karfreitag« bezeichnet.[69] Die Diskussion des Spinozismus als Atheismus war ein zentraler Topos in der klassischen deutschen Philosophie und Literatur. Ludwig Feuerbach hatte als »Wesen des Christentums«[70] 1841 gelehrt, dass der Gottesbegriff nichts sei als die Projektion menschlicher Wünsche in eine transzendente Person.

Nietzsche verkündet nun nicht nur den Tod Gottes, sondern er bietet auch eine Kompensation an. Er ist der Prophet des Gottesmordes und zugleich sein eigener Prophet. Sein Messianismus predigt nicht die Wiederkunft des Herrn, sondern den Übermenschen. Eine Zukunftsverkündigung ist es gleichwohl und insofern beerbt Nietzsche die Apokalypse. Da der alte Gott tot ist, besteht die Verkündigung in der Herrschaft eines neuen Gottes, des Übermenschen, des Anti-Gottes.

Also sprach Zarathustra. Ein Buch für Alle und Keinen

Man kann den Text des *Zarathustra* nicht zusammenfassen. Der *Zarathustra* ist ein Verkündigungs- und Erbauungsbuch. Es gibt keine Argumentationen, aber man hat die Reden, Verkündigungen, Predigten, Bilder und Dichtungen in ihrer Zusammenstellung zu begreifen und je-

68 Heinrich Heine, Zur Geschichte der Religion und Philosophie in Deutschland (1834), in: *Sämtliche Schriften,* Bd. III (hg. v. Karl Pörnbacher), München: Hanser 1971, 505–641, 604, 591.

69 Georg Wilhelm Friedrich Hegel, Glauben und Wissen oder die Reflexionsphilosophie der Subjektivität in der Vollständigkeit ihrer Formen als Kantische, Jacobische und Fichtesche Philosophie, in: *Werke,* Bd. 2: *Jenaer Schriften 1801–1807* (hg. v. Eva Moldenhauer/Karl Markus Michel), Frankfurt am Main: Suhrkamp 1970, 287–433, 432.

70 Ludwig Feuerbach, Das Wesen des Christentums. Zuerst Leipzig, Wigand 1841. Siehe Karl Löwith, *Von Hegel zu Nietzsche. Der revolutionäre Bruch im Denken des neunzehnten Jahrhunderts. Marx und Kierkegaard*, Stuttgart: Kohlhammer ^{5}1964.

weils wichtige Stücke exemplarisch herauszustellen. Das Kriterium der Exemplarizität ist in der vorliegenden Studie die Religionskritik und die Verkündigung der neuen Lehre.

Das Buch hat, scheint mir, eine klare Agenda: Es besteht aus vier Teilen, die in ihrer Anzahl die vier Evangelien parodieren. Nach einer Vorrede beginnt es mit dem Heimischen, der Stadt Buntekuh, in der die Moral und die Hinterwelt erfunden wurden. Hier verkündet Zarathustra die Grundzüge seiner Lehre. Das zweite Buch ist das romantische Nacht- und Tanzbuch, während das dritte die neuen Gebote verkündet und das vierte den Gottesmord begeht und beklagt.

Zarathustra, dessen Namen das Buch trägt, ist die persische Gegenfigur zum Religionsstifter Moses. Hier assoziiert Nietzsche die indogermanische Konkurrenzmythologie zur jüdischen Bibel. Über diese Titelanspielung hinaus enthält das Buch aber keine Elemente der neuen Sprachwissenschaft, weder indogermanische noch semitische. Es handelt sich vielmehr um die Verkündigung einer neuen, antichristlichen Religion.

Die Vorrede ist eine Art Potpourri-Ouvertüre. Das Sonnengebet Zarathustras parodiert den Sonnenhymnus des Heiligen Franz von Assisi, Zarathustras Untergang spielt auf Wagners Götterdämmerung an. Der Übermensch wird als Sinn der Erde eingeführt – er substituiert die christliche Vollendung im transzendenten Himmel: »Ich beschwöre euch, meine Brüder, bleibt der Erde treu«.[71] Der Seiltänzer steht für den Menschen, der in Todesgefahr tanzt; und Tanz ist die Bewegung des spielenden Selbstbezugs, der die ewige Gegenwart erzeugt.

1. Teil: In der Stadt Buntekuh

Die Stadt Buntekuh ist der Ort bürgerlichen Lebens: Der Name ›Buntekuh‹ spielt auf das bequeme Stallleben ebenso an wie auf die Begrenzung der Stadt Karthago, die Dido mit den Riemen, die aus einer Kuhhaut geschnitten waren, vornahm.[72] Es schläft sich gut in der Stadt Buntekuh. In dieser bürgerlichen Schlafgemütlichkeit stellt Zarathustra die Fragen der Theodizee: »Einst warf auch Zarathustra seinen Wahn jenseits des Men-

71 Nietzsche, *Also sprach Zarathustra,* 15.

72 Die 2. und längste Sure des Koran heißt: Die Kuh.

schen, gleich allen Hinterweltlern. Eines leidenden und zerquälten Gottes Werk schien mir da die Welt« (35).

Der Terminus ›Hinterwelt‹ ist die Persiflage der Metaphysik, die Nietzsche als Schöpfungs- und Schöpfertheologie versteht. Der leidende und zerquälte Gott, zugleich der Logos Gottes, der die Welt schuf, ist Jesus Christus, der fleischgewordene, leidende Logos. Gottes selbstbezogene Perfektion wird mit den Begriffen der Christologie destruiert. Er schuf die Welt nicht aus der Überfülle seiner Liebe, wie Augustin lehrte, »Wegsehn wollte der Schöpfer von sich, – da schuf er die Welt« (35). Dieser Gott, der sich nicht sehen mag, ist ein in sich zerrissener, widersinniger Gott. Er ist zwar (wie bei Feuerbach) »Menschen-Werk und -Wahnsinn, gleich allen Göttern«, aber er will nicht recht sterben; er bleibt ein Phönix und Untoter: »aus der eigenen Asche und Gluth kam es mir, dieses Gespenst«, so Zarathustra (35).

Die schädlichsten Implikationen der Hinterwelt sind ihre Tugendansprüche und das Versprechen, Tugend werde im Jenseits belohnt. Zarathustra widerspricht und lehrt des Menschen tugendfreie Autonomie, die sich ihr Gutes selbst bestimmt:»Nicht will ich es als eines Gottes Gesetz, nicht will ich es als eine Menschen-Satzung und -Nothdurft: kein Wegweiser sei es mir für Über-Erden und Paradiese« (42). Erdung, Verleiblichung und Naturalisierung sind die Remedur gegen den tugendhaften Menschen: »Der Mensch ist etwas, das überwunden werden muss: und darum sollst du deine Tugenden lieben, – denn du wirst an ihnen zu Grunde gehn. – Also sprach Zarathustra« (44).

Die Überwindung des tugendhaften Menschen zum natürlichen schließt die Unterscheidung von Gut und Böse aus. Der natürliche Gegensatz von gut ist schlecht. Die Klugheit der Moral ist Torheit, denn die Gewalt ist natürliches Wirken. Leiden, Opfer und Leidenmachen sind als Momente absoluter Gewalt ununterscheidbar. Vor diesem Hintergrund der unbesiegbar absoluten Naturgewalt vollzieht sich die Umwertung der Werte. Seit Nietzsche ist die Rede von den Werten für die Ethik terminologisch. Er fasst in seiner *Rede über die Werte* die Ethik als »Stimme des Willens zur Macht« (74). Dessen Gebote lauten:

> Immer sollst du der erste sein
> Wahrheit reden und gut mit und Bogen und Pfeil verkehren [...]
> Treue üben und um der Treue willen Ehre und Blut auch an böse und gefährliche Sachen setzen (75)

Nietzsches Ethik und ihre Werte sind von dieser Welt: »Werthe legte erst der Mensch in die Dinge«, er gab den Dingen Sinn, »Menschen-Sinn« (75). Die Werte sind, weil sie von dieser Welt sind, wandelbar. Sie wollen über sich hinaus sein; ihnen wird die Nächstenliebe zur Fernstenliebe, weil sie den Übermenschen im Freunde lieben, der Welten zu verschenken hat. So liebt man den Schaffenden als den einzigen, dem man nicht gerecht werden kann: »ich liebe den, der über sich selbst hinaus schaffen will und so zu Grunde geht. – « (83)

Zarathustra scheidet mit einer Predigt aus der Stadt Buntekuh. Die Jünger schenken ihm einen Stab mit goldenem Schlangengriff. Seine Mahnung: »Bleibt mir der Erde treu, meine Brüder, mit der Macht eurer Tugend! Eure schenkende Liebe und eure Erkenntnis diene dem Sinn der Erde« (99). Die Erde übernimmt die Heilsaufgabe, die vorher dem Himmel zugeschrieben wurde: »Eine Stätte der Genesung soll noch die Erde werden« (101). Zarathustras Abschiedsrede gipfelt in der Verkündigung des endzeitlichen Übermenschen: »›Todt sind alle Götter, nun wollen wir, dass der Übermensch lebe.‹ – diess sei einst am grossen Mittage unser letzter Wille!« (102).

2. Teil: Weisheit der Nacht und Auferstehung

Die Nacht ist ein romantisches Hauptmotiv. Die Nacht ist der Ort des Nihilismus, die Zeit der lichtlosen Gottlosigkeit: Jean Paul hat seine *Rede des toten Christus vom Weltgebäude herab, dass kein Gott sei* in die Mitternacht verlegt, die *Nachtwachen des Bonaventura* spielen mit der Unerlöstheit der Nacht, Novalis' *Hymnen an die Nacht* sind Ausdruck romantischer Weltflucht. All diese Traditionen bedient und parodiert Nietzsche. Es ist sein Abgesang auf alle Lichtmetaphern des Guten, Wahren und Schönen: »Nacht ist es: nun bricht wie ein Born aus mir mein Verlangen – nach Rede verlangt mich« (138). In der Nacht regt sich das dunkle, gewalttätige Verlangen der Entäußerung, die Kraft des Ursprünglichen, die nicht bei sich bleiben kann – aber sie will noch kein Licht, sie will zunächst zu Wort kommen, zu dem Wort, mit dem der getötete Gott die Welt schuf.

Die Nacht ist die Zeit der Indifferenz, der Zukunftslosigkeit und der Melancholie: »Alles ist leer, Alles ist gleich, Alles war« (172). Wir leben in Grabkammern. In dieser zukunftslosen Stimmung gedenkt Zarathustra, wie alle Messiaspropheten, des beginnenden Lichtes, das ein Vorschein der kommenden Morgenröte ist: »Wie soll ich mein Licht hinüber retten! Dass es mir nicht ersticke in dieser Traurigkeit. [...] Helle der Mitternacht war immer um mich« (172). Aber noch holt ihn das schwarzromantische nächtliche Gespenstergrauen ein, wie es Goya einholte:

> Dreimal schlugen Schläge an's Thor! [...] Und aus tausend Fratzen von Kindern, Engeln, Eulen, Narren und kindergrossen Schmetterlingen lachte und höhnte und brauste es wider mich. [...] Wahrlich, sie selber träumtest du, deine Feinde: das war dein schwerster Traum. (174 f.)

Tanzen hilft gegen Melancholie. Tanzen ist ein Spiel, und damit die leibliche Fassung der Vollkommenheit. Zarathustra trifft tanzende Mädchen im Wald. Diese vollführen einen Grazientanz, der zugleich eine Anspielung auf das biblisch salomonische »Buch der Weisheit« darstellt. Die Weisheit tanzt vor Gott, der sich in sie verliebt. Tanzen und Spielen sind die Leiblichkeit der Weisheit. Bei Zarathustra ist die Liebe in die Gewalt verschlungen: Der »kleine Gott« (Amor/Cupido) liegt, während die Mädchen vor Zarathustra tanzen, neben dem Brunnen und schläft: »Zürnt mir nicht, ihr schönen Tanzenden, wenn ich den kleinen Gott ein wenig züchtige«, spottet er im Scherz, »zum Lachen ist er noch im Weinen« (139).

Leben, Liebe und Weisheit stehen in gefährlichem, für Zarathustra geradezu lebensgefährlichem Konkurrenzverhältnis: Als Zarathustra das Leben lobt, wird die Weisheit, jetzt eher an den düsteren Prediger Salomo erinnernd, zornig: »Du willst, du begehrst, du liebst, allein warum lobst du das Leben?« Zarathustra gibt zu: »Von Grund auf liebe ich nur das Leben – und wahrlich am meisten, wenn ich es hasse!« (140). Die Weisheit erinnert an das Leben. Aber das Leben hält die Weisheit für eine Hure: »Das Leben fragt, was ist die Weisheit? Ist sie schön? Was weiß ich! Aber die ältesten Karpfen werden noch mit ihr geködert«. Sie kämmt sich ihr goldenes

Haar; und wenn sie von sich selber schlecht spricht, da gerade verführt sie am meisten. Die Weisheit schaut düster aufs Leben: »Ein Unbekanntes ist um mich und blickt nachdenklich. Was! Du lebst noch, Zarathustra? Warum? Wofür? Wodurch? Wohin? Wo? Wie? Ist es nicht Torheit, noch zu leben?« (141).

Die Weisheit und das Leben vergehen – die Vergangenheit sei schönster, nicht zu raubender Besitz –, und gerade deshalb beklagt Zarathustra ihren Verlust: »Böseres tatet ihr mir, als aller Menschen-Mord ist; [...] [m]eine Gespielen nahmet ihr mir, die seligen Geister« (143).

Der Wille erleidet den Tod der Weisheit und ersteht neu zum Leben, er bekommt die Attribute des auferstandenen Christus: »Ja, ein Unverwundbares, Unbegrabbares ist an mir, ein Felsensprengendes: Das heisst *mein Wille*. Schweigsam schreitet es und unverändert durch die Jahre. [...] Ja noch bist du bei mir aller Gräber Zertrümmerer: Heil dir, mein Wille! Und nur wo Gräber sind, giebt es Auferstehungen« (145).

3. Teil: Der Tod der Religionsschlange – Zarathustras neue Gebote

Zarathustra hat eine Vision:

> Einen jungen Hirten sah ich, sich windend, würgend, zuckend, verzerrten Antlitzes, dem eine schwarze Schlange aus dem Munde hing.
> Sah ich je so viel Ekel und bleiches Grauen auf Einem Antlitze? Er hatte wohl geschlafen? Da kroch ihm die Schlange in den Schlund – da biss sie sich fest.
> Meine Hand riss die Schlange und riss: – umsonst! Sie riss die Schlange nicht aus dem Schlunde. Da schrie es aus mir: Beiss zu! Beiss zu!
> Den Kopf ab! Beiss zu! – schrie es aus mir [...]. (201)

Der Hirte beißt den Kopf der Schlange ab und speit sie aus: Er ist erneuert.

»Nicht mehr Hirt, nicht mehr Mensch – ein Verwandelter, ein Umleuchteter, welcher lachte! Niemals noch auf Erden lachte ein Mensch, wie er lachte« (202.).

Nietzsche zeichnet hier ein enigmatisches Kompositbild, eine bukolische Idylle, die gerade zerbirst. Im Munde des Hirten hat sich eine schwarze Schlange verbissen. Die Schlange, das Lügensymbol, ist die Allegorie der Religion. Sie frisst sich in den Mund des Hirten, aus dem eigentlich Unschuldsgesänge tönen. Nur weil der Hirte der falschen Religionsschlange den göttlichen Kopf abbeißt, wird er verwandelt. Nietzsche verschränkt hier die antike Bukolik mit dem biblischen guten Hirten und der Verführungsschlange, und aus diesen Motiven seiner Bildlichkeit erwächst das Drama der Selbsterlösung. Die Allegorie der entschlossenen Selbsterlösung verweist auf die neue Zeit.

Morgenrot ist das Motiv der Neuen Zeit, Anlass für Nietzsches Sonnengesang, eine Parodie des Sonnenhymnus des Heiligen Franziskus und aller Morgenrotmotive der Erbauungsliteratur. Sonne und Zarathustra segnen die Welt mit ›Ja‹ und ›Amen‹. Darin besteht Nietzsches Fassung affirmativer Theologie, einer Theologie des Erhabenen:

»Du Licht-Abgrund! Dich schauend schaudre ich vor göttlichen Begierden«. Was müssen wir unter den göttlichen Begierden verstehen? Sie oszillieren zwischen selbsterzeugter und unverfügbarer Gefahr: »Bist du nicht das Licht zu meinem Feuer?« (207). Versengt sich das Ich zu Tode, wenn es hineinfliegt? »Ich aber bin ein Segnender und Ja-Sager, wenn du nur um mich bist, Reiner! Lichter! Du Licht-Abgrund!« (208 f.).

Aus alledem wird kein Gottesbeweis – Zarathustra bleibt der Erde treu: »Ein Wenig Weisheit ist schon möglich; aber diese selige Sicherheit fand ich in allen Dingen: dass sie lieber noch auf den Füssen des Zufalls – *tanzen*« (209).

Offensichtlich hat Zarathustra seine Melancholie durch den Tanz überwunden. In der neuen Genialität, die nach antikem Vorbild aus der Melancholie erwächst, wird er jetzt zum neuen Gesetzgeber. Habituelle Grundlage des neuen Gesetzes, sozusagen seine Sittlichkeit, sind die »drei Bösen«. Dieses Lasterlob ist ein Momentum im Prozess der Umwertung aller Werte. Die Dreizahl parodiert die drei von Paulus gepredigten geistlichen Tugenden Glaube, Hoffnung und Liebe. An deren Stelle treten Wollust, Herrschsucht und Selbstsucht als Momente der Selbstlust, die sich um Liebe nicht schert. Diese Laster sind – Hohn auf Paulus (2. Kor.) – Stachel und Pfahl im Fleische der Geistmenschen: »Wollust: allen busshemdigen Leib-Verächtern ihr Stachel und Pfahl und als ›Welt‹ verflucht bei allen Hinterweltlern: denn sie höhnt und narrt alle Wirr- und Irr-Lehrer« (237). »Herrschsucht: die Glüh-Geissel der härtesten Herzensharten« (237). Die Umwertung des Kardinalgebots der Nächstenliebe zeigt sich in der Selbstsucht: »die heile, gesunde Selbstsucht, die aus mächtiger

Seele quillt« (238). »Mit ihren Worten von Gut und Schlecht schirmt sich solche Selbst-Lust wie mit heiligen Hainen; in dem Namen ihres Glücks bannt sie von sich alles Verächtliche« (238 f.).

Auf dem Grunde der neuen Tugendlaster entspringen die neuen Gebote, die Zarathustra als Antitypus des Moses gibt: »Von alten und neuen Tafeln«. Zunächst wird die Situation Moses' parodiert, der die Tafeln mit den Geboten, die er auf dem Sinai bekommen hatte, angesichts des Tanzes der Israeliten ums goldene Kalb zerschmetterte. Dann wird als Gegenmodell Goethes *Prometheus* zitiert: »Hier sitze ich, forme Menschen nach meinem Bilde, ein Geschlecht, das mir gleich sei, [...] Und dein nicht zu achten, wie ich.«

Zarathustras alte Tafeln sind eine Parodie auf den Dekalog – manche beziehen sich genau auf einzelne Vorschriften. Vor allem aber geht es Nietzsche um die Umwertung der Gebote:

1. *Moses-Nietzsche*: »Hier sitze ich und warte, alte, zerbrochene Tafeln um mich und auch neue, halb beschriebene Tafeln. Wann kommt meine Stunde?«.
2. Wer »der *Erde Ihren Sinn giebt* und ihre Zukunft: Dieser erst schafft es, dass Etwas gut und böse ist.«
3. »*Übermensch*«: »Das Vergangene am Menschen zu erlösen und alles ›Es war‹ umzuschaffen, bis der Wille spricht: ›Aber so wollte ich es! So werde ich's wollen –‹«.
4. »Schone deinen Nächsten nicht«.
5. »›Was *uns* das Leben verspricht, das wollen *wir* – dem Leben halten!‹«
6. »Wir bluten Alle an geheimen Opfertischen, wir brennen und braten Alle zu Ehren alter Götzenbilder«.
7. »Gute Menschen reden nie die Wahrheit; für den Geist ist solchermassen gut sein eine Krankheit«.
8. Gegen das Sichere, Feste: »ist *jetzt* nicht alles *im Flusse*? [...] wer *hielte* sich noch an ›Gut‹ und ›Böse‹?«
9. Über »Sterne und Zukunft ist bisher nur gewähnt, nie gewusst worden: und *darum* ist über Gut und Böse bisher nur gewähnt, nie gewusst worden.«

10. »›Du sollst nicht rauben! Du sollst nicht totschlagen!‹ [...] Ist in allem Leben selber nicht – Rauben und Todtschlagen? Und dass solche Worte heilig hiessen, wurde damit die *Wahrheit* selber nicht – todtgeschlagen?« (246–253)

Dieser Konterdekalog bestimmt vor allem Gut und Böse neu; er ist deshalb noch nicht jenseits von Gut und Böse. Die alten Tafeln orientierten sich am Dekalog, die neuen Tafeln verkünden ein neues Gebot – nicht das johanneische »Liebet einander«,[73] sondern Anarchie der Gewalt, die Freiheit eines Übermenschen. Diese 20 Maximen lassen der Natur ihren Lauf, sie sind Gegenentwürfe zu allen Disziplinierungen und Askesen und Weltflüchtigkeiten – es ist der triumphale Vollzug des natürlichen Willens, der nichts begehrt als sich selbst: Macht des Willens und zugleich Wille zur Macht. Zu den charakteristischen zählen:

11. »Vieler Edlen nämlich bedarf es und viellerlei Edlen, *dass es Adel gebe*! [...] Das eben ist Göttlichkeit, dass es Götter, aber keinen Gott giebt«.
20. Grausam-stark: was fällt, das soll man auch noch stossen.
23. Verloren der Tag, wo nicht einmal getanzt wurde.
25. Neue Quellen der Zukunft, kulturell und politisch: Anarchie der Starken! »Und *kein* ›Vertrag‹! Zerbrecht, zerbrecht mir solch Wort der Weich-Herzen und Halb- und Halben!«
27. »*Zerbrecht, zerbrecht mir die Guten und Gerechten!*«
30. Schlussgebet der neuen Tafeln: »O Wille, Wende aller Noth, du *meine* Nothwendigkeit! Spare mich auf zu *einem* grossen Siege« (254–269).

In den Maximen des anarchisch starken Übermenschen erwachsen Zarathustra/Prometheus neue Kräfte: Er wird zum Weltenschöpfer. Nietzsche entfaltet hier eine philosophische Elementarsymbolik; er kombiniert die Schöpfungs- und Paradiesbildlichkeit des Buchs Genesis mit Bildern aus Wagners *Ring des Nibelungen* und der Zeitvorstellung einer kreisenden ewigen Gegenwart, die das Endgericht aufhebt. Loge und Siegfried aus dem *Ring des Nibelungen*: »Herauf, abgründiger Gedanke, aus meiner

73 Joh. 13,34.

Tiefe! Ich bin dein Hahn und Morgen-Grauen, verschlafener Wurm: auf! auf! « (270). »Mein Abgrund redet« (271). Hier redet nicht mehr Gott seine Schöpferworte über dem Abgrund, sondern hier redet der Abgrund selbst. In diesen Abgrund stürzt sich Zarathustra. Als er nach sieben Tagen erwacht, hat sich die Welt selbst gebildet, sie »wartet dein wie ein Garten« (271 f.). Die Tiere, die ihm im Paradies zukommen, sind Adler und Schlange. Das sind die Attribute des Evangelisten Johannes, des Evangelisten, der die Logostheologie entwickelte. Die Schlange ist Verführer im Paradies und heilend als Symbol des Asklepios. Der Hirt musste der Religionsschlange den Kopf abbeißen. Die paradiesische Welt, in der die Dinge tanzen, wird und vergeht im ewigen Kreislauf, die Oroboros-Schlange, die sich selbst verzehrt, die Unendlichkeit, deren Peripherie überall und deren Zentrum nirgendwo ist:

> Alles bricht, Alles wird neu gefügt, ewig baut sich das gleiche Haus des Seins. Alles scheidet, Alles grüsst sich wieder; ewig bleibt sich treu der Ring des Seins. In jedem Nu beginnt das Sein; um jedes Hier rollt sich die Kugel Dort. Die Mitte ist überall. Krumm ist der Pfad der Ewigkeit. (272 f.)

Diese Lehre verkündigt der Heiland Zarathustra, an den das Gebet sich richtet: »siehe, du bist der Lehrer der ewigen Wiederkunft –, das ist nun dein Schicksal!«. Zarathustra, der neue Weltenrichter, erhört dieses Gebet; und gegen die Verheißung der Johannesapokalypse, es werde eine neue Erde und einen neuen Himmel geben, verkündet er: »Ich komme wieder, mit dieser Sonne, mit dieser Erde, mit diesem Adler, mit dieser Schlange [...] – dass ich wieder das Wort spreche vom grossen Erden- und Menschen-Mittage, dass ich wieder den Menschen den Übermenschen künde« (275 f.).

4. Teil: Klage und Anklage um den toten Gott

Das vierte Buch ist das radikalste und persönlichste des *Zarathustra.* Es ist ein Anklagebuch gegen das Christentum – hier liegt der Ursprung der Pamphletistik des *Antichristen*. Die Haupttopoi lassen sich wie Aphorismen nebeneinander präsentieren: Eine Sibylle – eine asketische jüdische Prophetin –, hier aber wie Dionysos trunken von Wein, dichtet eine Persiflage auf die Fülle der Zeit, in der Rom blühte und der Messias in Bethlehem geboren wurde:

> Weh, nun geht's schief!
> Verfall! Verfall! Nie sank die Welt so tief!
> Rom sank zur Hure und zur Huren-Bude.
> Rom's Caesar sank zum Vieh, Gott selbst – ward Jude! (307)

Das ist der Aufruf zum ›guten‹ Krieg Zarathustras gegen das Christentum. Seine Worte sind ein Schwert, es » will Blut trinken und funkelt vor Begierde « (308). Nietzsche inszeniert hier das Jüngste Gericht über das Christentum und Zarathustras Wort ist damit das Schwert im Munde des apokalyptischen Weltenrichters.

Die höchste aller Zumutungen, die der christliche Gott den Menschen antut, ist seine Verborgenheit. Seine prädikatlose Gewalt und Gegenwart können zugleich Schrecken und Liebe sein. Diese Gewalt der hassenden Liebe und des liebenden Hasses fesselt den Menschen, einen stieren, alten Mann, in Hassliebe an seinen Gott:

> Kein Hund – dein Wild bin ich, grausamster Jäger!
> Dein stolzester Gefangener,
> Du Räuber hinter Wolken!
> Sprich endlich,
> Was willst du, Wegelagerer, von mir?
> Du Blitz-Verhüllter! Unbekannter! Sprich,
> Was willst du, unbekannter Gott? – – (315)

Es flieht der unbekannte »Henker-Gott« vor dem Ankläger, und die Trennung vom Hassgeliebten wird zum Anlass für die Klage des Verlassenen:

> – Nein! Komm zurück,
> Mit allen deinen Martern!
> Zum Letzten aller Einsamen
> Oh komm zurück!
> All meine Thränen-Bäche laufen
> Zu dir den Lauf!
> Und meine letzte Herzens-Flamme –
> *Dir* glüht sie auf!
> Oh komm zurück,

> Mein unbekannter Gott! Mein Schmerz! Mein letztes –
> Glück! (316 f.)

Zarathustra trifft den letzten Papst, einen »Schwarzkünstler«, einen »Hexenmeister im Handauflegen, ein Wunderthäter von Gottes Gnaden, ein gesalbter Weltverleumder, den der Teufel holen möge« (321). Der Papst ist »ausser Dienst«, weil »der alte Gott nicht mehr lebt«. Nun sucht er »den Frömmsten derer, die nicht an Gott glauben« (322) und findet ihn in Zarathustra.

Die Fragen, die Zarathustra dem Papst stellt, sind die Zentralfragen der Theodizee, in Spott gekleidet. Gottes Liebe zum Menschen sei weder für Gott, noch für den Menschen erträglich. Gott sei an seinem Mitleid zugrunde gegangen, weil »er es sah, wie der Mensch am Kreuz hing, und es nicht ertrug, dass die Liebe zum Menschen seine Hölle und zuletzt sein Tod wurde« (323). Gottes Hölle sei seine Liebe zum Menschen.

Der Mensch, aus Lehm geschaffen, sei missraten und Prometheus habe versucht, einen neuen zu schaffen. Der Sündenfall sei die »geschmacklose« Rache Gottes an seinen Geschöpfen, Gottes Sünde wider den Geist: »Zu Vieles missrieth ihm, diesem Töpfer, der nicht ausgelernt hatte! Dass er aber Rache an seinen Töpfen und Geschöpfen nahm, dass sie ihm schlecht geriehten, – das war eine Sünde wider den *guten Geschmack*« (324).

Dieser gute Geschmack fordert: »Fort mit einem solchen Gotte! Lieber keinen Gott, lieber auf eigene Faust Schicksal machen, lieber Narr sein, lieber selber Gott sein!« (325).

Gegen die zerborstene Heilsgeschichte setzt Zarathustra die Perfektion des ewigen Mittags, eine abgründige Bukolik.

Der große Pan lacht und lauscht der Welt:

> Still! Still! Ward die Welt nicht eben vollkommen? Was geschieht mir doch?
>
> Oh Glück! Oh Glück! Willst du wohl singen, oh meine Seele? Du liegst im Grase. Aber das ist die heimliche und feierliche Stunde, wo der Hirt seine Flöte bläst.
> Scheu dich! Heisser Mittag schläft auf den Fluren. Singe nicht! Still, die Welt ist vollkommen.
> Singe nicht, du Gras-Geflügel, oh meine Seele! Flüstere nicht einmal! Sieh doch – still! Der alte Mittag schläft, er bewegt den Mund: trinkt er nicht eben

einen Tropfen Glücks –
– einen alten braunen Tropfen goldenen Glücks, goldenen Weins? Es huscht über ihn hin, sein Glück lacht. So – lacht ein Gott. Still! –.

Wann, Brunnen der Ewigkeit! Du heiterer schauerlicher Mittags-Abgrund! Wann trinkst du meine Seele in dich zurück? (342–345)

Der höhere Mensch, den Nietzsche Zarathustra nach dem Tode Gottes verkündigen lässt, ist der Übermensch, der die Prädikate Gottes usurpiert, und der Vornehme, der sich vom Pöbel unterscheidet. Zarathustra redet den Menschen erziehend zu: Gott starb. »Seit er im Grabe lag, seid ihr erst wieder auferstanden. [. . .] Gott starb, nun wollen wir, dass der Übermensch lebe« (357).

Zarathustras Verkündigung hat einen verzweifelten Charakter. Selbst wenn wir Gott getötet haben, so bleibt er ein Untoter, auch als gemordeter ein präsenter. Ob der Mensch als Übermensch überfordert ist, der den auferstandenen Christus retypisiert, sitzend zur Rechten des toten Gottes, und ob der Mensch als Übermensch seine Vergöttlichung überlebt? Nietzsches *Zarathustra* ist trotzige, existentialistische Erbauungsliteratur nach dem begangenen und beklagten Tode Gottes, seine Verkündigung durch Zarathustra eine neue Offenbarung, die schaudernd das so aufgerissene Nichts kompensieren will und in der der Autor selbst zum Erlöser von diesem Nihilismus zu werden beansprucht. Überfordert er sich damit?

Der Antichrist als Erlöser

Nietzsche hat weder das Pamphlet *Antichrist* noch die Autohagiographie *Ecce Homo* veröffentlicht. Sie wurden zuerst 1895 im Rahmen der ersten Gesamtausgabe von Nietzsches Werken gedruckt.[74] Entstanden sind sie 1888, im unmittelbaren Zusammenhang mit seinem physischen und psychischen Zusammenbruch. Die beiden Texte ergänzen sich gegenseitig und konturieren zugleich den *Zarathustra*, dessen Lehren Nietzsche weiterhin als Furien umtrieben. *Der Antichrist* ist, wie der Untertitel ausweist, ein

74 Nietzsches Werke. Erste Abtheilung, Bd. VIII. Leipzig: C. G. Naumann 1895.

Fluch aufs Christentum. Als Pendant dazu stellt sich Nietzsche im *Ecce Homo*, dessen Titel das Bild des geschundenen und verspotteten Jesus parodiert, selbst in einer Eigenapotheose erneut als Religionsstifter und Prophet vor.

Der Begriff ›Antichrist‹ ist neutestamentlich und stammt aus dem ersten und zweiten Johannesbrief. Hier wird auf die baldige Wiederkunft des Herrn verwiesen: Mit dem Titel ›Antichrist‹ werden diejenigen apostrophiert, die die Gottessohnschaft Christi (1 Joh. 2,18 u. 22) und als »Verführer« die Inkarnation Gottes in Christus leugnen (2 Joh. 7). Diese eher undeutlichen Prophetien werden im zweiten Thessalonicherbrief präzisiert. Dieser Brief ist zwar im Korpus der Paulusbriefe überliefert, er stammt aber nicht von Paulus selbst, sondern aus seinem Schülerkreis. Auch hier geht es darum, dass die Wiederkunft des Herrn auf sich warten lässt. Der Text prophezeit die Nöte der Kirche vor der Wiederkunft des Herrn, die durch den Katechonten verursacht werden. Dieser Aufhalter bekommt in späteren Deutungen den Titel ›Antichrist‹:

> Brüder, wir schreiben euch über die Ankunft Jesu Christi unseres Herrn und die Vereinigung mit ihm [...]. [L]asst euch durch niemand und auf keine Weise täuschen! Denn zuerst muss der Abfall von Gott kommen und der Mensch der Gesetzwidrigkeit [*anthropos tes anomias*] erscheinen, der Sohn des Verderbens, der Widersacher, der sich über alles, was Gott oder Heiligtum heißt, so sehr erhebt, dass er sich sogar in den Tempel Gottes setzt und sich als Gott ausgibt. [...] Denn die geheime Macht der Gesetzwidrigkeit [*mysterion anomias; mysterium iniquitatis*] ist schon am Werk; nur muss erst der beseitigt werden, der sie bis jetzt noch zurückhält [*katechon*]. Dann wird der gesetzwidrige Mensch [*homo iniquitatis; anthropos anomias*] allen sichtbar werden. Jesus, der Herr, wird ihn *durch den Hauch seines Mundes töten* und durch seine Ankunft und Erscheinung vernichten. (2 Thess. 2,1–8)[75]

75 Die Prophetie, die den Terminus Antichrist im gesamten Christentum entfaltete, wird Methodius, einem syrischen Mönch des 7. Jahrhunderts zugeschrieben. Die Prophetie ließ sich auf alle Feinde des Christentums, die die Wiederkunft des Herrn verzögerten, applizieren. Kap. 14: »Der Sohn der Vernichtung«, der *Antichrist*, wird in Chorazin geboren, in Bethsaida erzogen und in Kapernaum zum König ausgerufen werden [vgl. Luk. 10,13 u. 15]. Aber dann wird der König der Römer nach Golgatha gehen, seine Krone auf das Kreuz legen und in den Himmel auffahren. Blinde werden sehen, Taubstumme hören

Der Titel von Nietzsches Pamphlet schließt an diese biblische Topik an: Nietzsche ist selbst der Katechont, der endgültig die Wiederkunft Christi verhindert – und er wird derjenige, der sich selbst an die Stelle dieses Messias setzt: Ecce homo. Schon in der Vorrede macht Nietzsche klar, dass dieses Buch die Lehren des *Zarathustra* ergänzt: »Dies Buch gehört den Wenigsten. Vielleicht lebt selbst noch Keiner von ihnen. Es mögen die sein, welche meinen Zarathustra verstehen«.[76]

Man kann diesen Text als Kondensat der Topoi ansehen, die aus dem Geist Nietzsches bzw. Zarathustras gegen das Christentum und Judentum versammelt werden können. Es handelt sich hier um Nietzsches antichristliche Loci communes, seine Antidogmatik.

Die metaphysische These, die den Hintergrund dieser blasphemischen Fundamentaltheologie abgibt, prägt Nietzsches letzte Philosophie: Leben ist Wille zur Macht. Dieser Wille zielt auf die Schaffung und Züchtung des höheren Menschen. Dagegen bewirkt das Christentum widernatürliche Domestizierung. Die Lehrer dieser falschen Bequemlichkeit sind Philosophen und Priester. Es handelt sich bei ihnen um eine und dieselbe Irrlehrerclique. Der Philosoph ist Erbe des Priesters, ein Falschmünzer,

und sprechen, Lahme gehen, die Besessenen werden von den bösen Dämonen befreit werden. Die Sonne wird sich verdunkeln und der Mond in Blut getränkt erscheinen. Alle Menschen, sogar die Auserwählten, werden in großes Staunen geraten. Der Antichrist wird nach Jerusalem kommen und sich neben Gott niederlassen. Doch Gott befreit die Menschen von ihren Sünden durch das Blut seines Sohnes und sendet zwei seiner Diener, um über die Taten der Menschen zu urteilen [Henoch und Elias]. Der Antichrist wird verurteilt und von allen verspottet. Gottes Sohn tritt aus einer Wolke hervor, umglänzt von Ruhm und Herrlichkeit. Die Gerechten werden gerettet, die Ungerechten und die Gottlosen mit ewiger Verdammnis bestraft.« Die Apokalypse des Ps.-Methodios. Herausgegeben von Anastasios Lolos. Meisenheim an Glan: Anton Hain 1976 S. 17 f. Vgl. auch Ps.-Methodius, *Die Apokalypse des Pseudo-Methodius. Die ältesten griechischen und lateinischen Übersetzungen*, 2 Bde (hg. v. Willem J. Aerts/Georgius A. A. Kortekaas), Löwen: Peeters 1998.

76 Friedrich Nietzsche, *Der Antichrist*, in: *Sämtliche Werke*, Bd. 6 (hg. v. Giorgio Colli/Mazzino Montinari), München: dtv 1980, 167.

Mundstück jenseitiger Imperative.[77] Der Hauptverführer ist der »Königsberger Chinese« mit seinem lebensgefährlichen kategorischen Imperativ.[78]

Die Verführung der Priesterphilosophen besteht darin, die furchtbaren Tragödiengötter der Antike zu einem mitleidigen monotheistischen Armeleutegott verniedlicht zu haben.

Einem Gott muss man opfern. Die Kastration eines Gottes zu einem guten Gott ist widernatürlich. Indiz dieser kulturellen Kraftlosigkeit des Christentums: »Zwei Jahrtausende und nicht ein einziger neuer Gott! Sondern immer noch und wie zu Recht bestehend, wie ein Ultimatum und Maximum der gottbildenden Kraft, des creator spiritus im Menschen, dieser erbarmungswürdige Gott des christlichen Monotono-Theismus! «[79]

Dieses Christentum ist gekoppelt mit dem inquisitorischen Herrschaftsanspruch über das Gewissen. Die Geschichte dieses Gewissens hat Nietzsche in der *Genealogie der Moral* erzählt. Das Christentum sei barbarisch, um vermittelst der Barbarei Herrschaft zu erlangen. Belege der kultischen Barbarei: Das Erstlingsopfer des Gottessohnes, das Bluttrinken zum Abendmahl und die Verachtung des Geistes und der Kultur.

Das Gesetz, das den Todkrieg gegen das Laster Christentum vorschreibt, ist selbst Heilsvorschrift – Nietzsche, der neue Heiland, bestimmt das Jahr des Heils neu, und er beginnt mit heilsamen Destruktionsvorschriften:

> Gegeben am Tage des Heils, am ersten Tage des Jahres Eins (– am 30. September 1888 der falschen Zeitrechnung)
>
> *Erster Satz*. – Lasterhaft ist jede Art Widernatur. Die lasterhafteste Art Mensch ist der Priester: er *lehrt* die Widernatur. Gegen den Priester hat man nicht Gründe, man hat das Zuchthaus.
>
> *Zweiter Satz*. – Jede Theilnahme an einem Gottesdienste ist ein Attentat auf die öffentliche Sittlichkeit. Man soll härter gegen Protestanten als gegen Katholiken sein, härter gegen liberale Protestanten als gegen strenggläubige. Das Verbreche-

77 Nietzsche, *Antichrist*, Kap. 12, 178 f.

78 »Die ›Tugend‹, die ›Pflicht‹, das ›Gute an sich‹ das Gute mit dem Charakter der Unpersönlichkeit und Allgemeingültigkeit – Hirngespinste, in denen sich der Niedergang, die letzte Entkräftigung des Lebens, das Königsberger Chinesenthum ausdrückt.« Nietzsche, *Antichrist* Kap. 11, 177.

79 Nietzsche, *Antichrist*, 185. Vgl. dazu Renan s. o. Kap. V, 4., bes. 259–262.

rische im Christ-sein nimmt in dem Maasse zu, als man sich der Wissenschaft nähert. Der Verbrecher der Verbrecher ist folglich der *Philosoph*.

Dritter Satz. – Die fluchwürdige Stätte, auf der das Christenthum seine Basilisken-Eier gebrütet hat, soll dem Erdboden gleich gemacht werden und als *verruchte* Stelle der Erde der Schrecken aller Nachwelt sein. Man soll giftige Schlangen auf ihr züchten.

Vierter Satz. – Die Predigt der Keuschheit ist eine öffentliche Aufreizung zur Widernatur. Jede Verachtung des geschlechtlichen Lebens, jede Verunreinigung desselben durch den Begriff ›unrein‹ ist die eigentliche Sünde wider den heiligen Geist des Lebens.

Fünfter Satz. – Mit einem Priester an Einem Tisch essen stößt aus: man excommunicirt sich damit aus der rechtschaffnen Gesellschaft. Der Priester ist *unser* Tschandala, – man soll ihn verfemen, aushungern, in jede Art Wüste treiben.

Sechster Satz. – Man soll die ›heilige‹ Geschichte mit dem Namen nennen, den sie verdient, als *verfluchte* Geschichte; man soll die Worte ›Gott‹, ›Heiland‹, ›Erlöser‹, ›Heiliger‹ zu Schimpfworten, zu Verbrecher-Abzeichen benutzen.

Siebenter Satz. – Der Rest folgt daraus.[80]

Nietzsche versteht sich am Ende als Erlöser und stellt sich selbst vor, wie Pontius Pilatus Jesus vorstellte:»Ecce homo«. Es ist die Autobiographie eines Messias. Die biblische Anspielung ist überdeutlich – Soll man sich Nietzsche demnach mit Dornenkrone und Purpurmantel vorstellen? Leidend und gekrönt, verspottet und vergottet? Seine Autohagiographie ist der Rechtfertigungsbericht eines Messias, eines Menschensohns, der sein Werk vollendet hat. Der Untertitel »Wie man wird, was man ist« ist von schwer überbietbarem Anspruch: Das »man« zeigt, dass Nietzsche sich als den Menschen schlechthin sieht. Er glaubt die Inkarnation des Menschlichen zu sein, so wie das Leben Jesu Christi die Inkarnation Gottes in der Welt ist. Alle Momente seines Lebens kulminieren in Nietzsches Amt als leidend-triumphierendem Messias, denn seine Lehre ist sein Schicksal: »Hat man mich verstanden – Dionysios gegen den Gekreuzigten [...].«[81]

80 Nietzsche, *Antichrist*, 254.

81 Nietzsche, *Ecce homo*, 374.

VI. Teil: Heillose Heilsgeschichten

Vorweg

Man hat mir vorgeschlagen, diesen Teil wegzulassen und den Schluss des Buchs offenzuhalten. Es wäre ein weniger bedrückendes Ende geworden, als es jetzt der Fall ist. Auf der anderen Seite entfaltete das dämonische Potential des 19. Jahrhunderts erst im 20. seine zerstörerische Kraft. Gerade hier zeigte sich, dass Kulturphilosophie eine politische Dynamik entwickeln kann, die deutlich mehr ist als nur ein Rauschen im intellektuellen Blätterwald. Sicher, bei dieser Dynamik handelt es sich nicht um strikte Kausalität, aber es eröffneten sich, je länger sie sich entfalten konnte, desto gefahrvollere Denkgewohnheiten, die dann bei aller Kontingenz historischer Verhältnisse am Ende doch mörderische Wirklichkeit wurden.

Es sind zwei Momente, die die folgenden Kapitel aus meiner Sicht nötig machen:

1. Die Narrative und Prophetien, die die pagane Heilsgeschichte prägen und *nolens volens* die Muster der alten Theologie übernehmen, engen sich gerade in den letzten Jahrzehnten des 19. und in den ersten des 20. Jahrhunderts auf die Kombination von Rasse, Biologie und Kultur ein, die dann heilsgeschichtlich gedeutet wird: Die biblische Figur des Katechonten, der das paradiesische Ende aufhält, mutiert zur Weltverschwörung gegen das Gute – und die Juden werden als theologisch interpretierte ›Rasse‹ zur Verkörperung des Bösen schlechthin.

2. Der Weg vom polittheologischen Schriftstück zur Realität ist nur ein Schritt, wenn die Ideologen die Herrschaft übernehmen. Das gilt für die Russische Revolution genauso wie für die Machtergreifung der Nationalsozialisten. Durch diesen Schritt werden politische Realitäten geschaffen, die unmittelbar in das Leben eingreifen, die es bestimmen, auch bedrücken, einengen und vernichten können. Darin, Tatsachen schaffen zu können, ist der Mensch Abbild des Schöpfergottes, der sprach und es ward. Tatsachen sind Realitäten, die durch Taten geschaffen werden. Diese vom Menschen geschaffenen Realitäten sind politischer Natur. Seine

Schöpfung ist das Vikariat des Absoluten.[1] Und es hat sich herausgestellt, dass der Mensch dieser Aufgabe nicht gewachsen war. Weil es schlimm endete, muss es dargestellt werden.

1. Arthur Gobineaus (1816–1882) Theorien über die Ungleichheit der Menschenrassen

Arthur Gobineau gehört zu der großen Gruppe von unabhängigen Gelehrten, die im 19. Jahrhundert die intellektuelle Szene mitbestimmte. 1816 in der Nähe von Paris geboren, lebte er seit 1830 in Biel/Schweiz. Dort lernte er Deutsch und offensichtlich auch Persisch. Er kehrte 1836 nach Paris zurück und arbeitete mit wechselndem Erfolg als Publizist. 1843 wurde er mit Alexis de Toqueville bekannt. Dieser machte ihn, als er 1849 für einige Monate französischer Außenminister war, zu seinem Bürochef. Von 1849–1854 arbeitete Gobineau als Botschaftssekretär in Bern. In dieser Zeit schrieb er den *Essai sur l'inégalité des races humaines*, der zuerst von 1853–1855 erschien und ihn berühmt machte. 1854 wurde er Sekretär der französischen Delegation an der Frankfurter Paulskirchen-Reichsvertretung. Sehr erfolgreich scheint er nicht gewesen zu sein, denn die französische Regierung beschäftigte ihn bis 1877 nur in untergeordneten diplomatischen Ämtern. Danach lebte er als sehr knapp bemittelter Privatmann. 1876 war er zuerst Richard Wagner in Rom begegnet, später traf er ihn öfter in Bayreuth. Aber er brach mit Wagner, der auf Gobineau mit dem Aufsatz *Heldentum und Christentum* reagierte.[2] Gobineau war nervenkrank, am Ende seines Lebens hatte er mit allen gebrochen, auch mit seiner Familie. Auf einer Reise nach Italien erlitt er in Turin einen Schlaganfall und starb 1882.

1 Zum Konzept des »Vikariats des Absoluten« s. Wilhelm Schmidt-Biggemann, *Geschichte Wissen. Eine Philosophie der Kontingenz im Anschluss an Schelling*, Stuttgart-Bad Canstatt: frommann-holzboog 2014, 41–44.

2 Richard Wagner, *Ausführungen zu Religion und Kunst* (1881). *Gesammelte Schriften und Dichtungen*, Bd. 10, Leipzig: Fritzsch 1883, 351–362. Siehe auch Eric Eugène, *Wagner et Gobineau. Existe-t-il un racisme wagnérien?*, Paris: Le Cherche Midi 1998.

Gobineaus berühmt gewordener *Essai sur l'inégalité des races humaines*[3] erschien, ehe Darwins *Origin of Species* gedruckt wurde. Der Rassebegriff, den Gobineau verwendet, ist weniger biologistisch als vielmehr kulturgeschichtlich konturiert. Darwins Konzept der sich wandelnden Rassen ist mit Gobineaus Rassentypologie denn auch nicht kompatibel.[4] Gobineau kümmert sich nicht um die biologische Forschung, er behandelt weder Lamarck noch die englische oder deutsche biologische Diskussion, sondern er reproduziert im Prinzip den Rassebegriff, der seit Aristoteles die abendländische Anthropologie bestimmt hat: Die Rassen sind stabil, es gibt herrschende Rassen und es gibt solche, die von Natur den herrschenden unterlegen sind.

Gobineau geht wie bei der konventionellen Tierzüchtung von einem Konzept reiner Rassen aus. An diesem Maßstab entwickelt er den Schlüsselbegriff der Degeneration, der später durch »Vermischung« ersetzt wird. Er stellt fest, dass der »Geist der Absonderung« allen Rassen, auch den Tierrassen, eigentümlich sei.[5] Die Rassen besitzen ein Repertoire von ein für alle Mal festgelegten Eigenschaften, die ihre Natur ausmachen. Gobineaus Axiom lautet, dass »es keiner Menschenrasse möglich ist, ihren Naturtrieben ungetreu zu werden, noch den Pfad zu verlassen, auf den Gott sie gestellt hat« (I,68).

Rasse und Zivilisation

Gobineau ist in der Grundierung seiner Theorie durchaus konservativ, denn die biblische Theologie bleibt der Bezugsrahmen, auch wenn sie in Einzelheiten uminterpretiert wird. Die Besonderheit seiner Argumentation liegt darin, dass er die Kultur- bzw. Zivilisationsgeschichte an die

3 Arthur de Gobineau, *Essai sur l'inégalité des races humaines*, 6 Bde., Paris: Didot 1853–1855. Zit. Ausgabe: Arthur de Gobineau, *Versuch über die Ungleichheit der Menschenracen*, 5 Bde. (hg. v. Ludwig Schemann), Stuttgart: Frommann 1898–1901.

4 Zu Darwin äußert er sich in der Einleitung zur zweiten Auflage des *Essai*; in der deutschen Ausgabe von 1898: Darwin habe den Strom, den er, Gobineau, eröffnet habe, kanalisiert. Er selbst sei aber kein Darwinist.

5 Gobineau, *Versuch über die Ungleichheit der Menschenracen*, Bd. I, 36.

Rassen bindet. Er geht davon aus, »daß die Rassen in ihrer Art bleiben, wie sie sind«, und daraus folgt, wie die Geschichte zeige, dass »die Mehrzahl der Menschenrassen unfähig ist, sich jemals zu zivilisieren, es sei denn, dass sie sich vermischen« (I,81). Die zivilisationstauglichen Rassen werden von Gott bevorzugt, um die zivilisationsuntauglichen, und nur sie, zur Zivilisation zu erziehen. Zu den wenigen zivilisations- und kulturtauglichen Rassen gehören nach Gobineau die westlichen Zivilisationsvölker und die Juden.

Das Christentum ist für Gobineau das kulturelle Arsenal, das die Entwicklung zur Zivilisation armiert. Es trage zwar nicht zur Veränderung der unzivilisierten Rassen bei, aber es sänftige deren wilden Charakter (I,86). Da es universal ist und folglich nicht an eine Rasse gebunden, ist die christliche Missionierung der ›Wilden‹ Zivilisationsaufgabe der höherstehenden Rassen.

Gobineau definiert Zivilisation als einen »Zustand von relativer Dauerhaftigkeit, in welchem Volksmengen sich bemühen, auf friedlichem Wege die Befriedigung ihrer Bedürfnisse zu suchen und ihren Geist und ihre Sitten zu verfeinern« (I,118). Bei einigen Rassen sei der naturgegebene Drang zu materieller und geistiger Verbesserung stärker, bei anderen schwächer oder gar nicht vorhanden. Gobineau identifiziert zwei Hauptprinzipien dieses Zivilisationsdranges: einen Trieb, der auf die materiellen Bedürfnisse, und einen, der auf das geistige Leben gerichtet ist. Da es sich um Tendenzen und Instinkte der Rassen handelt, ist es konsequent, dass die Rassenmischung der überlegenen weißen Rassen die Zivilisation geschaffen habe:

> Die Mischung der germanischen Stämme mit den Rassen der alten Welt, diese Verbindung so hochgradig männlicher Gruppen mit Rassen und Trümmern von Rassen, die in Überbleibseln alter Begriffe sich verbraucht hatten, hat unsere Zivilisation geschaffen; der Reichtum, die Mannigfaltigkeit, die Fruchtbarkeit, welche wir unseren Gesellschaften nachrühmen, ist ein natürliches Ergebnis der verstümmelten und ungleichartigen Bestandteile, die unsere Vaterstämme, dank ihrer Eigenart, bis zu einem gewissen Grade zu mischen, neu einzukleiden und nutzbar zu machen vermochten. (I,121 f.)

Bei aller Zivilisationsschätzung ist Gobineau kein Fortschrittsoptimist; vielmehr hält er die Zivilisation, die ein europäisches Phänomen ist, für labil und befürchtet, die weißen Rassen könnten von dem Schicksal der alten Hochkulturen ereilt werden:

> Ein trauriges Ende, das aber so viele edle Rassen vor uns haben erleiden müssen! Das Übel ist nicht abzuwenden, es ist unvermeidlich. Menschliche Weisheit kann da nur voraussehen, nichts weiter. Die ausgesuchteste Klugheit ist nicht imstande, den unwandelbaren Weltgesetzen nur einen Augenblick entgegenzuwirken. (I,134)[6]

Rassetypen

Gobineau ist bemüht, so viel Biblisches wie möglich zu retten. Er geht daher davon aus, dass Adam der Stammvater allein der weißen Rasse sei (I,157). Die Unterschiede zu anderen Rassen machen es für ihn aber unwahrscheinlich, dass die Menschheit nur einen Ursprung habe (I,140). Der Rassetypus bleibt sich gleich, die Rassen sind in diesem Sinne stabil, auch wenn sie unter anderen Rassen leben. Als Beispiel führt Gobineau die Juden an, die unter allen Völkern zerstreut sind und dennoch ihre Eigenart nicht eingebüßt haben: »Ihr Typus ist sich trotzdem gleichgeblieben und weist nur ganz unbedeutende Veränderungen auf, die aber unter keinem Breitengrade und unter keinerlei Landesverhältnissen hingereicht haben, um den allgemeinen Rassencharakter zu verändern« (I,163).

Die Substanz der Rasse bleibt identisch. Sie zeigt sich in den Rassetypen, die trotz aller Variationen gleichsam als Familienähnlichkeit erkennbar bleibt. Deshalb ist Gobineau überzeugt, »daß die Dauerhaftigkeit der Typen bei den Rassen über jeder Anfechtung und so stark, so unerschütterlich dasteht, daß der vollständigste Wechsel der Lebenssphäre nichts zu ihrer Zerstörung vermag, solange nicht eine Vermischung eines Menschenzweiges mit einem anderen eintritt« (I,178). Zwar sind reine Rassen in geschichtlichen Zeiten nicht mehr existent, man kann die Rassetypen

6 Das hört sich an, als sei es direkt aus Spenglers *Untergang des Abendlandes* zitiert. Spengler kennt natürlich Gobineaus Essay.

aber physiologisch unterscheiden. Gobineau gibt auch die Kriterien an: Verhältnisse der Glieder, Bau des Gesichtsschädels, innere Körperbildung, Art des Haarsystems und Hautfarbe.

Die Rassen unterscheiden sich durch ihre geistige Befähigung; und diese eigentümliche Befähigung ist zugleich die Grenze der Vervollkommnung, die Rassen erreichen können.[7] Gobineau wendet sich deshalb gegen die Idee eines unbegrenzten Zivilisationsfortschritts, wie er im 18. und in seinem Jahrhundert vertreten wurde. Auch die Idee einer einheitlichen Weltkultur ist ihm fremd. Er zieht daraus die Konsequenz, dass die Kulturen nach Rassen unterschiedlich sind und bleiben, weil sich die Rassen im Typ nicht verändern.

Er unterscheidet die schwarze, die gelbe und die weiße Rasse und skaliert sie. Für ihn steht die »Überlegenheit der weißen Rasse und in ihr wieder der arischen Familie« (I,278) fest.

Die Schwarzen stehen auf der untersten Stufe der Rassen, physiognomisch haben sie den »Charakter der Tierheit«. Ihr Geschmacks- und Geruchsinn sei hochentwickelt. Sie töten schnell, werden auch schnell getötet, hängen nicht am Leben und in ihren Emotionen sind sie unbeständig (I,278 f.). Für die gelbe Rasse ist laut Gobineau das dreieckige Gesicht, die geringe physische Kraft, der Hang zur Gleichgültigkeit, ein eher eigensinniger, ausschweifender Wille und ein ausgeprägter Instinkt fürs im engen Sinne Praktische charakteristisch (I,280). Den weißen Völkern attestiert er besonnene Energie sowie einen energischen Geist, einen »Sinn für das Nützliche, aber in einer viel weiteren, höheren, kühneren, idealeren Bedeutung dieses Wortes«, einen ausgesprochenen Sinn für Freiheit und eine eigentümliche Liebe zum Leben. Zudem seien sie weniger mit Sinnlichkeit begabt als die Schwarzen oder Gelben.

Sein Ideal sind »die Brahmanen Urindiens, die Helden der Ilias, die des Schahnameh, die skandinavischen Krieger, sämtlich Erscheinungen – so glorreich! – der schönsten, jetzt verschwundenen Rassen« (I,283).

7 »Die Menschenrassen sind ungleich an geistiger Befähigung; die Menschheit ist nicht ins Unendliche vervollkommnungsfähig.« Gobineau, *Versuch über die Ungleichheit der Menschenracen,* I, 206.

»Die weiße Rasse besaß ursprünglich das Monopol der Schönheit, der Intelligenz und der Kraft« (I,284). Zwar hat sie diese Eigenschaften in den Mischungen teils eingebüßt, aber sie bleibt allen andern immer überlegen:

> Das eben lehrt uns die Geschichte: Sie zeigt uns, dass jede Zivilisation von der weißen Rasse herstammt, daß keine ohne die Beihilfe dieser Rasse bestehen kann, und daß eine Gesellschaft nur in dem Verhältnis groß und glänzend ist, als sie die edle Gruppe, der sie ihr Dasein verdankt, sich länger erhält und als diese Gruppe selbst zum erlauchtetsten Zweige dieser Gattung gehört. (I,285)

Rasse und Sprachen

Die Sprachen sind der wichtigste Kulturträger, sie »stehen in vollkommener Übereinstimmung mit dem relativen Wert der Rassen« (I,244). Gobineau übernimmt im Groben die Einteilung der zeitgenössischen Sprachwissenschaft und unterscheidet bei der weißen Rasse altaische, arische und semitische Sprachfamilien (I,246). Er folgt dabei Wilhelm von Humboldts Sprachphilosophie:[8] Die Sprache entwickelt sich organisch und nicht aus pragmatischen oder konventionalistischen Ursprüngen. Sie ist kollektiv und lebt nur in und durch die Sprachgruppe. Diese ist zugleich Nation, weil die Bildung der Nation durch ihre Sprache geschieht.

Gobineau zieht aus Humboldts allgemeiner Theorie, die zwischen den Sprachen zwar unterscheidet, aber die Unterschiede durchweg nicht wertet, seine eigene Folgerung:

> daß der Bestand der Sprache sich in engster Beziehung zur geistigen Art der Rassen befindet und von seiner ersten Offenbarung an, wenn auch nur im Keime, die notwendigen Mittel besessen hat, um die mancherlei Züge dieses Geistes auf seinen verschiedenen Stufen widerzuspiegeln. (I,254)

Die Frage, wie die Sprachen unter der Völkervermischung überleben oder sich verändern, ist ihm wichtig. Keine Sprache bleibe in rassischen Mischverhältnissen rein. Sprache ist »eines der zartesten und gebrechlichsten

8 Dargestellt in der Vorrede zu Wilhelm von Humboldt, *Über die Kawi-Sprache auf der Insel Java*, 3 Bde., Berlin: Dümmler 1836–1839.

Organe in der Individualität der Völker« (I,257). Und er betont, die Sprachen der Rassen hielten sich länger als die Staaten (I,261). Auch hier sind die Juden wieder paradigmatisch: sie hätten ihr Hebräisch bzw. Aramäisch zwar in der Zeit des Hellenismus weitgehend verloren, es aber dann – unter rabbinischem Druck – mindestens künstlich und kultsprachlich wiedergefunden (I,265).

Weltgeschichte der Rassen und die Besonderheit der Brahmanen

Für seine Weltgeschichte der Rassen kombiniert Gobineau die biblische Urgeschichte mit den Geschichtsvorstellungen der Indogermanisten. Dabei kommt ein phantastisches Konglomerat heraus: Die ursprünglichen Rassen sind für Gobineau noch immer biblischen Ursprungs, sie stammen von den drei Söhnen Noahs, Sem, Ham und Japhet ab. Die Semiten seien folglich vorarisch, ihr Stammbaum geht von Sem zu Abraham; sie sind für Gobineau die Urweißen. Die orientalischen Hochkulturen der Assyrer und Ägypter sind aus der Rassenmischung von Hamiten und Semiten hervorgegangen. Der edelste Teil der Urweißen sind die Arier, die allerdings nicht mit den Semiten identisch sind – wie ihre Genealogie mit der noachidischen Nachkommenschaft verbunden ist, bleibt offen. Die Schwarzen sind eigenen, nicht adamitischen Ursprungs und haben die Hamiten aufgesogen; auch die gelben Rassen sind nicht adamitisch.

Für die Beschreibung der Arier kombiniert Gobineau das Griechenideal Winckelmanns mit den Erkenntnissen der Indogermanisten. Die Arier, die sich 2 500 v. Chr. als Volk bildeten (II,223), sind die »Menschen, deren leibliche Erscheinung die Bildner des pythischen Apollo, des athenischen Zeus und der Venus von Milo begeistert hat«. Sie bilden die »schönste Menschenart [...] an deren Anblick sich Himmel und Erde haben erfreuen können« (II,190). Sie sind mehr Krieger als Hirten (II,193) und richten sich ihren Himmel nach dieser Schönheitsvorstellung ein. Sie sind nach langen Kämpfen in zwei Völker zerfallen: die Hinduvölker und die Zoroastrier (II,201). Das Kastenwesen hat die Arier als Adel isoliert und herausgehoben. Die Brahmanen, ihre Priester, erheben Anspruch auf strikten Gesetzes- und Traditionsgehorsam. Die unreine Unterklasse

»Tschandala« ist verflucht (II,249–253). Die Einführung der Kasten und die Religion der Wiedergeburt sind

> der Glanzpunkt der brahmanischen Lehre. Mit der Einführung der Klassen, in welche sie die Menschheit teilte, machte sie sich anheischig, eine jede zur Vervollkommnung des Menschen zu benutzen, und ihn durch den furchtbaren Paß, dessen Eingang der Todeskampf ist, entweder, wenn er wohl gelebt hatte, einer höheren Bestimmung, oder im entgegengesetzten Falle einem Zustande dessen Niedrigkeit zur Reue Zeit ließ, entgegenzusetzen. (II,263 f.)

Die Geschichte der Völker Ureuropas

Für die Geschichtsschreibung des 19. Jahrhunderts ist die Europazentrierung typisch. Gobineau folgt ihr in allen Belangen und stellt die überlegene Rolle der weißen Rasse für die Monopolentwicklung der europäischen Zivilisation und für die Typologie der leitenden europäischen Nationen heraus: Griechen, Römer und Germanen. Die Kulturleistung der Germanen wird zuerst in der Völkerwanderung realisiert, in der sie ihre Religions- und Rechtsauffassungen gegen die Römer durchsetzten. Gobineau bedient damit sowohl in der Mythologie (*Nibelungenlied* und *Edda*) als auch in der Rechtsgeschichte (Savigny: *Geschichte des römischen Rechts im Mittelalter*) die Erwartungen der zeitgenössischen Rezipienten.

Die Völker »Ureuropas« schaffen insgesamt eine Mischkultur von semitischen und arischen Stämmen. Das ist für Gobineau schon in der griechischen Urgeschichte sichtbar. Griechenland sei zuerst von Ureinwohnern, danach von den Semiten und schließlich von den Ariern beherrscht worden. Die Helden der *Ilias* und der *Odyssee* seien Vertreter dieser Kulturen – die Achaier eher Arier, die Trojaner eher Semiten. Das Arische repräsentiere in der griechischen Geschichte das aristokratische und das Semitische das demokratische Element. Im Hellenismus habe sich das Griechentum aufgelöst:

> Unter den ersten Nachfolgern Alexanders gab es in ganz Griechenland kein Volk mehr, das berechtigt gewesen wäre, die Verwandtschaft, um nicht zu sagen die Identität mit den obskuren Griechlingen von Olbia oder Damaskus abzulehnen. Das Barbarenblut hatte alles überflutet. (III,121 f.)

Italien sei die Heimat vieler europäischer Urvölker: Thraker, Illyrier, Iberer, Kelten, Italer und Römer hätten um die Herrschaft gekämpft. Rom sei zuerst etruskisch gewesen, dann italisch geworden und schließlich, mit dem Christentum, semitisch geworden. Entscheidend – auch hier folgt Gobineau der gängigen Topik – sei die Gesetzgebung in der italischen Periode, in der Rom als Republik verfasst war:

> So waren denn die Römer das erste abendländische Volk, das jene Art der Gesetzgebung, welche entweder organisch oder durch die in den Sitten eingetretenen Veränderungen hervorgerufen wird, zum Vorteil seiner Beständigkeit und zugleich zu seiner Freiheit zu wenden verstand. (III,338)

Die Expansion Roms habe, ähnlich wie die Expansion Griechenlands im Hellenismus, zur Semitisierung geführt. Mit dem semitischen Hang zu Luxus und Eleganz habe Asien in Rom das Übergewicht erlangt. Gobineau charakterisiert das Christentum in dieser Geschichtstypisierung nicht explizit als semitisch, aber er insinuiert diese These.

Die Germanen als rettende Rasse der abendländischen Zivilisation

Die neue Beurteilung der Völkerwanderung als notwendige Reinigung des Völkerchaos im zerfallenden Römischen Reich macht die Germanen zu legitimen Nachfolgern der griechischen und römischen Kulturvölker. Damit wird zugleich die weltgeschichtliche Führungsrolle Nordeuropas im 19. Jahrhundert historisch legitimiert. Deshalb sind für Gobineau sowohl die Einwanderung der germanischen Arier nach Nordeuropa, besonders nach Dänemark, als auch die Völkerwanderung in Ost- und Südeuropa (IV,57–62), die die römische Herrschaft ablöste, von besonderer Bedeutung. Hier sind die Goten, Vandalen, Langobarden, Burgunder und Franken die Vertreter der germanischen Rasse.

Die Völkerwanderung ist die Prägezeit der neueren Zivilisation – und diese Zeit ist eine Kriegszeit. In diesem Krieg zeige sich die Überlegenheit der Siegerrasse. Gobineau stellt fest:

> Der Arier ist also den übrigen Menschen hauptsächlich in dem Maße seiner Intelligenz und seiner Energie überlegen, und dank diesen beiden Anlagen

> ist es ihm, wenn es ihm gelingt, seine Leidenschaften und seine materiellen Bedürfnisse zu besiegen, ebenfalls vergönnt, zu einer unendlich viel höheren Moralität zu gelangen, wiewohl man im gewöhnlichen Lauf der Dinge bei ihm ebenso viele tadelnswerte Handlungen rügen kann, als bei den Individuen der beiden anderen niederen Rassen [sc. bei den Hamiten und Semiten]. (IV, 68)

Seit der Völkerwanderung ist die Weltgeschichte von der neuen Siegerrasse geprägt: Das römische Reich wird von den Germanen zunächst dominiert, dann absorbiert. Nach dem Ende des Imperiums folgen die Merowinger und die Franken, die in der römischen Welt bis zur Epoche Karl des Großen herrschen. Die Züge der Germanen nach Norden sind die letzten Ausläufer der Völkerwanderung. Sie konsolidieren die Herrschaft der Normannen in Nordfrankreich, England und im alten Russland. Normannen stellen die ›Blutelite‹ des französischen und des russischen Adels. Die Hochkultur des Mittelalters ist durch die Germanisierung der romanischen Völker geprägt; das zeigten die Rheinlande und Nordfrankreich mit dem Zentrum Paris.

Die germanische Rasse hat die antike Zivilisation gerettet, fortgesetzt und vollendet. Ohne die Germanen wäre die Welt im spätantiken dekadenten Rassenchaos untergegangen:

> Die germanische Rasse war mit der ganzen Energie der arischen Varietät ausgestattet. Sie mußte es sein, um die Rolle, zu der sie berufen war, durchführen zu können. Nach ihr hatte die weiße Familie nichts Mächtigeres und Lebendigeres mehr herzugeben: Alles in ihrem Schoße war so ziemlich gleich befleckt, verbraucht, verdorben. Es war unbedingt nötig, daß die zuletzt auf den Plan entsandten Arbeiter nichts Allzuschweres mehr zu beendigen ließen; denn außer ihnen war niemand mehr da, der imstande gewesen wäre, dies zu übernehmen. Sie ließen es sich gesagt sein. Sie vollendeten die Entdeckung des Erdballs. (IV,316)

Gobineau bedient mit seiner Rassentheorie alte Topoi: Rassenstabilität und -skalierung, biblische und profane Universalgeschichte. Er verbindet sie mit Narrativen, die im 19. Jahrhundert Mode wurden: mit indogermanischer Sprachgeschichte, Völkerwanderungsromantik und vor allem mit der Gewissheit einer europäischen Kulturhegemonie. Diese eher populärwissenschaftliche Mixtur enthielt ein erhebliches politisches Potential. Sie konnte als Rechtfertigung für den westeuropäischen Imperialismus und Kolonialismus dienen. Sie taugte auch, wenn man die Germanen mit den Deutschen identifizierte, zur Verherrlichung des germanischen Deutschtums und des deutschen Germanentums. Und in dieser kulturellen Engführung lieferte Gobineau sowohl dem deutschen Nationalismus als auch dem deutschnationalen Antisemitismus wesentliche Stichworte. Das zeigte sich nicht zuletzt bei Paul de Lagarde.

2. Deutschlands Prophet: Paul de Lagarde (1827–1891)

Ein alldeutscher Philologe

Noch mehr als bei anderen kulturpolitischen Autoren ist für das Verständnis von Lagardes Ideologien seine Biographie wichtig.[9] Denn er war in den entscheidenden Phasen seines Lebens – im Studium, in seiner politischen Prägung, in seiner wissenschaftlichen Karriere – in besonderer Weise von den Zeitläufen abhängig.

Ursprünglich hieß er Paul Anton Bötticher, nahm aber 1854 den Namen seiner Großtante an. Er war ein außerordentlich sprachbegabter Junge, brachte sich angeblich selbst Latein, Griechisch, Hebräisch, Syrisch, Englisch und Spanisch bei. Nach dem Abitur studierte er orientalische Sprachen und Indogermanistik in seiner Heimatstadt Berlin. Sein wichtigster Lehrer dort war Friedrich Rückert, der für ihn eine Art Ersatzvater wurde.[10] Seine orientalistischen Kommilitonen waren u. a. Friedrich Dieterici und Friedrich Max Müller.

Er hatte wohl von Beginn an eine Universitätskarriere als Orientalist und Sprachwissenschaftler im Auge. 1849 promovierte er bei Julius Pe-

9 Siehe Ulrich Sieg, *Deutschlands Prophet. Paul de Lagarde und die Ursprünge des modernen Antisemitismus*, München: Hanser 2007. Siehe auch Ludwig Schemann, *Paul de Lagarde. Ein Lebens- und Erinnerungsbild*, Leipzig: Erich Matthes Verlagsbuchhandlung ^{3}1943 (zuerst 1919). Das Buch Schemanns ist in seinen biographischen Teilen sehr instruktiv, in seinem Antisemitismus aber unerträglich.

10 Vgl. Paul de Lagarde, *Erinnerungen an Friedrich Rückert*, Göttingen: Dieterich 1886.

termann[11] über *Initia Chromatologiae Arabica*, zweiter Gutachter war Franz Bopp. Auch im Anschluss arbeitete er zielsicher an seiner Doppelkompetenz: 1851 habilitierte er sich in Halle bei August Tholuck mit einer Arbeit mit dem Titel »Arica«, in der er Lautverschiebungen in den indogermanischen Sprachen behandelte. Er erwägt hier auch Ähnlichkeiten zwischen semitischen und indogermanischen Sprachen; spricht aber den Semiten jede philosophische Kompetenz ab. Für die Sefarden entwickelt er allerdings gewisse Sympathien.

Auf einer Studienreise nach London und Paris, die der preußische Botschafter in London Christian von Bunsen ermöglicht, freundet er sich 1852 mit Ernest Renan an, mit dem ihn nicht nur die gemeinsame Kompetenz in den semitischen Sprachen, gekoppelt mit einem tiefsitzenden Antisemitismus, verbindet, sondern außerdem die These, dass Paulus der Verfälscher der jesuanischen Lehre sei. Mit Renan teilt er auch den Antiklerikalismus. Renans epikureischen Atheismus übernimmt er hingegen nicht.

1853 kehrt er nach Deutschland zurück, bekommt aber keine Universitätsstelle und muss zunächst als Gymnasiallehrer in Berlin arbeiten. Angeblich war er ein guter Lehrer, geriet jedoch in Konflikt mit der preußischen Schulbehörde.

Die Revolution von 1848 spielte eine wichtige Rolle für seine politische Einstellung. Er war als überzeugter Antidemokrat, der er sein Leben lang blieb, strikter Gegner der Revolution. Zugleich war er großdeutscher Nationalist. 1850 schloss er Bekanntschaft mit dem alten Ernst Moritz Arndt, dessen nationale Begeisterung und dessen Antikatholizismus er teilte. Von 1853 an war er als hochkonservativer politischer Publizist tätig. Seine politischen Pamphlete erschienen ab 1873 gesammelt in seinen *Deutschen Schriften* und wurden bis 1945 in zahlreichen Auflagen gedruckt.

1865 erreichte er mit einer Immediateingabe an den preußischen König Wilhelm I., dass er ein dreijähriges Stipendium bekam. Sein Projekt war die Konzeption einer kritischen Septuaginta-Ausgabe. Er schaffte es in seiner Stipendienzeit, die Genesispassagen fertigzustellen; dafür verlieh ihm die Universität Halle 1868 den Grad eines Ehrendoktors der Philosophie.

11 Julius Petermann (1801–1876) war apl. Professor für orientalische Sprachen in Berlin.

Ein Jahr später, 1869, wurde Lagarde der Göttinger theologischen Fakultät vom preußischen König als Ordinarius für Orientalistik oktroyiert. Seine Aufgabe war die Weiterführung des Septuaginta-Projektes.[12] Er hat allerdings das Göttinger Vorhaben nicht zu Ende bringen und in der Fakultät nie wirklich Fuß fassen können. Auch wenn er Mitglied der dortigen Akademie wurde, hat er in keinen Universitätsgremien mitgewirkt. Er wird als kompromissloser Forscher, aber auch als selbstgerecht und streitsüchtig geschildert. Vor allem profilierte er sich in Göttingen immer mehr als politischer Pamphletist. Zerstritten mit seinen Kollegen, starb er 1891 in Göttingen.

Deutsche Religion und Politik

Es ist bemerkenswert, dass Lagarde, der sich sein Leben lang mit dem Verhältnis von hebräischer und griechischer Bibel beschäftigte, der eine außerordentlich große Anzahl semitischer und hebraistischer Abhandlungen veröffentlichte,[13] ein solch brennender Antisemit wurde. Während seiner Studienzeit war sein Verhältnis zum Judentum zwar nicht enthusiastisch, aber auch nicht feindlich. Seine Probevorlesung zu Jehuda Halevi von 1851 lässt sogar eine gewisse Sympathie für den selbstbewussten jüdischen Apologeten erkennen. Dass die Freundschaft mit Renan seinen Antisemitismus geweckt hat, ist möglich, jedenfalls ist seine Judenfeindschaft seit 1853, seit seiner Zeit im preußischen Schuldienst, fassbar. Auch nachdem er seine Professur in Göttingen bekommen hatte, blieb sein Antisemitismus, der sich mit einem imperialen Pangermanismus verband, unverändert virulent.

Seine *Deutschen Schriften*, die 1878–1881 zuerst gesammelt erschienen, stellen theologisch-politische Traktate dar.[14] Die Texte sind zu unterschied-

12 Es gibt die Septuaginta-Arbeitsstelle der Göttinger Akademie noch heute.

13 Siehe Richard James Horatio Gottheil, *Bibliography of the Works of Paul Anton de Lagarde*, Washington: American Oriental Society 1892.

14 »Es ist mir allemal sehr schwer gefallen, einen meiner theologisch-politischen Traktate in die Öffentlichkeit zu schicken«. Paul de Lagarde, *Deutsche Schriften*, Göttingen: Lüder Horstmann ^{4}1903, 3.

lichen Zeiten geschrieben. Die ersten stammen aus den 50er Jahren des 19. Jahrhunderts – Deutschland war noch nicht geeint, und die Erinnerung an die Revolution von 1848 war noch frisch. Es ging Lagarde, damals noch Gymnasiallehrer im preußischen Schuldienst, darum, seine Ideen einer deutschen Nation für sich privat zu fassen. Er war Anhänger der großdeutschen Partei, die Preußen und Österreich als Reichseinheit betrachtete und wollte das Deutschtum des Deutschen Bundes religiös neu bestimmen.

Kaisertreu konservativ[15]

Lagarde will konservativ sein, aber er verlangt, »um konservativ sein zu können, Zustände, welche des Konservierens wert sind.«[16] Offensichtlich konnte die Mittelalterbegeisterung der Romantik sowohl gegen den Protestantismus als auch gegen den Katholizismus gerichtet werden. Lagarde geht vom hochmittelalterlichen Konflikt zwischen Kaiser und Papst aus, der damals im Mittelpunkt vor allem der deutschnationalen historischen Diskussionen stand – die *Monumenta Germaniae Historica* waren ein Musterbeispiel.[17] Lagarde interpretiert diesen Streit im Sinne der kaiserlichen Partei, der er Adel und Legitimität zuspricht – der Kaiser ist für ihn der Vertreter des wahren Deutschtums: »Mein Konservatismus ist auf diesem Felde so reactionär, daß er bis in die Tage der salischen und sächsischen Kaiser zurückgreift, und alles zwischen diesen und uns liegende gestrichen haben will«.[18] Sein Ideal sieht Lagarde in einem »germanisch, das heißt aristokratisch gegliederten Staatswesen« (11). Weil für ihn allein der Kaiser nationalreligiös legitimiert ist, muss Lagarde den Katholizismus ablehnen, auch wenn er das Priestertum als Stand und die Hierarchie als aristokra-

15 Vgl. Ebd., 5–16.

16 Ebd., 8.

17 Die *Monumenta Germaniae Historica*, 1819 vom Freiherrn vom Stein als Quellensammlung zur deutschen Geschichte begründet, legten 1824 den Ausdehnungsbereich für die zu edierenden Urkunden fest: zeitlich von 500 (Ende des weströmischen Reichs) bis 1500 (Durchbruch des Buchdrucks), territorial: die mittelalterliche Ausdehnung des römisch-deutschen Reichs (inkl. Ostseeprovinzen, Elsass-Lothringen, Niederlande, Schweiz), sowie die Dokumente der wichtigsten germanischen Stämme: Vandalen, Burgunder, Langobarden.

18 Lagarde, *Deutsche Schriften,* 9.

tische Verfassung hochschätzt. Für die Kirchen der Reformation hat er nur Verachtung übrig, denn theologisch überschätzten sie die Bedeutung des Paulus: »was Paulus lehrt ist nicht das Evangelium, sondern der Reflex eines Reflexes des Evangeliums in einer energischen und edlen, aber zweifellos durch und durch jüdischen Seele« (13). Politisch seien die Reformationskirchen von ihren jeweiligen Landesfürsten abhängig, behinderten die Vereinigung Deutschlands und erzeugten keine neue Aristokratie: »Die protestantischen Geistlichen aller Schattierungen sind nichts als theologisch angefärbte Projectionen politischer Velleitäten: Maden, welche die Farbe der sie fütternden Frucht annahmen« (ebd.). Dieser polemische Gegensatz zum Protestantismus hat Lagardes politische Theologie lebenslang geprägt.

Über die gegenwärtigen Aufgaben der deutschen Politik[19]

Das Pamphlet *Über die gegenwärtigen Aufgaben der deutschen Politik*, das 1853 als Vortrag konzipiert wurde, zeigt die tiefe Enttäuschung des hochkonservativen Nationalisten, der nach der Revolution 1848 die Einheit Deutschlands erhoffte. Hier finden sich bereits alle wichtigen Topoi von Lagardes späterer politischer Verkündigung: die Stiftung einer neuen, nationalen Religion als Bildungsaufgabe, die Reinigung der Nation von jüdischem Einfluss und die Schaffung von nationalem Lebensraum.

Lagarde macht sich zunächst Luft mit der gängigen patriotischen Schelte, dass die deutschen Fürsten das gemeinsame Deutschland aus Partialegoismus vernachlässigt haben. Er zieht das Fazit, dass die deutschen Fürsten zur Politik unfähig seien. Lagarde ist Patriot und politischer Idealist. Seine Hauptfrage formuliert er folgendermaßen: »wie wird ein Gemeinwesen hergestellt, das den Deutschen ermöglicht eine Nation zu werden?« (20). Die Deutschen seien gespalten vor allem zwischen Katholiken und Protestanten, zwischen Preußen und Österreich. Deutschland könne nur einig werden durch gemeinsame Arbeit, »vorausgesetzt, daß diese Arbeit die ganze Nation in Anspruch nimmt« (22). Diese Arbeit besteht zunächst in der ›Reinigung‹ der deutschen Nation vom Judentum. Hier

19 1853 als Vortrag verfasst, zuerst in den *Politischen Aufsätzen* (Göttingen: Dieterich 1874) veröffentlicht. Hier zitiert nach Lagarde, *Deutsche Schriften*, 17–36.

unterscheidet sich Lagarde von Gobineau, der von unvermeidlicher Rassemischung sprach. Lagarde radikalisiert vielmehr Renans Antisemitismus. Aber anders als Renan begründet er seine Judenfeindlichkeit nicht sprachbiologisch mit mangelnder grammatischer Flexibilität des Semitischen. Theologisch ist sein Antisemitismus eher undeutlich; wenn überhaupt, ist er gegen das rabbinische Gesetzesjudentum und gegen die ›jüdische‹ Theologie des Apostels Paulus gerichtet. Sein Antisemitismus ist essentialistisch: Die Juden seien als Nation ihrer Natur nach verderbt. Der jüdische Rationalismus sei für die Destruktion des Völkischen in der Aufklärung und ebenso für den liberalen Protestantismus verantwortlich. Lagarde lehnt zugleich die »reaktionäre Thron-Altarideologie« der konservativen Parteien ab, weil ihr Protestantismus noch immer Momente der jüdischen Lehre enthalte; sie sei weder germanisch noch deutsch. Für die ursprüngliche Lebensweise eines Volkes, das bodenständig und heimattreu sei, von Ackerbau und Viehzucht lebe, seien alle Momente des Judentums ungeeignet. Die Juden verstünden sich allein auf Handel. In einem volksdeutschen Reich sei kein Platz für Juden.

Für die Deutschen propagiert er eine »gemeinsame Kolonisation« der dem jetzigen Deutschen Bund benachbarten Gebiete in einem nationalen Krieg, besonders, um das »Elsaß und den etwas reichlich gerechneten deutschen Theil Lothringens von Frankreich, Schleswig-Holstein von Dänemark-England, Polen als Dank für ausgiebige Hülfe von Rußland zu erwerben« (32). In einem solchen mitteleuropäischen Großdeutschland könne ein wahrhaft deutsches Volk erzogen werden. Zum Zwecke der völkischen Reinigung müssten entweder die polnischen und österreichischen Juden nach Palästina verpflanzt werden, oder sie müssten »ihr Judenthum (auch ihre Religion) so aufgeben, daß sie als Juden nicht mehr erkennbar sind« (35).

Die nationale Einigung, die Lagarde erstrebt, sei nur durch eine Revolution zu erreichen. Das Ziel dieser konservativen Revolution ist ein Staat freier, ständisch geordneter Deutscher. Der Text dieses politischen Pamphlets stammt von 1853. Es ist bemerkenswert, dass Lagardes Gedanken mehr als 50 Jahre später den Kriegszielen der Alldeutschen im Ersten Weltkrieg als Blaupause dienten.

Die Religion der Deutschen[20]

Lagarde war davon überzeugt, dass eine Nation durch eine gemeinsame Religion verbunden werden müsse. Die Verkündigung dieser Nationalreligion ist seine wichtigste Lehre. In allen politischen Schriften wiederholt und variiert er seine Definition einer solchen Religion, die jenseits aller institutionalisierten Kirchlichkeit auf einer Innerlichkeit beruhe, die der herausgehobenen Persönlichkeit eigen sei und von ihr gepflegt werden müsse. Der – wenn auch entfernte – Einfluss von Friedrich Schleiermachers Gefühlsreligion ist unverkennbar.

Lagarde hatte in seinen Ausführungen über die gegenwärtigen Aufgaben der deutschen Politik die Trennung der Deutschen in Katholiken und Protestanten beklagt und zugleich festgestellt, dass beide Hauptkonfessionen durch »Verjudung« von ihrer ursprünglichen Bindung an die religiöse Natürlichkeit entfremdet worden seien. Seine radikale Christentumskritik ist kirchen- und dogmengeschichtlich begründet. Die theologischen Fakultäten der Hauptkonfessionen seien unwissenschaftlich und außerstande, ihre Religion zuverlässig zu definieren: Die Bindung der Protestanten an die Bibel sei durch die philologische Bibelkritik gegenstandslos geworden. Jesus sei nicht im Alten Testament vorhergesagt und seine Lehre werde in den Berichten der Evangelien nicht wirklich wiedergegeben. Er habe »mit seinen Aposteln und Jüngern entschiedenes Unglück gehabt. Aus der ganzen Schar sind nur Petrus und Johannes bedeutend geworden: alle übrigen sind verschollen« (54). Das institutionalisierte Christentum sei von Paulus gestiftet, und »in ehrliches Deutsch übertragen: Alles, was Paulus von Jesu und dem Evangelium sagt, hat gar keine Gewähr der Zuverlässigkeit« (56). Das Ergebnis lautet daher: »Im Verlaufe der Geschichte haben wir es aber nicht mit dem Evangelium, sondern mit dem Christenthume, das heißt dem mit jüdischen, griechischen und römischen Elementen zu einem neuen Stoffe verbundenen Evangelium« (58) zu tun. Die eigentlich schöpferische Phase des Christentums sei die Entwicklung der Dogmatik,

20 »Ueber das Verhältnis des deutschen Staates zu Theologie, Kirche und Religion. Ein Versuch Nicht-Theologen zu orientieren«. Lagarde, *Deutsche Schriften*, 37–76. 1859 verfasst, in den *Politischen Aufsätzen* 1874 und in den *Deutschen Schriften* 1878 veröffentlicht.

und diese sei für den Glauben völlig unverbindlich, weil sie philosophisch, nicht aber biblisch begründet werden könne.

Angesichts dieser Situation, die von der Glaubwürdigkeit des Christentums nichts mehr übriglässt, definiert Lagarde neu, »was die Theologie sein soll: Die Pfadfinderin der deutschen Religion« (67). Religion ist für Lagarde dort, wo »außermenschliche Mächte eine Einwirkung auf das Gemüth der Menschen haben« (ebd.) – das ist auch Schleiermachers Gedanke. Religion ist mithin allgemeinmenschliche Erfahrung des Göttlichen. Es ist eine Religion jenseits aller Konfessionalität und Kirchlichkeit.

Lagarde definiert die Theologie deshalb um, sie wird zur philologisch-historischen Disziplin und zur vergleichenden Religionswissenschaft (wie sie sich in Göttingen denn auch herausbildete). So könne und müsse sie als die allgemeine Grundlage von Katholizismus, Protestantismus und Judentum gelehrt werden. Theologie ist ihm weniger wichtig als Erziehung zur religiösen Innerlichkeit. Die Einzelheiten der jeweiligen Lehren seien oberflächlicher Lernstoff der Theologiestudenten, es komme auf die Bildung des religiösen Willens an, der die innere Überzeugung ausmache: »Der Kern des Menschen ist nicht der Verstand, sondern der Wille: wer nicht sehen will, sieht nicht, und wenn alle Professoren der Welt auf ihn los bewiesen« (69).

Die Erfahrung der Religion kann nicht erzwungen werden, sie ist auch nicht lehrbar, aber sie kann durch Erziehung zur »nichtreligiösen Idealität« (73) gefördert werden. Der Wille zur Idealität ist deshalb die Voraussetzung aller wirklichen Religion. Diese besteht im idealen Besitz, der aber nur den besonderen, den religionsfähigen Personen zukomme: »Idealer Besitz ist einmal in seiner Entstehung stets unerkennbar, er haftet zweitens stets an einer Person, er pflanzt sich drittens nur fort in einer Lebensgemeinschaft« (74). Als solcher idealer Besitz wird das Evangelium verstanden. Dieses Evangelium ist für Lagarde nicht mehr die überlieferte Textsammlung über den Messias, der lehrte und gekreuzigt wurde, sondern ein unerschöpflicher Schatz von Innerlichkeit. Das Evangelium habe »zuerst und zuletzt unter allen Religionen die Religion in innige und unzertrennbare Verbindung mit einer Person gebracht, zuerst und zuletzt unter ihnen die Einsicht von der Notwendigkeit einer Gemeinschaft, einer Kirche, gehabt« (ebd.). Aufgabe eines jeden innerlichen Christen sei es, diese Überzeugung der Idealität des Evangeliums in sich und seiner Gemeinschaft wirksam zu machen. Freilich ist damit keineswegs die Nachfolge Christi gemeint, sondern eine allgemeine ideale Religiosität, die im Volke wirksam wird.

Diese religiöse Wiedergeburt, die Lagarde 1859, also mehr als zehn Jahre vor der deutschen Vereinigung von 1870 propagiert, schließt bruchlos an Fichtes Konzept einer johanneischen deutschen Religiosität an, die dieser in den *Reden an die Deutsche Nation* und in der *Anweisung zum seligen Leben* propagiert hatte: »Täusche ich mich nicht«, schreibt Lagarde ganz im Geiste Fichtes, »so sind die Formen, unter denen Religionen früher aufgetreten sind, verbraucht, und jetzt nur noch Eine neue möglich, die, Gott im Menschen zu erkennen und zu lieben, aber nur freilich nicht in dem natürlichen, sondern in dem wiedergeborenen Menschen« (75).

Lagarde definiert sein Amt als religiöser Volkserzieher emphatisch:

> Unsere Aufgabe ist nicht, eine nationale Religion zu schaffen – Religionen werden nie geschaffen, sondern stets offenbart – wohl aber, Alles zu thun, was geeignet ist, einer nationalen Religion den Weg zu bereiten, und die Nation für die Aufnahme dieser Religion empfindlich zu machen, die – wesentlich unprotestantisch – nicht eine ausgebesserte alte sein kann, wenn Deutschland ein neues Land sein soll, die – wesentlich unkatholisch – nur für Deutschland da sein kann, wenn sie die Seele Deutschlands zu sein bestimmt ist, die – wesentlich nicht liberal – nicht sich nach dem Zeitgeiste, sondern den Zeitgeist nach sich bilden wird, wenn sie ist, was zu sein sie die Aufgabe hat, Heimatluft in der Fremde, Gewähr des ewigen Lebens in der Zeit, unzerstörbare Gemeinschaft der Kinder Gottes mitten im Hasse und der Eitelkeit, ein Leben auf Du und Du mit dem allmächtigen Schöpfer und Erlöser, Königsherrlichkeit und Herrschermacht gegenüber Allem, was nicht göttlichen Geschlechtes ist. (76)

Lagardes Schrift entfaltete seit ihrer Veröffentlichung 1873 eine enorme Wirkung: Heinrich von Treitschke, Franz Overbeck,[21] Nietzsche[22] und

21 Vgl. Sieg, *Deutschlands Prophet*, 168. Siehe Franz Overbeck, *Ueber die Christlichkeit unserer heutigen Theologie. Streit- und Friedensschrift*, Leipzig: Fritzsch 1873. Dort schreibt Overbeck, er verdanke Lagarde viel.

22 Vgl. Sieg, *Deutschlands Prophet*, 169; Sieg zitiert einen Brief Nietzsches an Erwin Rohde: Eine » kleine, höchst auffallende Schrift, die fünfzig Dinge falsch, aber fünfzig Dinge wahr und richtig sagt«.

Thomas Carlyle[23] lasen sie sogleich; spätere Rezipienten waren Houston Stewart Chamberlain und vor allem Alfred Rosenberg. Man mag Lagardes nationale Emphase 1859 noch verstehen als Ausdruck eines enttäuschten protestantischen deutschen Patrioten, der die Größe des alten Römisch-Deutschen Reiches bewundert, der die partikularistischen Streitigkeiten im Deutschen Bund hasst, die egoistischen Duodezfürsten verachtet und den die Sehnsucht nach einer geeinten deutschen Nation von der Maas bis an die Memel, von der Etsch bis an den Belt umtrieb. Im Bismarckreich wirkte diese Schrift gleichermaßen als Kritik am kleindeutschen Reich, als Kirchenkritik und nationalkonservativer Erziehungstraktat. Als Prophetie der ›Deutschen Christen‹, wie sie im Dritten Reich interpretiert wurde, entfaltete sie schließlich eine fatale Wirkung.

Großraumpolitik

Der Text *Über die gegenwärtige Lage des deutschen Reiches*[24] stammt nicht mehr aus der nationalistischen Frühphase Lagardes. Er wurde erst 1875 verfasst und geht bereits von der Großmachtpolitik und den Großraumphantasien aus, die im Zusammenhang der Einigung Deutschlands florierten. Die Germanenbegeisterung Gobineaus wird von Lagarde deutschnational verengt und als imperialer Pangermanismus interpretiert, der im Gegensatz zum Panslawismus steht. Österreich wird zwar als deutscher Staat gewertet, nimmt aber eine Sonderstellung ein, weil es keine germanisch-rassische Bevölkerungsmehrheit hat. Deutschlands Grenzen seien nach Westen und Osten nicht zu verteidigen, das Deutsche Reich sei außerstande, seine Einwohner aus eigenen Landressourcen zu ernähren. Deshalb ist für Lagarde nach dem Sieg gegen Frankreich der Konflikt mit Russland unvermeidlich. Hauptziel der deutschen Politik sei die »allmähliche Germanisierung Polens«,[25] wie denn überhaupt Osteuropa als

23 Vgl. Sieg, *Deutschlands Prophet*, 170/172.

24 Paul de Lagarde, Ueber die gegenwärtige Lage des deutschen Reichs. Ein Bericht (1875), in: *Deutsche Schriften*, Göttingen: Lüder Horstmann [4]1903, 98–167.

25 Lagarde, *Deutsche Schriften* 1903, 100. »[...] wir müssen, auch wenn strategische Erwägungen nicht vorhanden wären, das russische Polen für uns nehmen, weil Ost- und Westpreußen ohne dies Hinterland auf die Dauer nicht zu leben vermögen«. Ebd.; »Wir

»Material für germanische Neubildungen« (111) betrachtet wird. Das betrifft nicht nur die Slawen, sondern vor allem den Vielvölkerstaat Österreich. Deshalb fordert Lagarde vom preußisch-deutschen Reich einen »untrennbaren Bund mit Österreich« und die »Kolonisation Österreichs durch Angehörige des deutschen Reiches.«[26]

Offensichtlich ist Lagarde von der Idee geradezu besessen, dass die Germanen in der Völkerwanderung ihre Natur als Eroberer bewiesen hätten – hier stimmt er durchaus mit Gobineau überein. Als Gegner des Historismus und als historischer Typologe wendet er diese Völkerwanderungsfigur auf seine Gegenwart an und macht sie zum Moment politischer Propaganda. Er plädiert für die Landnahme in Ost- und Südosteuropa und will diese Gebiete zunächst von Juden reinigen, die er »nach Palästina oder noch lieber nach Madagaskar« umsiedeln will.[27] Zugleich propagiert er eine deutsche Kolonial- und Siedlungspolitik in Südosteuropa, die die kleinen Staaten, ausgenommen die Südslawen, aufsaugen soll: die »nichtdeutschen Stämme des Donaureiches, die Magyaren gar sehr mit eingeschlossen, sind lediglich eine Last für Europa: je schneller sie untergehen, desto besser für uns und sie« (112). Diese Politik solle mit einer grenznahen Kolonisierung Mitteleuropas beginnen. Das Ziel ist die Vereinigung der preußisch-deutschen und österreichischen Monarchien zu einem Reich, das »von der Ems- bis zur Donaumündung, von Memel bis Triest, von Metz bis etwa zum Bug reicht« (114).

können zu jeder Zeit Polen, aber schwer zu Russen gewordene Polen germanisieren«. Ebd., 101.

26 Paul de Lagarde, Die nächsten Pflichten deutscher Politik (1886), in: *Deutsche Schriften*, Göttingen: Lüder Horstmann [4]1903, 385–418, hier 418. »Wir können Österreich nicht anders erhalten, als indem wir es rücksichtslos germanisieren.« Paul de Lagarde, Programm für die konservative Partei Preußens (1884), in: *Deutsche Schriften,* Göttingen: Lüder Horstmann [4]1903, 323–372, 359.

27 »Das von Rußland in Gutem oder Bösem zu erwerbende Land muß weitläufig genug sein, um in Bessarabien oder nordöstlich von ihm auch alle in Oesterreich und der Türkei lebenden Rumänen (weniger mit den Juden Polens, Rußlands und Oesterreichs nach Palästina oder noch lieber nach Madagaskar abzuschaffenden rumänischen Juden) als Untertanen des Königs Karl anzusiedeln.« Lagarde, *Deutsche Schriften*, 391.

Als diesen »endgültigen mitteleuropäischen Staat« (ebd.) will Lagarde, wie Fichte das prophezeit hat, das Reich Gottes mit der erwählten Nation der Deutschen neu errichten.

Antisemitismus

Lagardes Wunschbild ist eine germanisch-deutsche Nation mit einer eigenen »Deutschen Religion«. Alle Elemente, die über diesen schlechthin geltenden nationalreligiösen Rahmen hinausgehen, werden bekämpft: das gilt für den Katholizismus, für die evangelische Theologie, und vor allem für das Judentum, das mit dem politischen Liberalismus kurzgeschlossen wird. Hier bedient Lagarde alle Klischees, die im 19. Jahrhundert grassierten. Ein Moment seines Antijudaismus ist der Vorwurf des vaterlandslosen Internationalismus. Die Juden beherrschten die Presse, sie betrieben mit ihrem liberalen Internationalismus die nationale »Dekomposition«. Es handele sich bei den jüdischen Intellektuellen um eine brutale Diktatur des Allgemeinen, die vor allem durch die internationale jüdische Finanzwelt erzeugt werde (385–395). Keine Nation sei »für die Geschichte so wertlos gewesen wie die jüdische« (365). Die Juden müssten in einem deutschen Staate, »in welchem wir Wir werden,« aufhören, Juden zu sein. Sie in »unser Preußen hineinzunehmen, heißt sie durch ihre Neugeburt beseitigen. Und fort müssen sie« (368 f.).

Lagardes Antisemitismus richtet sich nicht unbedingt gegen individuelle Juden. Persönlich und wissenschaftlich stützt er einige – freilich konvertierte – Juden, und er möchte weitere konvertieren. Es ist allerdings nicht klar, wie diese Missionsabsicht mit seiner Vorstellung, Juden seien in ihrem Wesen undeutsch, zusammenstimmt. Die Unvereinbarkeit des germanischen und indogermanischen Wesens mit dem Judentum gilt schließlich für ihn als Axiom. Es gebe bei den Deutschen, die eigentlich tolerant seien, »das Bewusstsein, daß die Juden uns gänzlich fremd sind, zweitens das Bewußstein, daß die Juden durch Anwendung von Mitteln, welche wir für unehrenhaft halten, alles Geld und möglichst viel Grundbesitz an sich zu bringen versuchten«. Sie drängten sich in Ämter, für die sie nicht die erforderlichen Qualifikationen und Charaktereigenschaften aufbrächten.[28] Im Alter radikalisiert sich Lagarde sogar noch weiter. 1887 behauptet er, der Antisemitismus stamme aus der Seele der deutschen Nation, das Judentum sei der Krankheitskeim, der die Nation zerstöre:

> Es gehört die Härte der Krokodilshaut dazu, um mit den armen ausgesogenen Deutschen nicht Mitleid zu empfinden und – was dasselbe ist – um die Juden nicht zu hassen und die zu verachten, die – aus Humanität! – diesen Juden das Wort reden oder die zu feige sind, dies Ungeziefer zu zertreten. Mit Trichinen und Bazillen wird nicht verhandelt, Trichinen und Bazillen werden auch nicht erzogen, sie werden so rasch und so gründlich wie möglich vernichtet.[29]

Lagarde ist Antihistorist. Er argumentiert typologisch und deutet die abendländischen Religionen als Destruktion einer ursprünglich völkisch grundierten Religion. Diese urtypische natürliche Volksreligion möchte er wiederbeleben. Er ist ein scharfer Gegenwartskritiker und Chiliast. Er deutet die innere Krise von Religion und Nation prophetisch als Übergangszeit zu seiner altneuen Religion, dem von ihm in johanneischem Geiste konzipierten ›Deutschen Christentum‹. Hier, wie auch in seinem Antisemitismus, trifft er sich erneut mit Fichte, der diese Aufgabe der Deutschen in den *Reden an die deutsche Nation* verkündet hatte. Seine Religionskonzeption wurde für den antichristlichen deutschen Nationalismus der ersten Hälfte des 20. Jahrhunderts verbindlich. Chamberlain und vor allem Rosenberg übernahmen Lagardes Vorstellungen einer ›Deutschen Religion‹.

28 Paul de Lagarde, *Ausgewählte Schriften*. Als Ergänzung zu Lagardes *Deutschen Schriften* zusammengestellt von Paul Fischer, München: Lehmann ²1934, 224.

29 Lagarde, *Ausgewählte Schriften*, 239.

3. Houston Stewart Chamberlain (1855–1927) und die *Grundlagen des neuzehnten Jahrhunderts*

Ein europäischer und deutschnationaler Aristokrat

Houston Stewart Chamberlain[30] war ein europäischer Aristokrat, der konservativ eingedeutscht wurde. 1855 als Sohn eines englischen Konteradmirals geboren, wurde er bis 1866 in Versailles von seiner Großmutter erzogen. Bei seiner Rückkehr nach England sprach er besser Französisch als Englisch und bekam deshalb Schulprobleme. Durch eine Rente seiner Familie finanziell unabhängig, bereiste er von 1869–1873 Europa, begann ein Biologiestudium in Genf, lernte Deutsch und lebte ab 1874 zunächst in Dresden, dann von 1888–1908 in Wien. Hier kam er in Kontakt mit der Familie Richard Wagners, zumal mit Cosima, die dem intelligenten und sensiblen, aber unsteten und unorientierten jungen Mann Gobineaus *Essai sur l'inégalité des races humaines* zur Lektüre empfiehlt. Im Bayreuther Kreis erlebt er eine »religiöse Erlösung« und verfasst 1896–1898 die *Grundlagen des neunzehnten Jahrhunderts*. Das Buch wird ein Riesenerfolg: bis1936 erlebte es 21 Auflagen. Zu seinen Lesern gehören Wilhelm II., David Herbert Lawrence, Winston Churchill, Albert Schweizer und vor allem Adolf Hitler.

1908 lässt er sich von seiner ersten Frau Anna Horst, mit der er seit 1878 verheiratet war, scheiden und heiratet Wagners Tochter Eva. Von 1909–1927 lebt er mit ihr in Bayreuth. 1916, mitten im Ersten Weltkrieg, nimmt er die deutsche Staatsbürgerschaft an. Dieser Schritt kostet ihn die Sympathien, die er in England als Schriftsteller hatte. Seine letzten Lebensjahre verbringt er, enttäuscht über die deutsche Niederlage im Ersten Weltkrieg, an einer Quecksilberlähmung leidend in Bayreuth. 1923 besucht ihn Hitler, von dessen Charme er angetan ist. Hitler ist auch bei seinem Begräbnis 1927 in Coburg anwesend.

Chamberlain lässt sich nicht auf die Rolle eines Vordenkers der Nationalsozialisten reduzieren. Vielmehr ist er auch ein hocherfolgreicher

30 Siehe Udo Bermbach, *Houston Stewart Chamberlain. Wagners Schwiegersohn – Hitlers Vordenker*, Stuttgart: J. B. Metzler 2015.

kulturgeschichtlicher Schriftsteller: Seine Werke zu Wagner, Kant und Goethe[31] prägten zu Beginn des 20. Jahrhunderts die gebildete öffentliche Meinung.

Die Grundlagen des neunzehnten Jahrhunderts[32]

Dieses Buch stellt eine Kulturphilosophie des Abendlandes dar und ist zugleich der Versuch, eine neue, auf Rassenlehre gestützte Nationalreligion zu stiften. Es beerbt die christlich-jüdische Eschatologie unter rassistischem Vorzeichen. Die Kategorien, mit denen Chamberlain arbeitet, unterscheiden sich nicht prinzipiell von denen Gobineaus, aber bei Chamberlain kommt der Anspruch einer antisemitischen, deutsch-germanischen Religiosität hinzu, die von Lagarde inspiriert ist. Der sprachphilosophische und antichristliche Duktus entstammt in vielem der Gedankenwelt Renans.

Rasse und Völkertypologie

Chamberlains Grundkategorie ist die Rasse, die für ihn die gesamte Kultur und die Geschichte bestimmt. Mit diesem Leitbegriff untersucht er die geistige, politische und welthistorische Situation seiner Zeit. Er übernimmt den Topos, dass die Nordeuropäer seit der Völkerwanderung die Führungsrolle in der Welt erobert haben und bedient damit das europäische Selbstverständnis im 19. Jahrhundert. Dabei betont er die »Sonderrolle der Germanen, die seit dem 6. Jahrhundert als wahre *Gestalter* der Geschicke der Menschheit, sei es als Staatenbildner, sei es als Erfinder neuer Gedanken und origineller Kunst« wirken (7).

Er argumentiert dabei typologisch: Den Begriff des »Germanentums« habe er weit gefasst, aber er lege Wert auf eine klare Abgrenzung vor allem gegenüber dem Judentum. Zwar sei er der Meinung, dass »der

31 Siehe Houston Stewart Chamberlain, *Richard Wagner*, München: Bruckmann 1895. Siehe auch ders., *Einführung in das Werk Immanuel Kants*, München: Bruckmann 1905 und ders., *Goethe*, München: Bruckmann 1912.

32 Zit. Ausgabe: Houston Stewart Chamberlain, *Die Grundlagen des neunzehnten Jahrhunderts*, München: Bruckmann [21]1936.

Jude« willentlich »kein Feind germanischer Civilisation und Kultur« sei, aber seine Natur unterscheide sich prinzipiell von der germanischen. Er übernimmt Renans antisemitische Thesen zur Konturierung seines emphatischen Germanentums:

> Keine Menschen der Welt sind so bettelarm an echter Religion wie die Semiten und ihre Halbbrüder, die Juden; und wir, die wir auserkoren waren, die tiefste und erhabenste religiöse Weltanschauung als Licht und Leben und atemgebende Luft unserer gesamten Kultur zu entwickeln, wir haben uns mit eigenen Händen die Lebensader unterbunden und hinken als verkrüppelte Judenknechte hinter Jahve's Bundeslade her! (19)

Die Rasse bestimmt den physischen, psychischen und folglich kulturellen Zuschnitt der Völker:

> Die wissenschaftliche Anatomie hat die Existenz von physischen unterscheidenden Merkmalen zwischen den Rassen erwiesen, sodass sie nicht mehr geleugnet werden können, die wissenschaftliche Philologie hat zwischen den verschiedenen Sprachen prinzipielle Abweichungen aufgedeckt, die nicht zu überbrücken sind, die wissenschaftliche Geschichtsforschung hat in ihren verschiedenen Zweigen zu ähnlichen Resultaten geführt, namentlich durch die genaue Feststellung der Religionsgeschichte einer jeden Rasse. (33)

Deshalb entbehre die Idee einer Einheit der menschlichen Rasse jeglicher Grundlage.

Nach diesen Klarstellungen kann Chamberlain nun seine kulturelle Völkertypologie entfalten.

Die Deutschen – offensichtlich die Zielgruppe seiner Argumentation – sind für ihn das Volk der Dichter, Denker und Tonkünstler. Er repetiert hier den Kulturkanon des 19. Jahrhunderts und konstatiert, die Bedeutung der Kunst entspreche einer

> spezifischen Anlage des deutschen Geistes, wenigstens dürfte eine so klare, scharfe Formulierung jenes Gedankens, wie wir sie bei Lessing und Winckelmann, bei Schiller und Goethe, bei Hölderlin, Jean Paul und Novalis, bei Beethoven und Richard Wagner finden, bei den anderen Mitgliedern der verwandten indogermanischen Völkergruppe kaum anzutreffen sein. (57)

Chamberlain redet die griechische Philosophie und die hellenistische Wissenschaft klein. Bei der Hochschätzung der Griechen handle es sich um Wissenschaftslügen der traditionellen Geschichte. Die Darstellung des Kampfes von Hellas gegen die Perser sei gefälscht (106), der athenischen Demokratie werde ein viel zu hoher Stellenwert eingeräumt (109), denn die Hellenen hätten die ursprüngliche Religiosität und zumal das Christentum verdorben. »Wir« verdanken den Hellenen sowohl »dürre Vernünftelei« als auch Aberglauben: die Engel, den Teufel, den »ekstatisch-religiösen Wahnsinn, die Hypostasen des Demiurgos und des Logos, die Definition des Göttlichen, die Vorstellung von der Trinität, überhaupt den Untergrund unserer gesamten Dogmatik« (112).

Gegen die philosophisch und mythologisch versponnenen Griechen konturiert er die Römer. Dieses »kleine Volk charakterstarker Männer« schafft »Staat und Recht – den Staat dadurch, dass Jeder das Recht (sein persönliches Recht) sich dauernd sichern will, das Recht dadurch, dass Jeder die Selbstbeherrschung besitzt, dem Gemeinwesen die nötigen Opfer zu bringen und bedingungslose Treue zu widmen« (140). Recht und Staat beschreibt er als kollektive römische Leistung, die durch Heimatliebe und durch eine Hochschätzung der Familie bestimmt sei. Diese Tugenden »gab es einzig und allein in Rom!« (157).

Christentum und Arierblut

Die Hochschätzung der römischen Republik und ihrer Rechtsstruktur teilt Chamberlain mit führenden Historikern, die sich mit römischer Geschichte befasst haben, vor allem mit Edward Gibbon, Barthold Georg Niebuhr und Theodor Mommsen. Wie Gibbon macht er das Christentum für den Niedergang des römischen Reiches verantwortlich und variiert Catos Kriegsdevise *Cathargo esse delenda* zu »delenda est Hierusolyma« (165). Dabei ist das Christentum gegenüber dem Judentum noch das kleinere Übel. Wenn die Römer Jerusalem nicht zerstört hätten, behauptet Chamberlain und beruft sich auf Renan,[33] wäre das Christentum nie über den Status einer jüdischen Sekte hinausgekommen. Unter dieser Be-

33 Ernest Renan, *Histoire des origines du christianisme*, Bd. 4: *L'Antéchrist,* Paris: Lévy 1873, Kap. 20. Siehe Chamberlain, *Grundlagen*, 167.

dingung hätte sich das Judentum durchgesetzt, ohne vom Christentum hellenisiert worden zu sein. Dann wäre das Religionsmonopol der Juden auch »für uns« wirksam geworden, wäre »jede Denk- und Glaubensfreiheit aus der Welt entschwunden; die platt-materialistische Auffassung Gottes wäre unsere Religion, die Rabulistik unsere Philosophie gewesen« (167 f.). Aber auch das hellenisierte Christentum kann er nicht akzeptieren, denn es ist für die Dogmatisierung von Jesu Lehre verantwortlich. Er hält – auch hier stimmt er mit Lagarde und Renan überein – die Person Jesu für verschieden von dem, was der Kirchenglaube verkündet: »Durch die Kirchendogmen wird ohnehin gerade die Erscheinung Christi kaum berührt« (221).

Bemerkenswerterweise benutzt Chamberlain nicht den Namen ›Jesus‹, sondern den Messiastitel ›Christus‹. Chamberlain knüpft hier an Lagardes Innerlichkeitsreligion an: Dieser Messias, die lebenszugewandte »Erscheinung einer neuen Menschenart«, wies »auf eine verborgene Kraft hin, drinnen in der unerforschten und unerforschlichen Welt des Menscheninnern, eine Kraft, fähig, den Menschen selber völlig umzugestalten, fähig, aus einem elenden, leidbedrückten Wesen ein mächtiges, seliges zu machen.« Diese Verinnerlichung der Religion, die den Neuen Menschen predigt, feiert Chamberlain als »wahren Adel, und zwar echten Geburtsadel, denn nur, wer erwählt ist, kann Christ sein«. Christus war ein Held, und die echten Christen sind »Heldengemüter« (239–244).

Die Galiläer seien ein rassisch gemischtes Volk gewesen. Daher sei anzunehmen, »dass auch rein arisches Blut dorthin verpflanzt wurde« (249). Als Gottessohn – was immer das bei Chamberlain heißen mag – stehe Jesus über den Rassen. Diese Idee, dass Jesus kein rassischer Jude gewesen sei, hatte schon Renan insinuiert, jetzt bekommt das »über den Rassen« auch eine gewissermaßen universale Tendenz.

Chamberlain stellt fest, dass im »Völkerchaos« der Spätantike die Juden der einzige Stamm seien, der als »Grundgesetz die Reinheit der Rasse aufgestellt« habe (301). Der Terminus ›Völkerchaos‹ provoziert denn auch generell die Frage danach, was Rasse bedeute. Sein Ziel ist die Definition des Ariers. Hier kritisiert Chamberlain Gobineau (313), der die Rassereinheit allein als Idealtypus gefasst hatte, der sich empirisch nicht mehr nachweisen lasse. Dagegen will Chamberlain die arische Rasse zunächst sprachlich, dann auch anthropologisch, nämlich durch die Vermessung der Schädel bestimmen (313 f.). Er polemisiert gegen die Wissenschaft, die sich auf eine Bestimmung der Arier nicht einigen könne, und stellt dagegen als Hauptkriterium der Rassezugehörigkeit das Bewusstsein heraus, dazuzugehören: »Unmittelbar überzeugend wie nichts anders ist der Besitz von ›Rasse‹ im eigenen Bewusstsein« (320).

Gleichwohl definiert er auch naturgesetzliche Merkmale einer hervorragenden Rasse.[34] Voraussetzung sei »das Vorhandensein vortrefflichen Materials« (326 f.) in genügender Anzahl, um Inzucht zu verhindern und die Zuchtwahl zu optimieren. Als Träger der charakterlichen und körperlichen Eigenschaften nimmt er das archaische Adelskriterium Blut, das bei optimaler Mischung die ideale Rasse produziere und so eine wahre politische Nation bilde. – Die Kategorie Blut als inneres Rassemerkmal wird bald, bei Rosenberg und Hitler, eine besondere ideologische Bedeutung bekommen.

Nur eine rassisch gesunde Nation sei durch ihre Helden und Genies kulturschaffend. Kultur definiert er durch Mythologie und Philosophie:

> Die ganze Rasse z. B. ist es, welche die Sprache schafft, damit zugleich bestimmte künstlerische, philosophische, religiöse, ja sogar praktische Möglichkeiten, aber auch unübersteigbare Schranken. Auf hebräischem Boden konnte niemals ein Philosoph entstehen, weil der Geist der hebräischen Sprache die Verdolmetschung metaphysischer Gedanken absolut unmöglich macht; aus dem selben Grunde konnte kein semitisches Volk eine Mythologie im gleichen Sinne wie die Inder und die Germanen besitzen. (349 f.)

Juden und Semiten

Chamberlain sieht sich zwar nicht als Antisemit, sondern als gegenwartsorientierter Kulturhistoriker, aber gegen die lichten Arier bilden die Juden für ihn die düstere Gegenfolie. Er zitiert Renan, der die grauenhafte Einförmigkeit des semitischen Geistes festgestellt habe. Sie können nur eine ewige Tautologie wiederholen: »Dieu est Dieu.«[35] Zugleich sei ihr Kenn-

34 Chamberlain, *Grundlagen*, 326–339. Vgl. Houston Stewart Chamberlain, *Arische Weltanschauung*, Berlin: Bard, Marquardt & Co. 1905.

35 Chamberlain, *Grundlagen*, 383. Siehe oben 261, Anm. 53.

zeichen, Folge der Bundes- und Erwählungstheologie, ein »intoleranter Rassenhochmut« (388). Nach der Zerstörung Jerusalems und der Zerstreuung in alle Welt halte allein die Thora, die aus der Not geschaffen wurde, das Judentum zusammen. Das Judentum mit seinem willentlichen, historischen und antiphilosophischen Erwählungsglauben könne allerdings »rehumanisert« werden.

Mit Fichte und anderen Antisemiten des 19. Jahrhunderts betont Chamberlain den »Egoismus des Semiten«. Gegen die Armut des semitischen Monotheismus, »ein Minimum an Religion«,[36] stellt er mit Renan die reiche Mythologie der phantasiebegabten indischen Arier heraus, die das Christentum davor retteten, »ein bloßer Annex des Judentums zu werden« (470). Zugleich mit dem unphilosophischen und unmythologischen Charakter des Judentums wird der Topos des Geldjuden aufgerufen: Semitischer Einfluss bedeute immer Materialismus. Wo die Juden auftauchen, seien sie Sklavenhändler und Geldvermittler, seit den Zeiten der Westgoten, bei Karl dem Großen und Friedrich II., dem Hohenstaufen.

Gleichwohl kann sich Chamberlain offensichtlich der Faszination der Heldengeschichten des Alten Testaments nicht entziehen – deshalb arisiert er dessen große Gestalten. Zwar, stellt er fest, sei der Terminus »Semit« so unscharf wie »Arier«, aber auf die Frage ›Wer bist du?‹ könne jeder Jude sagen, dass er ein Jude sei. Die israelische Rasse, die sich von der nachexilischen jüdischen unterscheide, sei ursprünglich eine Mischung aus semitischem, syrischem (hethitischem) und indoeuropäischem (sumero-akkadischem) Blut. So kann Chamberlain die blonden Typen der jüdischen Heldengeschichte adeln: David und auch Salomon seien wohl stammesmäßig eher Hethiter gewesen.

Chamberlain erzählt die Geschichte der Juden, deren Grundzüge er aus Julius Wellhausens israelischer und jüdischer Geschichtsdarstellung übernimmt und antisemitisch zuspitzt: Es sei diejenige Gruppe, die sich im babylonischen Exil aus dem Volk Israel isoliert habe und nach Jerusalem zurückgekehrt sei. Es handle sich um eine Sekte, nicht mehr um die Vielfalt

36 Chamberlain (*Grundlagen*, 466) zitiert Renan: *Nouvelles considérations sur le caractère général des peuples sémitiques, et en particulier sur leur tendance au monothéisme*, in: *Journal Asiatique.* 5. Reihe, Bd. XIII (1859), 214–282 und 417–450 (Forts.), 254.

des Volkes Israel. Die neuen Führer der Juden Esra und Nehemia hätten den Israeliten das Judentum aufgezwungen.[37]

Durchaus zutreffend definiert er das nachexilische Judentum über das »Messianische Zukunftsreich« (531–533). Allerdings wird dieses Reich als Streben nach Weltherrschaft gedeutet. Es sei das geheime Ziel, das die Juden noch immer verfolgten. Das messianische Streben nach Weltherrschaft entspreche dem Wesen der Juden. Messianismus heiße, der jüdischen Natur gemäß, Machtgewinn durch Geldwirtschaft. Das jüdische Reich des Messias wird »Weltherrschaft und der Besitz aller Schätze der Welt [...] namentlich alles Goldes und alles Silbers« sein. Diese Deutung des Messianismus wird mit einem Jesaia-Zitat biblisch belegt: »›Dein Volk wird das Erdreich ewiglich besitzen‹ (Jesaia LX,21)«. Der jüdische Messianismus kulminiere in der Apokalyptik, die die Umwandlung der Welt in eine Herrschaft des jüdischen Gottes und damit des jüdischen Volkes prophezeie. Alle Weltgeschichte laufe auf dieses Ende zu. Für Chamberlain sind alle Geschichtskonzeptionen jüdisch kontaminiert – deshalb polemisiert Chamberlain gegen die Geschichtlichkeit des jüdischen Gottes, dessen Herrschaft verhindert werden müsse.

Hier geschieht eine bemerkenswerte Umbesetzung: Chamberlain verkehrt die jüdisch-christliche Heilsgeschichte in eine drohende Unheilsgeschichte. In einer Logik des Verdachts erzählt er von den Weltmachtplänen der Juden, die ihre Grundlage in der Bibel haben und Teil des jüdischen Wesens sind. Ein krasses Pendant dieser Theorie findet sich in den *Protokollen der Weisen von Zion*, die zu Beginn des 20. Jahrhunderts entstehen und seine erste Hälfte unheilvoll prägen.

Chamberlains politische Religion

Chamberlain definiert seine Religion vor allem gegen den ›verjudeten‹, halbsyrischen römischen Katholizismus. Judentum und Indoeuropäertum stehen für ihn unversöhnlich gegeneinander (652). Das Judentum ist für ihn durch Geschichte und Willkür gekennzeichnet, das Indoeuropäertum hingegen durch Metaphysik: »hier Jahve, dort die altarische

37 Zitat von Wellhausen in Chamberlain, *Grundlagen*, 516. Vgl. Julius Wellhausen, *Israelitische und jüdische Geschichte*, Berlin: Reimer ^{4}1901, hier: 161–177.

Dreieinigkeit« (654). Vor allem reklamiert er die Mythologie für die Indoeuropäer: »Die Mythologie ist eine metaphysische Weltanschauung sub specie oculorum« (657).

Wie für Fichte und Lagarde ist Religion auch für Chamberlain immer nur private Gottanhänglichkeit. Der Kern seines Christentums ist die »mythische Vorstellung der inneren Erlösung«. Dieser Gedanke sei dem Judentum fremd (665). Chamberlains Religion begreift sich als Kampf um die Mythologie des kosmischen Gottes gegen den »historisch-chronistischen« Weltherrschafts-Messianismus, der für die Juden und die katholische Kirche gleichermaßen als Ziel der Weltgeschichte angestrebt werde.

Ziel von Chamberlains germanisch dominierter, typologisch verstandener Weltgeschichte ist der Staat. Dieser Staat ist keine pragmatische Verwaltungsinstitution, sondern er vereint griechische Kultur und Zivilisation mit politischer Formkraft: »Das allseitig Umfassende unserer Anlagen unterscheidet uns von allen zeitgenössischen und von allen früheren Menschenarten – mit alleiniger Ausnahme der Hellenen« (890). Über die Griechen hinaus feiert Chamberlain den Staat – er hat wohl das Deutschland nach 1870 im Auge – als die Verwirklichung des Germanentums: Die Germanen sind, anders als die Hellenen, Staatenbildner. Wir bewähren »uns als die unvergleichlichsten Staatenbildner der Welt« (891). Mit dem freien deutschen Nationalstaat habe sich aber das germanische Prinzip gegen den Zwangsuniversalismus der römischen Kirche durchgesetzt; jetzt gilt es, diesen Staat durch eine nationale Religion kulturell zu veredeln.

Insgesamt bietet Chamberlain verglichen mit Renan, Lagarde und Gobineau wenig Neues. Aber er fasst die Haupttopoi seiner Vorgänger publikumswirksam zusammen und gibt seiner Kompilation den Anstrich historisch-wissenschaftlicher Seriosität. In diesem Gewand sind die *Grundlagen des neunzehnten Jahrhunderts* ein Bestseller geworden und haben mit ihren antisemitischen und nationalpädagogischen Gedanken der Konservativen Revolution das ideologische Pulver geliefert.

4. Jüdische Weltverschwörung: *Die Protokolle der Weisen von Zion*[38]

Kein antisemitisches Pamphlet ist wohl so oft gedruckt worden wie die *Protokolle der Weisen von Zion*. Entsprechend wirksam wurde es im frühen 20. Jahrhundert. Der kurze Text erfüllt alle Kriterien der Geheimliteratur: Es gibt ein klares Narrativ, aber keinen bekannten Verfasser, und der Text gibt sich als Protokoll einer Verschwörung, die die Welt verändern soll. Die biblischen Muster der weltgeschichtlichen Verschwörungsapokalyptik gegen das Gute, die im zweiten Thessalonicherbrief verwendet werden, stehen heimlich im Hintergrund: die apokalyptischen Plagen des Weltendes, der Rumor von der Herrschaft des Antichristen vor der Wiederkunft des Herrn,[39] die Identifikation des Antichristen mit den Juden, die Verdachtsmomente gegen die Geheimbünde der Freimaurer, das Misstrauen gegen die Politik, die, von zerstörerischen Kräften unterwandert, nicht mehr dem öffentlichen Wohl diene, und die Angst vor einer Revolution, die das freie Leben der Bürger in Sklaverei und Unterdrückung verkehre. Natürlich gaben die *Protokolle* vor, authentische Dokumente einer geheimen Zusammenkunft jüdischer Führungspersonen zu sein, die die Weltherrschaft anstrebten. Sie entfalteten zwischen den Weltkriegen eine explosive Wirkung.

Verbreitung

Die *Protokolle* wurden in Auszügen zuerst 1903 auf Russisch in der Zeitschrift *Znamja* (dt.: ›Banner‹) veröffentlicht, die von dem Antisemiten Pawolatschi Kruschewan herausgegeben wurde. 1905 erschienen sie in der endgültigen Form, einem Buch des religiösen Schwärmers Sergej Nilus

38 *Protokolle der Weisen von Zion. Die Grundlage des modernen Antisemitismus – eine Fälschung*, Text und Kommentar (hg. v. Jeffrey L. Sammons), Göttingen: Wallstein 1998. Ich beziehe mich vor allem auf diese Edition und die Einleitung von Jeffrey L. Sammons.

39 Siehe oben »Der Antichrist als Erlöser«, 287.

mit dem Titel »Das Große im Kleinen«, das 1911 unter dem Titel »Der unmittelbar dräuende Antichrist« neu gedruckt wurde.[40]

Massenwirksam wurde das Pamphlet nach dem Ersten Weltkrieg und mit der Niederlage Deutschlands und Österreichs. Die *Protokolle* sollten wohl auch als propagandistische Waffe gegen die kommunistischen Revolutionsversuche dienen, denn der Bolschewismus und die Oktoberrevolution werden darin als jüdische Verschwörung denunziert. Als Beleg dafür dient, dass viele Sozialisten und Revolutionäre aus jüdischen Familien stammten. Eine englische Version der *Protokolle* wurde 1920 in einer Auflage von 300.000 Exemplaren in Henry Fords Zeitschrift *Dearborn Independent* und danach 1921 noch einmal in einer Auflage von einer halben Million als Buch mit dem Titel »The International Jew: The World's Foremost Problem« gedruckt.[41] Es gab eine Welle von Übersetzungen u. a. ins Französische, Italienische, Japanische und Schwedische.

Die erste deutsche Fassung wurde von dem ukrainischen Offizier und Revolutionsgegner Fjodor Winberg aus dem Russischen übersetzt. Er kam mit dem engagierten Antisemiten Ludwig Müller in Kontakt, der die *Geheimnisse der Weisen von Zion* im Jahr 1920 mit dem Datum 1919 unter dem Pseudonym Gottfried zur Beck herausgab.[42] Dieses Buch wurde ein Bestseller: 1920 erscheinen sechs Auflagen; bis 1933 erlebten die *Protokolle* in dieser Fassung 33 Auflagen. Daneben existiert auch eine Übersetzung aus dem Englischen, die Theodor Fritsch herausgab und von der bis 1933 zwölf Auflagen gedruckt wurden. Alfred Rosenberg schrieb 1923 ein Buch über die *Protokolle der Weisen von Zion*.[43]

40 Zar Nikolaus II. sollte dadurch von seiner Reformpolitik abgehalten werden. Er war beeindruckt, bis die Protokolle als Fälschung entlarvt wurden. Er hat die Protokolle im Innenministerium untersuchen lassen, und die Beamten haben sie als Fälschung erkannt.

41 1927 war Ford zu der Überzeugung gekommen, die Protokolle seien unecht. Er leugnete nun, für den Druck verantwortlich zu sein.

42 Das ist der Text, der in der benutzten Ausgabe neu abgedruckt ist.

43 Alfred Rosenberg, *Die Protokolle der Weisen von Zion und die jüdische Weltpolitik*, München: Deutscher Volksverlag 1923.

Selbstverständlich ist die Echtheit dieser *Protokolle* bald angezweifelt worden. Schon das russische Innenministerium, das mit der Überprüfung des Textes beauftragt wurde, überzeugte 1911 den Zaren davon, dass es sich um eine Fälschung handle. Auch später gab es zahlreiche Veröffentlichungen, die die *Protokolle* als Fälschung auswiesen. Thomas Mann erklärte sich 1924 mit der Entlarvung der *Protokolle* durch Otto Friedrichs *Die Weisen von Zion. Das Buch der Fälschungen*[44] solidarisch. In der Schweiz wurden die *Protokolle* gerichtlich überprüft und 1935 als Fälschung eingestuft.[45]

Bei der eingehenderen Untersuchung stellte sich heraus, dass die *Protokolle* im Wesentlichen eine Kompilation von zwei Quellen waren: Die Geschichte der Zusammenkunft auf dem Prager jüdischen Friedhof, wo die jüdische Weltherrschaft angeblich geplant wurde, stammt aus dem Roman *Biarritz* (1868) des hochkonservativen deutschen Schriftstellers Hermann Ottomar Goedsche.[46] Die Fabel von der Unterwanderung der politischen Instanzen durch jüdisch-freimaurerische Geheimbündler ist aus Maurice Jolys *Dialogue aux Enfers entre Machiavel et Montesquieu* (1864) übernommen.

Das entscheidende Kapitel aus Goedsches Roman heißt »Auf dem Judenfriedhof in Prag« und bietet die Kerngeschichte. Hier wird berichtet, dass sich Vertreter der zwölf Stämme Israels dort jährlich treffen, um über die Fortschritte ihres Plans zu berichten, langfristig die Weltherrschaft zu erringen. Ihre Methoden dabei seien der Erwerb von Grundbesitz, die Proletarisierung von Handwerkern zu Industriearbeitern, die Einschleusung von jüdischen Mitstreitern in hohe Staatsämter, die Übernahme von Pres-

44 Otto Friedrich, *Die Weisen von Zion. Das Buch der Fälschungen,* Lübeck: Friedrich Meier & Co. 1920.

45 *Die Protokolle der Weisen von Zion* (hg. v. J. L. Sammons), 22 f.

46 Hermann Ottomar Goedsche/Sir John Retcliffe, *Biarritz. Historisch-politischer Roman in acht Bänden,* Berlin 1868 ff., neue Ausgabe 1876. Hermann Ottomar Goedsche (1815–1878). Seine Pseudonyme: Sir John Retcliffe und Theodor Armin; er arbeitete u. a. in der Redaktion der preußischen Kreuzzeitung (zeitweise zusammen mit Bismarck und Fontane). Biarritz, das im Titel des Romans figuriert, ist ein mondäner Badeort in der Biskaya, wo sich u. a. Napoleon III. und Bismarck trafen.

seorganen sowie die Beherrschung der Presse, um die öffentliche Meinung zu beeinflussen und zu täuschen. Der Vorsitzende Levit spricht am Ende der Sitzung die Erwartung aus, dass die Juden in 100 Jahren Könige der Welt sein werden. Diese »Rede des Rabbiners« wurde zum elementaren Bestandteil der *Protokolle*.

Maurice Jolys Werk ist eine Satire auf Napoleon III. Es weist die barocke Form eines Totengesprächs auf: Montesquieu vertritt als Liberaler die Französische Revolution, während Machiavelli für Napoleon III. steht, der die nichtsahnenden Staatsbürger mit Finanzgeschäften übertölpelt. Er ist der Typ des verschlagenen Politikers, der allein auf Macht aus ist. Dieser Habitus entspreche, so später die *Protokolle*, der jüdischen politischen Praxis. Das Pamphlet wurde umgehend verboten, beschlagnahmt und sein Verfasser zu 15 Monaten Gefängnis sowie zu einer Geldstrafe von 300 Francs verurteilt.

Es scheint, dass die erste Fassung der *Protokolle*, wie sie überliefert sind, von russischen Diplomaten auf Französisch verfasst wurde.[47] Wahrscheinlich waren sie zunächst nur handschriftlich verbreitet. Die Urheber sind Vertreter der reaktionären Opposition gegen die Reformen des liberalen russischen Finanzministers Sergej Witte. Danach sollen die *Protokolle* belegen, dass die Politik von Witte revolutionär sei und durch jüdisch-liberale Drahtzieher ferngesteuert werde.

Apokalyptik nach dem Ersten Weltkrieg

Die *Protokolle*, die seit 1920 in West- und Mitteleuropa bekannt wurden, sind ein brisanter Text, nicht nur wegen ihres Antisemitismus, sondern weil sie alle konservativen Vorurteile und Ängste bedienen, die seit dem

47 Für diese These sprechen sich aus: Henri Rollin, *L'Apocalypse de notre temps. Les dessous de la propagande allemande d'après des documents inédits*, Paris: Gallimard 1939, ND Paris: Allia 1991 und Norman Cohn, *Die Protokolle der Weisen von Zion. Der Mythos der jüdischen Weltverschwörung*, Köln und Berlin: Kiepenheuer & Witsch 1969. Siehe zum Zusammenhang auch Ernst Piper, *Alfred Rosenberg. Hitlers Chefideologe*, Habil.-Schrift Potsdam, München: Blessing 2005.

Zusammenbruch des Kaiserreichs von 1918 bis heute grassieren. Es geht zunächst um die Ängste vor dem Verlust der kulturellen ›weltanschaulichen‹ Identität.

Aber die tiefere Ursache ihrer Wirkung liegt wohl in der abendländischen Apokalyptik. Diese ist wesentlich durch die Idee des Antichristen nach dem (pseudo-)paulinischen zweiten Brief an die Thessalonicher bestimmt: Der Antichrist werde die Weltherrschaft übernehmen, ehe der wahre Messias sich zeigt:

> Der Sohn des Verderbens, der Widersacher, der sich über alles, was Gott oder Heiligtum heißt, so sehr erhebt, dass er sich sogar in den Tempel Gottes setzt und sich als Gott ausgibt. [...] Denn die geheime Macht der Gesetzwidrigkeit ist schon am Werk; nur muss erst der beseitigt werden, der sie bis jetzt noch zurückhält. Dann wird der gesetzwidrige Mensch allen sichtbar werden. Jesus, der Herr, wird ihn *durch den Hauch seines Mundes töten* und durch seine Ankunft und Erscheinung vernichten.[48]

Die geheime Macht des Antichristen wird nach dem Zeugnis der *Protokolle* als jüdisch identifiziert. Die Juden sind die antichristlichen Unterwanderer der rechten Ordnung. Ihr Ziel ist die Einrichtung eines jüdischen Weltstaates. Die Idee eines jüdischen Königtums assoziiert den biblischen Messianismus (Jes. 40–55.); das jüdische Königtum wird hier zur Herrschaftsusurpation des Antichristen umgedeutet: *Die Protokolle der Weisen von Zion* belegen, dass der jüdisch-biblische Messianismus eigentlich ein Weltherrschaftsplan des Judentums ist.[49] Der König der Juden wird dann der Antichrist sein, der nur durch den wahren Messias gestürzt werden kann.

Die Gegenwartsdeutung der 1920er Jahre bedient sich der Typik und des gesamten Personals der Apokalypse: Angesichts der drohenden Niederlage der germanischen Kulturvölker gegen den jüdischen Antichristen setzen sie ihre letzte, verzweifelte Hoffnung im Kampf von Gut gegen Böse auf den erhofften wahren Messias.

48 2 Thess. 2,1–8. Siehe dazu auch oben 287–291, das Unterkapitel – »Der Antichrist als Erlöser« des Kapitels 5.

49 Eine ähnliche Interpretation findet sich auch bei Chamberlain; s. o. 324.

Haupttopoi der jüdischen Weltverschwörung

Die Destruktion der politischen Ordnung

Offensichtlich ist für die Autoren der *Protokolle* eine ständische politische Ordnung als Norm vorausgesetzt. Die Zerstörung dieser alten Ständeordnung ist ein erster Schritt zur jüdischen Weltherrschaft. Die Strategie entspricht durchaus den revolutionären Theorien: Zersetzung der Regierungen, der Bürokratien, der Gesellschaftsordnung, Vermassung der Menschen und Proletarisierung des Handwerks.

Die Destruktion der Ständegesellschaft beginnt damit, dass der Adel vom Grundbesitz verjagt werden soll, dass der Handel liberalisiert und die führenden Schichten durch Luxus zersetzt werden. Zugleich heucheln die Juden, sie träten für das Proletariat ein (6. Sitzung). Die Theorie des Kommunismus, von Juden erfunden und instrumentalisiert, dient aber in Wahrheit dazu, die Völker mit der These von der Gleichheit aller Menschen zu entwurzeln. Der Terror gegen den Adel ist verbunden mit religionsfeindlicher, destruktiver Freisinnigkeit, mit der Nivellierung nationaler Eigenheiten und der Aufhebung der Grenzen (9. Sitzung).

Das Judentum hat einen langen Atem, und die Verwirklichung seiner Pläne braucht ihre Zeit (15. Sitzung): »Es wird noch viel Zeit, vielleicht ein ganzes Jahrhundert, vergehen, bis der von uns in allen Staaten für ein und denselben Tag vorbereitete Umsturz zum Ziele führt und die völlige Unfähigkeit aller bestehenden Regierungen allgemein anerkannt ist«.[50]

Freimaurerherrschaft

Die Macht der Juden, verabreden die Vertreter der zwölf Stämme Israels angeblich auf dem Prager Judenfriedhof, soll über die Geheimgesellschaft der Freimaurer institutionalisiert werden, die die revolutionär erworbene Macht mit eiserner Hand durchsetzt. Alle Logen sollen von Juden geführt und die jüdischen Spitzel in Freimaurerlogen organisiert sein. Bei den Opfern, die für die Gewinnung der Macht notwendig anfallen, sollen die Juden geschont werden.

50 *Die Protokolle der Weisen von Zion*, 77.

À la longue sollen alle nichtjüdischen Freimaurer liquidiert werden, und zugleich ist die Hinrichtung der Gegner dieser Institution vorgesehen. Das muss als eine Reminiszenz an die Terreur der Französischen Revolution gelesen werden; und natürlich ist 1920 auch die Oktoberrevolution in frischer Erinnerung.

Die jüdische Rasse wird im neuen Staat die Elite bilden – hier wird der Topos von den Vorzügen der Germanen auf die Juden übertragen und wirkt in diesem Pamphlet als jüdisch-arrogante elitäre Selbstverkennung. Die Weisen von Zion stellen fest, dass

> Nichtjuden einen triebmäßigen, viehischen Verstand haben. Sie können wohl sehen, aber nicht voraus schauen; sie sind unfähig, etwas zu erfinden, ausgenommen rein körperliche Dinge. Daraus geht hervor, daß die Natur uns selbst zur Herrschaft über die ganze Welt voraus bestimmt hat.[51]

Der jüdische Universalstaat der Zukunft hat durchaus autoritären Charakter. Er soll klare und kurze Gesetze haben, verlangt unbedingten Gehorsam gegenüber der Obrigkeit, duldet keinen Missbrauch der Amtsgewalt, die Richter sind nicht freisinnig, sondern strikt an den positiven Gesetzen orientiert, sie verhängen harte Strafen. Es gibt kein Berufungsrecht. Die neue Herrschaft wird stabilisiert durch jüdische Eliteschulen für Juristen, Volkswirte und Bankiers. Schließlich wird nur noch ein Glaube erlaubt sein: der jüdische, aber auch der nur für Eliten (12. Sitzung).

Konkret wirkt sich diese Geheimpolitik wie folgt aus – aus der Sicht konservativer Stände handelt es sich dabei um ein liberales Sündenregister: Der Zerfall der ständisch verfassten Staaten ist die Voraussetzung für die »Schreckensherrschaft der Logen und Verkündigung des Weltenherrschers« (10. Sitzung). Es wird neue Freiheiten geben, die zu nichts als zum Chaos führen werden; das Freiheitschaos ist die Voraussetzung für die Etablierung einer jüdischen Universaldiktatur: Pressefreiheit, Versammlungsrecht, Recht der Vereinsbildung, Religions- und Gewissensfreiheit sowie allgemeines und gleiches Wahlrecht. Wenn diese Liberalität eingerissen ist, werden endlich die Nichtjuden merken, »dass wir die Macht an uns gerissen haben«. Denn die Nichtjuden sind eine Hammelherde,

51 *Die Protokolle der Weisen von Zion*, 82.

und zu ihrer Täuschung haben wir »eine lügenhafte Staatslehre erdacht«[52] (11. Sitzung).

Jüdische Universalmonarchie

Der Meister aller Logen ist der jüdische Weltherrscher. – Hier werden nun alle Register der antihierarchischen und antikatholischen Tradition gezogen und antijüdisch neuverwendet: die Weltherrschaft des Papstes, der Gewissenszwang und die geistige Knechtung.

Der König der Juden wird Patriarch der ganzen Welt sein. Seine Regierung hat ein verbindliches und sanftes Erscheinungsbild, ist aber in Wirklichkeit straff organisiert und hart. Für die Denunziation der jüdischen politischen Theologie werden wieder Topoi aus dem zweiten Thessalonicherbrief, aus den Apokalypseprophetien und aus der antipapistischen Propaganda aktiviert: Der Patriarch will vergöttert werden. Das einzige Recht, das für ihn gilt, ist die Macht des Stärkeren. Der König aus dem Hause Davids wird durch die Weisen von Zion auf sein Amt vorbereitet. Er erfüllt die Weisungen der Weisen. Es gibt keine natürliche Erbfolge. Seine Pläne bleiben geheim. Die Zukunft ist nur ihm selbst und den drei Weisen bekannt, die ihn eingeweiht haben. Der König ist die Verkörperung des Schicksals, er ist weise und zeigt sich dem Volk oft. Dieses ist glücklich, dass er den durch »uns« verursachten Terror beendet hat: »Der Weltherrscher vom heiligen Samen Davids muss alle persönlichen Freuden dem Wohle seines Volkes und der Menschheit zum Opfer bringen. Unser Weltherrscher darf sich in sittlicher Hinsicht keinerlei Blößen geben, er muss ein leuchtendes Beispiel für Alle sein.«[53]

Dieser Text ist nicht als Satire, sondern als Deutung weltgeschichtlicher Gefahren in der Gegenwart der 1920er Jahre verstanden und millionenfach verbreitet worden. Er hat eine apokalyptische politische Stimmung erzeugt, in der der Untergang des Abendlandes als reale Gefahr drohte. Wie kaum ein anderer Text hat er das Judentum im 20. Jahrhundert diskreditiert. Der Untergang des Abendlandes ist dann auf eine Weise erfolgt, die mit Adolf Hitler einen anderen Antichristen als den befürchteten jüdischen

52 *Die Protokolle der Weisen von Zion*, 66.

53 *Die Protokolle der Weisen von Zion*, 113.

Universalherrscher an die Macht brachte, einen falschen Messias, der einen Untergang provozierte, wie er apokalyptischer kaum sein konnte.

5. Germanische Kultur als neue Religion: Rosenbergs *Mythus des 20. Jahrhunderts*

Biographie eines revolutionsgeschädigten Ideologen

Alfred Rosenberg,[54] Hitlers zeitweiliger Chefideologe, wurde 1892 in Reval geboren; er war Deutschbalte mit russisch-französischem Familienhintergrund. 1917 wurde er in Moskau Zeuge der Oktoberrevolution, die er gemeinsam mit der russischen Rechten als jüdisch-freimaurerische Weltverschwörung deutete. Diese Ereignisse machten ihn zum brennenden Antisemiten. Er verfasste eine Broschüre mit dem Titel »Die Juden«,[55] in der er den Bolschewismus mitsamt seinen »jüdischen Wurzeln« bekämpft. 1918 flieht er nach Berlin. Er hat vor, nach London weiterzureisen, bekommt aber kein Visum und wird in das München der Räterepublik verschlagen. Mittellos, wie er ist, hält er sich zunächst mit Vorträgen, angeblich in schlechtem Deutsch, über Wasser, hat aber bald mit politischer Schriftstellerei Erfolg. In München lernt er Hitler kennen und wird einer seiner frühesten Anhänger. 1923 nimmt er am Marsch auf die Feldherrnhalle teil, wird aber nicht verhaftet. Hitler beauftragt ihn, die NSDAP, die verboten ist, weiterzuführen.

Durch Schriften, in denen die angebliche jüdisch-freimaurerisch-bolschewistische Weltverschwörung entlarvt werden soll – so 1923 in seinem Buch über die *Protokolle der Weisen von Zion*[56] – und in denen er ein

54 Wichtigste Biographie: Ernst Piper, *Alfred Rosenberg, Hitlers Chefideologe.* München: Karl Blessing 2005.

55 Alfred Rosenberg, *Die Spur des Juden im Wandel der Zeiten*, München: Deutscher Volksverlag 1920.

56 Alfred Rosenberg, *Die Protokolle der Weisen von Zion und die jüdische Weltpolitik*, München: Deutscher Volksverlag 1923.

›Deutsches Christentum‹ propagiert,[57] wird er zum Ideologen des frühen Nationalsozialismus. 1930 erscheint sein Hauptwerk: *Der Mythus des 20. Jahrhunderts*. Es knüpft nicht an die aufgeregte Apokalyptik der *Protokolle der Weisen von Zion* und auch nicht an Hitlers martialisch-aggressive Programmatik von *Mein Kampf* an, die seit fünf Jahren vorliegt. Vielmehr begreift es sich vor allem als Erziehungsschrift für die Deutschen. In diesem Sinn beerbt Rosenberg Chamberlains *Grundlagen des neunzehnten Jahrhunderts*, in der die Reinheit des Blutes propagiert wurde, und Lagardes ›Deutsches Christentum‹.

Hitler ernennt Rosenberg 1933 zum Reichsleiter für geistige und weltanschauliche Schulung der NSDAP, aber Rosenberg kann sich in den Kompetenzstreitigkeiten mit Baldur von Schirach, Robert Ley und Joseph Goebbels nicht behaupten. 1941, nach dem Überfall auf die Sowjetunion, wird er Leiter des Einsatzstabes zur Requirierung von Kunstschätzen und Beauftragter für die zentrale Bearbeitung des osteuropäischen Raumes (›Ostminister‹) mit dem Ziel der Germanisierung des Ostraumes und der Judenvernichtung. 1946 wird er in Nürnberg als ein Hauptschuldiger der NS-Verbrechen hingerichtet.

Der Mythus des 20. Jahrhunderts

Der Mythus des 20. Jahrhunderts. Eine Wertung der seelisch-geistigen Gestaltenkämpfe unserer Zeit ist Rosenbergs erfolgreichstes Buch.[58] Wie viele

57 Alfred Rosenberg, *Das Verbrechen der Freimaurerei. Judentum, Jesuitismus, Deutsches Christentum*, München: Lehmann 1921.

58 Alfred Rosenberg, *Der Mythus des 20. Jahrhunderts. Eine Wertung der seelisch-geistigen Gestaltenkämpfe unserer Zeit*, München: Hoheneichen-Verlag $^{71-74}$1935. Zuerst erschienen 1930. Es gab sofort eine Rezensentenschlacht, die in der Vorrede zur 3. Auflage 1931 (in der hier verwendeten Ausgabe 1935: 5–18) dokumentiert ist. Das Werk gliedert sich in drei Bücher: *Erstes Buch: Das Ringen der Werte* ist eine Religions- und Mythologiegeschichte mit Schwerpunkt Germanenideologie. *Zweites Buch: Das Wesen der germanischen Kunst* ist eine nordisch-germanische Ästhetik auf rassischer Grundlage. *Drittes Buch: Das kommende Reich* enthält die rassische Kulturlehre und die Umrisse des »Deutschen Christentums«.

der nationalen und nationalsozialistischen Schriften bezieht sich auch dieses Buch auf die Katastrophe der Niederlage von 1918. Es versteht sich zugleich als politische Kulturphilosophie und beansprucht, »rassische Geschichtsbetrachtung« (2) zu sein. Die Bezugskategorien sind germanisches Blut, Rasse, Volk und die Bestimmung zu Heldentum und Kampf. Es gibt zwei klare Feindbilder: das Judentum und das kirchliche Christentum, hier besonders der römische Katholizismus.

Rasse, Ehre und Religion

Das Buch beginnt mit einer phantastischen Urgeschichte aus der Sicht eines ideologischen Indogermanismus: Das platonische Atlantis sei die indogermanische Urheimat, von der aus das kulturschaffende Urvolk über Nordafrika nach Ägypten gezogen sei; von Ägypten aus habe sich die Kultur nach Indien ausgebreitet. Indien sei die Urheimat der abendländischen Kultur, von hier stamme »das nordische Hellas« (VII), dessen wichtigste Epoche die griechisch-religiöse homerische Zeit sei. Es folgt »das alte nordisch-republikanische Latinertum« (VII), das allerdings durch orientalische Synkretismen, deren wichtigste das paulinische Christentum ist, zersetzt wird.[59]

Ganz wie Gobineau und Chamberlain beschreibt Rosenberg die Germanen als Staatenschöpfer des Abendlandes. Gegen das Völkerchaos des zerfallenden spätrömischen Reiches hätten sie den Nationalstaatsgedanken entwickelt; die mittelalterliche Ketzergeschichte müsse als der Freiheitskampf germanischer Persönlichkeiten gegen Rom gedeutet werden, dieser Kampf habe sich in der Reformation fortgesetzt. Die »germanische Großherzigkeit« (VIII), die sich in diesem Freiheitskampf zeige, könne angesichts des vom Rassechaos umspülten Deutschland nur durch eine Politik der Rassenreinheit bewahrt werden. Rosenberg übernimmt Chamberlains

59 Rosenberg schließt an die Tradition von Fichte bis Chamberlain an: Paulus habe »die internationale Weltrevolution gegen das römische Kaiserreich« gepredigt. Gegen Paulus wird, ebenfalls ein Gemeinplatz des 19. Jahrhunderts, das Johannesevangelium in Stellung gebracht. »Gegen diese gesamte Verbastardisierung, Verorientalisierung und Verjudung des Christentums wehrte sich bereits das durchaus noch aristokratischen Geist atmende Johannesevangelium«. Rosenberg, *Der Mythus des 20. Jahrhunderts*, 74 f.

Rassekriterium des Blutes und beschreibt die Bestimmung der ›Deutschen Christen‹:

> Heute erwacht aber ein neuer Glaube: Der Mythus des Blutes, der Glaube, mit dem Blute auch das göttliche Wesen des Menschen überhaupt zu verteidigen. Der mit hellstem Wissen verkörperte Glaube, daß das nordische Blut jenes Mysterium darstellt, welches die alten Sakramente ersetzt und überwunden hat. (114)

Rosenbergs Resümee seiner Lehre lautet: »Letzten Endes ist denn auch jede über eine formale Vernunftskritik hinausgehende Philosophie weniger eine Erkenntnis als ein Bekenntnis; ein seelisches und rassisches Bekenntnis, ein Bekenntnis zu Charakterwerten« (118). Das »tiefste Gesetz einer echten Kultur« bestehe in der »Bewußtseinsgestaltung des Vegetativ-Vitalen einer Rasse« (140).

Die Ehre ist die zentrale Idee des nordischen Abendlandes und das Wesensmerkmal des Germanischen. Sie wird durch die internationalistischen Humanitätsideen zutiefst bedroht. Hauptträger dieses Internationalismus ist der Katholizismus, der »9 Millionen toter Ketzer auf dem Weg der Liebe« hinterlassen habe. Die Weltkirche strebe mit Hilfe der Jesuiten einen Weltstaat an und arbeite so »zielbewußt an der Zersetzung des nordisch-germanischen Abendlandes« (179). Sie habe die germanische Heldensage zu vernichten gesucht und mit Advokatenlist gegen den Kaiser intrigiert, der die germanischen Werte vertrat. Freimaurer und Katholiken seien sich in der Forderung zum Niederreißen nationaler und Rasseschranken einig; auch der Marxismus kenne keinen nationalen und rassischen Ehrbegriff: »Wir sehen hier im Marxismus die Idee des Opfers und der ›Liebe‹ die gleiche Rolle spielen wie im römischen System. « (205) »Der alte Sozialismus verfault am lebendigen Leibe«. Jetzt, 1930, stehe man am völkischen Neubeginn: »Die nordische Seele beginnt von ihrem Zentrum – dem Ehrbewußtsein – heraus wieder zu wirken« (215 f.).

Als mittelalterlichen Zeugen germanischen Geistes inszeniert Rosenberg Meister Eckhart.[60] »Eckeharts« theologische Spekulation deutet Rosenberg als »nordisch-abendländische[s] Seelenbekenntnis, als die innere Seite des

60 Er vergleicht ihn ausgerechnet mit Lagarde: »Erst Paul de Lagarde wagte wieder so offen

deutsch-germanischen Menschen, der nordischen Rasse« (252), als elitären Seelenadel und innere Freiheit. Diese Freiheit sei eine Absage an die Kirche und ihre Glaubenslehre, sie müsse als mittelalterliche Vorprägung des ›Deutschen Christentums‹ verstanden werden: »Neben dem Mythus von der ewigen freien Seele steht der Mythus, die Religion des Blutes« (258). In Eckhart verkörpere sich »die tat-mystische Grundstimmung des nordisch-germanischen Geistes« (270). »›Mit sich selbst eins werden‹ wollte Meister Eckehart. Und das wollen endlich auch wir« (273).

Das Wesen der germanischen Kunst

Rosenbergs rassisches Schönheitsideal ist der »nordische« griechische Held »mit einer hohen schlanken Gestalt, mit blitzenden hellen Augen, hoher Stirn, mit kraftvoller, aber nicht übermäßiger Muskulatur« (291). Es wird vertreten durch nordische Künstler, die »die Metaphysik der Person« verkörpern: Jan van Eyck, Michelangelo, Dante Alighieri, Tizian und auch Rembrandt, der »nordische Juden« gemalt habe. Mit diesem Maßstab lässt sich keine moderne Kunst messen, deshalb polemisiert Rosenberg gegen van Gogh, Gauguin und Picasso, die er als »Spottgeburt[en] des Expressionismus« bezeichnet (301).

Literarisches Paradigma aller nordischen Kunst ist das *Nibelungenlied* als Symbol der nordisch-abendländischen Seele; Wagner habe diesen Mythos »als rassisch-seelischen Impuls« (319) des germanischen Geistes musikalisch gestaltet. Die Gotik ist der architektonische Ausdruck der germanischen Seele. Ihre Richtung ist der »Wille nach oben«; ihre Innenräume überwinden alle Raumschwere. Sie ist als germanische Kunst im damals noch von nordischem Geist und nordischer Rasse geprägten Nordfrankreich entstanden.

Diese Germanenkunst wird von einer – grotesken – antijüdischen Kunstpolemik konturiert:

> Man sehe sich darauf die jüdischen Künstler an. Angefangen von den bald in Furcht klappernden, bald ›in Angst jauchzenden‹, bald rachegierig schnauben-

zu sprechen wie einst der Dominikanerprior aus dem 14. Jahrhundert.« Rosenberg, *Der Mythus des 20. Jahrhunderts*, 237.

den Psalmgesängen (die nur dank Luthers Umdichtung oft so schön klingen), über den stöhnenden Gebirol, den lüsternen David ben Selemo bis zum niederträchtigen Heinrich Heine. Man achte auf den Mammon vergötternden Kellermann, den sinnlichen Effektmacher Schnitzler. Felix Mendelssohn wurde von Zelter in jahrelanger Mühsal zu Bach geführt – für den der Jude dann Propaganda machte. Das Beste seines Schaffens Technisch-Formales. Man sehe selbst den entschieden Anlauf zu Hohem nehmenden Mahler, der doch schließlich jüdeln mußte. (364 f.)

Das kommende Reich

Lagardes ›Deutsche Religion‹ liefert die Blaupause für Rosenberg, er verwendet diese Vorlage ausgiebig: »Der Religionsbegriff des Christentums ist falsch. Religion ist persönliche Beziehung zu Gott. Sie ist unbedingte Gegenwart« (457). Unerlässlich ist die Polemik gegen den jüdischen Internationalisten Paulus,[61] der die Folie für die neue Nationalkirchlichkeit, das ›Deutsche Christentum‹, abgibt. Er zitiert Lagarde:

> Daß jeder Nation eine nationale Religion notwendig ist, ergibt sich aus folgenden Erwägungen: Nationen entstehen nicht durch physische Zeugung, sondern durch historische Ereignisse, aber unterliegen dem Walten der Vorsehung. Darum sind die Nationen göttlicher Einsetzung, sie werden geschaffen. [...] Weltreligion im Singular und nationale Religionen im Plural, das sind die Programmpunkte der beiden Gegner. [...] Katholizismus, Protestantismus, Judentum, Naturalismus müssen vor einer neuen Weltanschauung das Feld räumen [...] die große Zukunft, die ich verkünde, liegt noch weit vor uns.[62]

Lagarde und Eckhart sind Rosenbergs Erzpropheten. »Paul de Lagarde starb am 22. Dezember 1891. Er war nach Meister Eckehart vielleicht der erste, der den deutschen ewigen Traum ausgesprochen hat ohne jene Bindungen, die den großen Lehrer früher noch fesselten« (458).

61 »Paulus hat das Alte Testament in die Kirche gebracht, an dessen Einfluß das Evangelium, soweit dies möglich, zugrunde gegangen ist.« Rosenberg, *Der Mythus des 20. Jahrhunderts*, 457.

62 Ebd., 457 f. sämtlich Zitate von Lagarde, die Rosenberg feiert.

Die nationale Aufgabe, den höchsten Seelen- und Rassewert, die Idee der Ehre als nationale Aufgabe zu verwirklichen, ist den Männerbünden anvertraut: ›Unsere Ehre heißt Treue‹, lautet die Devise der SS. Wirkliche Freiheit sei nur denkbar, wenn sie Freiheit eines Typus, einer Persönlichkeit sei, die die Nation verkörpere: »Das neue Reich fordert von jedem im öffentlichen Leben stehenden Deutschen den Eid nicht auf eine Staatsform, sondern den Eid, überall nach Kräften und Vermögen die deutsche Nationalehre als obersten Maßstab seines Handelns anzuerkennen und für sie zu wirken« (543). Für dieses neue Reich ist Lagarde »der Prophet, der seiner Auferstehung harrt« (561).

»Aus dem neuerblühenden nationalistischen Mythus wachsen seelische Kräfte nach allen Richtungen« (602), deshalb sei eine deutsche Volkskirche »heute die Sehnsucht von Millionen« (599). Das Alte Testament soll abgeschafft werden, vom Neuen Testament zählt allein das Johannesevangelium: »Jesus erscheint uns heute als selbstbewußter Herr im besten und höchsten Sinne des Wortes. Sein *Leben* ist es, das für germanische Menschen Bedeutung besitzt, nicht sein qualvolles Sterben, dem er die Erfolge bei den alpinen und Mittelmeervölkern verdankte« (604). Anders als die Zwangsinstitution der römischen Kirche müsse die deutsche Kirche ohne Dogmatik[63] bestehen. Ziel der Religion ist »die Schaffung eines hohen Wertgefühls«, die der Seelengröße Eckharts entspreche: »Die Sehnsucht der nordischen Rassenseele im Zeichen des Volksmythus ihre Form als Deutsche Kirche zu geben, das ist mit die größte Aufgabe unseres Jahrhunderts« (614 f.). Der ›Deutsche Christ‹ sei treu, und »treu ist nur, wer seiner eigenen Freiheit treu bleibt« (623).

Das Wesen jedes Volkes werde durch seinen Mythos ausgedrückt, durch »Helden, Götter und Dichter« (678): »Das letztmögliche Wissen einer Rasse liegt schon in ihrem ersten religiösen Mythus eingeschlossen« (684). Personifikationen des deutschen Mythos seien Odin, der metaphysische Wanderer, das Rittertum, der Mystiker Meister Eckehart sowie die friedrizianischen Preußen. Organische Lebendigkeit ist die Gestalt dieser Seele. Dasein und Sosein ist dasselbe. Religiöser Kultus und politische Welt

63 »Zwangssätze [. . .], an die jeder ihr Angehörige gar bei Verlust der ewigen Seligkeit zu ›glauben‹ gezwungen ist.« Rosenberg, *Der Mythus des 20. Jahrhunderts*, 610.

müssten sich zu einem Organismus verbinden, der sich im Wissen und Gewissen um das eigene Blut seiner selbst bewusst werde: »Diese innere Stimme fordert heute, daß der Mythus des Blutes und der Mythus der Seele, Rasse und Ich, Volk und Persönlichkeit, Blut und Ehre, ganz allein und kompromißlos das ganze Leben durchziehen, tragen und bestimmen muß« (699).

Wenn irgendwo, dann versammeln sich bei Rosenberg die kulturideologischen Implikationen von Philologie und Mythologie, Religions- und Rassentheorien, Welt- und Heilsgeschichten zu einem Gedankenfilz, in dem alle Wissenschaftsansprüche des 19. Jahrhunderts, alle historische und begriffliche Differenzierung eingedampft sind in einem ausweglosen Solipsismus der eigenen völkischen Auserwähltheit. Dass Rosenberg offensichtlich nicht ahnte, was er anrichtete, macht die Sache nur noch schlimmer. Hitler, sein ›Führer‹ seit den Münchner Jahren, wusste es wohl genauer, denn er vertrat ein striktes Kampfkonzept, das radikaler als Rosenbergs Kulturgeschichte die Weltgeschichte auf einen biologisch-rassistischen Endsieg hin imaginierte.

6. Hitler: Mörderischer Messias

Nach dem gescheiterten Münchner Putsch vom 9. November 1923 schrieb Hitler die beiden Bände von *Mein Kampf* in seiner Haft auf der Festung Landsberg. Er war im April verurteilt worden, wurde aber schon vor Weihnachten 1924 wieder entlassen. Der erste Band erschien im Juli 1925 in einer Auflage von 10.000 Exemplaren, die fast vollständig noch im selben Jahr verkauft wurden. Der zweite Band von *Mein Kampf* war zunächst weniger erfolgreich, auch nach zwei Jahren war die erste Auflage noch nicht vergriffen. 1927/28 kam der Absatz beinahe zum Erliegen. Aber mit dem Aufstieg der NSDAP änderte sich das. 1930 kam eine 54.000-fach gedruckte einbändige »Volksausgabe« heraus, 1933 waren bereits insgesamt 241.000 Exemplare verkauft worden. Danach steigerte sich der Absatz sprunghaft; die letzte Ausgabe von 1944 umfasste fast 12,5 Millionen

Exemplare.[64] Ob das Buch noch in den Millionenauflagen wirklich gelesen wurde, mag man bezweifeln, aber diejenigen, die es vor 1933 gekauft haben, haben zumindest hineingeschaut. Nach 1933 wurde *Mein Kampf* in Auszügen auch Schullektüre.

Hitler hatte einen dritten Band konzipiert, der aber nicht mehr gedruckt wurde; wohl, weil 1927/28 der Verkauf von Band 1 und 2 nicht den Erwartungen entsprach. In diesem dritten Teil wollte er »die nationalsozialistischen Grundgedanken einer wirklichen deutschen Außenpolitik« entwickeln.[65] Es wurde nach dem Krieg (1956) von Gerhard L. Weinberg ediert: *Hitlers zweites Buch. Ein Dokument aus dem Jahr 1928*.

Der Münchner Putsch und der folgende Prozess verschafften Hitler eine öffentliche Bühne und machten ihn bekannt. Sein Scheitern und die Haft hatten zur Folge, dass er für die nationalsozialistische Bewegung zum Märtyrer wurde. Seine Gefolgschaft pries ihn als »Deutschen Messias«.[66] Putsch und Haftzeit stabilisierten sein Selbstbewusstsein als ›Führer‹. *Mein Kampf* ist Teil dieses hybriden Selbstfindungsprozesses. Das Buch ist deshalb zwar von begrenztem Wert für eine positivistische Datenerfassung, aber ein ideologisches Selbstzeugnis, das es in dieser Form von keinem anderen Diktator der Weltgeschichte gibt.

In der Haft las Hitler Marx, Nietzsche, Heinrich von Treitschke, Leopold von Ranke, Houston Stewart Chamberlain sowie Carl von Clausewitz. Vor allem scheinen ihn Paul de Lagardes ›Deutsche Religion‹ und Arthur de Gobineaus Lehre von der Ungleichheit der Rassen beeindruckt zu haben. Die *Protokolle der Weisen von Zion* kannte er wohl schon vorher. Außerdem gehörten Hans F. K. Günthers *Rassenkunde des deutschen Volkes*, Henry Fords *Der internationale Jude. Ein Weltproblem* und Madison

64 Lars Lüdicke, *Hitlers Weltanschauung. Von ›Mein Kampf‹ bis zum ›Nero-Befehl‹*, Paderborn: Ferdinand Schöningh 2016, 46 zitiert Othmar Plöckinger, *Geschichte eines Buches. Adolf Hitlers ›Mein Kampf‹ 1922–1945*, München: Oldenburg 2006, 181.

65 *Hitlers zweites Buch. Ein Dokument aus dem Jahr 1928* (hg. v. Gerhard L. Weinberg/ Hans Rothfels), Stuttgart: Deutsche Verlags-Anstalt 1961, 45.

66 Lothar Gruchmann (Hg.), *Der Hitler-Prozess*, 4 Bde., München: KG Saur 1997–1999, hier Bd. IV, 159. Zit. nach Lüdicke: *Hitlers Weltanschauung*, 51.

Grants *Untergang der großen Rasse* zu seinem Lesekanon.[67] Es war sämtlich Literatur, die seiner politischen Zielsetzung, der Machtergreifung des Nationalsozialismus, diente.[68]

Lebenskampf

Der Lebenskampf ist als biologistisches Prinzip ein entscheidender Faktor von Hitlers Geschichtsverständnis, das sich damit als politischer Darwinismus ausweist. Er schreibt in *Mein Kampf*:

> Der Kampf um das tägliche Brot läßt alles Schwache und Kränkliche, weniger Entschlossene unterliegen, während der Kampf der Männchen um das Weibchen nur dem Gesunden das Zeugungsrecht oder doch die Möglichkeit hierzu gewährt. Immer aber ist der Kampf ein Mittel zur Förderung der Gesundheit und Widerstandskraft der Art und mithin eine Ursache zur Höherentwicklung derselben.«[69] Daraus folgt: Was die Natur »wünscht, ist der Sieg des Stärkeren und die Vernichtung des Schwachen oder seine bedingungslose Unterwerfung.[70]

Folglich kann es nur um die Durchsetzung der Stärkeren und Gesünderen gehen; und diese Durchsetzung entspricht dem Naturgesetz:

> Eine Korrektur zugunsten des Besseren [...] besorgt die Natur, indem sie den schwächeren Teil so schweren Lebensbedingungen unterwirft, daß schon durch sie die Zahl beschränkt wird, den Überrest aber endlich nicht wahllos zur Vermehrung zuläßt, sondern hier eine neue, rücksichtslose Auswahl nach Kraft und Gesundheit trifft. (313)

Dieses Naturgesetz zeigt sich in der rassereinen Höherzüchtung: Es gibt einen »Willen der Natur zur Höherzüchtung überhaupt. Die Voraussetzung hierzu liegt nicht im Verbinden von Höher- und Niederwertigem,

67 Vgl. Volker Ullrich, *Adolf Hitler. Biographie,* Bd. 1: *Die Jahre des Aufstiegs 1889–1939*, Frankfurt am Main: Fischer 2013, 201 zit. nach Lüdicke: *Hitlers Weltanschauung*, 50.

68 Die Geschichte von Hitlers Machtpolitik in all ihren Facetten erzählt und analysiert Ian Kershaw, *Hitler. A Biography,* London/New York: WW Norton & Company 1998.

69 Adolf Hitler, *Mein Kampf*, zwei Bände in einem Band, München: Zentralverlag der NSDAP [489–493] 1939, hier 312 f.

70 Hitler, *Mein Kampf*, 372.

sondern im restlosen Siege des ersteren« (312). Die Frage nach der Rassereinheit ist ein Moment, das aus dem Pangermanismus von Lagarde stammt, aber wohl auch aus anderen Germanentraktaten der Jahrhundertwende.[71] Hitler folgert daraus: Aus diesem Grund kann nur höherwertiges Leben die Kultur erhöhen – und nicht jedes Leben ist erhaltenswert. Der natürliche Kampf »um das Dasein, der nur den Allerstärksten und Gesündesten am Leben läßt«, ist »göttlicher Wille«. Deshalb sei es konsequent, dass man »aus einer Überzahl von Einzelwesen die Besten sich als wert zum Leben auserwählt. [...] Ein stärkeres Geschlecht wird die Schwachen verjagen, da der Drang zum Leben in seiner letzten Form alle lächerlichen Fesseln einer sogenannten Humanität der einzelnen immer wieder zerbrechen wird, um an deren Stelle die Humanität der Natur treten zu lassen, die die Schwäche vernichtet, um der Stärke den Platz zu schenken.« (145).

Diese Theorie ist rassistischer Sozialdarwinismus, der sich auf die Formel vom *survival of the fittest* stützt. Die Frage nach der Rassereinheit stellt sich bei Darwin allerdings nicht, weil bei ihm die Anpassung an die jeweiligen Gegebenheiten gerade durch Rasseveränderung geschieht.

Rassenkampf

Der Kampf ist Hitlers weltgeschichtliche Zentralkategorie: »Im ewigen Kampf ist die Menschheit groß geworden – im ewigen Frieden geht sie zugrunde« (149). Anders als Marx und vor allem Engels, die die bisherige Geschichte als Klassenkämpfe interpretieren, geht Hitler von Rassenkämpfen aus. Er bestimmt ›Rasse‹ als stabile natürliche Macht. Die Unterschiede zwischen den Rassen und deren Skalierung übernimmt er aus der Biologie – bei Haeckel finden sie sich ähnlich. Die Vorstellung der allein kulturtragenden weißen Rasse kennt er von Gobineau und vor allem von Chamberlain. Hitler überträgt das Konzept des ›Kampfes aller gegen alle‹

71 Hier könnte Jörg Lanz von Liebenfels (1874–1954) eine, wenn auch geringe, Rolle gespielt haben. Hitler las jedenfalls die antisemitische und »ariosophische« Zeitschrift *Ostara*, die Lanz von Liebenfels weitgehend selbst schrieb, und in der er eine Religion arischer Rassereinheit verkündete.

und des *survival of the fittest* auf das Verhältnis der Rassen untereinander. Dabei verwendet er vor allem Malthus' Argument, dass bei Steigerung der Bevölkerungszahl und bei gleichbleibenden Ressourcen nur die Stärksten überleben. Angesichts der Vermehrung der Bevölkerung, schreibt Hitler, müsse, wenn der Platz für alle nicht mehr reiche, entweder »die Vermehrung eingestellt« werden oder die beste Rasse müsse naturgemäß ihren Boden erobern: »Die Natur kennt keine politischen Grenzen. Sie setzt die Lebewesen zunächst auf diesen Erdball und sieht dem freien Spiel der Kräfte zu. Der Stärkste an Mut und Fleiß erhält dann als ihr liebstes Kind das Herrenrecht des Daseins zugesprochen« (147).

Hitlers Politikbegriff kennt keinen Unterschied von Politik und Krieg. Das mag sein darwinistisches Verständnis von Heraklits Spruch »Der Krieg ist der Vater aller Dinge« sein und auch seine Deutung von Clausewitz' Diktum »Der Krieg ist die Fortsetzung der Politik mit andern Mitteln«. In jedem Falle bedeutet es die Militarisierung der Politik; seine Hochschätzung der Militärverfassung von Sparta und des römischen Militärs ist dann nur konsequent.

Krieg ist das Lebenselixier gesunder Völker. Volk und Rasse sind bei Hitler, wie bei Chamberlain auch, aufs Engste verbunden; sie werden idealtypisch identifiziert.[72] Der Kampf ums Dasein ist der Überlebenskampf eines Volkes; die Politik hat einzig diesem Ziel zu dienen:

> Um das Leben eines Volkes und für dieses Leben hat die Politik zu kämpfen, und sie muß dabei die Waffe ihres Kampfs stets so wählen, daß dem Leben im höchsten Sinne gedient wird. Denn man macht nicht Politik, um sterben zu können, sondern man darf nur manchesmal Menschen sterben lassen, auf daß ein Volk leben kann.[73]

Deshalb gilt für die Politik, das Volk und die Rasse gleichermaßen: »Wer leben will, der kämpfe also, und wer nicht streiten will in dieser Welt ewigen Ringens, verdient das Leben nicht«.[74]

72 Vgl. vor allem das 11. Kapitel von Hitler, *Mein Kampf*, Bd. I.

73 *Hitlers zweites Buch* (hg. v. Weinberg/Rothfels), 52.

74 Hitler, *Mein Kampf*, 316. Siehe außerdem die beiden ideologischen Hauptkapitel in Hitler, *Mein Kampf*, Bd. I: Kap. 4, dort: »Die vier Wege der deutschen Politik« (Kolumnentitel) und Kap. 11: »Volk und Rasse«.

Die Politik ist ein Überlebenskampf im ewigen Rassenkrieg; diesem Kampf ist schlechterdings alles untergeordnet. Die Völker und Rassen sind die Akteure, die knappe Ressource, um die gekämpft wird, ist das Land. Das hatte schon Lagarde behauptet. Hitler macht daraus eine politische Agenda: Um im Rassenkampf bestehen zu können, muss die Bevölkerungszahl steigen. Dann aber reicht das Territorium nicht mehr aus – mithin ist der Krieg um neue Lebensräume unvermeidlich. Diese Vorstellung wird vor allem in »Hitlers zweitem Buch« entfaltet:

> Es gibt nun im Völkerleben einige Wege, das Mißverhältnis zwischen Volkszahl und Grundfläche zu korrigieren [...]. Der natürlichste ist der einer Anpassung des Bodens von Zeit zu Zeit an die gewachsene Volkszahl. Dies erfordert Kampfentschlossenheit und Bluteinsatz.[75]

Die Konsequenz im Krieg der Rassen heißt Landnahme.

Arierglaube und Arierpflicht

Entscheidend für jede aristokratische Rassentheorie ist die Persönlichkeit, die die Rasse idealiter verkörpert. Die Rassen bleiben sich gleich, aber die Persönlichkeiten können die in ihnen angelegten Qualitäten zu Höchstform steigern. Hitler findet das historisch bestätigt: »Jede Tat eines Volkes« war stets nur »das Ergebnis des schöpferischen Wirkens der Persönlichkeit«.[76] Wirkliche Persönlichkeiten werden nur von hochstehenden Rassen hervorgebracht. Sie sind »Repräsentanten des Rassenwertes eines Volkes« und die eigentlichen Schöpfer der Kultur.[77] Da der menschliche Fortschritt allein auf der weißen, germanischen Rasse beruht, ist der Rassenkampf Bedingung für die Verbesserung der menschlichen Kultur. Rassenreinheit und Rassenkampf sind deshalb nachgerade ethisch erforderlich.

Der Arierglaube ist Kern der Idee einer unterschiedlichen Wertigkeit der Völker. »Jedes Volk«, glaubt Hitler, habe »ganz abgesehen von seiner

75 *Hitlers zweites Buch* (hg. v. Weinberg/Rothfels) 54.

76 Ebd., 66.

77 Ebd., 67.

Zahl als summarischer Wert noch einen spezifischen Wert, der ihm zu eigen ist und der keinem anderen Volke vollständig gleich sein kann.«[78] Im kulturellen Wert eines Volkes liege »in Wahrheit die Kraft der Selbstbehauptung«. Diese Vorstellung wird mit Rasse gekoppelt: »Je höher mithin der Rassenwert eines Volkes ist, um so größer sein allgemeiner Lebenswert, den es dann zugunsten seines Lebens einzusetzen hat, im Kampfe und im Ringen mit anderen Völkern.«[79]

Die kulturell höchste Rasse sind die Arier, die die bedeutendsten Persönlichkeiten hervorbringen und die sich zugleich für ihre Rasse bzw. ihr Volk bis zur Hingabe ihres Lebens einsetzen: Der

> *Aufopferungswille* zum Einsatz der persönlichen Arbeit und, wenn nötig, des eigenen Lebens für andere ist am stärksten beim Arier ausgebildet. Der Arier ist nicht in seinen geistigen Eigenschaften an sich am größten, sondern im Ausmaße der Bereitwilligkeit, alle Fähigkeiten in den Dienst der Gemeinschaft zu stellen. Der Selbsterhaltungstrieb hat bei ihm die edelste Form erreicht, indem er das eigene Ich dem Leben der Gesamtheit willig unterordnet und, wenn die Stunde es erfordert, auch zum Opfer bringt.[80]

Diese Aufopferungsfähigkeit sei der Grund aller Kultur, und sie wird geradewegs mit *Pflicht* gleichgesetzt: »Gerade unsere deutsche Sprache aber besitzt ein Wort, das in herrlicher Weise das Handeln nach diesem Sinne bezeichnet: Pflichterfüllung, das heißt, nicht sich selbst genügen, sondern der Allgemeinheit dienen« (327). So wird das Volk durch die großen Arierpersönlichkeiten gestärkt und kann sich im Kampf der Völker ums Dasein durchsetzen.

Der Idealtyp des Ariers ist langschädelig, blauäugig und blond[81] – er entspricht also dem nordischen, germanischen Menschen.

78 Ebd., 65.

79 Ebd.

80 Hitler, *Mein Kampf*, 325 f.

81 Spottvers im Dritten Reich: »Blond wie Hitler, schlank wie Göring, groß wie Göbbels«. – Nach Stefan Breuer, *Die radikale Rechte in Deutschland 1871–1945. Eine politische Ideengeschichte*, Stuttgart: Reclam 2010, 59 stammt die Zuordnung dieser Merkmale zu den Germanen vom Freiburger Anatomen Alexander Ecker (1816–1887).

Auch wenn das allen zeitgenössischen Herkunftstheorien der Arier, deren Ursprung im persisch-asiatischen Hochland vermutet wurde, widerspricht, idealisiert Hitler allein den nordischen Menschentyp. Wenn man Arier und Germanen genealogisch verbindet, muss man sich das wohl so vorstellen, dass der Teil der Indogermanen, der nach Nordwesten zog, sich im Zuge dieser Wanderung physisch perfektioniert habe. Dieser Typus, so lautete die alsbald gängige Ansicht in Anthropologenkreisen zu Anfang des 20. Jahrhunderts, sei im Norden Europas während der Eiszeit zur »edelsten Rasse des gesamten Menschengeschlechts«, zur »schönsten Blüte« und »reifsten Frucht am Stamme des homo sapiens« herangereift.[82] Die anthropologische Begründung dafür lautet wie folgt: Unter den harten Eiszeitbedingungen habe sich die nordisch-arisch-germanische Rasse deshalb herausbilden können, »weil das Zurückgehen der Hautpigmentierung wie auch die spät eintretende Geschlechtsreife den Energieverbrauch gemindert habe – was wiederum dem Aufbau des Gehirns zugutegekommen sei.«[83]

Diese hervorragende, einzigartig perfekte Rasse habe von Norden her als Kulturträger die gesamte europäische Zivilisation, auch die der slawischen und romanischen Länder bewirkt. Allerdings sei die skandinavische Rassereinheit im Verlauf der Jahrhunderte und Jahrtausende durch Vermischung mit minderwertigen Rassen verdorben worden; aber dieser Zustand könne durch selektive Maßnahmen einer Rassezucht wieder rückgängig gemacht werden.[84]

82 Breuer, *Die radikale Rechte in Deutschland 1871–1945*, 59, zitiert Ludwig Wilser, Die Bedeutung der Germanen in der Weltgeschichte, in: *Politisch-anthropologische Revue* 2 (1903/04), 640–649, hier 642. Wilser (1850–1923) war Schüler von Alexander Ecker.

83 Breuer, *Die radikale Rechte in Deutschland 1871–1945*, 63 f., Breuer bezieht sich auf Ludwig Woltmann, *Politische Anthropologie. Eine Untersuchung über den Einfluss der Descendenztheorie auf die Lehre von der politischen Entwicklung der Völker*, Leipzig/Eisenach: Thüringische Verlagsanstalt 1903, 215 und ders., *Die Germanen in Frankreich. Eine Untersuchung über den Einfluss der germanischen Rasse auf die Geschichte und Kultur Frankreichs. Mit 60 Bildnissen berühmter Franzosen*, Jena: Diederichs 1907, 12 f.

84 Breuer, *Die radikale Rechte in Deutschland 1871–1945*, 62 und 64 f.; dort zitiert Woltmann, *Politische Anthropologie*, 77 f. und 324.

Es war offensichtlich unter Rassisten dieser Zeit Konsens, was Renan formuliert hatte: »Die große indoeuropäische Rasse ist offensichtlich dazu bestimmt, alle anderen zu assimilieren.«[85] Und das Ergebnis wird nach ihm sein: »Nach Tausenden von Jahren solchen Bemühens wird die arische Rasse zur Herrin des Planeten«.[86] Schon bei Renan waren die Juden, ursprünglich Konkurrenten im Kampf um die Kulturhoheit, hoffnungslos hinter die Arier zurückgefallen. Die Semiten (Araber und Juden) hätten nach der Konzeption der hebräischen Bibel und der Installierung des Monotheismus keinen Beitrag mehr zur Weltkultur geleistet: »Mit der Vollendung dieser Aufgabe sinkt die semitische Rasse schnell und lässt die arische Rasse alleine an die Spitze der Menschheit marschieren.«[87] »Mit der indoeuropäischen Rasse verglichen repräsentiert die semitische Rasse wirklich eine minderwertige Kombination der menschlichen Natur«.[88]

Dass die weißen Rassen die alleinigen Kulturrassen seien, hatten auch Gobineau, Renan und Chamberlain behauptet. Aber weder Renan noch Gobineau machen aus den Juden die ›Tuberkulose‹ und ›Pest der Völker‹.[89] Hitler übernimmt zunächst die Hochschätzung der Arier und fasst die Theorie als Grundlage einer scharfen Skalierung:

> Würde man die Menschheit in drei Arten einteilen: in Kulturbegründer, Kulturträger und Kulturzerstörer, dann käme als Vertreter der ersten wohl nur der Arier in Frage. Von ihm stammen die Fundamente und Mauern aller menschlichen Schöpfungen, und nur die äußere Form und Farbe sind bedingt durch die jeweiligen Charakterzüge der einzelnen Völker. Er liefert die gewaltigen Bausteine und Pläne zu allem menschlichen Fortschritt, und nur die Ausführung entspricht der Wesensart der jeweiligen Rassen.[90]

85 Ernest Renan, *Histoire générale et système comparé des langues sémitiques*, in: *Œuvres complètes* (hg. v. Henriette Psichari), Bd. VIII, Paris: Calmann-Lévy 1958, 127–589, hier 587. Vgl. o. Kap. V, 4. »Renan als Sprachtheologe«.

86 Ernest Renan, *Histoire générale et système comparé des langues sémitiques*, 587.

87 Renan, *Histoire générale et système comparé des langues sémitiques*, 145 f.

88 Renan, *Histoire générale et système comparé des langues sémitiques*, ebd.

89 Vgl. Hitler, *Mein Kampf*, 253.

90 Hitler, *Mein Kampf*, 318.

Aus diesem Grund sind die Arier die siegreiche Herrenrasse; und so lange sie ihr Blut rein erhalten, können sie ihre Herrschaft behaupten. Hier ist Hitler ein entschiedener Vertreter der Reinrassigkeit des Ariers, eine These, die er historisch rechtfertigen zu können glaubt:

> Arische Stämme unterwerfen – häufig in wahrhaft lächerlich geringer Volkszahl – fremde Völker und entwickeln nun, angeregt durch die besonderen Lebensverhältnisse des neuen Gebietes (Fruchtbarkeit, klimatische Zustände usw.) sowie begünstigt durch die Menge der zur Verfügung stehenden Hilfskräfte an Menschen niederer Art, ihre in ihnen schlummernden geistigen und organisatorischen Fähigkeiten.

Das hört sich an wie die Blaupause für die Rolle der Wehrmacht und der SS im Zweiten Weltkrieg. Auch die Kriegsziele und die Zeit nach dem Sieg der Arier sind schon imaginiert. Hitler fährt fort: »Sie [sc. die Arier] erschaffen in oft wenigen Jahrtausenden, ja Jahrhunderten, Kulturen, die ursprünglich vollständig die inneren Züge ihres Wesens tragen, angepaßt den oben schon angedeuteten besonderen Eigenschaften des Bodens sowie der unterworfenen Menschen.« Wird freilich die Rassereinheit nicht gewahrt, ist der Niedergang unvermeidlich: »Endlich aber vergehen sich die Eroberer gegen das im Anfang eingehaltene Prinzip der Reinhaltung ihres Blutes, beginnen sich mit den unterjochten Einwanderern zu vermischen und beenden damit ihr eigenes Dasein« (319 f.).

Daraus folgt eine Dreiteilung der Wertigkeit der Rassen:

1. Die Arier sind eine aristokratisch-kriegerische Kultur- und Herrenrasse, die sich in ihrer Reinheit erhalten muss.
2. Die unterjochten Völker sind ihnen zu Diensten. Diese Völker zehren von der kulturschöpferischen Kraft der Arier, bleiben aber unterjocht.
3. Die Juden sind die Anti-Arier, sie sind zerstörerisch für alle Kultur.

Für die Politik folgt daraus, dass die Reinrassigkeit und die Herrschaft der Arier wiederhergestellt werden müssen. Die minderwertigen Völker müssen den Ariern zu Diensten sein. Die Juden als »Parasit im Körper anderer Völker« (334) müssen ausgerottet werden.

Bei der Ernennung Hitlers zum Reichskanzler am 30. Januar 1933, nachdem aller Jubel und alle Marschmusik verklungen waren, blieb Hitler noch in dem kleinen Zimmer neben dem Empfangsraum des Kanzlers. Erschöpft und beglückt, hielt er einen seiner Monologe. Die Quintessenz: »Sein Wirken [...] eröffne den Schlußkampf des weißen Mannes, des Ariers, um die Herrschaft über die Erde. Die Nichtarier, die Farbigen, die Mongolen seien schon in vollem Aufbruch, um unter dem Bolschewismus die Herrschaft an sich zu reißen, doch mit diesem Tag beginne ›die größte germanische Rassenrevolution der Weltgeschichte‹.«[91]

Die Herrschaftsstruktur dieses Imperiums war die »Utopie einer konsequent hierarchischen Gesellschaft«[92] – das Führerprinzip. Die Herrschaft solle durch Arier ausgeübt werden. Hitler sorgte sich um das Aussterben der Arier. Dagegen wollte er – prophetisch, und seine Phantasien schienen ihm zum Greifen nahe – innerhalb weniger Jahre »Pflanzgärten des germanischen Blutes« im Osten schaffen, dort sollten »richtige Herrennaturen« und »Vizekönige« gezüchtet werden.[93]

Die Konsequenz dieser Überlebensstrategien im Rassenkampf war die Stärkung der eigenen Rasse und des eigenen Volkes. Diese Stärkung bestand in der Steigerung moralischer Charakterstärke, im Bewusstsein der persönlichen Pflicht im Kampf von Volk und Rasse und in körperlicher Ertüchtigung. Der Kampf ging auf Leben und Tod, er war Teil des Rassendarwinismus; die unterlegenen Rassen, das hatte Darwin gezeigt, waren ein für alle Mal aus der Natur- und Weltgeschichte verschwunden. Im Kampf ums Dasein war die Vernichtung des Gegners deshalb biologische Pflicht. Der Gegner – die Juden – war böse, weil er seinerseits die Herrenrasse vernichten wollte. Das Böse hat naturgemäß keine Daseinsberechtigung, denn es ist der Widersacher des Guten. Nur wenn das Böse vernichtet ist, kann das Gute gedeihen. Unter diesen Bedingungen war der Nationalsozialismus kein Problem von krimineller Energie,

91 Joachim Fest, *Hitler. Eine Biographie*, Frankfurt am Main: Propyläen 1973, 510. Zit. nach Hans Frank, *Im Angesicht des Galgens. Deutung Hitlers und seiner Zeit aufgrund eigener Erlebnisse und Erkenntnisse*, Neuhaus: Brigitte Frank ^{2}1955, 121 f. Vgl. Walter Görlitz/Herbert A. Quint, *Adolf Hitler. Eine Biographie*, Stuttgart: Steingrüben-Verlag 1952, 367.

92 Fest, *Hitler*, 928.

93 Henry Picker (Hg.), *Hitlers Tischgespräche im Führerhauptquartier*, Stuttgart: Seewald ^{4}1983, 137.

sondern eines der pervertierten moralischen Energie. Es waren vor allem Menschen mit einem starken, wenn auch zugleich richtungslosen Moralverlangen, an die der Nationalsozialismus appellierte. Vor allem durch die SS hat er diesen Typus heranzuziehen und elitär zu organisieren versucht. Das Postulat der ›inneren Werte‹, wie es für diese Ordensgemeinschaft unaufhörlich gepredigt und in nächtlichen Feierstunden bei Fackellicht romantisch bekräftigt wurde, umfaßte nach den Vorstellungen Heinrich Himmlers Treue, Ehrlichkeit, Gehorsam, Härte, Armut und Tapferkeit, allerdings losgelöst von jedem übergreifenden Bezugssystem und gänzlich auf die Zwecke des Regimes ausgerichtet. Unter dem Kommando solcher Imperative wurde ein Typus emotionsloser Exekutoren herangezogen, der sich ›kalte, ja steinerne Haltungen‹ abverlangte, wie einer von ihnen geschrieben hat, und ›aufgehört (hatte), menschliche Gefühle zu haben‹. Aus der Härte gegen sich selber bezog er die Rechtfertigung der Härte gegen andere, und vor der buchstäblich geforderten Fähigkeit, über Leichen zu gehen, stand die Abtötung des eigenen Ich. Es ist diese unbewegte, mechanische Konsequenz, die auf den Betrachter bezeichnenderweise weit radikaler wirkt als der kriminelle Affekt.[94]

Das Prinzip des Völkischen

Hitlers Kampf gegen den Internationalismus und gegen die Gleichheit der Menschen folgt aus der Arier- und Rassentheorie. Wenn die Nationalsozialisten diejenigen sind, die das germanisch-arische Volk als Elite der Menschheit betrachten, ist Egalitarismus der Völker und die Gleichheit der Menschen ausgeschlossen. Die biblisch behauptete Gottebenbildlichkeit aller Menschen gilt dann nur noch für die Germanen. Deshalb haben die Germanen ihre eigene, völkisch-rassisch grundgelegte Religion – das konnte Hitler vor allem bei Lagarde lernen. Die Argumente sind zirkulär, wie stets in der Rassentheorie. Die höchsten Exemplare der arischen Rasse waren die Kulturträger der Menschheit, und die neugezüchteten idealen Persönlichkeiten sollten durch die Politik des Nationalsozialismus die menschliche

94 Fest, *Hitler*, 518. Das Zitat stammt von Rudolf Höß, dem zeitweiligen Kommandanten von Auschwitz. Vgl. Gustave Mark Gilbert, *The Psychology of Dictatorship. Based on an Examination of the Leaders of Nazi Germany*, New York: Ronald Press 1950, 250.

Kultur zu neuen Höhen führen. Das setzte wiederum die Autonomie der Herrenrasse und die Unterwerfung kultur- und artfremden ›Blutes‹ voraus.

Der Kernbegriff dieser Kulturtheorie ist ›völkisch‹. Gegenüber dem Marxismus, der die rassistischen Urkräfte und mit ihnen die Bedeutung der Person zu verderben versuche,[95] hebt Hitler die Bedeutung des Völkischen hervor. Für ihn

> erkennt die völkische Weltanschauung die Bedeutung der Menschheit in deren rassistischen Urelementen. Sie sieht im Staat prinzipiell nur ein Mittel zum Zweck und faßt als seinen Zweck die Erhaltung des rassischen Daseins der Menschen auf. Sie glaubt somit keineswegs an eine Gleichheit der Rassen, sondern erkennt mit ihrer Verschiedenheit auch ihren höheren oder minderen Wert und fühlt sich durch diese Erkenntnis verpflichtet, gemäß dem ewigen Wollen, das dieses Universum beherrscht, den Sieg des Besseren, Stärkeren zu fördern, die Unterordnung des Schlechteren und Schwächeren zu verlangen. Sie huldigt damit prinzipiell dem aristokratischen Grundgedanken der Natur und glaubt an die Geltung dieses Gesetzes bis zum letzten Einzelwesen.[96]

Daraus folgt nun die politische Agenda, das Völkische – und das ist das Arisch-Deutsche – als Ziel der Weltgeschichte um jeden Preis zu fördern:

> Menschliche Kultur und Zivilisation sind auf diesem Erdteil unzertrennlich gebunden an das Vorhandensein des Ariers. Sein Aussterben oder Untergehen wird auf diesen Erdball wieder die dunklen Schleier einer kulturlosen Zeit senken.
> Das Untergraben des Bestandes der menschlichen Kultur durch Vernichtung ihres Trägers aber erscheint in den Augen einer völkischen Weltanschauung als das fluchwürdigste Verbrechen. (421)

Die Verbrecher sind schon ausgemacht: die Juden, gleichermaßen als internationales Finanzjudentum wie als sozialistische Internationale gefasst.

95 »Karl Marx war wirklich nur der *eine* unter den Millionen, der in dem Sumpfe einer langsam verkommenden Welt mit dem sicheren Blick des Propheten die wesentlichen Giftstoffe erkannte, sie herausgriff, um sie, einem Schwarzkünstler gleich, in eine konzentrierte Lösung zur schnelleren Vernichtung des unabhängigen Daseins freier Nationen auf dieser Erde zu bringen. Dieses alles aber im Dienst seiner Rasse.« Hitler, *Mein Kampf*, 420.

96 Ebd., 420 f.

Beide sind in ihrem ökonomischen Materialismus und in der Hochschätzung demokratischer Gleichheit verbunden, sei es in der liberalistischen, sei es in der sozialistischen Variante. Weder der Materialismus noch die Demokratie sind mit dem völkischen Prinzip des Nationalsozialismus vereinbar, denn das völkische Prinzip, das auf rassisch reinen, aristokratischen, kämpferischen Eliten beruht, ist an der kulturellen Vervollkommnung der Menschheit interessiert; alles Materielle ist ihm verächtlich. Damit ist das Feindbild präzisiert, denn »so wie der Internationalismus den vorhandenen Rassewert schädigt und damit schwächt, die Demokratie die Persönlichkeitswerte zerstört, so lähmt der Pazifismus die natürlichen Kräfte der Selbsterhaltung der Völker«.[97]

Antisemitismus

Am 29. April 1945, einen Tag vor seinem Selbstmord, verfügte Hitler testamentarisch: »Vor allem verpflichte ich die Führung der Nation und die Gefolgschaft zur peinlichen Einhaltung der Rassegesetze und zum unbarmherzigen Widerstand gegen den Weltvergifter aller Völker, das internationale Judentum«.[98] Hitler hat diesen missionarischen Antisemitismus vom Beginn seines politischen Selbstfindungsprozesses an als Konstante durchgehalten. Schon im ersten überlieferten politischen Selbstzeugnis von 1919 heißt es: Die Juden seien die »Rassentuberkulose der Völker.«[99] Und für den Politiker Hitler sind das nicht nur theoretische Diagnosen, sondern er zieht daraus politische Konsequenzen:

97 Weinberg/Rothfels (Hg.), *Hitlers zweites Buch*, 68.

98 Hitlers »Politisches Testament«, 29. 4. 1945, in: *Ursachen und Folgen. Vom deutschen Zusammenbruch 1918 und 1945 bis zur staatlichen Neuordnung Deutschlands in der Gegenwart. Eine Urkunden- und Dokumentensammlung zur Zeitgeschichte* (hg. v. Herbert Michaelis/Ernst Schraepler), 27 Bde., Berlin: Wendler 1958–1979. Hier Bd. XXIII, Dok. 3636 b. Zit. nach Lüdicke, *Hitlers Weltanschauung*, 43.

99 Hitler: Sämtliche Aufzeichungen 1905–1924 (hg. v. Eberhard Jäckel/Axel Kuhn), Stuttgart 1980. Dok. 524. Zit. nach Lüdicke, *Hitlers Weltanschauung*, 73.

> Der Antisemitismus aus rein gefühlsmäßigen Gründen wird seinen letzten Ausdruck finden in der Form von Progromen [sic!]. Der Antisemitismus der Vernunft jedoch muß führen zur planmäßigen gesetzlichen Bekämpfung und Beseitigung der Vorrechte der Juden. [...] Sein letztes Ziel aber muss unverrückbar die Entfernung der Juden überhaupt sein.[100]

Politik ist die umfassendste Möglichkeit des Menschen, Erkenntnisse in Pläne und Pläne in Realitäten zu verwandeln. Diese Verwandlung von Worten in Tatsachen ist die höchste Macht, die der Mensch besitzt: Er kann so aus dem Nichts schaffen; hier ist er Abbild und Stellvertreter des Schöpfergottes. Wie dieses Vikariat des Absoluten misslingen kann, hat sich in den 26 Jahren zwischen den frühen Aufzeichnungen Hitlers und seinem Testament in einer zerstörten Welt aufs Entsetzlichste erwiesen.

Schon vor seiner Haft in Landsberg hat Hitler »den« Juden »wohl als Rasse, aber nicht Mensch« bezeichnet, als »Ebenbild des Teufels«. Damit vollzieht er die Umkehrung der biblischen Gottebenbildlichkeit des Menschen.[101] In *Mein Kampf* sind Hitlers antisemitische Topoi systematisch zusammengestellt worden. Diese Kompilation war geeignet, Hitlers Antisemitismus zu steigern. Er war auch vor seiner Haft Antisemit, aber die Zuspitzung darauf, dass die Juden »die Weltpest« seien, dass sie also die rassische Struktur der Völker sozusagen von innen als Krankheitskeime zerfressen, scheint sich erst in Landsberg als Grundideologem durchgesetzt zu haben. Das biologistische Bild ist alt: Es handelt sich um die Analogie von menschlichem Körper und Volkskörper, und wie der menschliche Körper krank werden kann, so auch der Volkskörper. Das ist zunächst nur eine Allerweltsanalogie. Aber jetzt werden die Krankheitserreger als Juden identifiziert. Es wird berichtet, auf eine Frage seiner Anhänger nach seiner Stellung zum Judentum befragt, habe Hitler im Juli 1924 geantwortet:

> Ja, ja, es ist ganz richtig, daß ich meine Ansicht über die Kampfweise gegen die Juden geändert habe. Ich habe erkannt, daß ich bisher viel zu milde war!

100 Ernst Deuerlein, Hitlers Eintritt in die Politik und die Reichswehr, in: *VfZ* 7 (1959), 177–227, Dok. 12.

101 Aufzeichnung 1. 5. 1923, in: *Hitler. Sämtliche Aufzeichnungen 1905–1924* (hg. v. Eberhard Jäckel/Axel Kuhn), Stuttgart: Deutsche Verlags-Anstalt 1980, 1242. Zit. nach Lüdicke, *Hitlers Weltanschauung*, 73.

> Ich bin bei der Ausarbeitung meines Buchs zur Erkenntnis gekommen, daß in Zukunft die schärfsten Kampfmittel angewendet werden müssen, um uns erfolgreich durchzusetzen. Ich bin überzeugt, daß nicht nur für unser Volk, sondern für alle Völker dies eine Lebensfrage ist. Denn Juda ist die Weltpest.[102]

Hitlers Weltbild war von rassischer Vernichtungsangst geprägt. Es gibt eine gute reine Rasse, die von den bösen Juden zerfressen zu werden droht. Jede Rassenvermischung führt zu kultureller Verschlechterung. Diese Vermischung sei ein Zwischenziel des jüdischen Internationalismus, der am Ende die Weltherrschaft anstrebte. Dieses Verschwörungsnarrativ war der Tenor der *Protokolle der Weisen von Zion.* Die Methoden der Juden zur Erlangung der Weltherrschaft richten sich ihrem Wesen nach gegen die kulturell hochstehenden reinen Rassen. Die Juden selbst seien keine reine Rasse, sie sind Parasiten, weil sie sich mit den Gastvölkern vermischen, diese aussaugen und ihre Ernährer zerstören, um sich dann neue Opfer zu suchen. Sie verderben die Völker durch Kapitalismus und Sozialismus. Die so verjudeten Völker glaubten dann an Kapitalismus und Sozialismus. Wenn die Völker erst ideologisch verdorben sind, seien sie selbst verjudet. Damit sei ihre völkische Eigenkultur, d. h. die Kultur überhaupt, verloren. Der parasitäre Unterwanderungsprozess führe über die Zersetzung der aristokratischen Strukturen zunächst zu pseudodemokratischen Verfassungen. In Wirklichkeit aber intrigierten sich die Juden intellektuell und institutionell in die Führungspositionen, die sie zur Befestigung ihrer Weltherrschaftsansprüche ausnutzen. Diese Verschwörungstheorie der *Protokolle der Weisen von Zion* deutet Hitler rassistisch: »Das Endziel ist die Entnationalisierung, die Durcheinanderbastardisierung der anderen Völker, die Senkung des Rasseniveaus der Höchsten, sowie die Beherrschung dieses Rassenbreies durch die Angehörigen seines eigenen Volkes.«[103] Diese Herrschaft führe über den Kulturverfall zum politischen Tod sowohl der verseuchten Völker als auch am Ende zum Tod der Schädlinge: »Das Ende der Judenherrschaft ist dabei stets der Verfall jeglicher Kultur und endlich der Wahnsinn des Juden selbst. Denn er ist Völkerpara-

102 Aufzeichnung 29. 7. 1924, in: *Hitler. Sämtliche Aufzeichnungen 1905–1924* (hg. v. Jäckel/Kuhn), 1242. Zit. nach Lüdicke, *Hitlers Weltanschauung*, 72.

103 *Hitlers zweites Buch* (hg. v. Weinberg/Rothfels), 221.

sit, und sein Sieg bedeutet ebensosehr Tod seines Opfers als sein eigenes Ende«.[104]

Christentum

Hitlers ideologische Einkreisungsängste waren umfassend. Sie betrafen zwar vor allem die ›jüdische Weltverschwörung‹, aber auch das Christentum war wegen seiner jüdischen Wurzeln aufs Unheimlichste mit dem Weltbösen verbunden. Hitler hat denn auch in einem Gespräch mit Dietrich Eckart aus der Landsberger Zeit die Identität von Judentum, Christentum und Bolschewismus behauptet.[105]

Religion war ihm vor allem deshalb ein Problem, weil der Nationalsozialismus sich selbst als Heilslehre verstand, die alle anderen Religionen aufheben sollte. In aller Radikalität hat Hitler diese Konfrontation von Nationalsozialismus und kirchlich verfasster Religion Mitte Oktober 1941, als die deutschen Truppen noch siegten, formuliert: »Wir werden dafür sorgen, daß die Kirchen keine Lehren mehr verkünden, die mit unseren Lehren im Widerspruch stehen. Wir werden weiter unsere nationalsozialistischen Lehren durchsetzen, und die Jugend wird nur mehr die Wahrheit hören.«[106]

Was ihm vorschwebt, entspricht durchaus dem ›Deutschen Christentum‹, wie es Lagarde verkündet hatte, nämlich als Naturfrömmigkeit und individuelle Bindung an ein Numinoses – keineswegs aber an eine Kirche:

> Ich glaube, wer mit offenen Augen in die Natur schaut, wird der frömmste Mensch; nicht im Sinne von Kirchenfrömmigkeit, sondern in der Art innerer Selbstbesinnung. [...] In jedem Menschen lebt das Ahnungsvermögen, was das Walten dessen anbelangt, was man Gott nennt.[107]

104 Ebd.

105 Fest, *Hitler*, 302.

106 Hitler, 14.10.1941, in: *Adolf Hitler. Monologe im Führer-Hauptquartier 1941–1944. Die Aufzeichnungen von Heinrich Heims* (hg. v. Werner Jochmann), Hamburg: Knaus 1980, Dok. 33, S. 85.

107 Ebd., Dok. 3, S. 40.

Dieses Ahnungsvermögen habe die Kirche durch die Dogmatisierung unterdrückt, und den Glauben an ihre Dogmen habe sie unter Androhung ewiger Strafen vorgeschrieben. So habe sie die Gemüter geknechtet und die freien Seelen zerstört. Deshalb sei das Christentum »der schwerste Schlag, der die Menschheit getroffen« hat.[108] Durch diese Knebelung der menschlichen Instinkte handle das Christentum gegen die Gesetzmäßigkeit der Natur, die ahnungsvoll und unbewusst ihre Kräfte je nach Rasse und Nation verwirklicht: »Das Christentum ist Auflehnung gegen dieses Grundgesetz, Protest gegen die Schöpfung; konsequent durchgesetzt, würde es zur Züchtung des Minderwertigen führen.«[109]

Hitlers Ideen eines arischen Christentums entstammen den Ideologien von Lagarde, Renan und Chamberlain. Bei ihm werden deren ideologische Topoi zu Kampfparolen. Diese Topoi sind gängig: Das arische Urchristentum, das sich ursprünglich gegen die Juden gewendet hätte, sei von Juden verfälscht worden, vornehmlich von Paulus. So sei es zu einem »alles zerstörenden Bolschewismus geworden. [...] Dabei hat der Galiläer, den man später Christus benannte, etwas ganz anderes gewollt«[110]. Hier wird nun ausgerechnet die These der antichristlichen jüdischen Kampfschrift *Toledot Jeschu*, dass Jesus der »Sohn einer Hure und eines römischen Soldaten« gewesen sei, wieder aufgewärmt, er sei jedenfalls »bestimmt kein Jude« gewesen. Die

> entscheidende Verfälschung der Lehre des Jesus kam durch *Paulus*. Er hat raffiniert die Lehre des Galiläers für seine Zwecke umgefälscht und ausgewertet. Der Galiläer hatte die Absicht, sein galiläisches Land von den Juden zu befreien, er wandte sich mit seiner Lehre gegen den jüdischen Kapitalismus, und deshalb haben ihn die Juden getötet. Einer der gemeinsten Kommissare gegen ihn war Saulus. Als Saulus auf einmal merkte, daß sich für die Lehre des Galiläers viele Menschen töten ließen, da kam das, was man ›Erleuchtung des Saulus‹ nennt; es war die Einsicht, daß man mit der Lehre des Galiläers, wenn man es richtig anpackte, den römischen Staat, den die Juden haßten, zum Zusammenbruch bringen könne. [...] Saulus-Paulus kam die Erleuchtung, daß man den römi-

108 Ebd., Dok. 3, S. 41.

109 Ebd., Dok. 28.

110 Hitler, 21. 10. 1941, in: *Monologe* (hg. v. Jochmann), Dok. 41, S. 96.

> schen Staat zum Zusammenbruch bringen könne, wenn man die Lehre von der Gleichheit aller Menschen vor einem alleinigen Gott durchsetze und wenn man die eigenen, angeblich göttlichen Auffassungen über die staatlichen Gesetze erheben würde. Wenn man noch dazu es fertigbrachte, einen Mann als Stellvertreter Gottes auf Erden durchzusetzen, dann stand dieser Mann mit seinem Gebot und seiner Lehre über allen staatlichen Gesetzen.[111]

Dieser antikatholische Topos ist bei Hitler zugleich rassistisch und antibolschewistisch untermauert: Aus der Kampfansage gegen die Macht des Geldes, die Jesus propagiert habe, habe Paulus die Idee des »Minderrassigen, der Sklaven, der Unterdrückten; der an Geld und Gut Armen gegen die herrschende Klasse, gegen die Oberrasse, gegen die Unterdrücker« gemacht.[112] Das ist sicher auch eine Nietzsche-Reminiszenz aus der *Genealogie der Moral*. Zugleich bedient Hitler die Idee, die Gibbon in *Decline and Fall of the Roman Empire* entfaltet hat, dass nämlich das Christentum die römische Kultur zersetzt habe. Hitler mutmaßt: Ohne das jüdisch geprägte Christentum hätte sich das Römische Reich »unter germanischer Führung zur Weltherrschaft entwickelt und geweitet: Die Menschheit würde nicht um fünfzehnhundert Jahre in der Entwicklung zurückgeworfen sein«.[113]

Hitlers entscheidendes politisches Argument ist die typologische Parallelität zwischen Antike und Gegenwart: Der Bolschewismus stellt die gleiche Gefahr für die arisch-deutsche Kultur dar wie das Christentum für das Römische Reich. Das Römische Reich sei durch das Christentum »bolschewisiert« worden, »und dieser Bolschewismus wirkte sich in Rom genauso aus, wie wir es später in Rußland erlebten.«[114] Deshalb müsse eine solche Entwicklung, in der jüdischer Kapitalismus, Bolschewismus und Christentum sich zum Niedergang der Kultur verschworen hätten, um jeden Preis verhindert werden: »Europa vor der Wiederholung einer derartigen Krise bewahrt zu haben, wird einmal als Verdienst des Nationalsozialismus gefeiert werden.«[115]

111 Hitler, 21. 10. 1941, in: *Monologe* (hg. v. Jochmann), Dok. 41. S. 96 f.

112 Hitler, 21. 10. 1941, in: *Monologe* (hg. v. Jochmann), Dok. 41.

113 Hitler, 11./12. 7. 1941, in: *Monologe* (hg. v. Jochmann), Dok. 3, S. 41.

114 Hitler, 21. 10. 1941, in: *Monologe* (hg. v. Jochmann), Dok. 41. S. 98.

115 Hitler, 27. 01. 1942, in: *Monologe* (hg. v. Jochmann), Dok. 114, S. 236.

Unter dem Einfluss seines Erlösungsantisemitismus radikalisierte Hitler offensichtlich in der Festungszeit in Landsberg seine Vorstellungen vom Lebensraum. Ursprünglich war er an den großdeutschen Kriegszielen von 1914 orientiert, die im sogenannten ›Septemberprogramm‹ formuliert worden waren: umfangreiche Annexionen in Westeuropa kombiniert mit einem wirtschaftlich hegemonierten Mitteleuropa und einem Kolonialreich in Mittelafrika. Dieses Programm entsprach in wichtigen Partien den Ausführungen von Lagarde. Erich Ludendorff war jedoch darüber hinaus gegangen. Er hatte schon vor seiner Berufung zum Chef der dritten Obersten Heeresleitung die Ziele formuliert: »Abtrennung weiter Gebiete von Russland, um ›Zufluchtsstätten für Menschen‹ zu gewinnen, die ›für weitere Kämpfe nach Osten nötig‹ seien.«[116] Zwar hatten sich Hitler und Ludendorff nach dem gescheiterten Putsch von 1923 getrennt, aber Hitler verfolgte als nunmehr alleiniger Programmatiker der NSDAP Ludendorffs außenpolitische Ziele weiter. Er orientierte sich dabei an der Ostmission des Deutschen Ordens, »um mit dem deutschen Schwert dem deutschen Pflug die Scholle, der Nation aber das tägliche Brot zu geben«.[117]

Im Laufe der Ausarbeitung von *Mein Kampf* radikalisierte er sich weiter und spitzte seine »Ostorientierung und Ostpolitik« pathetisch zu:

> Wenn die nationalsozialistische Bewegung wirklich die Weihe einer großen Mission für unser Volk vor der Geschichte erhalten will, muß sie, durchdrungen von der Erkenntnis und erfüllt vom Schmerz über seine wirkliche Lage auf dieser Erde, kühn und zielbewußt den Kampf aufnehmen gegen die Ziellosigkeit und Unfähigkeit, die bisher unser deutsches Volk auf seinen außenpolitischen Wegen leiteten. Sie muß dann, ohne Rücksicht auf ›Traditionen‹ und Vorurteile, den Mut finden, unser Volk und seine Kraft zu sammeln zum Vormarsch auf jener Straße, die aus der heutigen Beengtheit des Lebensraumes dieses Volk hinausführt zu neuem Grund und Boden und damit auch für immer von der

116 Ludendorff an Delbrück, 29. 12. 1915, nach Egmont Zechlin, Ludendorff im Jahre 1915. Unveröffentlichte Briefe, in: *Historische Zeitschrift* 211 (1970), 316–353, hier 352. Zit. nach: Lüdicke, *Hitlers Weltanschauung*, 77.

117 Hitler, *Mein Kampf*, 154.

> Gefahr befreit, auf dieser Erde zu vergehen oder als Sklavenvolk die Dienste anderer besorgen zu müssen. (731 f.)

Bis dahin könnte man diese Ausführungen noch als Moment der Bewegung ›Volk ohne Raum‹ begreifen. Aber die Ausführungen sind offensichtlich von Hitlers Herrenrassenvorstellung geprägt: Die nationalsozialistische Bewegung muss sich bei dieser Raumerweiterungspolitik

> bewußt bleiben, daß wir als Wahrer höchsten Menschentums auf dieser Erde auch an eine höchste Verpflichtung gebunden sind, und sie wird um so mehr dieser Verpflichtung zu genügen vermögen, je mehr sie dafür sorgt, daß das deutsche Volk rassisch zur Besinnung gelangt. (732)

Es ging Hitler also seit seiner Haft in Landsberg um Landnahme im Osten als Teil der weltpolitischen Hegemonialpolitik der arisch-deutschen Rasse. Und er interpretierte die Russische Revolution als Hinweis des Schicksals – er spricht noch nicht von »Vorsehung« – dafür, dass sich Russland selbst zerstört habe, weil es seine germanisch-stämmigen Eliten liquidiert und an deren Stelle Juden gesetzt habe:

> Seit Jahrhunderten zehrte Rußland von diesem germanischen Kern seiner oberen leitenden Schichten. Er kann heute als fast restlos ausgerottet und ausgelöscht angesehen werden. An seine Stelle ist der Jude getreten. So unmöglich es dem Russen an sich ist, aus eigener Kraft das Joch des Juden abzuschütteln, so unmöglich ist es dem Juden, das mächtige Reich auf die Dauer zu erhalten. Es selbst ist kein Element der Organisation, sondern ein Ferment der Dekomposition. Das Riesenreich im Osten ist reif zum Zusammenbruch. Und das Ende der Judenherrschaft in Rußland wird auch das Ende Rußlands als Staat sein. (742 f.)

Die Idee des Kriegs gegen Russland war mithin von Beginn an Teil seines völkischen weltpolitischen Hegemonialplanes.

Die Zeit für die Ostpolitik, die Lebensraum im Osten schaffen und zugleich die Welt von den Juden befreien sollte, schien Hitler im Jahr 1940 gekommen, als nach dem erfolgreichen Frankreichfeldzug die Expansionskraft des Deutschen Reiches unwiderstehlich schien. Unangesehen der Gefahr, dass Amerika in den Krieg eintreten werde, ging Hitler von der Stimmigkeit der rassistisch orientierten Analyse der Instabilität der

Sowjetunion aus, wie er sie in *Mein Kampf* beschrieben hatte. Für die Ausarbeitung dieser Ostpläne war dann im Einzelnen Heinrich Himmler zuständig. Himmler hatte 1941, im Zusammenhang mit dem Angriff auf die Sowjetunion, einen »Generalplan Ost« in Auftrag gegeben:

> Vorgeschlagen wurde in diesem Rahmenplan ein Siedlungs- und Ausrottungskonzept, das auf die ›Germanisierung‹ des Generalgouvernements [sc. Polen] mitsamt dem Baltikum, Galizien, Weißruthenien und Teilen der Ukraine hinzielte. Konkret sah es für einen Zeitraum von 30 Jahren eine gigantische Bevölkerungsverschiebung und ›Umvolkung‹ vor, nämlich die ›Aussiedlung‹ von 31 Millionen Menschen der indigenen Völker nach Westsibirien; die ›Eindeutschung‹ von 14 Millionen von ›germanisierbaren‹ Fremdvölkern sowie die Ansiedlung von fünf Millionen deutscher Kolonisten.[118]

Hitler selbst entwickelte in diesem Zusammenhang seine Idee der »Reichskommissariate«, gemeint waren die Ukraine, die »Ostlande«, »Moskowien« und »Kaukasien«, angeblich zunächst zum Zweck der Besatzungsverwaltung. Aber sein weitergehender Plan war die Osterweiterung des Reichs bis zum Ural. Es sollte bei dieser Besatzungsverwaltung

> ›nicht erkennbar sein, daß sich damit eine endgültige Regelung anbahnt! Alle notwendigen Maßnahmen – Erschießen, Aussiedeln etc. – tun wir trotzdem und können wir trotzdem tun.‹ In jedem Fall dürfe die Bildung einer militärischen Macht westlich des Ural [...] nie wieder in Frage kommen und wenn wir hundert Jahre darüber Krieg führen müßten.[119]

Die entscheidende Organisation für die rassische Hegemonialisierung der eroberten Ostgebiete sollte die SS sein. Sie dominierte ohnehin im Reich die ideologische und machtpolitische Szenerie, und sie sollte in Ordensburgen dazu erzogen werden, diese Rassepolitik rücksichtslos durchzusetzen. Das war Himmlers Aufgabe – und er hat sie in Bezug auf die Judenvernichtung und die Unterdrückung und Ausrottung weiter Teile der indigenen Bevölkerung im Krieg durchgesetzt. Hitler war 1941

118 Lüdicke, *Hitlers Weltanschauung*, 157.

119 Ebd., zitiert eine Aufzeichnung von Bormann, 16. 7. 1941, in: *Deutsche Geschichte 1933–1945. Dokumente zur Innen- und Außenpolitik* (hg. v. Wolfgang Michalka), Frankfurt am Main: Fischer 1999, Dok. 185.

von der langfristigen Wirkung dieser Politik überzeugt: »›Ich zweifle keinen Augenblick‹, erklärte Hitler mit bezeichnender Klarheit, ›daß in hundert Jahren die ganze deutsche Führerschaft aus der SS hervorgeht. Sie treibt die rassische Auslese.‹«[120] Hitler und Himmler stimmten in ihren Weltplänen überein. Am Ende werde – so Himmler – »dann der Führer das großgermanische Reich schaffen, das größte Reich, das von der Menschheit errichtet wurde und das die Erde je gesehen hat.«[121] Offensichtlich sollte Albrecht Speer die Infrastruktur dieses Reichs verwirklichen: Autobahnen, die Welthauptstadt Germania, zweigeschossige Züge in der Größe von Häusern, Wehrsiedlungen und Bauernsoldaten.[122]

All diese Pläne kamen 1941/42 über Allmachtsphantasien nicht hinaus. Der Verlauf des Krieges zeigte, dass sich die geplante Eroberung schwieriger gestaltete als angenommen.

Ziel von Hitlers Kriegspolitik war

> ein aus rassischem Selbstbehauptungswillen erkämpftes Weltreich vom Atlantik bis zum Ural und von Narvik bis Suez. Die Staaten stemmten sich dagegen? – er würde sie niederwerfen; die Völker siedelten seinen Plänen zuwider? – er würde sie umquartieren; die Rassen entsprachen seinem Bilde nicht? – er würde sie selektieren, höherzüchten, vernichten, bis die Wirklichkeit seiner Vorstellung gerecht würde. Durchweg hat er das Unausdenkbare gedacht, in seinen Äußerungen schlug stets ein Element äußerster Unerschrockenheit vor der Wirklichkeit durch, das nicht frei von wahnhaften Zügen war: ›Ich stehe allem mit einer ungeheuren, eiskalten Vorurteilslosigkeit gegenüber‹ hat er erklärt. Nur in der äußersten Radikalität schien er der, der er wirklich war. Insofern kann der Nationalsozialismus ohne ihn nicht gedacht werden.[123]

120 1./2. 11. 1941, in: *Monologe* (hg. v. Jochmann), Dok. 49. S. 121.

121 Lüdicke, *Hitlers Weltanschauung*, 160, zitiert Heinrich Himmler, Rede vor SS-Führern, 8. 11. 1938, in: *Heinrich Himmler. Geheimreden 1933–45 und andere Ansprachen* (hg. v. Bradley Smith), Frankfurt am Main: Propyläen 1974, 165.

122 Das Ganze gipfelt in Allmachtsphantasien, die einerseits die Tötung von beliebig vielen Menschen betreffen, andererseits so weit gehen, dass Hitler durch Trockenlegung von Sümpfen das Klima in Sibirien verbessern zu können glaubte und eine Wehrmacht aus Vegetariern zusammenstellen wollte.

123 Fest, *Hitler*, 517. Das Hitler-Zitat bei Hermann Rauschning, *Gespräche mit Hitler*, Zürich/Wien/New York: Europa-Verlag 1940, 212.

Hitler in einer Rede von 1922:

> Es heißt, daß wir Radauantisemiten seien. Jawohl, Sturm wollen wir erregen! Die Menschen sollen nicht schlafen, sondern sie sollen wissen, daß ein Gewitter heraufzieht. Wir wollen vermeiden, daß auch unser Deutschland den Kreuzestod erleidet! Mögen wir inhuman sein! Aber wenn wir Deutschland retten, haben wir die größte Tat der Welt vollbracht.[124]

In seinem Antisemitismus stilisiert sich Hitler christologisch, er zitiert die Taten »meines Herrn und Heilands«:

> In grenzenloser Liebe lese ich als Christ und Mensch die Stelle durch, die uns verkündet, wie der Herr sich endlich aufraffte und zur Peitsche griff, um die Wucherer, das Nattern- und Otterngezücht hinauszutreiben aus dem Tempel! Seinen ungeheuren Kampf aber für diese Welt gegen das jüdische Gift, den erkenne ich heute, nach zweitausend Jahren, in tiefster Ergriffenheit am gewaltigsten an der Tatsache, daß er dafür am Kreuze verbluten mußte.[125]

Anfang 1923 sah sich Hitler wohl noch als Vorläufer; er betrachtete Ludendorff als den wahren Messias, er selbst sei dagegen nur eine »ganz kleine Johannesnatur«. Er

> warte auf einen Größeren, dem er ein Volk und ein Schwert schaffen wolle; doch seine Wirkungen waren gleichwohl zusehends messianischer. Früher als er schienen die Massen zu begreifen, daß er der Wundermann war, auf den sie warteten; sie seien ihm zugeströmt ›wie einem Heiland‹, heißt es in einem zeitgenössischen Kommentar.[126]

Das änderte sich schon im Prozess um den Putschversuch von 1923. Hitler stilisierte sich in seinem Schlussplädoyer in München nach der Apokalypse: Das »ewige Gottesgericht« werde seine Taten billigen. Er bemüht zugleich die Geschichte selbst als Göttin des ewigen Gerichts – insgesamt zeichnet

124 Rede vom 20. April 1923, zit. nach Fest, *Hitler*, 220.

125 Rede vom 12. April 1922, zit. nach Fest, *Hitler*, 220 f.

126 Ich folge hier der Argumentation von Fest, *Hitler*, 222 f., zit. nach *Adolf Hitlers Reden* (hg. v. Ernst Boepple), München: Deutscher Volksverlag ^{3}1933, 95.

er eine Mischung der Bilder vom Jüngsten Gericht und vom Schiller-Hegel'schen Diktum, dass die Weltgeschichte das Weltgericht sei:

> Gerade in diesen Tagen habe ich die stolze Hoffnung, daß einmal die Stunde kommt, daß diese wilden Scharen zu Bataillonen, die Bataillonen zu Regimentern, die Regimenter zu Divisionen werden, daß die alte Kokarde aus dem Schmutz herausgeholt wird, daß die alten Fahnen wieder voranflattern, daß dann die Versöhnung kommt beim ewigen letzten Gottesgericht, zu dem anzutreten wir dann willens sind. [...] Jenes Gericht wird über uns richten, über den Generalquartiermeister [sc. Ludendorff] der alten Armee, über seine Offiziere und Soldaten, die als Deutsche das Beste gewollt haben für ihr Volk und Vaterland, die kämpfen und sterben wollten. Mögen Sie uns tausendmal schuldig sprechen, die Göttin des ewigen Gerichts der Geschichte wird lächelnd den Antrag des Staatsanwalts und das Urteil des Gerichtes zerreißen; denn sie spricht uns frei.[127]

Ernst Hanfstaengl berichtet von jemandem, der Hitler im folgenden Jahr in der Haft in Landsberg besuchte: »Weißt Du, Hanfstaengl, mit Adolf geht irgend etwas total schief. Der Mann entwickelt ja einen hoffnungslosen Fall von Größenwahn. Letzte Woche trabte er hier im Hof auf und ab mit seiner verdammten Peitsche und brüllte: ›Ich muß nach Berlin wie Jesus in den Tempel von Jerusalem und die Wucherer hinauspeitschen‹ und derlei Unsinn mehr. Ich sage Dir, wenn er diesem Messiaskomplex freien Lauf läßt, wird er uns noch alle zugrunde richten«.[128]

Am 3. April 1932, im Wahlkampf um die Reichspräsidentschaft, die Hindenburg mit 53 % der Wählerstimmen gewann, in der aber auch Hitler 36,7 % erreichte, charterte Hitler ein Flugzeug, um an mehreren Stellen kurz hintereinander Wahlreden zu halten:

> ›Hitler über Deutschland‹ war der wirkungsvolle Slogan, dessen Doppelsinn millionenfachen Erwartungen und millionenfachen Ängsten gleichermaßen Ausdruck gab. Selbstergriffen meinte Hitler angesichts des Jubels rings um ihn, er glaube, daß er ein Werkzeug Gottes sei und dazu ausersehen, Deutschland zu befreien.[129]

127 Zit. nach Fest, *Hitler*, 277 f.

128 Fest, *Hitler*, 1070, Anm. 1. Ernst Hanfstaengl, *Zwischen Weißem und Braunem Haus. Memoiren eines politischen Außenseiters*, München: Piper 1970, 83.

129 Fest, *Hitler*, 444, zitiert Görlitz/Quint, *Adolf Hitler*, 338.

Der Rahmen von Hitlers politmessianischen Vorstellungen geht über die Weltpolitik hinaus; sein Horizont ist die Weltgeschichte als Heilsgeschichte. Er sieht sich verantwortlich für die Heilung der Welt durch die Erlösung vom Bösen, und diese Aufgabe macht ihn zum Messias. Hitler meint, das schlechthin Böse im Judeobolschewismus identifizieren zu können.[130] Seine Aufgabe sieht er in der Vernichtung dieses Bösen, dessen Macht, wie die Zeit zeige, immer bedrohlicher wird. Angesichts dieser fast ausweglosen Bedrohung wird er sich seines weltgeschichtlichen Rettungsauftrags immer deutlicher bewusst.

Er glaubt schon 1923 zu wissen: Die Weltherrschaft des Bösen steht angesichts des transnationalen Britischen Weltreichs, nach dem Sieg der USA im Ersten Weltkrieg und nach der Russischen Revolution kurz bevor. Hitler fühlt sich vom Bösen weltpolitisch eingekesselt. Es besteht höchste Gefahr; die Pläne der Weisen von Zion sind kurz davor, politische Realität zu werden:

> Während sich England um die Erhaltung seiner Stellung auf dieser Welt abmüht, organisiert der Jude seinen Angriff zur Eroberung derselben. [...] Schon glauben die größten Köpfe der Judenheit die Erfüllung ihres testamentarischen Wahlspruches des großen Völkerfraßes herannahen zu sehen.[131]

130 Siehe Nesta Webster, *The French Terror and Russian Bolshevism*, London: Boswell Printing & Publishing Co. 1920: Es gebe eine historische Linie von den Freimaurern über die Illuminaten bis zu den Jakobinern der französischen Revolution, für die diese Gruppierungen verantwortlich sind – und diese setze sich fort in den Revolutionären der Russischen Revolution. In späteren Auflagen behauptet Webster, Judentum und Kommunismus seien dasselbe.
Siehe Alfred Rosenberg, Pest in Rußland! Der Bolschewismus, seine Häupter, Handlanger und Opfer, München: Deutscher Volksverlag 1922.
Siehe Henry Ford, *The International Jew. The World's Foremost Problem. Being a Reprint of a Series of Articles Appearing in The Dearborn Independent from May 22 [...] 1920 [to January 14, 1922]*, 4 Bde., Dearborn, Mich.: Dearborn Publishing Co. 1920–1922. Ford geht von den Protokollen der Weisen von Zion aus und spekuliert u. a., dass der Judenstern der Ursprung des Roten Sterns der Revolution sei und behauptet, dass in der Russischen Revolution jüdisches Vermögen von der Enteignung ausgenommen worden sei. Ford hat offensichtlich Einfluss auf Hitler gehabt.

131 Hitler, *Mein Kampf*, 723.

Hitler sieht sich als messianischer Seher, er traut sich die Einsicht in den eigentlichen, den verborgenen Kampf der geschichtlichen Mächte zu, er meint, die Position seiner Zeit im Verlauf der Weltgeschichte bestimmen zu können: Sie befinde sich im Endkampf von Gog und Magog, dem Endkampf zwischen dem bösen und dem guten Prinzip. Hermann Rauschning berichtet von Geprächen mit Hitler 1932/33, den letzten Jahren vor der Machtergreifung, und zitiert ihn mit den Worten: »Die Vorsehung hat mich zu dem größten Befreier der Menscheit vorbestimmt«.[132] Die höchste Gefahr einer Herrschaft des Bösen über die Welt scheint für den ›Menschheitsbefreier‹ evident: Die fortschreitende Macht des Judentums über die Welt sei in der sozialistischen Russischen Revolution sowie beim Sturz des Kaisers und der Einführung der demokratischen Verfassung in Deutschland sichtbar geworden. Alle Bande der Ordnung und Moral sieht er zerstört: die Ehe als Institution aufgehoben, und der allgemeine Sittenverfall habe das Ziel, »auf dem Wege einer regellosen Verbastardisierung einen allgemeinen minderwertigen Menschenbrei heranzuzüchten, der aus sich selbst heraus zur Führung unfähig ist und den Juden endlich als einziges geistiges Element nicht mehr entbehren kann.«[133]

Wenn dieses Ziel erreicht werde, dann werde nicht nur alle Kultur vernichtet; vielmehr sei das das Ende der Menschheit überhaupt:

> Siegt der Jude mit Hilfe seines marxistischen Glaubensbekenntnisses über die Völker dieser Welt, dann wird seine Krone der Totentanz der Menschheit sein, dann wird dieser Planet wieder wie einst vor Jahrmillionen menschenleer durch den Äther ziehen.
> Die ewige Natur rächt unerbittlich die Übertretung ihrer Gebote.[134]

Die letzte Chance der Rettung der Welt sieht Hitler im deutsch-arischen Nationalismus: »Bleibt auch nur ein Staat in seiner nationalen Kraft und Größe erhalten, wird und muß auch das jüdische Weltsatrapenreich, wie jede Tyrannei in dieser Welt, der Kraft des nationalen Gedankens erliegen.«[135] So lautet also Hitlers Verkündigung, dass die Rasse und die Nation

132 Hermmann Rauschning: *Gespräche mit Hitler*. New York: Europa Verlag 1940, 212.

133 *Hitlers zweites Buch* (hg. v. Weinberg/Rothfels), 222. Siehe oben 354.

134 Hitler, *Mein Kampf*, 69 f.

135 Ebd., 723.

die Welt zur Vollendung bringen würden und er, Hitler, der Heiland und Retter sei: »So glaube ich heute im Sinne des allmächtigen Schöpfers zu handeln: *Indem ich mich des Juden erwehre, kämpfe ich für das Werk des Herrn.*«[136]

136 Hitler, *Mein Kampf*, 70.

Schluss: Fragen an die Heilsgeschichte

Die vorliegende Studie erzählt die Heils- und Unheilsgeschichte in einer entgrenzten Welt und die katastrophal missglückten Versuche der Selbsterlösung. Sie zeigt, wie das theologische Narrativ einer Weltgeschichte, die seit Jesaia und Paulus als Heilsgeschichte gefasst wurde, eine sich ständig steigernde dämonische Gewalt entwickelte, indem ihm der theologische Rahmen abhandenkam. Diese Verlustgeschichte verkaufte sich stets als wissenschaftlicher Gewinn: Die erweiterte Kenntnis der Natur substituierte die alte Schöpfungstheologie; die Entdeckung der Gesellschaft als handelndes Subjekt der Weltgeschichte befeuerte die Idee, der gesellschaftliche Fortschritt sei die Heilsgeschichte selbst, und durch Politik sei die Perfektion des Menschengeschlechts erreichbar. Die Natur erweist sich im Prozess der wissenschaftlichen Beobachtung als moralneutrale Fortschrittsinstanz, die sich um Individuen nicht kümmert und die, da die Übernatur aufgelöst ist, zugleich zur absoluten Autorität wird. Als Teil des Naturprozesses gefasst, wird die Sprache zum wichtigsten Merkmal des Menschen. Obwohl ihr Ursprung letztlich geheimnisvoll bleibt, ist sie gleichwohl nie zuvor in der Wissenschaftsgeschichte so gründlich bestimmt worden. Die Mythologie ersetzt als Wissenschaft an der Grenze von Natur- und Kulturgeschichte die biblische Offenbarung und konstituiert zugleich die Kulturen, die von nun an jeweils national definiert werden. Zugleich übernimmt sie wichtige Momente der alten, scheinbar überwundenen Religiosität. Sprachen und Mythologien bleiben jedoch Teil der Naturgeschichte und unterliegen damit den Gesetzen einer darwinistischen Natur, deren Fortschritt durch Konkurrenzen mit tödlichem Risiko bestimmt ist.

Der messianische Anspruch durchwirkt und durchwaltet unbefriedet jeden naturalistischen Absolutismus. Er erweist sich als der eigentliche Dämon des 19. Jahrhunderts. Gewiss, auch jüdisch-christlich eingehegt war die heilsgeschichtliche Eschatologie politisch hochgefährlich. Eschatologische Exzesse gab es lange bevor im 19. Jahrhundert eine neue autonome Welt konstituiert wurde. Die neue innerweltliche Autonomie tendierte ebenfalls zu einem Vollendungszustand – auch sie war ein heilsgeschichtliches Projekt, sie versprach das Heil, das von Menschen gemacht werde. Eine Geschichtstheologie ohne eine richtende transzendente Instanz machte den Menschen zum Subjekt, das die Geschichte durch Politik zu beherrschen beanspruchte. In der Politik sollte sich die Allmacht des Menschen zeigen: eine Macht, in der sich der Mensch als derjenige, der alles neu macht, als Schöpfer eines ewigwährenden guten Endzustands erweisen sollte.

Da die Wissenschaften sich selbst als autonom betrachteten – Wunder mit transzendentem Ursprung waren methodisch ausgeschlossen – waren allein sie es, die die Begriffe und Topoi der neuen Welterklärung, die bald ›Weltanschauung‹ hieß, liefern konnten. Das Bündel der Leitbegriffe und -bilder, das sie lieferten, konturierte die Kulturgeschichte als Naturgeschichte, als rassische, sprachliche, mythologische und philosophische Konkurrenz- und Kampfgeschichte. Unheimlich spielte in dieses Narrativ die alte, biblische Angst hinein, der menschlich produzierte Fortschritt könne durch das Böse verhindert werden. Darin zeigte sich die Angst vor dem innerweltlichen Antichristen. In dieser verdeckt biblischen Konstellation, in der die Juden als Antichrist, als Antagonist jeder diesseitigen Weltverbesserung, gedeutet wurden, erwies sich die neue transzendenzfreie Kulturgeschichte als mörderisch und das Konzept der Heilsgeschichte als selbstmörderisch. Die politische Autonomie, die sich als absolute weltgeschichtliche Heilsinstanz verstand, öffnete die Pforten der Hölle: Der Versuch, das universalgeschichtliche Heilsversprechen politisch zu realisieren, brachte Millionen von Menschen den Tod.

Lässt sich nach dem 19. Jahrhundert und dem, was dieses Jahrhundert über seine eigene Zeit hinaus anrichtete, überhaupt noch das ›Heil‹ denken? Und wenn ja, wie sieht dieses Heil aus? Passen Heil, Religion und Geschichte überhaupt noch zusammen? Ist Geschichte als Heilsgeschichte nicht endgültig diskreditiert? Wenn Geschichte ein Ganzes wäre, das einen Anfang, eine Mitte und ein Ende hätte, wäre sie als Gesamtnarrativ vielleicht möglich; aber ist sie überhaupt ein Ganzes und kann sie überhaupt als Heilsgeschichte erzählt werden? Welche Erzählung könnte man versuchen? Noch als Tragödie setzte die Geschichtserzählung ein Ganzes voraus: Anfang, Peripetie und Ende. Aber der Anfang aller Geschichte ist seit dem 19. Jahrhundert fast ins Unendliche zurückgewichen, und der Bericht über ihr Ende muss verweigert werden; denn es kann keines mehr sein, das ›die‹ Weltgeschichte nach Gerechtigkeitsmaßstäben beurteilt. Ewige Seligkeiten sind als transzendente Versprechungen verschwunden, als immanente sind sie diskreditiert. Nur im negativen Sinne haben Schiller und Hegel Recht, wenn sie behaupten, die Weltgeschichte sei das Weltgericht, war das Weltgericht.

Vermutlich geht es der Geschichtsphilosophie, die solche Fragen stellt, wie der negativen Theologie: sie ist paradox. Eigentlich ist man mit den Ansprüchen, die sie stellt, überfordert, aber man kommt nicht ohne sie aus. Denn die Orientierungen der eigenen Zeit an der Vergangenheit, die die Gegenwart bestimmt, und die Erwartungen einer Zukunft, die sie bestimmen wird, sind existentiell wie politisch unentbehrlich. Muss dafür wirklich ein Universalnarrativ wie die Weltgeschichte bemüht werden? Reichen nicht Geschichten statt Geschichte? Mindestens politisch scheint die Beschränkung sinnvoll zu sein. Aber ist der Verzicht auf die riskante Universalgeschichte tatsächlich möglich? Ist die Weltgeschichte nicht auch ein altes Komfortargument der philosophisch-theologischen Selbstorientierung, das, einmal erfunden, nicht folgenlos entbehrlich ist? Wenn derzeit überhaupt noch von Weltgeschichte oder etwas Ähnlichem gesprochen wird, dann von ›Globalgeschichte‹. Gemeint ist damit eine Vernetzung von Partialgeschichten, deren Zusammenhalt Machtpolitik und Ökonomie sind; ein Ganzes werden sie nicht, sie sind zeitlos, haben kein Ziel.

Ist Handeln Teil eines natürlichen Willens zur Macht und ist dieses Handeln, indem es versucht wird, zugleich tragisch zerbrechlich? Oder ist der Wille zur Macht identisch mit der Politik, die den Feind definiert? Aber Politik ist, weil sie Tatsachen schafft, mehr als eine geschichtsphilosophische Erzählung. Ist die Geschichte am Ende nicht mehr als die Naturalisierung allen Handelns? Ist das Streben nach Glück im Zusammenleben allein Illusion und Möchtegern – und nicht mehr? Reicht es, wenn die Ethik pragmatisch ist, zweckmäßig fürs Überleben? Ist Politik als Machtdurchsetzung und Menschenverwaltung zureichend bestimmt, wo die Frage nach dem Ziel aller Politik naturalistisch verseucht ist?

Die alte Philosophia perennis, die die Geschichte als Überwindungsversuch des Bösen und als Hoffnung auf Erlösung verstand, die aus der Transzendenz kam, ist seit dem 19. Jahrhundert die Philosophie einer vergangenen Welt. Zerfällt ›die‹ Geschichte nach diesem Paradigmenverlust in Geschichten, in denen die Menschen nach ihrem jeweils unterschiedlich definierten Guten suchen, wenn denn überhaupt das Axiom aller praktischen Philosophie, *omne agens agit propter finem,* noch gilt? Ist dieser Grundsatz auch dann noch denkbar, wenn die Welt in ihrer historischen Struktur unerklärlich und jede, auch die tragische Sinnbehauptung nur noch eine rhetorische Farce ist? Produziert die Geschichtsphilosophie bzw. die Geschichtsschreibung *nolens volens* den Sinn der Geschichte selbst, weil Erzählen immer auf ein Ziel hin ausgerichtet ist? Und ist deshalb alles Erzählen eine Falle, die einen Sinn unterstellt, wo keiner zu finden ist? Handelt es sich bei aller Geschichtsphilosophie um einen rhetorischen Überredungstrick?

Sollte man deshalb die Finger von der Geschichte als Philosophie lassen? Ist es besser, das Streben nach Glück und das *bonum commune* als Ziel der Politik aufzugeben? Aber geht es ohne Glück? Glück ist ein Surplus über das Erwünschte hinaus, der Schritt vom Möchtegern zum Wirklichen. Das Surplus, das von oben käme, und die Erlösung von dem Übel sind oft versprochen worden, aber nie eingetreten. Im Christentum war die Erlösung angeblich schon vollzogen – aber sie hat sich nicht merken lassen. Und die selbstproduzierte Erlösung hat sich als mörderischer Messianismus herausgestellt. Die Entzückung über die Offenbarung ist in Entsetzen und Verstörung umgeschlagen.

Fragen über Fragen ohne Antworten. Bleibt nur die Devise von Voltaires Candide: *Cultivons notre jardin*? Resignation ist wohl keine Antwort. Entschlüsse sind zwar heikel, aber Resignation ist heikler. Der eigenen Zeit und der Zukunft werden wir nicht Herr. Aber vielleicht können wir daran arbeiten, dass die Zukunft bekömmlich wird, ohne uns anzumaßen, wir könnten uns der Zukunft bemächtigen und sie uns dienstbar machen. Mindestens auf die Hoffnung, das könnte gelingen, können wir wohl kaum verzichten.

Literaturverzeichnis

Aerts, Willem J./Kortekaas, Georgius A. A. (Hg.): Die Apokalypse des Pseudo-Methodius. Die ältesten griechischen und lateinischen Übersetzungen. 2 Bde., Löwen: Peeters 1998.

Altner, Günter (Hg.): Der Darwinismus. Die Geschichte einer Theorie, Darmstadt: Wissenschaftliche Buchgesellschaft 1981.

Aulard, François-Alphonse: Recueil des actes du Comité de salut publique, Bd. 11: *9 février 1794 – 15 mars 1794*, Paris: Imprimerie Nationale 1897.

Bachofen, Johann Jakob: Das Mutterrecht. Eine Untersuchung über die Gynaikokratie der alten Welt nach ihrer religiösen und rechtlichen Natur, Stuttgart: Krais & Hoffmann 1861.

Bailey, Edward: Charles Lyell, London: Nelson 1962.

von Balthasar, Hans Urs: Apokalypse der deutschen Seele. Studien zu einer Lehre von letzten Haltungen, 3 Bde., Salzburg: Pustet 1937.

Benes, Tuska: In Babel's Shadow. Language, Philology, and the Nation in Nineteenth-Century Germany, Detroit, Mich.: Wayne State Univ. Pr. 2008.

Beneš, Brigit: Wilhelm von Humboldt, Jacob Grimm, August Schleicher. Ein Vergleich ihrer Sprachauffassungen, Winterthur: Keller 1958.

Bermbach, Udo: Houston Stewart Chamberlain. Wagners Schwiegersohn – Hitlers Vordenker, Stuttgart: J. B. Metzler 2015.

Blumenberg, Hans: Arbeit am Mythos, Frankfurt am Main: Suhrkamp 1979.

Bodmer, Johann Jakob (Hg.): Chriemhilden Rache, und die Klage. Zwey Heldengedichte aus dem schwaebischen Zeitpuncte, samt Fragmenten aus dem Gedichte von den Nibelungen und aus dem ›Josaphat‹, Zürich: Orell und Comp. 1757.

Bodmer, Johann Jakob/Breitinger, Johann Jakob (Hg.): Proben der alten schwäbischen Poesie des dreyzehnten Jahrhunderts aus der Maneßischen Sammlung, Zürich: Heidegger 1748.

– *(Hg.): Sammlung von Minnesängern aus dem schwäbischen Zeitpuncte*, 2 Bde., Zürich: Orell und Comp. 1758/59.

Boepple, Ernst (Hg.): Adolf Hitlers Reden, München: Deutscher Volksverlag [3]1933.

Bonnet, Charles: Betrachtung über die Natur, hg. und übers. v. Johann Daniel Tietz, Leipzig: Junius [2]1772 (frz.: Genf 1764).

Bopp, Franz: Die Sündflut nebst drei anderen der wichtigsten Episoden des Mahâ-Bhârata, Berlin: Königliche Akademie der Wissenschaften 1829.

– *Über das Conjugationssystem der Sanskritsprache in Vergleichung mit jenem der griechischen, lateinischen, persischen und germanischen Sprache*, Frankfurt am Main: Andreä 1816.

Breuer, Stefan: Die radikale Rechte in Deutschland 1871–1945. Eine politische Ideengeschichte, Stuttgart: Reclam 2010.

Büchner, Ludwig: Sechs Vorlesungen über die Darwin'sche Theorie von der Verwandlung der Arten und die erste Entstehung der Organismenwelt [...]. In allgemein verständlicher Darstellung, Leipzig: Thomas 1868.

Buckland, William: Reliquiae Diluvianae. Or, observations on the organic remains contained in caves, fissures and diluvial gravel and on other geological phenomena, attesting the action of an universal deluge, London: John Murray 1823. ND New York: Arno Press [2]1978.

Burnet, Thomas: Telluris Theoria Sacra. Orbis nostri originem et mutationes generales, quas aut jam subiit aut olim subiturus est complectens, London: Kettilby 1681–1689.

de Candolle, Augustin Pyramus: Essai élémentaire de Géographie Botanique. Strasbourg: Levrault 1820.

Chamberlain, Houston Stewart: Arische Weltanschauung, Berlin: Bard, Marquardt & Co. 1905.

– *Einführung in das Werk Immanuel Kants*, München: Bruckmann 1905.

– *Goethe*, München: Bruckmann 1912.

– *Die Grundlagen des neunzehnten Jahrhunderts*, München: Bruckmann [21]1936.

– *Richard Wagner*, München: Bruckmann 1895.

Chaudhuri, Nirad C.: Scholar Extraordinary. The Life of Professor the Rt. Hon. Friedrich Max Müller, London: Chatto & Windus 1974.

Churchill, Winston: Zionism versus Bolshevism. A Struggle for the Soul of the Jewish People, in: *Illustrated Sunday Herald* (8. Feb. 1920).

Cohn, Norman: Die Protokolle der Weisen von Zion. Der Mythos der jüdischen Weltverschwörung, Köln und Berlin: Kiepenheuer & Witsch 1969.

Comte, Auguste: Calendrier positiviste. Ou, Système général de commémoration publique. Destiné surtout à la transition finale de la grande république occidentale composée des cinq populations avancées, française, italienne, germanique, britannique et espagnole, toujours solidaires depuis Charlemagne, Paris: L. Mathias 1849.

– *Catéchisme positiviste,* Paris: Garnier-Flammarion 1964.

– *Plan der wissenschaftlichen Arbeiten, die für eine Reform der Gesellschaft notwendig sind*, übers. v. Wilhelm Ostwald, München: Hanser 1973.

– *Rede über den Geist des Positivismus. Discours sur l'esprit positif* (hg. v. Iring Fetscher), Hamburg: Meiner [3]1979.

– *Die Soziologie. Die Positive Philosophie im Auszug* (hg. v. Friedrich Blaschke) Stuttgart: Kröner [2]1974.

de Condorcet, Marie Jean Antoine Nicolas C.: Éloge de Michel de l'Hôpital, Paris: Demonville 1777.

– *Entwurf einer historischen Darstellung der Fortschritte des menschlichen Geistes (Esquisse d'un tableau historique des progrès de l'esprit humain* [1794]), frz.-dt. (hg. v. Wilhelm Alff), Frankfurt am Main: Europäische Verlagsanstalt 1963.

– *Essai sur la Constitution et les functions des assemblées provinciales.* s. l. 1788.

– *De l'influence de la Révolution d'Amérique sur l'Europe*. s. l. 1786.

– *Lettre d'un laboureur de Picardie à M. N.* [*Necker*] , *auteur prohibitif, à Paris*. s. l. 1775.

– *Sentiments d'un républicain sur les assemblées provinciales et les Etats Généraux*. Philadelphia 1788.

Creuzer, Friedrich: Symbolik und Mythologie der alten Völker, besonders der Griechen, 4 Bde., Leipzig und Darmstadt: Heyer und Leske 1810–1812.

Darwin, Charles: Die Abstammung des Menschen und die geschlechtliche Zuchtwahl, 2 Bde., übers. v. Georg Gärtner, Halle: Otto Hendel 1890.

– *Autobiographie* (hg. v. S. L. Sobol/Rolf Feurich), Leipzig: Urania-Verlag 1959.
– *The Autobiography of Charles Darwin, 1809–1882* (hg. v. Nora Barlow), London: Collins 1958.
– *The Autobiography of Charles Darwin and selected letters* (hg. v. Francis Darwin), New York: Dover 1958.
– *The Descent of Man, and Selection in Relation to Sex*, 2 Bde., London: John Murray 1871.
– *Die Entstehung der Arten durch natürliche Zuchtwahl*, übers. v. Carl Wilhelm Neumann, Stuttgart: Reclam 1963.
– *The Foundations of the Origin of Species. Two essays written in 1842 and 1844* (hg. v. Francis Darwin), London: Univ. Pr. 1909.
– *Die Fundamente zur Entstehung der Arten. Zwei in den Jahren 1842 und 1844 verfasste Essays*, übers. v. Maria Semon, Leipzig: Teubner 1911.
– *On the Origin of Species by Means of Natural Selection, or the Preservation of Favoured Races in the Struggle for Life*, London: John Murray 1859.
Daum, Andreas W.: Wissenschaftspopularisierung im 19. Jahrhundert. Bürgerliche Kultur, naturwissenschaftliche Bildung und die deutsche Öffentlichkeit, 1848–1914, München: Oldenbourg 1998.
Engels, Friedrich: Die Entwicklung des Sozialismus von der Utopie zur Wissenschaft [1878], in: Friedrich Engels, Karl Marx: *Ausgewählte Schriften*, Berlin: Dietz [14]1964, Bd. 2, 80–140.
– *Der Ursprung der Familie, des Privateigenthums und des Staats*, Hottingen-Zürich: Schweizerische Genossenschaftsbuchdruckerei 1884. Auch in: Friedrich Engels, Karl Marx: *Ausgewählte Schriften*, 2 Bde. Berlin: Dietz [14]1964, Bd. 2, 155–301.
Eugène, Eric: Wagner et Gobineau. Existe-t-il un racisme wagnérien?, Paris: Le Cherche Midi 1998.
Fest, Joachim: Hitler. Eine Biographie, Frankfurt am Main: Propyläen 1973.
Fichte, Johann Gottlieb: Die Anweisung zum seligen Leben (hg. v. Heinrich Scholz), Berlin: Deutsche Bibliothek 1912.
– *Reden an die deutsche Nation*, Berlin: Realschulbuchhandlung 1808.

– *Vorlesungen über das Wesen des Gelehrten, und seine Erscheinungen im Gebiete der Freiheit,* Berlin: Himburgische Buchhandlung 1806.
Fludd, Robert: Utriusque Cosmi Historia, Stuttgart-Bad Cannstatt: frommann-holzboog 2018 (Clavis Pansophiae 5, 1–4).
Flügge, Manfred: Heinrich Schliemanns Weg nach Troia. Die Geschichte eines Mythomanen, München: dtv 2001.
Ford, Henry: The International Jew. The World's Foremost Problem. Being a Reprint of a Series of Articles Appearing in The Dearborn Independent from May 22 [...] 1920 [*to January 14, 1922*], 4 Bde., Dearborn, Mich.: Dearborn Publishing Co. 1920–1922.
Frank, Hans: Im Angesicht des Galgens. Deutung Hitlers und seiner Zeit aufgrund eigener Erlebnisse und Erkenntnisse, Neuhaus: Brigitte Frank ^{2}1955.
Freeman, Richard B.: The Works of Charles Darwin. An annotated bibliographical handlist, Folkestone, Kent: Dawson ^{2}1977.
Friedrich, Otto: Die Weisen von Zion. Das Buch der Fälschungen, Lübeck: Friedrich Meyer & Co. 1920.
Gehlen, Arnold: Der Mensch, seine Natur und seine Stellung in der Welt, 2 Bde. (hg. v. Karl-Siegbert Rehberg), Gesamtausgabe, Bd. 3, Frankfurt am Main: Klostermann 1993.
Gilbert, Gustave Mark: The Psychology of Dictatorship. Based on an Examination of the Leaders of Nazi Germany, New York: Ronald Press 1950.
Gillispie, Charles Coulston: Genesis and Geology. A Study in the Relations of Scientific Thought, Natural Theology, and Social Opinion in Great Britain, 1790–1850, Cambridge: Harvard Univ. Pr. 1951.
de Gobineau, Arthur: Versuch über die Ungleichheit der Menschenracen, 5 Bde. (übers. v. Ludwig Schemann), Stuttgart: Frommann 1898–1901.
– *Essai sur l'inégalité des races humaines*, 6 Bde., Paris: Didot 1853–1855.
Goedsche, Hermann Ottomar: Biarritz. Historisch-politischer Roman in acht Bänden, Berlin: Kogge & Fritze 1868 ff.
Goergen, Pedro: Der Positivismus Auguste Comtes und seine Auswirkungen in Brasilien, Augsburg: Blasaditsch 1975.
Görlitz, Walter/Quint, Herbert A.: Adolf Hitler. Eine Biographie, Stuttgart: Steingrüben-Verlag 1952.

Görres, Joseph: Mythengeschichte der asiatischen Welt, 2 Bde., Heidelberg: Mohr und Zimmer 1810.
Gottheil, Richard James Horatio: Bibliography of the Works of Paul Anton de Lagarde, Washington: American Oriental Society 1892.
Gouhier, Henri: La Jeunesse d'Auguste Comte et la formation du positivisme, 3 Bde. Paris: Vrin 1933–1941.
– *La vie d'Auguste Comte*, Paris: Vrin [3]1965 [[1]1931].
Graf, Friedrich Wilhelm: Kritik und Pseudo-Spekulation. David Friedrich Strauß als Dogmatiker im Kontext der positionellen Theologie seiner Zeit, München: Kaiser 1982.
Greene, John C.: The Death of Adam. Evolution and its Impact on Western Thought, Ames, Iowa: State Univ. Pr. 1959.
Gruchmann, Lothar (Hg.): Der Hitler-Prozess, 4 Bde., München: KG Saur 1997–1999.
Haeckel, Ernst: Anthropogenie oder Entwickelungsgeschichte des Menschen. Keimes- und Stammes-Geschichte, 2 Bde., Leipzig: Wilhelm Engelmann [4]1891.
– *Ewigkeit. Weltkriegsgedanken über Leben und Tod, Religion und Entwickelungslehre*, Berlin: Reimer 1915.
– *Generelle Morphologie der Organismen. Allgemeine Grundzüge der organischen Formen-Wissenschaft, mechanisch begründet durch die von Charles Darwin reformirte Descendenz-Theorie*, 2 Bde., Berlin: Reimer 1866.
– *Die Lebenswunder. Gemeinverständliche Studien über biologische Philosophie*, Leipzig: Kröner 1904.
– *Natürliche Schöpfungsgeschichte. Gemeinverständliche wissenschaftliche Vorträge über die Entwicklungslehre im Allgemeinen und diejenige von Darwin, Goethe und Lamarck im Besonderen, über die Anwendung derselben auf den Ursprung des Menschen und andere damit zusammenhängende Grundfragen der Naturwissenschaft*, Berlin: Reimer [4]1874.
– *Die Welträtsel. Gemeinverständliche Studien über monistische Philosophie*, mit einer Einleitung v. Iring Fetscher, Nachdruck der 11. verbesserten Auflage Leipzig 1919. Stuttgart: Kröner 1984.
von der Hagen, Friedrich: Der Nibelungen Lied, Berlin: Unger 1807.

Hanfstaengl, Ernst: Zwischen Weißem und Braunem Haus. Memoiren eines politischen Außenseiters, München: Piper 1970.
Hartlich, Christian/Sachs, Walter: Der Ursprung des Mythosbegriffes in der modernen Bibelwissenschaft, Tübingen: Mohr 1952.
Hoffmann-Krayer, Eduard/Bächtold-Stäubli, Hanns: Handwörterbuch des deutschen Aberglaubens, 10 Bde., Berlin: De Gruyter 1927–1942 u. ö.
Hegel, Georg Wilhelm Friedrich: Ältestes Systemprogramm des deutschen Idealismus, in: *Werke*, Bd. 1: *Frühe Schriften* (hg. v. Eva Moldenhauer/Karl Markus Michel), Frankfurt am Main: Suhrkamp 1971, 234–236.
– Glauben und Wissen oder die Reflexionsphilosophie der Subjektivität in der Vollständigkeit ihrer Formen als Kantische, Jacobische und Fichtesche Philosophie, in: *Werke*, Bd. 2: *Jenaer Schriften 1801–1807* (hg. v. Eva Moldenhauer/Karl Markus Michel), Frankfurt am Main: Suhrkamp 1970, 287–433.
Heine, Heinrich: Deutschland. Ein Wintermärchen (1844), in: *Sämtliche Schriften*, Bd. IV (hg. v. Klaus Briegleb), München: Hanser 1971, 571–644.
– Zur Geschichte der Religion und Philosophie in Deutschland (1834), in: *Sämtliche Schriften,* Bd. III (hg. v. Karl Pörnbacher), München: Hanser 1971, 505–641.
Heinzle, Joachim: Die Rezeption [des Nibelungenlieds] in der Neuzeit, in: *»Uns ist in alten Mären … « Das Nibelungenlied und seine Welt* (hg. v. der Badischen Landesbibliothek Karlsruhe und dem Badischen Landesmuseum Karlsruhe), Darmstadt: Primus 2003, 163–168.
– Unsterblicher Heldengesang. Die Nibelungen als nationaler Mythos der Deutschen, in: *Mythos und Mythologie* (hg. v. Reinhard Brandt & Steffen Schmidt), Berlin: Akademie-Verlag 2004, 185–202.
Heinzle, Joachim/Klein, Klaus/Obhof, Ute (Hg.): Die Nibelungen. Sage – Epos – Mythos, Wiesbaden: Reichert 2003.
Herder, Johann Gottfried: Ideen zur Philosophie der Geschichte der Menschheit, in: *Werke* Bd. III (hg. v. Wolfgang Pross), München: Hanser 2002.

– Über den Ursprung der Sprache, in: *Werke*, Bd. II: *Herder und die Anthropologie der Aufklärung* (hg. v. Wolfgang Proß), München: Hanser 1987, 251–357.
– Über die ersten Urkunden des Menschlichen Geschlechts. Einige Anmerkungen, in: *Werke in zehn Bänden*, Bd. 5: *Schriften zum Alten Testament* (hg. v. Rudolf Smend), Frankfurt am Main: Deutscher Klassiker Verlag 1993, 9–178.
– *Volkslieder*, Leipzig: Weygand 1778/1779.
– *Stimmen der Völker in Liedern*, Tübingen: Cotta ^{2}1807.
van den Heuvel, Gerd: Artikel »*Terror*« in: *Historisches Wörterbuch der Philosophie*, Bd. 10 Basel: Schwabe 1998, Sp. 1020–1027
Heyne, Christian Gottlob: Proluduntur nonnulla ad quaestionem de causis fabularum seu mythorum veterum physicis, in: *Opuscula academica collecta et animadversionibus locupletata*, Bd. 1, Göttingen: Dietrich 1785, 184–206.
– Sermonis mythici sive symbolici interpretatio ad causas et rationes ductasque inde regulas revocata, in: *Commentationes Societatis Regiae Scientiarum Gottingensis Recentiores* 16 (1807), 285–323.
Hitler, Adolf: Hitler. Sämtliche Aufzeichnungen 1905–1925 (hg. v. Eberhard Jäckel/Axel Kuhn), Stuttgart: Deutsche Verlags-Anstalt 1980.
– *Hitlers zweites Buch. Ein Dokument aus dem Jahr 1928* (hg. v. Gerhard Weinberg, und Hans Rothfels), Stuttgart: Deutsche Verlags-Anstalt 1961.
– *Mein Kampf. Zwei Bände in einem Band*, München: Zentralverlag der NSDAP $^{489–493}$1939.
Hofbauer, Gottfried: Die geologische Revolution. Wie die Entdeckung der Erdgeschichte unser Denken veränderte, Darmstadt: Wiss. Buchges. 2015.
von Hoff, Karl Ernst Adolf: Geschichte der durch Überlieferung nachgewiesenen natürlichen Veränderungen der Erdoberfläche. Ein Versuch, 5 Bde., Gotha: J. Perthes 1822–1841.
von Humboldt, Wilhelm: Kleine Schriften, Autobiographisches, Dichtungen, Briefe. Werke in fünf Bänden, Bd. 5 (hg. v. Andreas Flitner/Klaus Giel), Darmstadt: Wiss. Buchges. 1963.

– Ueber das Entstehen der grammatischen Formen, und ihren Einfluss auf die Ideenentwicklung [1822], in: *Werke in fünf Bänden*, Bd. 3: *Schriften zur Sprachphilosophie* (hg. v. Andreas Flitner/Klaus Giel), Darmstadt: Wiss. Buchges. 1963, 31–63.
– Ueber das vergleichende Sprachstudium in Beziehung auf die verschiedenen Epochen der Sprachentwicklung [1820], in: *Werke in fünf Bänden*, Bd. 3: *Schriften zur Sprachphilosophie* (hg. v. Andreas Flitner/Klaus Giel), Darmstadt: Wiss. Buchges. 1963, 1–25.
Hutton, James: Theory of the Earth, or an Investigation of the Laws observable in the Composition, Dissolution, and Restoration of Land upon the Globe, in: *Transactions of the Royal Society of Edinburgh*, vol. 1, Edinburgh: Dickson und London: Cadell 1788, part II, 209–304.
– *Theory of the Earth, with proofs and illustrations*, London: Cadell jun. & Davies, und Edinburgh: Creech 1795.
Huxley, Thomas Henry: Evidence as to Man's Place in Nature. London: Williams & Norgate 1863.
– *Man's Place in Nature and other Essays* (1863), London: Dent & Co o. J. [1906].
– *Zeugnisse für die Stellung des Menschen in der Natur. Drei Abhandlungen*, übers. v. Julius Victor Carus, Braunschweig: Vieweg 1863.
von Jhering, Rudolf: Vorgeschichte der Indoeuropäer, Leipzig: Breitkopf & Härtel u. Duncker & Humblot 1894.
Jochmann, Werner (Hg.): Adolf Hitler. Monologe im Führer-Hauptquartier 1941–1944. Die Aufzeichnungen von Heinrich Heims, Hamburg: Knaus 1980.
Joly, Maurice: Dialogue aux enfers entre Machiavel et Montesquieu. Ou La politique de Machiavel au XIXe siècle, Bruxelles: A. Mertens et fils 1864.
Jones, William: Third Anniversary Discourse, on the Hindus (2. Feb. 1786), in: *The Works of Sir William Jones*, Bd. 3 (hg. v. Anna Maria Jones), London: John Stockdale 1807, 24–46.
– Ninth Anniversary Discourse, on the Origin and Families of Nations (23. Feb. 1792), in: *The Works of Sir William Jones*, Bd. 3 (hg. v. Anna Maria Jones), London: John Stockdale 1807, 185–204.

Kershaw, Ian: Hitler. A Biography, London/New York: WW Norton & Company 1998.

Kleeberg, Bernhard: Theophysis. Ernst Haeckels Philosophie des Naturganzen, Köln: Böhlau 2005.

Kleuker, Johann Friedrich: Ueber die Natur und den Ursprung der Emanationslehre bei den Kabbalisten, Riga: Hartknoch 1786.

Krauße, Erika: Ernst Haeckel, Leipzig: Teubner 1984 (Biographien hervorragender Wissenschaftler und Mediziner 70).

Kuhn, Adalbert: Zur ältesten Geschichte der indogermanischen Völker, Berlin: Nauck 1845.

– *Mythologische Studien*, 2 Bde. (hg. v. Ernst Kuhn), Gütersloh: Bertelsmann ²1886.

– *Ueber Entwicklungsstufen der Mythenbildung* [1873], Berlin: Königliche Akademie der Wissenschaften 1874.

Lachmann, Karl: Der Nibelungen Noth und die Klage. Nach der ältesten Ueberlieferung mit Bezeichnung des Unechten und mit den Abweichungen der gemeinen Lesart, Berlin: Reimer 1826.

– *Über die ursprüngliche Gestalt des Gedichts von der Nibelungen Noth*, Berlin: Dümmler 1816.

de Lagarde, Paul: Deutsche Schriften, Göttingen: Lüder Horstmann ⁴1903.

– *Ausgewählte Schriften.*, München: Lehmann ²1934.

– *Erinnerungen an Friedrich Rückert*, Göttingen: Dieterich 1886.

– Konservativ? [1853], in: *Deutsche Schriften*, 5–16.

– Die nächsten Pflichten deutscher Politik [1886], in: *Deutsche Schriften*, 385–418.

– *Politische Aufsätze*, Göttingen: Dieterich 1874.

– Programm für die konservative Partei Preußens [1884]. In: *Deutsche Schriften*. 323–372.

– Ueber die gegenwärtige Lage des deutschen Reichs. Ein Bericht [1875], in: *Deutsche Schriften*, 98–167.

– Ueber die gegenwärtigen Aufgaben der deutschen Politik [1853], in: *Deutsche Schriften*, 17–36.

– Ueber das Verhältnis des deutschen Staates zu Theologie, Kirche und Religion. Ein Versuch Nicht-Theologen zu orientieren [1859], in: *Deutsche Schriften*, 37–76.

Lamarck, Jean-Baptiste Pierre Antoine de Monet: Philosophie zoologique. Ou exposition des considérations relatives à l'histoire naturelle des animaux; à la diversité de leur organisation et des facultés qu'ils en obtiennent; aux causes physiques qui maintiennent en eux la vie et donnent lieu aux mouvemens qu'ils exécutent; enfin, à celles qui produisent, les unes le sentiment, et les autres l'intelligence de ceux qui en sont doués, Paris: Germer Baillère 1809.

– *Zoologische Philosophie. Mit Einleitung und einem Anhang: Das phylogenetische System der Tiere nach Haeckel*, übers. v. Heinrich Schmidt, Leipzig: Kröner 1909.

Lefmann, Salomon: August Schleicher. Skizze, Leipzig: B. G. Teubner 1870.

– *Franz Bopp, sein Leben und seine Wissenschaft*, 2 Bde., Berlin: Reimer 1891.

Leibniz, Gottfried Wilhelm: Vernunftprinzipien der Natur und der Gnade. Monadologie (hg. v. Herbert Herring), Hamburg: Meiner 1960 (franz.-dt. Philosophische Bibliothek 253).

– *Protogaea oder Abhandlung von der ersten Gestalt der Erde und den Spuren der Historie in den Denkmaalen der Natur* (hg. v. Christian Ludwig Scheidt), Leipzig: Vierling 1749.

Lenin, Wladimir Iljitsch: Bericht des gesamtrussischen Zentralexekutivkommitees und des Rats der Volkskommissare (5. Dez. 1919), in: *Werke*, Bd. 30, Berlin: Dietz 1956–1972, 195–220.

Lenz, Arnher E./Mueller, Volker (Hg.): Darwin, Haeckel und die Folgen. Monismus in Vergangenheit und Gegenwart, Neustadt am Rübenberge: Angelika Lenz 2006.

Lepenies, Wolf: Das Ende der Naturgeschichte. Wandel kultureller Selbstverständlichkeiten in den Wissenschaften des 18. und 19. Jahrhunderts, Frankfurt am Main: Suhrkamp 1978.

– Historisierung der Natur und Entmoralisierung der Wissenschaften seit dem 18. Jahrhundert, in: *Natur und Geschichte* (hg. v. Hubert Markl), München: Oldenbourgh 1983, 263–288.

Lessing, Gotthold Ephraim: Neue Hypothese über die Evangelisten als bloß menschliche Geschichtsschreiber betrachtet, in: *Werke,* Bd. 7: *Religionskritische Schriften* (hg. v. Helmut Göbel), München: Hanser 1976, 614–635.

Littré, Émile: Auguste Comte et la philosophie positive, Paris: Hachette ²1864.

Lolos, Anastasios (Hrsg): Die Apokalypse des Ps. Methodios. Meisenheim am Glan: Anton Hain 1976.

Löwith, Karl: Von Hegel zu Nietzsche. Der revolutionäre Bruch im Denken des neunzehnten Jahrhunderts. Marx und Kierkegaard, Stuttgart: Kohlhammer ⁵1964.

Lübbe, Hermann: Freiheit und Terror, in: *Praxis der Philosophie. Praktische Philosophie. Geschichtstheorie*, Stuttgart: Reclam 1978, 78–96.

Lüdicke, Lars: Hitlers Weltanschauung. Von ›Mein Kampf‹ bis zum ›Nero-Befehl‹, Paderborn: Ferdinand Schöningh 2016.

Lyell, Charles: Das Alter des Menschengeschlechts auf der Erde und der Ursprung der Arten durch Abänderung nebst einer Beschreibung der Eis-Zeit in Europa und Amerika, Leipzig: Verlag von Theodor Thomas ²1874.

– *The Geological Evidences of the Antiquity of Man with Remarks on Theories of the Origin of Species by Variation*, London: J. Murray 1863.

– *Lehrbuch der Geologie. Ein Versuch, die früheren Veränderungen der Erdoberfläche durch noch jetzt wirksame Ursachen zu erklären*, 3 Bde., übers. v. Carl Hartmann, Quedlinburg: Basse 1833–1835.

– *Principles of Geology. Being an Attempt to Explain the Former Changes of the Earth's Surface, by Reference to Causes Now in Operation*, London: Murray 1830–1833.

Majakowski, Wladimir: Ausgewählte Werke, Bd. 1: *Gedichte* (hg. v. Leonhard Kossuth), Berlin: Verlag Volk und Welt 1968.

– *Die Tragödie Wladimir Majakowski/Wölkchen in Hosen. Poem*, russ.-dt., übers. v. Alexander Nitzberg, Basel: Urs Engeler Editor 2002.

Mallory, James Patrick: In Search of the Indo-Europeans. Language, Archaeology and Myth, London: Thames and Hudson 1989.

Malthus, Thomas R.: An Essay on the Principle of Population, as it affects the future improvement of society. With remarks on the speculations of Mr. Godwin, M. Condorcet, and other writers, London: J. Johnson 1798.

Marat, Jean-Paul: Suite de l'adresse aux citoyens sur les décrets alarmants de l'Assemblée nat., relatifs à la conféd. milit, in: *L'ami du peuple* 132 (1790) in: *Œuvr. polit. 1789–1793*. Zehn Bde., Bd. 2 (hg. v. J. de Cock u. Ch. Goëtz), Brüssel: Editions Pôle Nord 1989–1995, 881–885.

Marchand, Suzanne L.: German Orientalism in the Age of Empire. Religion, Race, and Scholarship, Cambridge: Univ. Pr. 2009.

Markov, Walter /Soboul, Albert (Hg.): Die Sansculotten von Paris. Dokumente zur Geschichte der Volksbewegung 1793–1794, übers. v. Claus Werner, Berlin: Akademie Verlag 1957.

Markworth, Tino: Unterwegs zum Historismus. Der Wandel des geschichtsphilosophischen Denkens Herders von 1771 bis 1773, in: *Johann Gottfried Herder. Geschichte und Kultur* (hg. v. Martin Bollacher), Würzburg: Königshausen & Neumann 1994, 51–59.

Mawdsley, Evan: The Russian Civil War, Edinburgh: Birlinn 2005.

Menke-Glückert, Emil: Die Geschichtschreibung der Reformation und Gegenreformation. Bodin und die Begründung der Geschichtsmethodologie durch Bartholomäus Keckermann, Leipzig: Hinrichs 1912.

Mersenne, Marin: Quaestiones celeberrimae in Genesim, Paris: Cramoisy 1623.

Messling, Markus: Gebeugter Geist. Rassismus und Erkenntnis in der modernen europäischen Philologie, Göttingen: Wallstein 2016.

Michaelis, Herbert/Schraepler, Ernst (Hg.): Ursachen und Folgen. Vom deutschen Zusammenbruch 1918 und 1945 bis zur staatlichen Neuordnung Deutschlands in der Gegenwart. Eine Urkunden- und Dokumentensammlung zur Zeitgeschichte, 27 Bde., Berlin: Wendler 1958–1979.

Michalka, Wolfgang (Hg.): Deutsche Geschichte 1933–1945. Dokumente zur Innen- und Außenpolitik, Frankfurt am Main: Fischer 1999.

Mill, John Stuart: Auguste Comte and Positivism, London: Trübner 1865.

Morgan, Lewis Henry: Ancient Society. Or, Researches in the Lines of Human Progress from Savagery through Barbarism to Civilization, London: MacMillan 1877.

Müller, Friedrich Max: Rig-Veda-Sanhita. The Sacred Hymns of the Brahmans Together with the Commentary of Sayanacharya, 6 Bde., London: W. H. Allen 1849–1874.
– *Vorlesungen über die Wissenschaft der Sprache [1861/64]*, 2 Bde. (hg. v. Carl Böttger), Leipzig: Klinkhardt ²1870.
Müller, Jan-Dirk: Nibelungenlied und kulturelles Gedächtnis, in: *Arbeiten zur Skandinavistik. 14. Arbeitstagung der deutschsprachigen Skandinavistik, 1.–5. 9. 1999 in München* (hg. v. Annegret Heitmann), Frankfurt am Main: Peter Lang 2001, 29–43.
Muller, Jean-Claude: Early stages of language comparison from Sassetti to Sir William Jones (1786), in: Kratylos 31 (1986), 1–31.
Müller, Johannes Peter: Handbuch der Physiologie des Menschen für Vorlesungen, 2 Bde., Coblenz: Hölscher 1833/1840.
Müller, Karl Otfried: Prolegomena zu einer wissenschaftlichen Mythologie. Mit einer antikritischen Zugabe, Göttingen: Vandenhoeck & Ruprecht 1825.
Nietzsche, Friedrich: Also sprach Zarathustra. Sämtliche Werke, Bd. 4 (hg. v. Giorgio Colli/Mazzino Montinari), München: dtv 1980.
– *Der Fall Wagner. – Götzen-Dämmerung. – Der Antichrist. – Ecce homo. – Dionysos-Dithyramben. – Nietzsche contra Wagner. Sämtliche Werke,* Bd. 6 (hg. v. Giorgio Colli/Mazzino Montinari), München: dtv 1980.
– *Die Geburt der Tragödie aus dem Geiste der Musik. Sämtliche Werke,* Bd. 1 (hg. v. Giorgio Colli/Mazzino Montinari), München: dtv 1980.
– *Jenseits von Gut und Böse. – Zur Genealogie der Moral. Sämtliche Werke,* Bd. 5 (hg. v. Giorgio Colli/Mazzino Montinari), München: dtv 1980.
Noll, Richard: The Jung Cult. Origins of a Charismatic Movement, Princeton, NJ: Univ. Pr. 1994.
Olender, Maurice: Die Sprachen des Paradieses. Religion, Philologie und Rassentheorie im 19. Jahrhundert, übers. v. Peter D. Krumme, Frankfurt am Main: Campus-Verlag 1995.
Overbeck, Franz: Ueber die Christlichkeit unserer heutigen Theologie. Streit- und Friedensschrift, Leipzig: Fritzsch 1873.

Pfalzgraf, Annegret: Eine Deutsche Ilias? Homer und das ›Nibelungenlied‹ bei Johann Jakob Bodmer. Zu den Anfängen der nationalen Nibelungenrezeption im 18. Jahrhundert, Marburg: Tectum-Verlag 2003.

Picker, Henry (Hg.): Hitlers Tischgespräche im Führerhauptquartier. Mit bisher unbekannten Selbstzeugnissen Adolf Hitlers, Abbildungen, Augenzeugenberichten und Erläuterungen des Autors, Stuttgart: Seewald ^{4}1983.

Piper, Ernst: Alfred Rosenberg. Hitlers Chefideologe, München: Blessing 2005.

Playfair, John: Biographical Account of James Hutton, M. D. F. R. S. Ed., Cambridge: Univ. Press 1797.

Plé, Bernhard: Die ›Welt‹ aus den Wissenschaften. Der Positivismus in Frankreich, England und Italien von 1848 bis ins zweite Jahrzehnt des 20. Jahrhunderts. Eine wissenssoziologische Studie, Stuttgart: Klett-Cotta 1996.

Plöckinger, Othmar: Geschichte eines Buches. Adolf Hitlers ›Mein Kampf‹ 1922–1945, München: Oldenburg 2006.

Poliakov, Léon: The Aryan Myth. A History of Racist and Nationalist Ideas in Europe, übers. v. E. Howard, New York: Basic Books 1974.

Prichard, James Cowles: An Analysis of the Egyptian Mythology. To which is subjoined a critical Examination of the Remains of Egyptian chronology, London: Arch 1819.

Rauschning, Hermann: Gespräche mit Hitler, Zürich/Wien/New York: Europa-Verlag 1940.

Renan, Ernest: Études d'histoire religieuse, Paris: Lévy ^{7}1864 [1857].

– *Histoire des origines du christianisme*, Bd. 4: *L'Antéchrist*, Paris: Lévy 1873.

– Histoire générale et système comparé des langues sémitiques, in: *Œuvres complètes*, Bd. VIII (hg. v. Henriette Psichari), Paris: Calmann-Lévy 1958, 127–589.

– Nouvelles considérations sur le caractère général des peuples sémitiques, et en particulier sur leur tendance au monothéisme, in: *Journal Asiatique*, 5. Reihe, Bd. XIII (1859), 214–282 und 417–450.

– De l'origine du langage, in: *Œuvres complètes*, Bd. VIII (hg. v. Henriette Psichari), Paris: Calmann-Lévy 1958, 9–123.

– *Paulus*, Leipzig: Brockhaus 1869 [Paris: Lévy 1869].
– *De la part des peuples sémitiques dans l'histoire de la civilisation. Discours à ouverture du cours de langues hébraïque, chaldaïque et syriaque*, Paris: Lévy [4]1862.
de Robespierre, Maximilien: Sur les principes de morale politique qui doivent guider la Convention Nationale dans l'administration intérieure de la République (5. Feb. 1794), in: *Œuvres complètes*, Bd. 10: *Discours, cinquième partie (27 juillet 1793–27 juillet 1794)* (hg. v. Marc Boulouseau/ Albert Soboul), Paris: Presses universitaires de France 1967, 350–367.
Rogerson, John: Herders Bückeburger ›Bekehrung‹. In: *Bückeburger Gespräche über Johann Gottfried Herder 1979* (hg. v. Brigitte Poschmann), Rinteln: Bösendahl 1980 (Schaumburger Studien 41), 17–31.
Rolle, Friedrich: Der Mensch, seine Abstammung und Gesittung im Lichte der Darwin'schen Lehre von der Art-Entstehung und auf Grundlage der neuern geologischen Entdeckungen dargestellt, Frankfurt am Main: Hermann 1866.
Rollin, Henri: L'Apocalypse de notre temps. Les dessous de la propagande allemande d'après des documents inédits, Paris: Gallimard 1939. ND Paris: Allia 1991.
Römer, Ruth: Sprachwissenschaft und Rassenideologie in Deutschland, München: Fink [2]1989.
Rosenberg, Alfred: Der Mythus des 20. Jahrhunderts. Eine Wertung der seelisch-geistigen Gestaltenkämpfe unserer Zeit, München: Hoheneichen-Verlag [71–74]1935.
– *Pest in Rußland! Der Bolschewismus, seine Häupter, Handlanger und Opfer*, München: Deutscher Volksverlag 1922.
– *Die Protokolle der Weisen von Zion und die jüdische Weltpolitik*, München: Deutscher Volksverlag 1923.
– *Die Spur des Juden im Wandel der Zeiten*, München: Deutscher Volksverlag 1920.
– *Das Verbrechen der Freimaurerei. Judentum, Jesuitismus, Deutsches Christentum*, München: Lehmann 1921.
Sammons, Jeffrey L (Hg.): Die Protokolle der Weisen von Zion. Die Grundlage des modernen Antisemitismus – eine Fälschung, Text und Kommentar, Göttingen: Wallstein 1998.

Schäbler, Birgit: Moderne Muslime. Ernest Renan und die Geschichte der ersten Islamdebatte 1883, Paderborn: Ferdinand Schöningh 2016.
Scheibert, Peter: Lenin an der Macht. Das russische Volk in der Revolution 1918–1922, Weinheim: Acta humaniora 1984.
Schemann, Ludwig: Paul de Lagarde. Ein Lebens- und Erinnerungsbild, Leipzig: Erich Matthes Verlagsbuchhandlung ^{3}1943.
Schlegel, August Wilhelm: Geschichte der romantischen Literatur, in: *Kritische Schriften und Briefe*, Bd. 4 (hg. v. Edgar Lohner), Stuttgart: Kohlhammer 1965.
Schlegel, Friedrich: Kritische Schriften (hg. v. Wolfdietrich Rasch), München: Hanser 1970.
– *Über die Sprache und Weisheit der Indier* (hg. v. Ernst Behler/Ursula Struck-Oppenberg), Paderborn: Schöningh 1975 (Kritische Friedrich-Schlegel-Ausgabe 8).
– *Ueber die Sprache und Weisheit der Indier. Ein Beitrag zur Begründung der Alterthumskunde*, Heidelberg: Mohr und Zimmer 1806.
Schleicher, August: Compendium der vergleichenden Grammatik der indogermanischen Sprachen. Kurzer Abriss der Laut- und Formenlehre der indogermanischen Ursprache, des Altindischen, Alteranischen, Altgriechischen, Altitalischen, Altkeltischen, Altslawischen, Litauischen und Altdeutschen, 2 Bde., Weimar: Böhlau ^{4}1876.
– *Die Darwinsche Theorie und die Sprachwissenschaft. Offenes Sendschreiben an Herrn Dr. Ernst Häckel, a. o. Professor der Zoologie und Director des Zoologischen Museums an der Universität Jena*, Weimar: Böhlau 1863.
– *Die deutsche Sprache*, Stuttgart: Cotta 1860.
– *Über die Bedeutung der Sprache für die Naturgeschichte des Menschen*, Weimar: Böhlau 1865.
– *Volkstümliches aus Sonneberg im Meininger Oberlande*, Weimar: Böhlau 1858.
Schmidt-Biggemann, Wilhelm: Erlösung durch Philologie. Der poetische Messianismus Quirinus Kuhlmanns, in ders: *Apokalypse und Philologie. Wissensgeschichten und Weltentwürfe der Frühen Neuzeit* (hg. v. Anja Hallacker u. Boris Bayer), Göttingen: V & R Unipress 2007, 187–225.

– *Geschichte der christlichen Kabbala*, 4 Bde., Stuttgart-Bad Cannstatt: frommann-holzboog 2012–2015 (Clavis Pansophiae 10).
– *Geschichte Wissen. Eine Philosophie der Kontingenz im Anschluss an Schelling*, Stuttgart-Bad Cannstatt: frommann-holzboog 2014.
– Die Gewalt der Erwartungen. Einige theoretische Bemerkungen zur Geschichtsschreibung am Beispiel Condorcets, in: *Wissenschaftliches Erzählen im 18. Jahrhundert. Geschichte, Enzyklopädik, Literatur* (hg. v. Veit Elm), Berlin: Akademie-Verlag 2010, 39–51.
– Lingua Adamica and Philology. The Rise and Destruction of a Concept. Maimonides Lecture on 6 June, 2017, in: *Yearbook of the Maimonides Centre for Advanced Studies 2017* (hg. v. Bill Rebiger), Berlin/Boston: Walter de Gruyter 2017, 247–266.
– *Philosophia perennis. Historische Umrisse abendländischer Spiritualität in Antike, Mittelalter und Früher Neuzeit*, Frankfurt am Main: Suhrkamp 1998.

Scholem, Gershom: Sabbatai Zwi. Der mystische Messias (übers. v. Angelika Schweikhart), Frankfurt am Main: Jüdischer Verlag 1992.

Scrope, George Poulett: Memoir on the Geology of Central France. Including the Volcanic Formations of Auvergne, the Velay, and the Vivarais, London: Longman, Rees, Orme, Brown, and Green 1827.

Sieg, Ulrich: Deutschlands Prophet. Paul de Lagarde und die Ursprünge des modernen Antisemitismus, München: Hanser 2007.

Simrock, Karl: Handbuch der deutschen Mythologie mit Einschluß der nordischen, Bonn: Marcus ²1864.

Sinjawskij, Andrej: Der Traum vom neuen Menschen oder die Sowjetzivilisation (hg. v. Swetlana Geier), Frankfurt am Main: S. Fischer 1989.

Smith, Bradley (Hg.): Heinrich Himmler. Geheimreden 1933–45 und andere Ansprachen, Frankfurt am Main: Propyläen 1974.

Smith, William: A Memoir to the Map and Delineation of the Strata of England and Wales with Part of Scotland, London: J. Carey 1815.

Steinthal, Heymann: Zur Charakteristik der Semitischen Völker, in: *Zeitschrift für Völkerpsychologie und Sprachwissenschaft* 1 (1860), 328–345.

Strauß, David Friedrich: Der alte und der neue Glaube. Ein Bekenntniß, Leipzig: Hirzel 1872.

– *Das Leben Jesu, für das deutsche Volk bearbeitet*, Leipzig: Brockhaus 1864.
– *Das Leben Jesu, kritisch bearbeitet* [1835]. Mit einer Einleitung v. Werner Zager, Darmstadt: Wiss. Buchges. 2012.
– *Hermann Samuel Reimarus und seine ›Schutzschrift für die vernünftigen Verehrer Gottes‹* [1862], ND, Hildesheim: Olms ²1991.
Süßmilch, Johann Peter: Die göttliche Ordnung in den Veränderungen des menschlichen Geschlechts, Berlin: Gohl 1742.
Taubes, Jacob: Abendländische Eschatologie, Bern: Francke 1947.
Thomsen, Christian Jürgensen: Leitfaden zur Nordischen Alterthumskunde (hg. v. Niels Matthias Petersen), Kopenhagen: 1837.
Tieck, Ludwig/von Raumer, Friedrich (Hg.): Solger's nachgelassene Schriften und Briefwechsel, 2 Bde., Leipzig: Brockhaus 1826.
Timpanaro, Sebastiano: Die Entstehung der Lachmannschen Methode (hg. v. Dieter Irmer), Hamburg: Buske ²1971.
Tugendhat, Ernst: Ti kata tinos. Eine Untersuchung zu Struktur und Ursprung aristotelischer Grundbegriffe, Freiburg im Breisgau: Alber 1958.
Ullrich, Volker: Adolf Hitler. Biographie, Bd. 1: *Die Jahre des Aufstiegs 1889–1939*, Frankfurt am Main: Fischer 2013.
Valérie, Paul: Regards sur le monde actuel. De l'histoire, in: *Œuvres* (hg. v. Jean Hytier), Paris: Gallimard 1960.
Vico, Giambattista: Principi di una scienza nuova d'intorno alla comune natura delle nazioni, Neapel: Stamperia Muziana 1725/1730/1744.
Voigt, Johannes H.: Max Mueller. The Man and His Ideas, Calcutta: K. L. Mukhopadhyay 1967.
Volkogonov, Dimitrij Antonovič: Lenin. Utopie und Terror, Düsseldorf: ECON 1994.
Wagner, Richard: Heldentum und Christentum, in: *Ausführungen zu Religion und Kunst (1881). Gesammelte Schriften und Dichtungen*, Bd. 10, Leipzig: Fritzsch 1883, 351–362.
Weber, Heiko: Monistische und antimonistische Weltanschauung. Eine Auswahlbibliographie, Berlin: VWB 2000.
Webster, Nesta: The French Terror and Russian Bolshevism, London: Boswell Printing & Publishing Co. 1920.

Wellhausen, Julius: Israelitische und jüdische Geschichte, Berlin: Reimer [4]1901.

Werth, Nicolas: Ein Staat gegen sein Volk. Gewalt, Unterdrückung und Terror in der Sowjetunion, in: *Das Schwarzbuch des Kommunismus* (hg. v. Stéphan Courtois/Nicolas Werth/Jean-Louis Panné/Andrzej Paczkowski/Karel Bartošek/Jean-Louis Margolin), München: Piper 2002, 51–295.

Wicander, Reed/Monroe, James S.: Historical Geology. Evolution of Earth and Life through Time, Belmont, CA: Brooks/Cole [4]2004.

Willmann, Rainer/Voss, Julia: The Art and Science of Ernst Haeckel (hg. v. Benedikt Taschen), Köln: Taschen 2017.

Wilser, Ludwig: Die Bedeutung der Germanen in der Weltgeschichte, in: *Politisch-anthropologische Revue* 2 (1903/04), 640–649.

Winchester, Simon: Eine Karte verändert die Welt. William Smith und die Geburt der modernen Geologie, München: Goldmann 2003.

Woltmann, Ludwig: Die Germanen in Frankreich. Eine Untersuchung über den Einfluss der germanischen Rasse auf die Geschichte und Kultur Frankreichs. Mit 60 Bildnissen berühmter Franzosen, Jena: Diederichs 1907.

– *Politische Anthropologie. Eine Untersuchung über den Einfluss der Descendenztheorie auf die Lehre von der politischen Entwicklung der Völker*, Leipzig/Eisenach: Thüringische Verlagsanstalt 1903.

Woodward, Horace B.: The History of the Geological Society of London, London: Geological Society 1907.

Zager, Werner: Strauß, David Friedrich in: *WiBiLex. Das wissenschaftliche Bibellexikon im Internet*. Erstellt Feb. 2009.

Zechlin, Egmont: Ludendorff im Jahre 1915. Unveröffentlichte Briefe, in: *Historische Zeitschrift* 211 (1970), 316–353.

Ziche, Paul (Hg.): Monismus um 1900. Wissenschaftskultur und Weltanschauung, Berlin: VWB 2000.

Namenregister